천만원으로 할 수 있는
농지투자 완전정복

도시농부의 토지투자

천만원으로 할수 있는
농지투자 완전정복

도시농부의 토지투자

이인수 (코랜드연구소장) 지음

농지는 투자 보물이 될 것인가?

1972년 이후 30여 년에 걸쳐 철옹성처럼 지켜지던 경자유전 원칙이 WTO에 의해 무너지면서 농지 소유에 대한 진입장벽이 사라지기 시작했다. 그로 인해 농지에 대한 수요가 폭발적으로 증가하기 시작했고, 지가 상승으로 이어지게 된다. 그리고 여기에 기름을 붓는 정책변화가 있다. 즉 국제무역 마찰을 피하기 위해 농업지원금에 대한 축소가 불가피한 입장에 처하게 된 정부가 국제경쟁력이 떨어지는 농지에 대해서는 과감하게 주택부지 등 다른 용도로 전환할 수밖에 없었던 것이다. 이것은 농지전용에 대한 규제 또한 과감하게 축소할 수밖에 없는 상황이 되었음을 의미한다.

수요가 증가하고, 허용 용도가 확대되면서 농지 가격이 상승하는 것은 당연한 현상이다. 하지만 여기에는 주의할 점이 있다. 돈이 되는 농지가 있는 반면 돈이 되지 않는, 영원한 농지도 있다는 것이다.

그렇다면, 농지에 투자하여 돈을 벌 수 있을까?

농지는 농사를 짓는 사람들을 위한 토지인데 과연 투자대상으로 도시에서 살고 있는 내가 소유할 수 있을까?

대개의 투자자들은 일반적으로 부동산이라고 하면 아파트 등과 같은 주거용 부동산을 생각하게 된다. 반면 토지, 그 중에서도 농지에 대해서는 상당한 수준의 지식과 경험이 없으면 사기를 당하기 딱 좋은 투자로 생각한다. 특히 농지투자는 아무나 못 한다는 생각을 가진 이들이 많은 것이 현실이다.

사실 관련 법령 등으로 인하여 어려운 부분이 있기도 하지만, 농지와 관련하여 부동산 사기가 상당히 많았던 것 또한 농지투자를 꺼리게 된 중요한 이유가 아닐까 생각한다.

현실에서는 토지투자로 재테크에 성공한 사람들의 이야기를 어렵지 않게 들을 수 있다. 그 중에서도 농지와 관련한 투자성공담이 적지 않다. 그렇다면 서울이나 도시사람들이 농지에 투자할 수 있는 것인가?

그렇다.

농지에 투자하면 돈을 벌 수 있을까?

그렇다.

다만 다양한 관련 지식의 함양은 필수적이며, 경험이 풍부한 조언자를 가까이 해야 하는 것이 성공의 가능성을 높여줄 것이다.

소액만 가지고도 할 수 있는 토지투자의 꽃!

나이가 많으신 분들 중에는 나물 죽으로 끼니를 때웠던 경험을 가지고 있는 이들이 많다. 하지만 경제가 발전하면서 1992년 식량자급목적으로 농업진흥지역을 지정한 이후로는 쌀이 남아돌아 국가적 차원에서 많은 손해를 감수하고 있는 실정이며, 지금은 쌀 공급과잉이 한국 농업의 고질이 됐다. 쌀 소비는 줄어드는데 생산은 그대로인데다 수입 쌀까지 가세해 공급을 늘리고 있으니 엎친 데 겹친 격이다.

정부예산으로 쌀 농가에 논 면적당 고정직불금을 무조건 지급하고, 쌀값이 목표 가격 이하로 떨어지면 그 차액의 85%의 변동직불금을 주고 있다. 이는 해마다 늘어 지난해에는 1조 3,000억 원에 이르렀다. 쌀은 남아도는데 생산을 장려하느라 막대한 세금을 쓰고 있는 셈이다.

따라서 정부도 농업진흥지역을 적극적으로 해제하는 방안을 검토하기로 했다. 흔히 말하는 절대농지를 건축용도나 다른 용도로 바꿔 농지를 줄이자는 내용이다. 해제되는 농지는 공장이나 물류창고, 교육, 의료시설을 지을 수 있게 된다. 농지 주인들로서는 농사를 지으면 직불금을 받아 좋고, 농림지역에서 풀리면 땅값이 올라 좋으니 괜찮은 흐름으로 보인다.

그렇다면 풀리지 않는 농지에 건축행위를 할 수 있을까? 평소에도 농지에 어떤 건축행위를 할 수 있느냐는 질문이 쇄도하곤 하는데, 농림지역에도 농가주택이나, 농업용 창고, 농기구 보관소, 농막, 비닐하우스 등 농업용 건물을 지을 수 있다. 그럼 농가주택이나 농막, 비닐하우스, 농사용 컨테이너, 농기구 보관소 등 건축물을 짓게 될 때 관청의 허가가 필요할까? 농가주택은 허가를 받아야 하지만 컨테이너 등 나머지 건축물은 신고만 하면 된다.

농림지역은 농업보호지역이 있고, 농업진흥지역이 있다. 해제하고자 하는 지역은 농업진흥지역이고, 국토의 8%에 해당하는 땅이다. 대부분 충청과 호남에 있고, 수도권에는 김포·여주·평택·안성 등지에 있다. 해제되면 토지는 명칭이 달라진다. 계획관리지역이나 생산관리지역 등으로 이름이 바뀌게 된다. 이제 농림지역은 자연녹지·생산녹지·보전녹지·계획관리·생산관리·자연보전 등의 지역으로 바뀌는 일만 남았다. 그렇다면 땅값은 오를까? 바뀌는 땅값만 오르는 게 아니라 주변 땅도 영향을 받게 된다. 이웃에 큰 건물이 들어왔는데, 옆 땅이 보고만 있겠는가?

그래서 땅투자를 할 때에는 이미 값이 오른 계획관리지역 땅이나 생산관리지역 땅에 투자하지 말고, 세월이 오래 걸리더라도 값이 싼 농림지역의 큰 땅에 투자를 하라고 하는 것이다. 농업진흥지역이 해제되는 곳엔 아파트나 주거용 건물을 짓기도 하겠지만, 제조용 건물이나 물류창고 등 산업시설물들이 많이 들어서게 된다.

이 책에서는 일반인들이 잘못된 투자로 큰 손실을 입지 않도록 돈이 되는 농지를 색출하는 노하우를 정확하게 제시하고, 아울러 실패하지 않는 농지투자법과 법적인 문제 해결을 위해 농지취득자격증명을 한 번에 확실하게 받는 방법, 농지전용허가실무, 농지강제처분제도 100% 회피 방법, 농지 자경을 통한 양도세 감면 등 농지투자를 위한 주옥같은 실전 기법을 전달하고자 한다.

농지는 단돈 1,000만 원으로도 할 수 있는 고수익 투자 상품이자 베이비부머들을 위한 실수요 목적의 세컨드하우스 사업부지이며, 동시에 전원생활을 대비한 다목적 투자 상품이기도 하다.

그동안 필자는 네이버 카페 〈코랜드아카데미〉를 통하여 열심히 공부하는 회원 독자들에게 성공적인 투자를 할 수 있는 실전 투자정보를 전달해왔다. 그리고 이렇게 도시인들이 쉽게 접근하기 어려운 농지라는 투자대상 종목에 대해 지식을 나눌 수 있게 되어 기쁘다. 이 책을 읽은 투자자들의 성공을 기원하며, 그렇게 되리라고 믿는다.

_ 이인수 (코랜드연구소장)

차 례

PART. 2
도시인의 농지투자 실전

도시인의 농지투자 노하우 알아보기

토지용도와 자격에 따른 농지투자 분석

농가주택을 통한 실수요 목적의 투자 분석

PART. 3
농지투자는 세금과의 싸움

PART. 4
투자의 복기와 성공 포인트 분석

PART
1

토지투자의 꽃, 농지의 분석

농지란 어떤 토지인가?

도시민도 구입이 가능하다?

국토의 계획 및 이용에 관한 법률에 따르면 농업진흥구역은 농사만 지을 수 있는 땅이다. 이 땅은 절대농지여서 주거지 등으로 용도변경이 어렵다. 현지의 무주택 농민만 농지전용허가를 받아 제한적으로 농가주택을 지을 수 있으며, 전용허가를 받을 수 있는 면적도 660㎡ 이하로 제한된다.

개발이 어렵기 때문에 당연히 땅값 상승폭도 다른 농지에 비해 크지 않다. 지역에 따라 차이는 있지만 대개 농업진흥구역 내에 있는 농지 가격은 일반농지의 60~70% 선에 그친다. 실제로 경기도 용인 남사면의 경우, 관리지역 내의 농지는 ㎡당 80만 원 선인 데 비해 농업진흥구역 내 농지는 48만 원에 불과하다.

농업진흥구역은 1992년 12월 종전의 필지별 농지관리 방식인 절대·상대 농지제도가 권역별 관리방식으로 바뀌면서 도입됐다. 우량농지를 보다 효율적으로 보전하기 위한 목적이었다.

평야지에서는 10만 ㎡ 이상의 농지가 집단화 돼 있으면 대부분 농업보호구역으로 지정된다. 농업진흥구역은 시장이나 도지사가 필요하다고 판단될 경우, 농림축산식품부장관의 승인을 거쳐 지정할 수 있다.

현재 전국적으로 농업진흥구역으로 지정된 땅은 11,530㎢에 달한다.

농업진흥구역의 농지는 농민이 아닌 사람은 소유가 어렵다. 헌법에 규정된 경자유전(耕者有田, 농민만이 농지를 소유할 수 있다는 의미)에 따라 원칙적으로 농민만이 소유할 수 있도록 되어 있어서다.

여기서 농민이란 1,000㎡ 이상의 농지를 소유하고, 자기 노동력을 들여 1년 중 90일 이상 농사를 직접 짓는 사람을 말한다.

그러나 비농민도 자경을 목적으로 농업진흥구역의 농지를 취득할 수 있는 길이 있다. 농지취득자격증명을 발급받으면 된다.

농업경영계획서를 작성해 해당 농지가 있는 읍·면에 신청하면 이를 받을 수 있다. 이때 비농민이 취득하는 농지면적은 최소 1,000㎡ 이상이어야 한다. 일반농지(5만㎡)와는 달리 소유 상한선은 없다.

농지취득자격증명을 발급 받아 농지를 취득한 사람은 1년 중 90일 이상 직접 농사를 지어야 한다. 그렇지 않으면 농지처분명령과 함께 이행강제금이 부과된다.

엄격한 이용·소유 규제 때문에 농업진흥구역 농지에 대한 외지인 취득 면적은 해마다 줄어드는 추세다. 그러나 개발 압력이 높은 도시지역 주변 농업진흥구역은 땅값 상승률이 높아 오히려 외지인 취득이 늘고 있다. 실제로 경기도 광주 경안천변 농업진흥구역 농지의 50~60%는 외지인 소유라는 말이 현지 중개업소를 중심으로 나돌고 있으며, 택지개발이 활발한 경기도 김포시 일대만 보아도 외지인이 소유하고 있는 농업진흥구역 내 농지가 많다는 것은 비밀도 아니다. 주변 신도시 개발로 언젠가는 개발이 가능한 땅으로 바뀌게 될 것으로 기대하면서 장기투자용으로 취득하는 사례가 적지 않다. 농업진흥구역 내 농지를 투자용으로 사놓고 현재 농민과 수확물 등을 나누는 조건으로 농작물을 재배해 정부 단속을 피하는 사례도 많다.

8년 이상 농지를 소유한 자가 한국농촌공사에 임대를 하게 되면 지역에 관계없이 비사업용 토지에서 제외한다는 소득세법 시행령이 개정되었는데, 이는 FTA에 따른 농지법 개정에 맞추어 농지 시장의 개방 및 전 국민의 농지 소유의 실현을 위한 과도기적 입법으로 사료된다.

이는 한국 경제의 세계화에 따른 조치로, 이제는 농업인만이 농지를 소유하도록 하는 것은 세계적인 흐름에서 뒤쳐질 수밖에 없어, 도시민의 농지 소유를 허용하는 것이 국가경쟁력을 높일 수 있다고 보기 때문일 것이다. 따라서 앞으로도 점점 더 농지를 비사업용 토지에서 제외시켜 소유 제한을 전면적으로 개방하는 방향으로 가게 될 것은 분명한 사실이다.

도시민은 농지전용 목적으로 취득하는 것이 유리

도시민이 농지를 취득할 수 있는 방법은 영농 목적의 취득과 농지전용을 전제로 한 취득이 가능하다.

이 경우 모두 농지취득자격증명을 발급받아야 하는데, 도시민이 농지전용의 방법에 의하여 취득하는 경우 농업경영계획서를 작성하지 않아도 된다. 또한 취득 목적에서 농업 용도로 사용하지 않아도 강제로 매각되지 아니 한다. 다만 전용 목적대로 2년 이내에 개발에 착수하지 아니하는 경우에는 농지처분사유에 해당된다는 점에 유의하여야 한다.

어쨌든 도시민을 비롯한 외지인의 농지취득이 과거보다 용이해졌다는 것만은 분명하다. 농지취득이 외지인에게 개방되면서 농지취득자격 심사기준이 완화되어, 예전보다는 쉽게 농지를 취득할 수 있게 되었다.

그 심사기준은 농업경영에 이용하는 것인지 확인하고, 농지 소재지와 거주지가 다른 농민일 경우 농지원부등본을 확인하며, 소유 농지를 타인에게 임대하거나 위탁경영 여부 등을 확인한 후 농지취득 여부를 결정하게 된다.

다만, 외지인이 농지를 취득할 경우 농지 소재지에 거주하지 아니 하더라도 본인 또는 가구원이 1년 이내에 90일 이상 직접 농사를 지을 수 있어야 한다. 즉 위탁영농일 경우, 본인 및 그 세대원 중 일부가 1년에 30일 이상 직접 농사를 지을 것을 조건으로 하고 자경일 경우는 농업진흥지역 내에서는 1,000㎡ 미만, 농업진흥지역 밖에서는 1,500㎡ 미만인 농지도 위탁을 할 수 있다.

결국 토지거래허가구역 밖에 있는 농지라면 도시민도 자유롭게 농지를 취득할 수 있다고 할 수 있으며 특히, 경매에 의한 농지취득은 허가구역 내 농지일지라도 경작거리의 제한 없이 농지를 취득할 수 있다.

농지는 과연 금싸라기 땅인가?

농지투자는 계획관리지역 토지와 비교해 60% 정도의 비용을 절감하면서 5,000만 원 이하의 소액 투자를 통해서도 2~3배의 고수익을 올릴 수 있는 메리트가 있다고 본다.

농지투자 전문가들은, 대부분의 투자자들이 계획관리지역 토지를 사려고 한다면서 같은 자금으로도 농림지역의 더 넓은 농지를 매입할 수 있으므로 투자비용을 줄일 수 있어 높은 투자이익을 올릴 수 있다고 본다. 즉 이제는 땅을 매입해 기다렸다가 값이 오르면 되파는 것만으로는 수익에 한계가 있다는 것이다. 농지인 땅을 가공해 개발할 수 있는 땅으로 만들면 땅의 가치는 더욱 높아질 수밖에 없고, 농지를 매입해 개발할 수 있는 땅으로 만드는 것만으로도 지가가 상승해 수익이 높아지는 건 당연하다.

예를 들면 농지를 매입해 2종 근린생활시설로 허가를 받는 것만으로도 투입된 비용에 비해 더 큰 수익을 올릴 수 있다.

일반인들은 대개 계획관리지역의 토지를 선호한다. 하지만 자신의 목적에 부합하기만 한다면 이보다는 지가가 저렴한 농업진흥지역 토지를 고려해보는 것이 좋다. 부동산에서도 성공과 실패는 한끝 차이가 가른다.

사실 전원주택을 짓고 싶어 하는 수요층의 입장에서 본다면, 농업보호지역에 있는 주택이든 계획관리지역에 있는 주택이든 다를 것이 없다. 그럼에도 용도지역이 무엇이냐에 따라 지가는 천차만별이고, 따라서 농업진흥지역에 농가주택을 지을 수만 있다면 초기 비용을 대폭 줄일 수 있다. 즉 양평 강변에 있는 농가주택이나 전원주택이나 똑같은 집이지만 위치한 땅값은 다르다. 즉 3.3㎡당 계획관리지역의 땅이 평당 200만 원이라고 한다면 농업진흥지역의 땅은 평당 60만 원 정도에 불과하다. 토지 매입에서만 계획관리지역의 땅보다 3분의 2 가량 비용을 절감할 수 있는 것이다.

결국 농지투자는 농업진흥지역(농업진흥구역, 농업보호구역)에 있는 농지냐, 농업진흥지역 밖에 있는 농지냐로 갈린다.

보통 지가는 농업진흥지역 밖에 있는 농지가 가장 비싸고 그 다음으로 농업보호구역, 농업진흥구역 순으로 저렴하다. 특히 농업진흥구역은 수도권의 경우 농지전용허가를 받아 농가주택, 유치원이나 어린이집, 농산물가공공장 등을 지을 수 있다.

한 투자자는 농업진흥구역 농지를 3.3㎡당 100만 원에 매입한 후 지목을 대지로 변경함으로써 지가가 3.3㎡당 500만 원으로 뛰어 대박을 친 사례도 있다. 그 후 그 땅의 시세는 600만 원 선에 육박한다.

또 다른 투자자는 인천에 소재한 그린벨트 330㎡의 농지를 2억 원에 매입해 건평 198㎡의 건물을 짓고, 두 개의 음식점으로 임대해 각각 월 500만 원씩 임대수익을 얻고 있다. 프리미엄만 해도 몇 억 원이 붙었다고 한다.

그는 농지에 투자하는 것도 다른 토지투자와 별반 다를 것이 없다고 말한다. 기본에 충실하게 투자하는 것이 성공의 바탕이라는 의견이다.

토지투자에서 봐야 할 가장 기본이 되는 세 가지 요소는 땅 자체보다는 입지, 개발호재 등 미래 가치와 관련 법이다. 도로와 인접해 있거나 도로와 맞닿아 있는지도 살펴야 한다. 즉 땅의 모양보다는 땅의 입지와 개발호재가 있어야 한다는 것이다.

또 농지를 개발할 수 있는 땅으로 전환하는 것이 법적으로 문제가 없는지 등을 따져야 한다. 전원주택 수요자가 집을 짓기 위한 용도로 논 가운데에 있는 땅을 매입하지 않는 것과 똑같은 논리다.

만약 도로에 붙어 있는 토지가 경매나 매물로 나왔을 경우, 그곳에 완충녹지가 지정되어 있다면 그 도로로 진입할 수 없는 맹지이기 때문에 투자가치가 떨어진다. 이런 완충녹지지역의 경우 도로와 붙어 있더라도 토지의 형질을 변경하거나 건축물을 신축, 증축, 변경이 불가능한 구역이기 때문에 이런 곳에 투자하는 것은 유의해야 한다.

또 농지투자에서는 소액자금으로도 얼마든지 투자가 가능하다. 즉 지분투자나 공동투자, 경매, 공매를 통해 소액투자를 할 수도 있다.

카페를 통해 만난 5인의 투자자는 공동투자로 주변 시세가 10억 원 가량인 인천 영종도의 농지가 5억 원에 경매로 나오자 각자 5,000만 원씩 투자하고, 나머지는 대출을 받아 투자해 고수익을 올린 사례가 있다.

토지투자는 장기적인 관점에서 바라봐야 한다. 농지를 개발할 수 있어야 하고 수요자가 풍부해야 한다. 실수요자들은 쾌적한 곳을 선호하기 때문에서 이와같은 주변 환경도 매우 중요하다.

또 도로신설예정지는 조사에 들어갈 때, 계획이 발표될 때, 착공되고 완공될 때 지가가 뛰기 마련이다.

이에 따라 땅에 투자를 고려하는 토지가 고속도로신설예정지와 가깝고 쾌적성까지 높다면 금상첨화다. 특히 IC 주변은 땅값이 비싸 접근이 어렵다면 주변 일대를 잘 살펴볼 필요가 있다. 또한 토지는 철저하게 수요와 공급에 입각해 수익률이 달라진다는 점을 유의해야 한다. 수요가 거의 발생하지 않는 지방보다 수요가 꾸준한 수도권 내 땅을 알아봐야 하는 이유다.

한편, 토지투자는 소문이나 다른 사람의 말만 듣고 무작정 투자하거나 자신만의 판단을 맹신해 투자에 나섰다가는 낭패를 보기 십상이므로 가능한 전문가와 상담을 거친 후 투자하는 것이 필요하다는 점을 유의하자.

토지투자의 블루오션

농지의 경우 국토계획법에서는 개발이 가능하지만 농지법의 규제로 인하여 인·허가를 받는 게 쉽지 않은 경우가 많다. 그래서 오랜 시간 동안 상대적으로 규제가 적고 고수익을 올리기 유리했던 임야, 즉 개발이 가능한 산지의 몸값이 적지 않게 상승했다. 그로인해 무분별한 난개발로 인한 자연환경의 파괴와 같은 부작용과 함께 기업들로서도 개발 용지를 매입하는 비용이 크게 늘어날 수밖에 없어서 임야투자에 대한 메리트가 점차 줄어들고 있는 시점이다.

즉 개발이 가능한 임야를 찾는 게 힘들어져 수급이 꼬이고 있는 현 상황에서 농지법이 현행대로 유지되는 것이 바람직한 것인지는 생각해볼 문제였다. 따라서 농지에 대한 개발 규제가 점차 완화되기 시작하였고, 이제는 부동산투자에서 각광을 받는 상품으로 떠오르고 있다.

한편, 농지법에 따른 규제완화와 더불어 관리지역 세분화 과정에서 농림지역이 농업진흥구역과 농업보호구역 농지로 분리되어 존재해야 할 필요가 있는지에 대해서도 의문이다.

결국, 도로 여건이 좋은 농림지역에 대해서 관심을 갖는 것도 좋을 것으로 생각한다.

현재 농사에 종사하는 농업인뿐만 아니라 비농업인도 일정한 요건만 갖추면 누구나 농지를 살 수가 있다고 말했다. 참고로 생업으로 농사를 짓는 것이 아니라고 해도 도시민들을 대상으로 하는 주말영농체험을 목적으로 1,000㎡(약 303평) 미만의 농지를 구입하는 것은 누구나 가능하다. 물론 토지거래허가지역이나 또는 개발제한구역(그린벨트지역)은 해당하지 않는다.

미래 가치는 농지가 최고

농지의 가치는 얼마나 될까?

순수한 농업 목적의 경제적 가치로 환산하면 그다지 높지 않을 것이다. 중국을 비롯한 외국으로부터 값싼 농산물이 대량으로 수입되고 있으므로 농지의 가치는 더 내려갈 것이다.

그런데 왜 농지는 그 땅의 순수한 경제적 가치의 10배, 20배 그 이상으로 거래되고 있는 것일까?

그것은 한마디로 농지의 수요는 계속 커지고 있고, 다른 부동산에 비해 상대적으로 가격이 싸며, 부동산 이외에 다른 투자수단을 선택하기 힘들기 때문이다.

이제는 정부(LH)의 토지 보상가도 어느 정도 현실적인 땅값을 반영하여 보상한다.

신도시가 개발되면 개발연접지역은 20~40%의 지가상승이 일어나는데, 수도권규제완화와 농지·산지규제완화는 상당 부분 서로 맞물려 있다. 기본적으로 토지규제완화는 도시의 용지 공급부족을 해소하고 지가를 안정시키기 위한 목적에서 출발하고 있기 때문이다.

그리고 현실적으로 도시용지는 대체로 수도권을 겨냥하고 있다고 보아야 한다. 다른 국정 과제로 나열하는 분양가 인하, 제조업 U턴 지원, 물가안정과 일자리창출도 모두 이와 간접적인 연관이 있다고 보여진다. 토지규제완화 필요성의 출발점은 수도권의 공장·창고·택지용지의 수요가 급증하는 반면, 땅값은 오르고 공급은 제한되어 있어서 결과적으로 물가와 집값이 오르는 데 있다.

그런 관점에서 토지규제완화는 향후 기업과 개인이 많이 찾는 쓸 만한 용지를 정부가 인위적으로 많이 공급함으로써 긴급한 수요를 충족하며, 수도권 토지시장의 가용토지 물량 간에 경쟁을 시켜 장기적으로는 지가안정을 도모한다는 전략으로 추측할 수 있다. 요약하면 가용토지 공급전략으로 등장하는 것이 토지이용규제완화라고 볼 수 있는 것이다.

전 국토의 17퍼센트에 해당하는 농지

우리나라 국토는 지상으로 본다면 대략 농지가 약 16.7%(2018 기준)이며, 산지인 임야가 64%에 달한다. 국토의 면적 비율로만 본다면 약 80%가 농지와 산지로 형성되어 있는 산악국가요, 농업국가인 셈이다.

그러나 해방 이후 50여 년이 흐르는 동안 엄청난 속도로 경제체제가 공업화 되었고, 지금은 제조업과 3차산업이 국가경제를 이끌어가는 주요 동력이 된 지 이미 오래여서 더 이상 농업국가가 아니다.

인구의 90% 이상이 도시에 살며, 농촌인구는 2019년 기준으로 231만 여 명에 불과하다. 특히 수도권에 전 인구의 절반 가까이가 살고 있으며, 우리나라 산업의 중추를 이루고 있다. 반면 농촌 인구는 해마다 급감하면서 고령화되어 가고, 농지의 농업생산성이 크게 떨어지면서 농업경쟁력도 극도로 약화되었다. 이로 인하여 이농으로 유휴농지가 늘어 가고 생산성이 크게 떨어지는 한계농지 등이 전국 도처에 방치되고 있는 실정이다.

그러나 도시에 있어서는 정반대의 현상이 일어나고 있다. 인구의 대도시 집중으로 갈수록 토지 수요는 늘어만 간다. 소득 수준 상승으로 넓은 새 아파트 건설에 대한 요구가 늘고 수출 증대로 기업의 공장과 창고를 지을 땅이 필요해진다. 일반시민을 위한 체육위락시설이라든가 빈곤층을 위한 사회복지시설의 수요도 만만치 않다. 지자체의 주민을 위한 신규 사업용지도 많이 소요된다.

여기에 도시 주변에 있는 농지 중에서 경작용으로서의 보전가치가 떨어지는 농지, 유휴농지, 생산성이 낮은 부정형 농지, 경사도가 높은 산비탈의 농지, 기계화 영농이 어려운 소규모 농지 등에 대하여는 규제를 풀어 주택용지, 산업용지, 휴양용지로 전환 사용하는 전략이 필요하게 되는 것이다.

농지의 소유규제완화

농지규제완화는 크게 농지 소유규제완화와 농지이용규제완화로 나누어 볼 수 있다. 그러나 농지의 소유규제완화는 쉽게 손을 댈 수 있는 부분이 아니다. 헌법상 농지는 농민만이 소유하는 것을 원칙으로 한다는 경자유전의 원칙이 명문으로 규정되어 있기 때문이다. 헌법을 개정하지 않고는 경자유전의 원칙을 함부로 훼손할 수는 없다는 한계가 있다. 이러한 취지는 역시 농지법에서도 자작농주의로 명문화하고 있다.

현행 제도상 경자유전의 원칙은 농지의 소유는 농업인과 농업법인에 한해 가능하다는 농지소유제한제도며, 농지취득시에는 예외 없이 농지취득자격증명을 받아야 하고 농업인에게는 농지원부제도를 두며, 농지의 전면 위탁경영과 임대차를 금지한다.

농지법에서는 농지를 소유한 자는 자경을 해야 한다는 사후관리의무를 부과하며, 이를 위반하는 경우에는 농지처분 혹은 처벌하는 규정을 여러 군

데에서 반영하고 있다.

실제로 대규모 개발사업을 시행하는 데 용이한 기업과 같은 일반 법인은 직접 농지를 취득할 수 없다는 제한이 현행법상 농지를 활용하는 데 있어서 가장 큰 걸림돌로 되어 있다.

농지의 이용규제완화

현행법에 따른 농지의 이용규제는 국토계획법과 농지법, 농어촌정비법 등에 산재되어 있다. 국토계획법에서는 농림지역(농업진흥지역)에서의 각종 행위제한과 건폐율, 용적률의 제한을 두며 농지법에서는 농업진흥지역의 지정, 농업진흥지역의 진흥구역과 보호구역 구분, 각 지역에서의 엄격한 개발행위제한 등을 규정한다.

또한 농지법에서는 농지개발행위에 필수적인 농지전용에 대한 금지와 제한, 절차와 복잡한 심사기준, 농지보전부담금 등에 관해 규정한다. 그리고 근래 폐지된 농업진흥구역 농지훼손시의 대체농지지정제도도 있었다.

향후 농지규제완화의 방향으로 점쳐 볼 수 있는 것으로는 주로 농지이용규제완화의 방향이라고 볼 수 있다. 농지소유규제완화로는 농업인 요건의 완화와 농업법인 요건의 완화를 예상할 수 있다.

한계농지에 대한 소유거래제한 철폐나 상속농지에 대한 소유제한 철폐도 거론되고 있다. 농지소유완화는 어차피 헌법 개정을 통해서만 경자유전의 포기 혹은 수정이 가능하기 때문이다. 농지법과 농어촌정비법 범위 내에서 부분 수정이 추진될 가능성이 많다. 농지이용규제완화가 예상되는 부분은 다음의 전부 혹은 일부가 추진 가능할 것으로 추측한다.

농업진흥지역 축소를 포함한 농업진흥지역 지정제도의 재검토, 지정권한의 지방정부 이양, 농업보호구역의 폐지 및 관리지역화, 농림지역에서의 허용행위 확대, 농림지역의 건폐율 및 용적률 확대, 한계농지의 허용행위 확대 및 개발 절차 단순화, 농지전용제도 절차 및 심사기준 단순화 및 부담금 폐지 혹은 축소, 국토계획법과 농지법상 농지 관련 규제의 일원화 통합 완화 등이다.

주의해서 살펴볼 것은 이러한 규제완화는 모두 국토계획법, 농업농촌기본법, 농지법, 농어촌정비법 등 현행 관련법의 개정을 통해서만 가능하다는 사실이다.

정부는 이미 오래 전부터 급격한 농가인구 감소, 고령화, 개방화 등 여건 변화에 대응하기 위해 농업구조개선 등 제반 제도적 장치를 보완해 왔다.

예를 들면 비농업인의 주말체험영농을 위한 세대별 1,000㎡(약 303평) 미만 농지 소유 허용, 농어촌지역에 일정 규모 이하의 주택을 취득하여 2주택이 될 경우, 양도세를 과세하지 않은 세제개편, 농업진흥지역 밖의 농지 중 영농조건이 불리하여 생산성이 낮은 농지(한계농지라 함)의 개발허용, 농지전용허가를 거치지 않고서도 농지 내에 축사 설치가 가능하도록 하는 등 나름대로 농업지원책을 마련해 시행해 오고 있다.

앞으로 정부의 농지에 대한 정책 방향은 어떻게 될까?

농자천하지대본이란 말이 있다. 아무리 값싼 농산물이 수입된다고 해서 농업정책을 포기할 순 없다. 따라서 적정한 식량생산이 유지될 수 있도록 농업진흥지역을 중심으로 한 우량농지는 최대한 보전할 것이다.

또한 농지의 소유 및 이용에 관한 제도를 개선 보완하여 도시의 자본을 농촌으로 끌어들여 도시와 농촌이 함께 잘살게 만드는 제도 도입 및 농촌사회의 활력을 증진하고, 계획적인 지역개발이 가능하도록 농지에 대한 전용규제를 완화할 것으로 예상된다.

정부의 정책이 앞으로 어떻게 변하는가를 염두에 두면, 어느 지역의 농지가 가치가 있는가를 쉽게 판단할 수 있다.

개발지역 주변 다랑이 논 투자 유망

농지는 어디에 위치하는가에 따라 농업진흥지역(진흥구역 보호구역)과 농업진흥지역 밖의 농지로 구분하는데, 쉽게 말하면 과거 절대농지라 불렸던 진흥지역은 경지정리 및 농수로 배수시설이 잘 되어 있는 농지를 말한다.

따라서 진흥지역 밖의 농지가 근린생활시설 등 소규모 개발이 용이하므로 투자가치가 높다. 그 중에서도 계획관리지역의 농지가 가장 좋다.

도시 주변의 경지정리가 되지 않은 농업진흥지역 농지도 투자성이 있다. 장기적으로 개발지역의 인근 농지는 규제가 풀릴 수밖에 없기 때문이다.

농지를 구입하려면 농지취득자격증명을 발급받아야 하며. 신규로 농업경영을 하고자 할 때는 1,000㎡(약 303평) 이상의 농지를 취득해야 한다. 단 구거, 상업, 공업지역 및 도시계획시설 예정지로 지정 또는 결정된 농지, 상속받은 농지, 개발행위허가를 받은 농지 등은 농지취득자격증명을 받지 아니하고도 농지를 취득할 수 있다.

농지를 취득할 때는 관련 서류(토지이용계획확인원, 토지대장, 지적도, 등기부등본 등)를 꼼꼼히 확인하고, 공부상 현황과 실제 현황이 일치하는지 반드시 현장에 가서 확인을 해야 한다.

무엇보다도 공인중개사의 도움을 받는 것이 가장 안전하다.

공익사업용으로 농지를 협의 양도하거나 농지가 수용되었을 경우, 농지의 대체 취득은 토지거래허가구역에서는 3년 이내 주소지로부터 80㎞(직선 거리)까지 가능하며, 보상금을 마지막으로 받은 날로부터 1년 이내 취득시에는 취득세와 등록세가 면제된다.

"땅은 10년 가지고 있으면 인삼이요, 20년 이상 소유하면 산삼이 된다. 대를 이어가며 잘사는 부자들은 계속해서 땅을 사 모은다."는 말이 있다. 아마도 최고의 재테크는 토지에 투자하는 것이라는 격언일 것이다.

농지는 정말 돈이 될까?

농지가 돈 되는 4가지 이유

일반 국민들은 농지라 하면 과거 절대농지·상대농지를 떠올린다. 그러나 이는 1995년 12월 31일자 농지법 개정으로 사라진 법률 용어이다. 1996년 1월 1일부터는 진흥농지·지역농지(일반농지)라고 한다. 국민들의 농지에 대한 인식이 10년 전 상황에서 멈춘 것이다.

그러나 2002년 4월부터 농지법은 일대 변혁을 거듭하고 있다. 우루과이라운드(UR 협상)와 자유무역협정(FTA)이란 새로운 국제 무역질서 때문이다. 농지가 화려한 스포트라이트를 받으면서 부동산 재테크의 신흥귀족으로 등장한 지도 이미 오래 되었던 것이다.

그 4가지 이유를 알아보자.

(1) 경자유전원칙 포기 : 2004년 4월 1일 이전까지 농지법(구농지법)은 농민만 농지를 소유할 수 있도록 했다. 그러나 신농지법은 농민이 아닌 일반국민도 농지를 자유롭게 소유할 수 있도록 개정되었다. 경자유전원칙 포기는 농

지 수요의 폭발적 증가를 수반하여 향후 농지 가격의 급격한 상승을 유발시킬 것이다.

(2) 농지절대보전 원칙 포기 : 신농지법은 대국大國들과의 자유무역협정(FTA) 체결에서 협상의 최대 장애물인 농산물시장의 개방에 대비하여 2004년부터 농지절대보전 원칙을 포기하였다. 국제경쟁력이 떨어지는 한국의 농업 보호를 위해 첨단산업의 해외 수요확대를 포기할 순 없기 때문이다.

이제 농지는 절대보전이 아니라 주택·공장용지·휴양레저용지로의 전용을 정책적으로 장려하고 있다. FTA로 인해 농지의 경제적 활용도에 있어서 오히려 부가가치가 높아진 것이다.

(3) 직접경작의무 면제 : 구농지법에서는 직접 경작하지 않는 농지는 강제처분대상이었다. 그러나 신농지법은 도시인의 농지 소유 확대를 위해(농업인 축소 목적) 농지임대를 허용함으로써 도시민의 직접경작 부담을 감면해 주고 있다.

(4) 강제처분제도 사실상 포기 : 신농지법은 구법과는 달리 형식적 강제처분제도를 채택하였다. 직접 경작도 임대도 하지 않는 강제처분대상 농지 소유주에게 면책기간을 줌으로써 강제처분제도의 법적 강제성이란 의미가 사실상 없어졌다.

위에서 예시한 이유를 살펴보면 왜 농지가 새로운 투자의 주인공으로서 화려하게 등장하게 되었는지 이해할 수 있을 것이다. 투자는 누가 흐름에 늦지 않게 올라타는가에 승패가 가름난다. 이것이 시대적인 트렌드에 관심을 기울여야 하는 이유이기도 하다.

법률상 농지와 규제에 따른 투자가치 분석

농지의 정의와 구분

농지법에서 정한 농지

▶ 전답 또는 과수원 기타 그 법적 지목 여하에 불구하고 실제의 토지 현상이 농작물의 경작 또는 다년생식물 재배지로 이용되는 토지.

▶ 토지의 개량시설(유지, 양·배수시설, 수로, 농로, 제방 기타 농지의 보전이나 이용에 필요한 시설로서 농림축산식품부령이 정하는 시설을 말한다)의 부지와 고정식 온실, 버섯재배사 등 농업 생산에 필요한 시설 중 다년생식물의 재배지로 이용되고 있는 토지.

▶ 고정식 온실·버섯재배사 및 비닐하우스와 그 부속시설.

▶ 농막 또는 간이퇴비장 등이 설치된 토지.

다만, 다음과 같은 토지는 농지에 해당하지 않는다.

▶ 지적법에 의한 지목이 전·답, 과수원이 아닌 토지로 농작물의 경작이나 다년생식물의 재배지로 계속하여 이용되는 기간이 3년 미만인 토지.

▶ 지목이 임야인 토지로 그 형질을 변경하지 아니하고 다년생식물의 재

배에 이용되는 토지.

▶초지법에 의하여 조성된 초지 등.

다년생식물이란?

▶목초·종묘·인삼·약초·잔디 및 조림용 묘목.

▶과수·뽕나무·유실수 기타 생육기간이 2년 이상인 식용 또는 약용으로 이용되는 식물.

▶판매를 목적으로 재배되는 조경 또는 관상용 수목과 그 묘목. (단 판매 목적이 아니거나 판매를 목적으로 하더라도 제초, 시비, 전지 등 지속적인 관리행위가 이루어지지 않을 경우 제외)

즉 농지란 전·답이나 과수원 등의 지목은 당연히 농지로 보며 이런 지목이 아니더라도 실제 현황이 농작물의 경작 또는 다년생식물 재배지로 계속하여 3년 이상 이용되는 토지는 농지로 본다는 것이다. 임야의 경우, 형질을 변경하지 아니 하고 다년생식물을 재배할 경우에는 농지가 아니다.

농지의 구분

농지는 농업진흥지역과 농업진흥지역 밖(농업진흥지역 외)으로 구분하는데 , 농업진흥지역은 다시 농업진흥구역과 농업보호구역 등 두 개의 용도구역으로 구분된다.

농업진흥구역은 농업의 진흥을 위해 사용되어야 하는 지역으로 다음과 같다.

▶농지조성사업 또는 농업기반정비사업이 시행되었거나 시행 중인 지

역으로서 농업용으로 이용하고 있거나 이용할 토지가 집단화되어 있는 지역.

▶이 외의 지역으로 농업용으로 이용하고 있는 토지가 집단화 되어 있는 지역 등 농업목적으로 이용하는 것이 필요한 지역.

농업보호구역은 농업진흥구역의 용수원 확보, 수질보전 등 농업환경을 보호하기 위하여 필요한 지역을 말한다.

한계농지

한계농지란 농업진흥지역 밖의 농지 중 영농조건이 불리하여 생산성이 낮은 농지를 말하며 평균 경사율이 15% 이상인 구릉지거나 집단화 된 농지 규모가 2ha 미만인 농지, 광업권이 기간 만료 또는 취소로 소멸된 광구의 인근 지역 농지로 토양오염 등으로 인해 농업 목적으로 사용하기에 부적당한 농지 등을 말한다.

농촌에 살지 않는 도시민 등 개인들도 농업생산성이 떨어진 한계농지를 구입해 주택은 물론 콘도미니엄이나 호텔, 실버타운 등을 지을 수 있게 되었다.

몇 년 전까지만 해도 한계농지정비사업이라 하여 한계농지와 그 주변 산지 등을 포함한 10ha(약 3만평) 미만의 땅을 다양하게 개발할 수 있도록 하고는 있었지만 난개발을 막는다는 차원에서 해당 지방자치단체나 농업기반공사, 농협, 임협 등으로 사업 주체를 제한했었다. 또 설치 가능한 시설도 주택, 문화체육시설, 축산단지, 양어장, 관광농원 등으로 제한했었다.

그러던 것을 최근에는 개인이 개발할 수 있도록 하였으며 전시장, 박물관,

호텔, 콘도미니엄 등 관광시설과 병원, 실버타운 등 노인복지시설, 기타 농어촌지역 개발에 필요한 시설을 설치할 수 있도록 했다. 한계농지정비지구를 지정할 때도 이제까지는 지자체의 농정심의회 심의와 농림축산식품부장관의 승인을 얻어야 했지만 앞으로는 지자체장의 승인만 얻으면 가능하다.

또 민간사업자의 사업비 부담을 덜어주기 위해 농지조성비 및 대체조림비를 감면해 주고 농지전용허가(농지법), 건축허가(건축법) 등 24개 법률에 의한 인·허가도 일괄처리 되도록 하여 민간투자자의 활발한 투자를 유도하고 있다.

영농여건불리농지(한계농지) 해설

영농여건불리농지란 농지법 제6조 제2항 제9호의 2조항에 의거한 용어로 최상단부로부터 최하단부까지의 평균 경사율이 15%(度) 이상인 영농여건이 불리한 농지로서, 예외적으로 비농업인이 소유할 수 있는 농지를 말한다. 농지법에 따라 직접 농업경영에 이용하지 않더라도 예외적으로 소유가 허용되는 농지이다.

보통 착각하고 있는 한계농지와 유사한 내용이지만 농지법에서는 영농여건불리농지로, 농어촌정비법에서는 한계농지로 불리고 있다.

영농여건불리농지의 지정 대상은 영농조건이 불리하여 생산성이 낮은 농지 중 시장·군수가 고시한 농지로서, 첫째, 최상단부에서 최하단부까지의 평균 경사율이 15% 이상. 둘째, 집단화된 농지규모가 2㏊ 미만. (한계농지는 다름) 셋째, 농업진흥지역 밖의 농지. 넷째, 시·군의 읍·면 지역일 것 등의 조건을 모두 만족하여야 하고 있는데 한계농지에서는 단위당 평균생산량을 거론한다.(농지법 제6조 제2항 제9호의 2, 시행령 제5조의 2 제1항)

또, 시장·군수는 제1항에 따라 영농여건불리농지를 고시한 때에는 그 내

용을 관할 광역시장 또는 도지사를 거쳐 농림축산식품부장관에게 보고하여야 한다.(시행령 제5조의 2 제2항)

이 영농여건불리농지를 취득하려는 자는 농업경영계획서를 작성하지 않고도 소재지 관할 시장·구청장·읍장 또는 면장에게서 농지취득자격증명을 발급받을 수 있고(농지법 제8조), 농지를 임대하거나 사용할 수 있다. (농지법 제23조)

원래 농지에 대해서는 원칙적으로 자경 목적 이외에는 소유가 제한되어 있지만(농지법 제6조 제1항), 이러한 영농여건불리농지의 지정으로 인해 생산성이 낮고, 기계화 등 영농여건이 어려우며, 고령화로 경작이 힘든 농지를 전업농 등에게 임대할 수 있게 되어 농지 이용의 효율화를 도모할 수 있다. 농지의 소유제한으로 거래가 되지 않았던 영농여건이 어려운 농지의 거래가 활성화가 가능하게 되었다

한계농지 제도 및 인센티브 개요

구분		내용
한계농지 정비지구 지정절차		시장·군수가 지정·고시
		사전 시·도지사 승인
인센티브	정비지구개발	• 농지전용, 건축허가 등 타법에 의한 인·허가 의제(제87조)
		• 농지보전부담금 전액 감면(수도권·광역시에 속하지 아니 하는 읍·면지역만)
		• 대체산림지원조성비 전액 감면
	개별개발	• 시장·군수가 확정 고시한 개별 한계농지개발지 농지조성비 감면(수도권·광역시 제외)

한계농지는 농지보전부담금 등이 감면되고 농지전용허가, 건축허가 등이 일괄적으로 처리된다.

참고로 농림축산식품부에서 정의하고 있는 내용을 보자면, 이 영농여건

불리농지는 읍·면지역의 농업진흥지역 밖에 있는 평균경사율이 15% 이상이고, 집단화된 규모가 2ha 미만인 농지 중에서 시장·군수가 영농여건이 불리하고 생산성이 낮다고 인정하는 농지를 지정하게 된다.

▶ 영농여건불리농지는 자기의 농업경영에 이용하지 않더라도 누구든지 취득하여 소유할 수 있으며, 임대도 가능하기 때문에 고령으로 인한 영농이 불편한 농지의 유휴화 방지 등 농지의 효율적 이용이 기대된다.

▶ 영농여건불리농지를 취득하려는 경우에는 일반농지와 달리 농업경영계획서를 작성하지 않고 농지취득자격증명을 신청할 수 있다.

▶ 영농여건불리농지를 전용해 주택 등을 건축하려 할 때에는 농지전용허가를 받는 대신 시장·군수에게 신고만으로 농지를 전용할 수 있다.

▶ 영농여건불리농지는 필지별로 토지이용계획확인서를 통해 확인할 수 있으며, 시·군에 비치된 지적도를 열람하거나 토지이용규제정보서비스 (http://luris.mltm.go.kr) 에서 볼 수 있다.

농지의 소유에 대한 법률적 제한

어느 정도의 농지를 매입할 수 있을까?

농지를 매입하는 입장에서 가장 관심 있는 부분은 "내가 과연 어느 정도 면적을 매입할 수 있을까?" 하는 문제이다.

헌법과 농지법은 경자유전의 원칙을 규정하고 있으므로 농업인이 아니라면 원칙적으로 농지 소유를 금하고 있다.

일반인 중에서 취득하려는 농지면적이 최소한 1,000㎡(약 303평) 이상이어야 하는 것으로 알고 있는 경우가 많다. 하지만 반드시 그런 것은 아니다.

농지를 매입할 수 있는 면적은 기존에 농사를 짓고 있는 농업인인지, 아니면 처음으로 농사를 지으려고 하는 사람인지에 따라 다르다. 주말·체험농장용으로 취득하려는 경우에도 면적이 각각 다르다.

기존에 농사를 짓고 있던 사람이 추가로 농지를 취득하는 경우에는 취득하는 면적이 얼마인지 중요하지 않다. 10㎡도 가능하고, 1만 ㎡도 가능하다. 농지법은 농업인이라면 제한 없이 농지를 소유할 수 있도록 농지 소유 상한제를 폐지했다.

문제는 처음으로 농업경영을 위해 농지를 취득하는 경우이다. 외지인이 농업인이 되기 위해 처음 농지를 매입하고자 할 때는 그 면적이 최소 1,000㎡(약 303평) 이상이어야 하는 것이 원칙이다. 다만 전에는 자신이 매입하는 면적 전체가 반드시 1,000㎡ 이상이어야 했으나 현재는 농지법이 개정되어 1,000㎡ 전부를 매입할 필요는 없다. 자신이 매입한 부분과 다른 사람의 농지를 임차해 합한 면적이 1,000㎡ 이상이면 된다. 이 경우 농지취득자격증명을 신청할 때 부족한 면적은 다른 사람의 농지를 빌려 사용한다는 농지임대차계약서 또는 농지사용대차계약서를 첨부하면 된다.

그런데 실제로 농업인이 되고자 다른 사람 농지 일부를 임차해 1,000㎡를 맞춘다는 것은 그리 쉬운 일이 아니다. 이것이 가능하려면 그 지역에 농지를 합법적으로 임대할 수 있는 자격이 있는 사람이어야 한다. 예를 들어 농사를 짓다 군에 입대한 사람의 농지를 빌리든지, 아니면 상속받은 사람이 농사를 짓지 않는 경우 그 농지를 취득해 농지를 빌려야 한다. 아니면 1996년 1월 1일 이전에 농지를 취득해 농사를 짓던 사람의 농지라도 좋다.

이 같은 경우가 아니면 외지인이 농지를 취득할 때는 기본적으로 1,000㎡ 이상이어야 한다고 알아두면 된다. 다만 외지인이 1,000㎡가 안 되는 농지를 취득해 농업인이 될 수 있는 경우가 있다.

농사 중에서도 고정식 온실. 버섯재배사, 비닐하우스와 같이 주로 특용작물을 재배하기 위해 일정한 시설을 설치할 경우에는 그 시설 부지면적이 330㎡(약 100평) 이상의 면적만 확보하면 된다.

이 경우에는 농지취득자격증명 신청시 첨부하는 농업경영계획서에 이 시설을 설치해 농사를 짓겠다는 내용을 기재해야 한다.

또 하나 외지인이 주말 등을 이용해 취미 또는 여가활동으로 농작물을 경작하거나 다년생식물을 재배하는 소위 주말·체험영농을 하고자 하는 경우에는 앞에 설명한 면적기준과 다른 기준이 적용된다. 주말·체험용으로 농지를 취득할 경우 취득할 수 있는 농지면적은 1,000㎡(약 303평) 미만으로 한정되어 있다. 303평 미만의 밭이 매물로 나왔다면(1,000㎡가 안 되므로) 농사를 전문적으로 짓기 위해서는 취득할 수 없고, 주말·체험용으로 취득할 수 있다는 의미이다. 여기서 1,000㎡라고 함은 전 세대원이 소유한 면적을 기준으로 한 것이다. 따라서 남편이 이미 600㎡ 농지를 소유하고 있다면 부인은 400㎡를 넘게 매입할 수 없다.

농지의 구분과 소유

구분	내용
농지로 보는 경우	• 지목이 전·답·과수원은 실제 상황에 관계 없이 농지. • 지목이 전·답·과수원이 아닌 타 지목도 3년 이상 계속하여 영농을 하면 농지. • 유지·농로·수로 등과 같이 농지의 개량시설의 부지. • 농작물이나 다년생식물을 경작하는 토지의 개량시설과 토지에 설치하는 농축산물 생산시설로서 대통령령으로 정하는 시설의 부지. • 축사 및 축사와 연접하여 설치된 아래의 부속시설. (급여시설·착유시설·위생시설·가축분뇨처리시설·농기계보관시설·진입로 및 가축운동장 등 가축의 사육·관리·출하에 직접 필요한 시설, 자가 소비용 사료의 간이처리 또는 보관에 직접 필요한 시설, 주거 목적이 아닌 축산업용 관리사) * 농지전용시 지목이 잡종지 등 타 지목 일지라도 사실상 농지(3년 이상 농지로 사용)인 경우에는 농지에 해당되어 농지전용허가(협의)를 받아야 하고 농지조성비도 납부하여야 한다.
농지로 보지 않는 경우	• 지목이 임야인 토지로서 형질을 변경하지 아니하고 다년생식물을 재배. • 초지법에 의하여 조성된 초지 등.

농지란 전·답·과수원 기타 법적인 지목을 불문하고 실제로 농작물 경작지 또는 다년생식물 재배지로 이용되는 토지를 말한다. 이 토지의 개량시설 또는 설치하는 농축산물 생산시설로서 대통령령으로 정하는 시설의 부지를 농지라고 한다.

농지는 농업진흥지역과 농업진흥지역 밖(농업진흥지역 외)으로 구분되며, 농지법 제30조의 규정에 의거 농업진흥지역은 농업진흥구역과 농업보호구역으로 구분하여 지정하며 국토계획법 6조의 농림지역에 해당한다.

농업진흥구역은 농지법 시행 전 절대농지와 비슷하나 과거 절대·상대농지를 필지별로 지정할 때와는 달리 농업의 진흥을 도모하기 위하여 집단화되어 농업 목적으로 이용하는 것이 필요한 지역으로 농지를 권역별로 지정하므로 농지 외의 임야·잡종지·묘지 등 비농지 일부도 포함되어 있다.
농업보호구역은 농업진흥구역의 용수원 확보, 수질보전 등 농업환경을 보호하기 위하여 필요한 지역을 지정한다.

농지의 판독

농지인가, 산지인가?

농지를 매입하려면 농지취득자격증명을 받아야 하고, 이후 이를 경작할 의무가 발생하며, 만약 경작하지 않을 경우 처분명령을 받게 된다.
더욱이 토지거래허가구역 내 농지를 취득하고자할 때는 농지 소재지에 세대원 전원이 6개월 이상 거주해야 매입허가를 받을 수 있다.

▶ 과수원에 과수가 심어져 있다면 이는 농지인가?

▶ 임야를 무단 개간해 특용작물을 재배했다. 이 사람은 농사를 지었으므로 농지원부를 만들려고 한다. 가능할까?

▶ 잡종지에서 4년 정도 농사를 지었는데, 이를 매입하려면 농지취득자격 증명을 받아야 할까?

▶ 낙향을 해서 150평 밭에 비닐하우스를 지어 화초를 재배하려고 한다. 저금리로 농어민 대출을 받을 수 있을까?

앞의 4가지 사례에서 전부 농지로 분류된다면 가능하다. 이 점에서 농지라는 개념이 중요하다.

유권해석 : 농지란 무엇인가?

농지법에서 말한 농지란 다음에 해당하는 토지를 말한다. 농지는 법적인 지목이 전·답·과수원으로 표기된다.

그런데 지목이 전·답·과수원이 아님에도 농작물을 경작하거나 인삼과 같은 다년생식물을 재배하는 경우가 있다. 이와 같은 토지도 포함해 농지라고 한다. 다시 말하자면 지목이 전·답·과수원이 아니라도 여기서 농사를 짓고 있으면 농지에 해당한다는 의미이다.

농촌에 가면 유지(논 언저리에 물을 가두어 두는 곳), 양·배수시설·수로·농로·제방 등 토양의 침식이나 재해로 인한 농작물의 피해를 방지하기 위해 설치한 계단·흙막이·방풍림 등이 있는데, 이것도 농지에 해당한다.

농지란 꼭 농사를 짓는 토지만 말하는 것이 아니다. 농사를 짓는 데 부수적으로 필요한 시설들이 설치된 토지까지 포함된다. 따라서 이 같은 토지를 취득하는 경우에는 농지취득자격증명을 받아야 한다.

밭에 비닐하우스를 지어 농작물을 재배하거나 버섯재배사와 같은 시설을 설치해 특용작물을 재배하는 경우도 농사에 해당한다.

마찬가지로 화초나 화훼를 재배하기 위해 비닐하우스를 만드는 경우도 앞에서 본 바와 같이 농지에 해당한다. 하지만 여기서 생산된 농작물을 저장하거나 판매하기 위해 별도로 설치한 비닐하우스는 농지에 해당하지 않는다. 농지로 보는 비닐하우스는 농산물을 생산하기 위해 설치한 것에 한하기 때문이다.

이것이 왜 중요할까?

만약에 밭에 작물을 재배하기 위해 비닐하우스를 설치하거나 버섯재배사를 건축할 때는 (그 자체가 농지이므로) 농지전용절차를 거치지 않고도 가능하지만, 창고나 판매용으로 사용하기 위해 이를 건축할 때는 농지전용절차를 거쳐야 하기 때문이다.

다만, 화초나 화훼를 재배하는 비닐하우스에서 동시에 판매도 같이 하는 경우는 전체적으로 농지로 보기 때문에 전용절차를 거치지 않아도 된다.

물론 같은 창고라 하더라도 농업인이 농산물을 저장하기 위해 건축한 경우에는 농지전용절차를 거치되 전용신고만 하면 되지만, 농업용 창고가 아니거나 농업용 창고라도 농업인이 직접 사용하지 않고 임대 목적으로 건축하려는 경우에는 전용허가를 받아야 한다.

창고 건물이 준공되면 그 지목을 '창고용지'로 변경하고, 이 지목변경 절차는 별도로 밟아야 한다. 물론 농지에 해당하는 비닐하우스에 대해서는 지목을 변경할 수 없다.

축사의 경우에는 주의해야 할 부분이 있다.

원래 축사나 축사를 건축한 부지는 농지에 해당하지 않았으나 농지법의 개정으로 2007년 7월 4일 이후에 축사가 건축된 부지도 농지로 편입되었다.

따라서 2007년 7월 4일 이전에는 농지에 축사를 거치지 않고도 건축법상 허가만 받으면 축사를 건축할 수 있게 되었다. 축사를 건축해도 해당 부지는 그대로 농지이므로, 그 지목을 대지나 목장용지로 변경할 수 없다. 또한 농지법은 농작물의 경작이나 다년생식물을 재배한 경우에만 농지원부를 작성할 수 없다. (다만 2007년 7월 4일 이전에는 농지전용허가를 받아 축사를 건축했다면 축사 착공일이나 준공일에 관계없이 지목을 변경할 수 있다.)

다음에 해당하는 토지는 농지취득자격증명 또는 농지원부와 관련해 주의해야 할 점이 있다.

전·답·과수원에서 농작물을 재배하면 당연히 이는 농지이다.

지목이 전·답·과수원이 아닌 토지라도 3년 이상 농사를 지으면 이 또한 농지로 본다. 따라서 전·답·과수원이 아닌 토지에서 농사를 지은 기간이 3년이 안 되면 이는 농지에 해당하지 않으므로 여기서 지금 농사를 짓고 있더라도 농지취득자격증명을 받을 필요가 없다.

물론 농사를 지은 지 3년이 경과한 토지는 농지이므로 이를 매입할 때는 농지취득자격증명을 받아야 한다.

산지의 경우 외관상 산지인지 농지인지 구분하기 어려운 경우가 있다. 가령 산지를 그대로 두고 산삼 씨를 뿌려 재배하는 경우(장뇌삼) 그 구분이 명확하지 않다.

그래서 지적법상 지목이 임야인 토지를 형질변경하지 않고 그대로 둔 상태에서 인삼·잔디·목초·종묘·약초 등을 뿌려 재배하더라도 이는 농지에 해당하지 않고 그대로 산지로 본다. 비록 다년생식물을 재배했더라도 지목이 임야로 되어 있고 형질변경도 되어 있지 않다면, 외관상 누가 봐도 농지라고 할 수 없기 때문이다.

따라서 산지가 농지로 인정받으려면 형질변경을 하고 난 다음 농사를 지어야 한다는 것인데, 이는 다른 지목의 경우 형질변경 여부와 무관하게 3년 이상 경작하면 농지로 본 것과 다르다는 점에서 유의해야 한다.

그래도 문제는 남는다.

만약에 산지를 불법으로 개간해(형질변경해) 농사를 짓는 경우도 이를 농지로 볼 수 있는가?

이 경우에는 농지법과 산지관리법의 규정이 각각 다르게 되어 있어 약간 혼란을 야기한다. 농지법은 산지를 형질변경을 해 농사를 지으면 농지에 해당한다고 규정한다.

따라서 그것이 불법 개간인지 합법적 개간인지 묻지 않고 있으나, 산지관리법은 산지전용허가를 받아야만 다른 용도로 사용할 수 있다고 규정함으로써 합법적으로 전용된 경우에만 농지로 보고 있다.

이와 관련해 대법원 판례나 법제처 법령해석 사례를 보면 산지전용허가를 받지 않고 불법적으로 농지로 사용할 경우, 이는 산지에 해당한다고 해석하고 있다.

따라서 공부상 지목이 임야인 경우는 물론 사실상 임야로 이용되고 있는 토지에 정당한 절차 없이 다년생식물을 재배하는 경우, 이는 산지로 봐야 할 것이므로 이를 근거로 농지원부를 만들거나 농업인으로 인정받기는 어렵다.

마지막으로 소에게 먹이는 풀이 자라는 초지는 초지법에 의해 특별히 관리되고 있으므로 농지법상 농지가 아니다. 따라서 초지 조성으로 허가 받은 토지를 매입할 때는 굳이 농지취득자격증명을 받지 않아도 된다.

텃밭은 농지인가?

한 필지가 330㎡(약 100평)인 토지가 있는데, 이 중 100㎡(약 30평)에는 집이 지어져 있고, 나머지 230㎡는 텃밭으로 이용되고 있다.

이 텃밭은 농지일까?

그래서 농지원부를 만들 수 있을까?

전부를 대지로 전용할 수도 있고, 그 중 일부만 전용할 수도 있지만 만약 그 중 일부만 전용한 경우라면 100㎡와 230㎡는 필지분할이 된다. 230㎡는 농업인이 되기 위한 최소면적 1,000㎡에 미치지 못하므로 이를 근거로 농지원부를 만들 수는 없다.

농지의 소유제한과 자경

농지는 관리 및 이용, 개발 등의 효율성을 높이기 위해 소유와 취득에 대해 엄밀하게 규정되어 있다. 우선 농지는 자기의 농업경영에 이용하거나 이용할 자가 아니면 소유하지 못한다. (경자유전의 원칙)

일정한 자격을 갖춘 자라도 소유에 상한선을 두어 전체적인 관리가 가능하도록 하였는데, 상속으로 농지를 취득한 자로서 농업경영을 하지 아니 하는 자는 그 상속 농지 중에서 총 10,000㎡(3,025평)만 소유할 수 있고, 대통령령으로 정하는 기간 이상 농업경영을 한 후 이농한 자는 이농 당시 소유 농지 중에서 총 10,000㎡(3,025평)까지만 소유할 수 있다.

그리고 예외적으로 주말·체험영농을 하려는 자는 총 1,000㎡(302.5평) 미만의 농지를 소유할 수 있다. 이 경우의 면적 계산은 그 세대원 전부가 소유하는 총 면적으로 한다. 국공유지의 농지를 임대하거나 사용하는 경우에는 10,000㎡ 소유상한을 초과할지라도 그 기간에는 그 농지를 계속 소유할 수 있다.

구분	내용
원칙	농업경영에 이용하거나 이용할 농업인이 아니면 소유하지 못함.
상한선	① 상속으로 농지를 취득한 자로서 농업경영을 하지 아니 하는 자는 그 상속 농지 중에서 총 10,000㎡(3,000평)까지만 소유 가능. (단, 농업기반공사에서 운영하는 농지은행에 위탁하여 임대할 경우에는 1㏊까지 임대가 가능.) ② 대통령령으로 정하는 기간 이상 농업경영을 한 후 이농한 자는 이농 당시 소유 농지 중에서 총 10,000㎡(3,000평)까지만 소유 가능.
예외 (비농업인=부재지주)	주말·체험영농을 하려는 자는 총 1000㎡(300평) 미만의 농지를 소유할 수 있음. (단, 토지거래허가구역 안에 있는 500㎡(90.75평) 이상 면적의 농지는 개월 이상 현지에 가족들이 실제 거주해야 구입이 가능하고 구입한 후에는 5년 간 의무적으로 이용해야 한다.)

※ 농지를 취득한 후 자기의 농업경영에 이용하지 않는 농지는 강제처분하도록 하는 사후관리제도가 운영되고 있고 처분의무기간 내에 처분하지 않으면 이행강제금이 부과된다.

이행강제금 부과

처분의무기간(1년) 내에 처분하지 않을 경우 시장·군수가 6개월 이내에 당해 농지를 처분할 것을 명령할 수 있고, 처분명령을 받은 농지 소유주는 농업기반공사에 매수 청구가 가능하다. 시장·군수의 처분명령을 이행하지 않으면 이행강제금(공시지가의 20%)을 처분시까지 매년 1회 부과가 가능하다. 처분하더라도 이미 부과된 이행강제금은 납부해야 한다. 공시지가가 1억 원이라면 2,000만 원이 매년 1회 부과되는 셈이다.

농지법상 소유 및 임대 요건

1996년 이후 상속 · 증여 받은 농지는?
➡ 상속은 자경을 하지 않아도 1㏊까지, 증여는 자경해야 소유권 인정

개인이 농지를 임대할 수 있나?
➡ 개인 간 임대는 전면금지, 단 선거직 진출시 등에는 농지은행에 위탁 가능

주말농장 이용 한도는?
➡ 농업경영계획서 없이도 소유 가능. 단 규모는 1000㎡ 미만

가족이나 친지의 대리 경작은 가능한가?
➡ 자경이 원칙이나 농지은행의 심의를 거쳐 소유주가 수수료를 내면 가능

농지법 위반 및 행정조치

쟁점	위법여부	행정조치
농지취득시 제출한 경영계획서 불이행	농지법 위반	농지 처분
농지취득 후 사유 없이 농사 불이행	상동	상동
농지전용허가 후 불이행	상동	전용 취소 및 농지 처분
주말농장 허용한도 초과	상동	초과 범위 처분 명령

농지의 자경

농지의 자경이란 자기소유의 농지에 농작물을 경작하거나 다년생식물을 재배하는 것을 말한다.

농지법상 자경이란 농업인이 그 소유 농지에서 농작물의 경작 또는 다년 생식물의 재배에 상시 종사하거나 농작업의 1/2 이상을 자기의 노동력에 의하여 경작 또는 재배하는 것을 말한다.

농업법인의 경우는 자기소유의 농지에서 농작물을 경작하거나 다년생식물을 재배하는 것을 말한다.

농지원부를 만들어 두는 것은 간접적인 자경의 입증 방법의 하나가 될 뿐, 그 자체가 직접적으로 자경을 증명하는 것은 아니다.

PART
2

도시인의 농지투자 실전

도시인의 농지투자 노하우 알아보기

재촌자경을 비롯한 농지투자 전략

서울이나 수도권과 같은 도시에 거주하는 사람들이 농지에 투자하는 방법에 대해 알아보자. 이왕이면 투자를 해서 이익을 높일 수 있는 방법들은 무엇이 있는지 알아보자는 것이다.

여기서도 주소를 옮기지 않고 농사를 지으면서 하는 방법도 있겠고, 농사를 직접 짓지 않으면서 투자하는 방법도 있을 것이며, 나중에 직접 농사를 지으며 전원생활을 하고자 하는 투자도 있을 것이다.

농지에 직접 투자하는 방법 중에서 재촌자경으로 투자하는 방법을 알아보겠다.

서울 도심에 거주하는 이들이 투자를 하는 데는 많은 제약이 있다. 이런 투자자라면 농지를 구입해 일정기간 자경한 후에 농지은행에 임대하는 방법이나 농지법인에 출자하여 투자하는 방법이 가장 좋을 것으로 보인다. 이때에는 양도할 때 일반세율이 적용되기 때문이다. 물론 직접 농사를 지어도 되지만 이런 경우에는 60%의 양도소득세를 내야 하는 중과세로 인해 투자이익이 적을 수밖에 없다.

그럼 도심지가 아닌 곳에 거주하거나 수도권 위성도시에 거주하는 이들은 어떨까?

재촌자경요건을 충족할 수 없다면 도심지 거주자와 투자 방법은 똑 같다. 그러나 재촌자경요건을 충족할 수 있다면 그렇게 하면 된다.

재촌자경요건을 충족할 만한 곳에 투자하는 방법을 알아보자.

우선 토지 소재지 시·군·구 그리고 토지 소재지와 연접한 시·군·구 그리고 주소지와 토지 소재지와의 거리가 도면상 30㎞ 이내 지역이어야 한다.

만약 분당에 살고 있다면, 우선 토지 소재지인 성남시의 농지 구입이 가능하다. 다음은 연접 시·군·구인 서울의 강남구, 송파구, 강동구 지역과 경기도의 하남시, 광주시, 용인시, 수원시의 농지 구입이 가능하다.

그러나 대부분의 지역은 토지거래허가지역이므로 구입이 까다롭다. 그래서 처음 농지를 구입하는 경우에는 성남시에서 6개월 이상 전 가족이 거주하고 있는 경우 성남시에 있는 농지를 구입할 수 있겠다.

다음에는 용인시의 일부 자연보전권역이 허가지역이 아니므로 구입이 가능하겠다.

경매를 통한 투자방법

그럼 이 두 곳만 구입이 가능할까?

아니다. 모든 곳이 구입 가능한 방법이 있다.

다른 곳의 농지 중에서 경매나 공매로 나온 것을 낙찰받으면 가능하다. 또 다른 방법도 있다.

재촌자경요건이 아니면서 투자를 하는 방법을 알아보자.

토지거래허가구역이 아닌 지역의 농지를 농지취득자격증명으로 취득하면 된다. 그리고는 자경을 하거나 농지은행에 위탁하면 가능하다. 물론 양도시에 양도세는 60%가 되겠지만 말이다.

그럼 이렇게 한 경우 모두 양도세는 60% 중과세가 될까? 아니다.

농지전용을 하는 등 개발을 하여 매도한다면 일반 세율로 바뀌게 된다. 또 하나는 나중에 주소를 이전하여 재촌자경요건 2년 이상 경우에 따라서는 3년 이상을 충족하여 매도한다면 일반세율이다. 다른 방법은 나중에 전원생활도 즐기면 재촌자경요건을 충족하여 세율도 낮추는 방법도 있다.

여기서 중과세와 일반 세율이라고 하니까 별것 아닌 듯 보이지만 중과세 세율은 장기보유공제 없이 양도차익의 50%이고, 일반세율은 양도차익에서 장기보유공제를 최고 30% 해 주고 세율도 6~42%로 낮아진다.

10억 원이 양도차익이고 10년 이상 보유했을 경우에는, 중과세는 6억 원을 양도세로 내고 4억 원의 투자수익이 나지만, 일반세는 2억 1,000만 원으로 낮아진 7억 9,000만 원의 투자수익을 낼 수 있다. 여기에다 8년 이상 재촌자경을 한다면 2억 원을 감면받아서 양도세가 1,000만 원이 되어 투자수익은 9억 9,000만 원이 된다. 또 한 가지 3년 이상 재촌자경요건을 맞추고 대토하여 3년 이상 재촌자경을 한다면, 1억 원을 감면 받아서 양도세는 1억 1,000만 원으로 투자수익률은 8억 9,000만 원이 된다.

수도권에 거주한다고 투자 방법이 없는 것은 아니다.

또한 같은 지역에 투자한다고 해서 모두가 투자수익률이 같은 것도 아니다. 다만 투자성향과 투자자금의 규모 그리고 투자자금의 성격 등등 투자의 제반 여건에 따라서 투자 전략을 달리해야 한다.

만약 30대 초에 지방에 있는 농지에 투자했다고 해보자. 재촌자경을 위한 주소 이전은 아이들이 성년이 되는 20여 년 후에나 가능하다. 그리고 50대 초에 지방의 농지에 투자했다면, 바로 또는 은퇴 후 5~6년 이내에 주소 이전이 가능하다. 누가 더 유리할까? 또한 30대와 50대의 투자자금 성격은 지방 농지 투자에 누가 더 유리할까?

그래서 투자에서는 정답이 없다.

다른 사람에게는 좋아도 나에게는 나쁠 수 있고 다른 사람에게는 나빠도 나에게는 대박이 될 수도 있다. 바로 투자물건과 투자자금 등의 성향에 따라 유동적이기 때문이다.

서울이나 수도권에 거주하면서도 농지투자로 충분히 성공할 수 있다.

그렇다면 구체적으로 어떤 방법으로 도시인이 농지에 투자를 할 수 있는지 알아보자.

일반적으로 농지를 구입하는 방식은 유상으로 하는 방식과 무상으로 하는 방식이 있다. 유상으로 농지를 구입하는 방식에는 매매 방식이 대표적이다. 또한 교환, 물품대금이나 돈을 빌려준 대가로 받는 대물, 저당권 실행으로 인한 경매 등의 방식도 있다. 무상으로 구입하는 방식은 증여와 상속이 있다.

앞의 두 가지 방식 외에 시효취득 방식도 있지만 이는 특수한 경우에만 해당된다. 먼저 증여와 상속을 살펴보자.

증여는 농지취득자격증명을 발급 받아서 등기를 한다. 상속은 농지취득자격증명이나 토지거래허가 등을 받지 않고 등기이전이 가능하다.

두 가지 경우의 장단점은 당시의 상황에 따라 다르겠지만 일반적으로 동일한 조건 아래에서는 상속이 증여보다는 유리한 편이다. 이와 관련한 자세한 내용은 토지세금에 대해 상세하게 다룬 부분을 참조하도록 하자.

다음으로 실제 매매를 통한 농지 구입에 대하여 살펴본다.

농지를 구입하는 경우에는 원칙적으로 농지취득자격증명을 발급 받아야 한다. 다만 예외적으로 토지거래허가구역에서는 토지거래허가를 받으면 되고, 상속과 시효취득은 농지취득자격이나 토지거래허가 없이도 소유권이전 등기가 가능하다.

다음으로 구체적인 농지취득자격증명과 토지거래허가의 요건을 살펴본다. 농지취득자격증명은 거주지 등의 제한이 없어 대부분 지역에서 농지 구입이 가능하다.

반면, 초중등학교법에 의한 재학생(미성년자)과 자기소유의 농지를 전부 임대한 자는 농지취득자격 발급대상에서 제외하도록 법에서는 규정하고 있다. 또한 취득하려는 토지가 농지인지, 취득하려는 자가 농업경영능력이 있는지, 농업경영계획서가 제대로 작성되었고, 이행이 가능한지 등을 종합적으로 판단하여 발급하도록 되어 있다.

토지거래허가는 앞서 기술한 내용이 동일하게 적용되며, 추가적으로 해당 토지 소재지에 거주하거나 농업인인 경우 토지 소재지로부터 30km 이내에 전 가족이 6개월 이상 거주하는 자라야 가능하며, 이에 더하여 자금조달계획서가 제출되어야 한다.

따라서 서울 등 도시민이 농지를 구입하려고 한다면 구입이 까다로운 토지거래허가구역 이외의 지역에 투자를 하는 것이 좋다.

이러한 배경 지식을 토대로 서울 등 도시민이 실제로 농지에 투자할 수 있는 방법들을 살펴보자. 먼저 주말체험영농 농지구입 방식이 있다. 농지구입 면적이 세대당 1,000㎡ 미만을 구입할 수 있으며, 임대도 가능하다. 도시민이 주말을 이용하여 농사를 지을 수도 있으며, 30㎡ 미만의 농막 건축도 가능한 장점이 있다.

다음으로는 일반적인 농사를 위한 농지투자 방식이 있다. 농지의 구입은 1,000㎡ 이상으로 해야 하고, 반드시 자경을 하여야 한다.

반면, 1년 이후에는 농지은행에 위탁도 가능하다. 실무상으로는 반드시 재촌자경을 하지 않더라도 농사만 짓는다면 큰 문제가 없다. 그러나 자경을 하지 않는 경우에는 처분명령이나 이행강제금처분을 받을 수 있다.

다음으로 귀농이나 전원생활을 위한 농지투자 방식이 있다.

앞의 방식과 유사하나 향후 귀농을 하거나 전원생활을 하기 위한 농지투자인 만큼 농사가 가능하면서 휴양이나 전원생활의 느낌을 가질 수 있는 곳을 선택해야 할 것이다.

다음으로 토지거래허가구역 내의 농지를 경매를 통하여 구입하는 투자방식이 있다.

토지거래허가구역 내의 농지는 토지거래허가를 받아야 하지만 경매나 공매인 경우에는 토지거래허가가 아닌 농지취득자격증명으로 농지를 취득할 수 있다. 현재 살고 있는 곳에서 재촌자경요건을 충족할 수 있다거나 투자가치가 높은 지역에 농지에 투자를 할 수 있는 이점이 있다.

앞서 논의한 바와 같이 서울 등 도시에서 거주하는 사람이 농지를 취득하기 위한 방법에는 여러 가지 방식으로 가능하다는 것을 알 수 있을 것이다.

따라서 종자돈을 가지고 투자를 고려하고 있거나, 은퇴를 앞둔 직장인이거나, 향후에 전원생활을 고려하고 있는 상황이라면 보다 상세한 사례와 지식을 깊이 있게 공부하고 투자하는 것이 좋겠다.

토지용도와 자격에 따른 농지투자 분석

용도지역별 농지투자는 어떻게 다른가?

국토계획법에서 토지는 크게 도시지역, 농림지역, 관리지역, 자연환경보전지역 등 네 개의 용도지역으로 구분해 놓고 있다. 2002년까지는 도시지역, 농림지역, 자연환경보전지역, 준도시지역, 준농림지역의 종류가 있었는데 새로 4개 용도지역으로 바뀌었다.

이들 땅들은 그들 나름대로 정해진 속성에 따라 또는 정해진 주인에 의해 이용되거나 개발되어야 하고 다른 용도로 이용될 때는 까다로운 허가절차를 거쳐야 한다. 그렇지 않을 때는 제재를 받게 된다.

예를 들어 농지가 농민이 아닌 도시인의 손으로 넘어가려고 하면 제재가 따른다. 즉 농지는 원칙적으로 농사를 짓는 사람이 소유하여야 하기 때문에 그렇지 않은 사람은 취득할 수 없다는 것이 법의 기본 입장이다.

그러므로 농지를 취득할 때는 농지취득증명이란 것을 받아야 한다. 농지취득증명은 해당 면 소재지의 농지위원 두 명이 "이 사람은 농사를 지을 사람"이라고 확인해 주는 것이다. 증명을 받기 위해서는 일 년에 30일 이상 농사를 짓지 않으면 강제로 매수를 해도 이의를 제기하지 않겠다는 내용을 농지매매취득신청서에 서명날인을 해야 한다.

지적법상 토지는 한 필지마다 나름대로의 지목을 갖게 돼 있다. 지목은 그 땅의 쓰임, 즉 용도인데 예를 들어 대지라 하면 건축물의 부지고, 학교용지라 하면 학교와 부속시설용 토지로 쓸 수 있는 땅이란 뜻으로 그 종류는 모두 24가지다.

집을 짓거나 건축을 하려고 할 때 지목이 '대'로 되어 있어야 문제가 없다. 그러나 다른 지목으로 되어 있는 땅이라 하여 모두 집을 짓지 못하는 것은 아니다. 해당 시·군·구청에 지목변경을 신청하여 허가를 받으면 지목을 변경할 수 있다. 앞서 설명한 도시지역이나 농림지역 등을 다른 지역으로 바꾸기는 매우 어렵지만 지목은 특수한 경우를 제외하고는 변경이 비교적 쉽다.
그래서 전원주택을 지을 경우, 대지를 구할 수 없을 때는 관리지역(예전의 준농림지역)의 전이나 답·임야 등을 구입해 대지로 용도를 변경해 집을 짓는 경우가 일반화 돼 있다.
그러나 농민은 1가구 1주택에 한해 농림지역에서도 농가주택을 지을 수 있다. 한마디로 농민일 경우에는 농가주택에 한해 어떤 땅이든 집을 지을 수 있다고 보면 된다. 특히 주의할 점은 외지인이 농촌에서 땅을 구입할 경우에는 303평 이상을 매입해야 농사를 짓는 것으로 인정받아 소유권이전 등기를 할 수 있다 는 것이다.

땅은 다양한 얼굴을 하고 있다. 그 땅에 대해서 제대로 알기 위해서는 각종 서류를 직접 확인해 보는 것이 좋다. 만약 땅을 새로 구입해 전원주택을 짓고자 한다면 땅을 구입하기 전에 더욱 서류에 대해 챙겨보아야 한다. 필히 확인해야 할 사항은 토지이용계획확인서와 지적도, 토지대장 등이다.
이들 서류를 확인하고 의심이 가는 사항이 있으면 관계 공무원이나 부동산 전문가 등과 상담을 해보는 것이 좋다. 서류상 문제가 없는 땅이라고 하더라도 현장에 직접 가보고 자신의 눈으로 확인해봐야 실수가 없다.

국토계획법에 따라서 토지는 나름대로 특성이 있고 쓰임도 다르다. 전원주택이나 펜션은 관리지역 중 계획관리지역에서 개발이 쉽고, 허용행위가 엄격히 제한되는 생산·보전관리지역 및 농림지역·자연환경보전지역 중 주민이 집단으로 거주하는 지역은 취락지구로 지정하여 계획관리지역 수준으로 허용행위를 완화하였다.

구분		내용
농업진흥지역	농업진흥구역	농업의 진흥을 도모해야 하는 지역으로서 농림축산식품부장관이 정하는 규모로 농지가 집단화된 지역으로서 농지조성사업 또는 농업기반정비사업이 시행되었거나 시행 중인 지역으로서 농업용으로 이용하는 것이 필요한 지역
	농업보호구역	농업진흥구역의 용수원 확보. 수질보전 등 농업 환경을 보호하기 위하여 필요한 지역
농업진흥지역 밖		농업진흥지역 이외의 모든 토지

농지는 4개의 용도지역(도시지역, 관리지역, 농림지역, 자연환경보전지역)에 모두 있으며, 농지법에서는 "농업진흥지역 안(대체로 농림지역)에 있는 농지와 농업진흥지역 밖(대부분 관리지역)에" 있는 농지로 나눈다.

농업진흥지역에는 경지정리가 잘 된 논밭이나 나무가 우거진 임야들인 농업진흥구역과 댐이나 저수지와 같은 농업보호구역이 있다. 농업진흥지역 안에 있는 농지는 전용하는 데 규제가 많지만 농업진흥지역 밖에 있는 농지는 상대적으로 개발하는 데 규제가 적다.

농지의 이점은 값이 싸고 여러 가지 용도로 활용할 수 있다는 데 있다. 계획관리지역에 있는 농지에는 주택, 근린생활시설, 공장, 모텔, 창고, 음식점 등을 지을 수 있다.

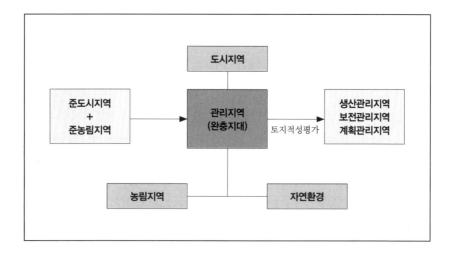

시·군 지역의 자연녹지도 계획관리지역과 유사하나 땅값이 비싸다.
따라서 근린생활시설과 같은 건물을 지어 사업을 하거나 임대수익을 올리고자 한다면 계획관리지역의 농지를 사야 한다.
농지는 건물의 종류에 따라 전용할 수 있는 면적이 제한되어 있다.

토지의 용도지역별 특징에 따른 투자 분석

도시지역

도시지역은 인구와 산업이 밀집되어 있거나 밀집이 예상되어 당해 지역에 대하여 체계적인 개발·정비·관리·보전 등이 필요한 지역이다.

1. 주거지역 : 거주의 안녕과 건전한 생활환경의 보호를 위하여 필요한 지역.
2. 상업지역 : 상업 그 밖의 업무의 편익증진을 위하여 필요한 지역.
3. 공업지역 : 공업의 편익증진을 위하여 필요한 지역.
4. 녹지지역 : 자연환경·농지 및 산림의 보호, 보건위생, 보안과 도시의 무질서한 확산을 방지하기 위해 녹지의 보전이 필요한 지역.

관리지역

관리지역은 도시지역의 인구와 산업을 수요하기 위해 도시지역에 준해 체계적으로 관리하거나 농림업의 진흥, 자연환경 또는 산림의 보전을 위해 농림지역 또는 자연환경보전지역에 준해 관리가 필요한 지역이다.

전원주택이나 펜션 등은 일반적으로 여기에 해당되는 땅을 전용이나 형질변경을 통해 짓게 된다.

2003년 1월 1일 이전 준농림지역(농업진흥지역 밖)은 국토계획법에 의한 관리지역에 해당하며, 개발할 곳과 보전할 곳으로 구분하는 토지적성평가를 실시해 계획관리지역·생산관리지역·보전관리지역으로 세분되었다.

이들 중 계획관리지역이 가장 규제가 적으므로 다목적으로 개발되기 위해서는 계획관리지역에 편입된 땅이 바람직하며 개발용도인 계획관리지역에서만 아파트단지·공장건설 등이 가능하다.

관리지역(종전 준농림지역)에서 허용되는 행위는 녹지지역 수준으로 규정하고, 녹지지역과 동일하게 관리지역도 4층 이하 건축물만 허용하고 있다.

1. 보전관리지역 : 자연환경보호, 산림보호, 수질오염방지, 녹지공간 확보 및 생태계 보전 등을 위하여 보전이 필요하나, 주변의 용도지역과의 관계 등을 고려할 때 자연환경보전지역으로 지정하여 관리하기가 곤란한 지역.
2. 생산관리지역 : 농업·임업·어업생산 등을 위하여 관리가 필요하나, 주변의 용도지역과의 관계 등을 고려할 때 농림지역으로 지정하여 관리하기가 곤란한 지역.
3. 계획관리지역 : 도시지역으로의 편입이 예상되는 지역 또는 자연환경을 고려하여 제한적인 이용·개발을 하려는 지역으로서 계획적·체계적인 관리가 필요한 지역.

농림지역

농림지역은 도시지역에 속하지 않는 농지법에 의한 농업진흥지역 또는 산림법에 의한 보전임지 등으로 농림업의 진흥과 산림의 보전을 위해 필요한 지역이다.

이들 지역에서는 주택신축에 상당한 제재를 받는다. 우선 토지 소재지로 주소를 이전하여 현지인이 되어야 하며 농지원부를 만들어 농업인이 되면 농가주택은 가능하지만 무주택자라야 한다.

자연환경보전지역

　자연환경, 수자원, 해안, 생태계, 상수원 및 문화재의 보전과 수산자연의 보호·육성 등을 위해 필요한 지역이다. 자연환경보전지역의 대지에는 집을 지을 수 있으나 전용은 거의 불가능하다. 단독적으로는 농가주택이나 복지시설, 농업시설 등은 쉽게 지을 수 있어도 규제는 까다롭다.

　지목이 대지라 하더라도 음식점·숙박업소 설치가 원칙적으로 금지되며, 다만 수질오염이나 경관훼손 염려가 없고 지목이 대지인 경우에 한해 시·군·구 조례에 의해 다양한 적용을 하고 있으므로 해당 시·군청의 확인이 필요한 지역이다.

　공원보호구역의 경우에는 집을 지을 수 없다고 보면 된다. 땅이 있다고 아무 땅에나 집을 지을 수 있는 것이 아니다. 집을 지을 수 있는 땅은 원칙적으로 지목이 대지로 되어 있어야 한다.

　그러나 대지가 아니더라도 허가를 받아 대지를 만들 수만 있다면 집을 지을 수 있다. 전원주택을 지을 수 있는 땅은 바로 이러한 두 가지의 경우, 즉 대지이거나 대지로 전용이 가능한 땅의 범주에 들어야 가능하다.

　이 두 가지 경우 중에서도 전원주택을 지으려는 사람들은 대부분 대지로 바꿀 수 있는 땅을 구입해 전용허가를 받아 집을 짓게 된다. 관리지역(종전의 준농림지) 내의 농지나 임야를 구입해 전용을 하거나 형질을 변경한 다음에 후 집을 짓는 것이 일반적이다. 거의 모든 전원주택들이 이렇게 농지나 임야의 전용을 통해 지어지고 있으며, 전원주택사업자들이 개발하는 단지도 바로 이와 같은 방법에 의한 것이다. 대지가 부족하고 대지가 있다 하더라도 가격이 비싸기 때문이다.

　개발비용이 들더라도 대지를 구입하는 것보다 싼 땅을 사서 개발해 대지로 바뀌면 기존 대지와 동일한 가격대를 형성해 투자이익도 챙길 수 있다.

농지에서 지을 수 있는 건축물

용도	관리지역			녹지지역		
	계획관리	생산관리	보전관리	자연녹지	생산녹지	보전녹지
단독, 다가구주택	○	○	○	○	○	△
아파트	×	×	×	×	×	×
연립, 다세대주택	△	△	×	△	△	×
1종 근린시설(수퍼 등)	○	●	▲	○	○	▲
음식점	△	×	×	▲	▲	×
종교집회장(교회, 사찰)	○	△	△	○	△	△
단란주점 등 위락시설	×	×	×	×	×	×
노래연습장	○	△	△	○	▲	▲
공연장, 집회장, 관람장	△	×	×	△	▲	×
전시장	△	×	×	△	△	△
시장, 상점	×	▲	×	▲	▲	×
병원	△	△	△	△	△	△
교육 및 연구시설	○	▲	▲	○	▲	×
운동시설(골프연습장 등)	△	×	×	○	△	×
업무시설	×	×	×	×	×	×
숙박시설	▲	×	×	▲	×	×
공장	▲	▲	×	▲	▲	×
창고	●	●	▲	●	●	●
위험시설(가스저장소 등)	△	△	△	△	△	×
자동차시설(폐차장 등)	△	×	×	△	×	×
동·식물시설(축사 등)	▲	○	▲	○	○	▲
분뇨, 쓰레기, 재활용 시설	○	△	×	○	△	×
공공시설(방송국 등)	○	●	●	○	○	●
화장장, 납골당	○	▲	△	○	▲	△
관광휴게시설	△	×	×	○	×	×

● : 국토계획법에서 전면허용 ○ : 법에서 일부 용도(규모)만 허용 ▲ : 조례에서 전면 허용 △ : 조례에서 일부만 허용
× : 허용불가

농업보호구역 투자법

농업보호구역을 두려워하지 말라. 농업보호구역은 용어가 주는 느낌 때문인지 "이곳은 농사를 짓기 위해 보호하는 곳이니 투자도 절대 하지 마시오."라는 뜻으로 생각하는 사람들이 의외로 많다. 사실 그런 의미와 가까운 토지는 오히려 농업진흥구역이다.

농지법은 농지의 보존과 활용에 관한 기본법으로 농지의 주요 용도에 따라 크게 농업진흥구역 안에 있는 농지와 그 밖의 농지로 구분한다. 농업진흥지역은 다시 농업진흥구역과 농업보호구역으로 나뉜다.

농업진흥구역은 농업환경을 정비함으로써 생산성을 향상시키며 농업을 영위하는 데 필요한 토지를 보전하기 위해 지정된 농지다. 농업경영과 농업에 직접 관련되거나 농업인을 위한 시설 그리고 마을 공동시설과 군사시설, 철도, 도로, 학교 등 공공시설만 허용된다. 반듯한 둑과 대규모로 재정비된 논과 밭 등은 대개 농업진흥구역의 농지다.

농업보호구역은 농업용수의 확보와 수질보전, 그리고 농업진흥구역의 농업환경을 보호하기 위해 설정된 곳을 말한다. 대체로 저수지 주변이나 강, 개울가 또는 상수원용 구거 주변이 지정된다.

전국 농지 중 약 17%가 농업보호구역인데, 수도권에서 잘 알려져 있는 곳은 경기도 광주군 중대리 저수지 상류, 경기도 양주군 기산저수지 주변, 경기도 양평군 강상면 병산리 일원 남한강변, 경기도 양평군 강하면 전수리 남한강변, 경기도 용인시 이동저수지 주변, 경기도 안성시 금광저수지 주변, 경기도 안성시 보개면 신안저수지 주변 등이 대표적이다.

이곳들은 대개 저수지 주변에 산을 끼고 있어 경치가 좋고 물이 깨끗한 곳이다. 전원주택은 물론이고 가든, 음식점, 민박집, 펜션 등을 짓고 싶어지지 않는가?

그러나 이들 지역에 현재 있는 음식점이나 숙박업소는 과거 농지법 개정 이전에 지어진 것으로 지금은 신규허가가 나지 않는다.

농업보호구역은 농업진흥구역보다 규제가 덜 하고 관리지역보다는 엄격한 중간지대에 있다고 보면 된다. 따라서 농업진흥구역에서 할 수 있는 행위는 농업보호구역에서도 모두 할 수 있다. 농업진흥구역에서만 지을 수 있는 농업인주택(농가주택 및 전원주택과는 개념이 다름)도 물론 건축 가능하다.

농업보호구역에서 건축 가능한 건물

1. 3,000㎡ 미만 주말농원, 농촌민박사업
2. 2,000㎡ 미만 관광농원
3. 1,000㎡ 미만 단독주택(다가구, 다중, 다세대는 불가)
4. 1,000㎡ 미만의 슈퍼마켓, 일용품 소매점, 의원, 한의원, 치과의원, 탁구장, 체육도장, 동사무소, 소방서 등 공동건물
5. 1,000㎡ 미만의 기원, 서점, 테니스장, 체력단련장, 당구장, 종교집회장, 공연장, 금융업소, 사무소, 부동산중개업소, 게임제공업소, 산진관, 표구, 학원, 장의사, 동물병원, 독서실
6. 10,000㎡ 미만의 양수장, 정수장, 공중화장실, 변전소, 대피소

농업보호구역에서 건축 불가한 건물

1. 아파트, 연립주택
2. 음식점, 휴게음식점, 제과점

3. 이용원, 미용원, 목욕탕, 세탁소

4. 단란주점, 노래연습장, 안마시술소

5. 상점, 도·소매시장

6. 병원, 장례식장, 학교, 연구소, 도서관, 체육관, 운동장

7. 업무시설, 오피스텔, 숙박시설

8. 공장, 창고

9. 위험물 창고시설, 주차장, 세차장, 운전학원

10. 쓰레기처리시설, 화장장, 납골당

도시인이 농지에 집을 지을 수 있을까?

농지는 원칙적으로 농민만이 소유할 수 있고 그곳에는 농사만 지어야 한다. 농지를 구입할 때는 농지자격취득증명 등 까다로운 허가를 거쳐야 한다. 전용허가도 어떤 땅이든 모두 가능한 것이 아니고 관리지역이라야 수월하다. 특히 도시인이 관리지역이 아닌 곳의 농지를 전용하는 것은 거의 불가능하다.

그러나 농민은 어떠한 농지에도 집을 지을 수 있다. 특히 농지전용허가를 하지 않고 농지전용신고만으로 건축이 가능하다.

신고로만 전용이 가능한 농민이란 농지법상 농업인을 말한다. 농업인 요건은 위에서 언급하였다. 예를 들어 303평 이상의 농지를 소유하고 위탁영농을 통해 농사를 짓고 있는 사람의 경우에는 해당되지 않는다.

농지법에서 신고만으로 전용이 가능한 농민과 전용면적의 범위는 다음과 같다.

▶농업인 1인 이상으로 구성되는 세대의 농업, 임업 또는 축산업 수입액

이 당해 세대의 연간 총 수입액의 2분의 1을 초과하거나 당해 세대원의 노동력의 2분의 1이상으로 농업, 임업 또는 축산업을 영위하는 세대.

▶농업인 1인 이상으로 구성되는 세대로서 당해 세대의 농업, 임업 또는 축산업 경영의 근거가 되는 농지·산림·축사 등이 소재하는 시·구·읍·면 또는 이에 연접한 시·구·읍·면의 관할구역 안에 거주하고 있는 무주택 세대.

위에서 설명한 자격을 갖춘 농민이 농업인주택과 부속건물을 짓고자 할 때는 200평까지 신고만으로 농지전용이 가능하다. 이런 자격이 주어지려면 최소한 현지에 주민등록을 옮겨 1년 이상 거주해야 한다.

농업인주택은 관리지역이 아닌 농지에서도 지을 수 있으며 특히, 농지전용을 할 때 지불하는 비용, 즉 농지보전부담금이 전액 면제된다.

밭은 논보다, 임야는 농지보다 전용이 수월

관리지역의 농지를 구입해 전용한 후 전원주택을 짓는 것이 신축 전원주택의 일반적인 유형이다. 지목이 전(밭)인 경우 답(논)보다 전용하기가 쉽다.

정책적으로 우량농지는 규제하는 방향으로 가고 농사를 짓기에 적당치 않은 농지나 임야는 완화하는 방향으로 가고 있으므로 관리지역 중에서도 농지보다 임야가 전원주택을 짓는 데 유리하다.

농지는 경자유전을 원칙으로 관리 운영되고 있다. 즉 농사를 짓는 사람만이 농지를 소유할 수 있다는 것을 기본으로 하여 농지정책이 수립되었고 무분별한 개발을 막았으며 농지를 보호해왔다.

하지만 이러한 농지가 2003년부터 흔들리기 시작했는데, 예를 들어 도시인이 주말농장용으로 농지를 소유할 수 있도록 한 것은 농지정책의 기본틀이 바뀌고 있음을 시사하는 내용이라 하겠다. 농민만이 농지를 소유할 수 있도록 한다는 것은 비현실적이고 효율적이지 못하다는 것, 농지를 농사만 짓는 땅으로 남겨두기에는 비경제적이란 점을 정책적으로 인식하고 있다는 인상이다. 농지거래를 활성화시키고 도시민에게 농지투자 기회를 주는 방향으로 농지 소유 및 거래 규제를 완화한다는 것이 변화되는 농지정책의 큰 줄기인 것이다. 다만 농지를 무작정 개방할 수는 없는 문제이므로 농사를 짓는 것이 경쟁력이 있다고 판단되는 우량농지는 확실하게 보호하고, 그렇지 못한 농지들은 도시민들이 접근하기 쉽게 풀어주겠다는 쪽으로 정책이 가닥을 잡고 있는 것으로 보인다.

또한 주5일 근무가 정착되면서 시간적 여유가 생긴 도시민들이 휴가나 노후를 준비하는 차원에서 농지 소유의 필요성을 느끼는 경우도 많아지고 있고, 교통망의 발달로 인해 상대적으로 멀었던 지역까지 접촉 빈도를 높여 숨어 있던 농지들이 속속 햇볕 아래로 나오고 있어 수요자들을 꾸준히 자극하고 있다.

이런 점으로 보자면 거리는 좀 멀더라도 교통이 좋은 곳이나 관광지 주변의 주말농장용 소규모 농지, 펜션, 전원주택용지로 이용이 가능한 농지 등을 찾는 실수요자들이 점점 더 많아질 것으로 보인다. 그렇다고 아무 농지나 덜컥 매입한다면 큰 낭패를 볼 수 있다는 점을 염두에 두어야 한다.

농지 구입 절차와 방법

농지를 구입하기 위해서는 우선 농지취득자격증명서를 취득해야 한다. 농지취득자격증명서를 취득할 수 있는 자격은 다음과 같다.

▶농업인 또는 농업인이 되고자 하는 사람이나 농업법인.

▶초·중등교육법 및 고등교육법에 의한 학교 및 규칙에 정한 공공단체 등. (농림축산식품부장관으로부터 농지취득인정서를 발급 받은 경우)

▶주말·체험영농을 하고자 하는 농업인이 아닌 개인이 주말 등을 이용하여 취미 또는 여가활동으로 농작물을 경작하거나 다년생식물을 재배하고자 하는 경우.

▶농지전용허가를 받거나 농지전용신고를 한 사람으로 해당 농지를 취득하는 경우.

▶농업기반공사 및 농지관리기금 법 규정에 의한 농지의 개발사업지구 안에서 농업기반공사가 개발하여 매도하는 사람으로 도·농간의 교류 촉진을 위한 1,500㎡ 미만의 농원부지, 농어촌관광휴양지에 포함된 1,500㎡ 미만의 농지를 취득하는 경우.

▶한계농지 등의 정비사업 시행자로부터 1,500㎡ 미만의 농지를 분양받는 사람 등.

농지법에서 정한 농업인의 범위

농지법상 농업인의 범위

농지법상 농업인은 1년 중 90일 이상 농업에 종사하거나 농업경영을 통한 농산물의 연간 판매액이 120만 원 이상인 자, 1,000㎡(302평) 이상의 농지 혹은 330㎡(100평) 이상의 고정식 온실·버섯재배사·비닐하우스에서 농작물 또는 다년생식물을 경작 또는 재배하는 자를 말한다. 이외에도 대가축 2두, 중가축 10두, 소가축 100두, 가금 1,000수 또는 꿀벌 10군 이상을 사육하거나 1년 중 120일 이상 축산업에 종사하는 자도 농업인으로 보고 있다.

그 외에 농어업·농어촌 및 식품산업기본법 시행령에서는 영농조합법인과 농업회사법인의 고용인까지 농업인으로 확대하고 있다.

▶▶▶농지법상 농업인 관련 규정

농지법 시행령 제3조(농업인의 범위) 법 제2조 제2호에서 "대통령령으로 정하는 자"란 다음 각 호의 어느 하나에 해당하는 자를 말한다.

1. 1,000㎡ 이상의 농지에서 농작물 또는 다년생식물을 경작 또는 재배하거나, 1년 중 90일 이상 농업에 종사하는 자.
2. 농지에 330㎡ 이상의 고정식 온실·버섯재배사·비닐하우스, 그 밖의 농림축산식품부령으로 정하는 농업생산에 필요한 시설을 설치하여 농작물 또는 다년생식물을 경작 또는 재배하는 자.
3. 대가축 2두, 중가축 10두, 소가축 100두, 가금 1,000수 또는 꿀벌 10군 이상을 사육하거나 1년 중 120일 이상 축산업에 종사하는 자.
4. 농업경영을 통한 농산물의 연간 판매액이 120만 원 이상인 자.

농어업·농어촌 및 식품산업 기본법 시행령 제3조(농어업인의 기준)

① 법 제3조 제2호 가목에서 "대통령령으로 정하는 기준에 해당하는 자"란 다음 각 호의 어느 하나에 해당하는 사람을 말한다.

1. 1,000㎡ 이상의 농지(농어촌정비법 제98조에 따라 비농업인이 분양받거나 임대 받은 농어촌 주택 등에 부속된 농지는 제외한다)를 경영하거나 경작하는 사람.
2. 농업경영을 통한 농산물의 연간 판매액이 120만 원 이상인 사람.
3. 1년 중 90일 이상 농업에 종사하는 사람.
4. 농어업경영체 육성 및 지원에 관한 법률 제16조 제1항에 따라 설립된 영농조합법인의 농산물 출하·유통·가공·수출 활동에 1년 이상 계속하여 고용된 사람.
5. 농어업경영체 육성 및 지원에 관한 법률 제19조 제1항에 따라 설립된 농업회사법인의 농산물 유통·가공·판매활동에 1년 이상 계속하여 고용된 사람.

농어업·농어촌 및 식품산업기본법을 농지법과 비교해보면, 시설 재배를 하는 사람과 가축을 사육하는 사람, 양봉을 하는 사람이 빠진 반면에, 농지

의 소유 여부나 면적을 불문하고 농업경영을 통하여 농산물의 연간 판매액이 120만 원 이상인 사람, 영농조합법인과 농업회사법인에 1년 이상 계속하여 고용된 사람을 농업인으로 규정하고 있다.

농지법과 농어업·농어촌 및 식품산업기본법 중 어느 한 조건에만 해당하면 모두 농업인으로 보아야 할 것이다.

현행법은 자경농지에 대해 양도소득세를 100% 감면하는 혜택을 부여한다. 이런 세제 혜택을 받기 위해서는 취득하고 8년 간 해당 농지로부터 직선거리 30㎞ 이내 거주해야 하며, 소유자가 실제 농사를 지어야 한다. 직장인이라면 연봉이 3,700만 원을 넘어서는 안 된다. 다만 농지를 보유하고 있는 중 8년 이상 경작한 사실이 있으면 양도일 현재의 자격은 따지지 않는다.

농업인의 조건

'농업인'이란 자신이 농업인이라고 주장한다고 해서 되는 것이 아니다. 국가가 인정을 해 줘야 하는 것이다.

즉 위에서 이야기했던 5가지 요건 중의 어느 하나에 해당하는 사람으로서, '농업인' 자격이 문제가 되는 개개의 구체적인 사건에서 국가기관(국세청, 농림축산식품부, 국토교통부, 법제처, 궁극적으로는 법원)이 인정을 해 줘야 하는 것이다.

결국 어떤 사람이 '농업인'에 해당하느냐 여부는 최종적으로 법원 판사에 의해 판결로 판정이 나는 것이지만 현실적으로는 그 이전에 담당 공무원의 법령 해석·적용 여하에 따라 좌우되게 된다.

농림축산식품부에서는 '농업인확인서 발급규정'이라는 고시를 제정하여, 국립농산물품질관리원의 출장소장이 위 고시에 따라 농업인 확인을 받고자 하는 사람의 신청에 의하여 일정한 절차를 거쳐 그가 위법 시행령 소정의 농업인에 해당함을 확인한 뒤 '농업인확인서'를 발급하도록 하고 있다.

물론 '농업인확인서'를 발급받지 않았다고 해서 농업인의 지위가 인정되지 않는 것은 아니다. 다른 방법으로도 '농업인'에 해당함을 입증하면 된다.

그렇지만 '농업인확인서'를 발급받으면 손쉽게 '농업인'의 지위를 인정받을 수 있다.

'농업인'의 지위는 농지에 투자하고자 하는 사람에게는 아주 소중한 지위다. 비록 시험에 의해서 취득하는 자격은 아니지만 그 요건을 갖추어 '농업인'의 지위를 인정받느냐 여하에 따라 작게는 수 백, 수 천 만 원에서 크게는 수 억, 수십 억 원에 달하는 돈이 왔다 갔다 한다. '상업인', '공업인'과는 격이 다른 지위라고 할 수 있다.

농지에 투자해서 돈을 벌고 싶다면 농지를 취득한 것으로 손 놓고 있지 말고 꼭 '농업인'이 되라고 조언하고 싶다. '농업인'임을 인정받는 가장 손쉬운 길은 '농지원부'에 등재 신청을 하는 것이다. 또 필요하면 '농업인확인서'(발급한 날부터 3개월이 되는 날까지 유효)를 발급받으라는 것이다.

농업인의 조건에서 흔히 의문을 많이 가지게 되는 것은 다음의 네 가지가 될 것이다.

1. 농지 소재지에 주민등록을 전입해야 하는가?
2. 농지를 반드시 소유해야 하는가?
3. 농지원부가 꼭 있어야 하는가?
4. 반드시 자경을 해야 하는가?
5. 농업경영으로 인한 수입액이 연간 총 수입액의 2분의 1을 초과해야 하는가?

해답은 모두 NO! 이다.

다음에 그 이유를 알아보자.

기본적으로 농업인의 정의는 농지법에서 정하는 바에 따르면 된다. 그러나 농업인에게 가는 특별한 혜택 등 개별적인 경우에는 농지법의 규정 외에 별도로 요구하는 사항이 추가된다.

예컨대 농업인주택을 신축함에 있어서 건축신고로 가능한 것은 무주택 세대주여야 한다든가, 농지원부를 내기 위해서는 자경요건이 추가되고, 8년 자경으로 양도세 면제혜택을 받거나, 부재지주의 예외 적용을 받으려면 추가로 재촌과 자경을 해야 하는 것들이 그것이다.

농업인의 여러가지 확인 방법

농지원부

농업인임을 확인할 수 있는 대표적인 방법으로 농지원부를 들 수 있다.

그러나 농지원부란 농업인을 위한 농업인증명서는 아니다. 원래 이것은 시·구·읍·면장이 농지 소유와 농지이용실태를 파악하여 이를 효율적으로 이용하고 관리하기 위하여 작성하여 갖추어 두는 것이 농지원부다. 즉 농지원부는 해당 농지의 소유주의 신청에 따라 작성되는 것이 아니라 시·구·읍·면장에게 작성의무가 부과된 공부다.

농지원부는 농업인의 지위 취득 사항 중 1,000㎡(302평) 이상에서 농사를 짓는 사람과 330㎡(100평) 이상의 시설물에서 농사를 짓는 경우에 작성하도록 되어 있고, 그 경우 농업인 확인을 받을 수 있는 근거 자료가 된다.

농지원부를 내기 위하여 농지가 반드시 자기소유임을 요구하지는 않는다. 즉 자기 가족의 농지나 남의 농지를 임차하여 농사를 짓더라도 농지원부를 낼 수 있다. 그러나 농지원부를 내기 위해서는 반드시 자경自耕할 것이 요구된다.

자경증명

농지법상 농지원부의 발급, 농지를 대토시 양도세 면제나 농업인주택 신축 등 농업진흥구역에서의 행위제한에 대한 완화 내지 특례, 기타 부재지주 예외 적용 등 세법상 세금감면 등의 경우에는 농업인의 자격 외에 통상 추가되는 요건이 있다. 대체로 재촌요건이나 자경요건 중 둘 중의 하나 혹은 둘 다 요구하기도 한다.

▶▶▶**재촌이란?**

재촌이란 농지를 경작하는 자의 주소지와 실거주지가 농지 소재지와 동일 또는 인접 시·군·구이거나, 농지 소재지와 직선거리 20km 이내여야 한다는 조건이다.

▶▶▶**자경이란?**

자경이란 농업경영으로 인한 수입액이 연간 총수입액의 2분의 1을 초과하거나 농작업의 2분의 1 이상을 자기의 노동력으로 경작 또는 재배하는 것이다.

그런데 여기서 농업경영으로 인한 수입액이 연간 총 수입액의 2분의 1을 초과한다는 사실은 이를 입증하기도 어려울 뿐더러 주된 생활 근거지가 도시지역인 사람의 경우 농업경영으로 인한 수입액이 세대 총 수입액의 2분의 1을 초과하는 것은 매우 어려운 일이다.

따라서 입증하기 용이한 것은 "농작업의 2분의 1 이상을 자기의 노동력으로 경작 또는 재배"라는 것이며, 이를 증명하는 것이 자경증명확인서다. 자경증명은 농지원부와는 달리 시·구·읍·면장의 의무 사항이 아니라 신청에 의하여 발급하도록 규정하고 있다.

농업인확인서

농업인확인서 발급에 관한 규정이 2009년 9월 전면 개정되어 시행되고 있다. 이 규정은 농업·농촌 및 식품산업기본법 시행령 제3조 제1항의 농업인 기준에 해당하는 사람을 확인하는 데 필요한 농업인의 확인신청, 확인방법, 확인 절차 및 확인서 발급 등에 관한 사항을 정하는 것을 목적으로 제정된 농업인확인서 발급규정[농림축산식품부 고시 제2009-365호, 2009.9.16, 전부개정]이다.

농업인확인서는 양봉업자나 해당 농업인의 주민등록표에 함께 등록된 사람은 물론 실제로 함께 거주하는 사람도 농업인확인서를 발급하도록 폭넓게 규정하고 있다. 농업인확인서 발급규정은 유실수와 조경수의 재배, 가축사육 등 상당이 넓은 부분에서 농업에 종사하는 사람들에 대한 확인서의 발급에 관하여 규정하고 있다.

농업인임을 확인해 주는 기관은 농지 소재지에 있는 국립농산물품질관리원[농관원]의 출장소장이다. 농업인확인서는 발급한 날부터 3개월이 되는 날까지 유효하며, 이 기한이 지나면 다시 신청하여 발급받아야 한다.

농업경영체등록제 (농가등록제)

농업경영체등록제는 농가등록제라고도 불리며, 농업인이나 농업법인(영농조합법인, 농업회사법인) 등 농업경영체의 농사정보(인력, 농지, 가축, 농축산물 생산정보 등)를 농산물품질관리원(품관원)에 등록하여 관리하는 제도이다.

정부는 앞으로 도입될 농가단위소득안정제와 각종 농림사업에서 정책자금의 부정수급 방지 등 효율적인 재정 집행을 위한 기초자료로 활용하기 위해 2008년 이 제도를 도입했다.

2008년 6월부터 시범사업과 예비신청 및 본신청 등록단계를 거쳐 2010년 일괄등록을 실시한 결과 전체 121만 농가의 94.8%인 115만 농가가 등록을 완료했다.

농업경영체등록제를 시행하는 목적은 농가의 소득안정을 위해 시행될 예정인 농가 단위소득안전지원제도 등 맞춤형 농정을 위한 기초자료를 제공하기 위함이며, 정책 집행의 부당한 지원을 방지하여 농업인에 대한 효율적인 정책지원이 이루어지도록 하기 위한다는 것이다.

다만, 농업경영체등록제는 농가의 신청에 따라 자율 등록하는 방식으로 의무사항은 아니다. 하지만 앞으로 각종 농림정책사업에 참여하여 각종 정책자금을 지원 받기 위해서는 등록을 하여야만 손해를 보지 않을 수 있다. 농업인 및 농업법인의 입장에서 보면, 등록하는 방식은 읍·면사무소에 비치된 신청서 양식을 작성하여 마을이장 또는 읍·면사무소에 제출하거나 농관원에 직접 제출하면 된다.

2010년부터는 농업경영체등록제에 참여한 농업인에게만 직불금이 지급되며, 영농규모화, 친환경농업직불제, 영유아양육비 지원, 친환경비료 지원사업 등 15개 사업이 농업경영체등록제와 연계되어 미등록 농업인은 제외되거나 등록농업인에 우선 지원되고 있다.

농지취득자격증명서 발급 신청서류

① 농지취득자격증명신청서.

② 농업경영계획서 : 농지를 농업경영 목적으로 취득하는 경우에 한하며 주말·체험영농 취득 목적의 경우에는 해당되지 않음.

③ 법인인 경우에는 법인 등기부등본.

④ 농지취득인정서 : 초·중등학교교육법에 의한 학교, 농림축산식품부령이 정하는 공공단체, 농업연구기관, 농업생산자단체 또는 종묘 기타 농업기자재를 생산하는 자가 그 목적사업을 수행하기 위해 필요로 하는 실험, 연구, 실습지 또는 종묘생산용지로 농림축산식품부령이 정하는 바에 의해 농지를 취득하여 소유하는 경우.

⑤ 농지임대차(사용대)계약서 : 농업경영을 하지 않는 사람이 취득하려는

농지의 면적이 1,000㎡ 미만 또는 시설면적이 330㎡ 미만인 경우.

⑥ 농지전용허가를 받았거나 농지전용신고를 한 사실의 입증 서류.

농지원부

농지를 취득하거나 임차한 후 농작업과 관련하여 사용되는 시점부터 농지원부의 작성이 가능하다. 농지원부는 실제 경작을 하고 있는지에 대한 내용을 파악하는 것으로 농지원부가 있을 경우는 농민과 관련된 정책적인 혜택을 받을 수 있고 주택을 짓기에도 수월한 부분이 많다.

농업인이나 농업법인, 준농업법인 등이면 누구나 농지원부를 만들 수 있으며 자신이 소유한 농지가 아닌 임대한 농지로도 가능하다.

농지의 임대차

농지는 원칙적으로 농사를 지을 사람만 소유하여야 하고 임대를 하는 것도 불법으로 보고 있다. 그러나 농업생산성의 제고와 합리적인 농지의 이용을 위해 부득이한 사정이 있는 경우에 한해 법률이 정하는 바에 의해 임대도 인정한다.

농지법 제22조에는 다음의 경우, 농지 임대를 예외적으로 허용하고 있다.

▶96년 1월 1일 이전부터 소유하고 있는 농지.

▶국가나 지방자치단체가 소유하고 있는 농지.

▶1ha 미만의 상속받은 농지. (1ha 를 초과하는 면적은 처분해야 함.)

▶8년 이상 영농한 사람이 이농 당시 소유하던 1ha 미만의 농지. (1ha를 초과하는 면적은 처분해야 함)

▶농지이용증진사업시행계획에 의해 임대하는 농지.

▶질병, 징집, 취학, 선거에 의한 공직 취임, 부상으로 3개월 이상 치료가

필요한 경우, 교도소나 구치소 또는 보호감호소에 수용 중인 경우, 3개
월 이상 국외 여행을 하는 경우, 농업법이 청산 중인 경우.
▶60세 이상의 고령으로 인하여 더 이상 농업경영에 종사하지 아니하게
된 자로서 시·군 또는 이에 연접한 시·군에 소재하는 소유 농지 중 농
업경영에 이용한 기간이 5년을 초과한 농지.
▶농지저당권자가 취득하여 소유하는 담보 농지.
▶농지전용허가나 신고를 한 농지.
▶토지수용에 의하여 농지를 취득하여 소유한 경우.
▶공유수면매립법에 의하여 매립농지를 취득하여 소유하는 경우 등.
▶주말체험농장을 하고자 하는 사람에게 임대 또는 사용대하고자 하거나
주말체험농장을 하고자 임대하는 것을 업으로 하는 사람에게 임대 또
는 사용대하는 경우.

농지의 타용도 일시사용

농지를 농작물의 경작이나 다년생식물의 재배 및 농지개량 외의 목적에
일시적으로 사용하고자 할 때는 허가를 받아야 한다.

농지법에서 정한 농지의 다른 용도 일시사용허가 대상
▶건축법에 의한 건축허가 또는 건축신고대상 시설이 아닌 간이 농업용
시설과 농수산물의 간이처리시설을 설치하고자 하는 경우.
▶주목적 사업(당해 농지에서 허용되는 사업에 한한다)을 위하여 현장사무소 또
는 부대시설.
▶기타 이에 준하는 시설을 설치하거나 물건을 적치, 매립하는 경우.
▶대통령령이 정하는 토석 및 광물을 채굴하는 경우 등.

시장·군수 등은 주무부 장관 또는 지방자치단체의 장이 다른 법률에 의한 사업 또는 사업계획 등의 인가나 허가 또는 승인 등과 관련해 농지의 다른 용도로 사용 협의를 요청하는 경우, 그 인가나 허가 또는 승인 등을 할 때 해당 사업을 시행하고자 하는 사람에게 일정기간 동안 해당 농지를 사용한 후 농지로 복구하는 조건을 붙일 것을 조건으로 협의할 수 있다.

농지를 다른 용도로 사용하다 허가기간을 연장하고자 할 경우에는 농지의 타용도일시사용 허가기간은 통산하여 3년을 초과하지 아니하는 범위 내에서 연장이 가능하다.

주택건축허가 및 전용이 어려운 농지

농림지역의 농지

농지원부를 가지고 있는 농민이 주택이 1채 이상 없는 상태로 이사하는 조건으로 건축이 가능하다.

관리지역이라도 농림지역으로 둘러싸인 농지

법에 따르면 가능하다. 그러나 허가조건으로 보면 단독주택의 경우 진입도로가 연결이 되어 있어야 하는데, 농림지역으로 둘러싸였다면 현황도로로 인정을 받을 수 있는 도로가 없어서 안 된다.

농업진흥구역 내 농지와 농업보호구역 내 농지

농업진흥지역이라 규제하는 것은 아니고 아래처럼 가능하다. 농업진흥구역은 농가주택만 가능하다. 농업보호구역은 단독(일반)주택, 1, 2종 근생 등이 가능하다.

1,000㎡ 미만의 농지

건축을 못하는 건 아니다. 농지를 취득하려면 취득증명원이 필요한데 최소 1,000㎡ 이상의 농지를 소유해야 발급받을 수 있다. 만약 내가 1,500㎡의 농지를 취득하여 농업에 1년 이상 종사하여 농지원부를 만들었다고 하면 그때부터는 농민이다. 그런 다음 주택을 신축하고자 하면 당연히 세금이 면제되는 농가주택을 고려한다. 660㎡ 토지에 농가주택허가를 신청한다. 그러나 이 경우는 농가주택으로 허가를 받을 수 없다.

이유는 1,500㎡에서 660㎡를 빼면 840㎡만 남게 되고 농지취득증명과 농지원부 발급에 필요한 최소 면적인 1,000㎡ 이하이기 때문에 농가주택으로 전용받을 수 없고 단독주택(세금납부)으로 전용을 받을 수밖에 없다.

경지정리가 잘 되어 있는 농지

경지정리가 되었다면 농업진흥구역 또는 농업보호구역으로 경지정리는 농업기반공사에서 용역을 발주 받아 공사를 시행하게 되는데, 그만큼 공사비가 들어갔다는 것을 의미한다. 그러므로 전용을 받으려면 그만큼의 세금을 더 납부하여야 하고, 배수시설을 훼손한다거나 주위 경작지에 피해를 줄 정도의 절토·성토 행위는 절대적으로 금지한다는 것이다.

공사를 할 때 재해 발생이 우려되는 농지?

위 토지라면 절대 허가불가이다. 단 재해대책을 수립하고 배수, 토사유출, 재해방지를 반영하여 공사하겠다고 하면 가능하다. 그러나 공사비가 매우 많이 들어가야 할 것이다.

군사보호구역 내 농지(군과 협의한 뒤 신축 가능)

군사보호구역이라 해서 농민만 되고 단독주택은 안 되는 규정은 없다. 허가규정은 토지이용계획서와 관계법을 따르기 때문이다. 그러나 군사보호구역이라면 관계법 외에 군과 협의해야 한다는 한 가지 조건이 추가된다.

이게 또한 규정이 난해한 협의다. 군사시설보호 목적으로 안 된다고 협의되면 안 되기 때문이다. 그리 되면 담당자는 당연히 허가를 해 주지 않고 개발은 불가하게 된다. 군과 협의를 어떻게 하느냐에 따라 개발 유무가 결정되는데 거의 안 된다고 보아야 한다.

예외 규정이라고 해야 겨우 군부대가 위치한 지역의 농민들이 원해서 짓는(경노당, 마을회관 등) 것과 국가에서 하는 행위 또는 큰 특혜를 가지고 있는 사람들로 한정이 되고 있다.

시간은 걸리겠지만 보호구역으로 묶여 있는 토지 소유주들이 관계 시·군·군부대를 상대로 집단 민원을 제기하여 보호구역을 완화해 주도록 하는 방법을 찾는 게 맞을 것이다.

건축허가를 받을 때 상·하수도 및 지하수 처리가 어려운 농지

상·하수도라면 도시구역 내를 의미하고 지하수라면 관리지역을 의미(도시구역 내에서 지하수를 파서 사용한다는 건 있을 수 없는 일이다.)한다고 보면 된다. 도시구역 내에 상·하수도를 보급하지 못한 건 지자체의 잘못이지 도시구역 내 토지를 소유한 사람의 잘못이 아니기 때문에 제한은 없다.

하지만 상·하수도 공사비를 사업주가 부담해야 된다.

관리지역 내에서 지하수가 나올지 안 나올지를 뚫어보지 않는 이상은 모르는 상황에서 허가를 해 주지 않을 수는 없다.

하지만 지하수 공사비를 사업주가 부담해야 되는 것과 음용수 기준에 맞는 지하수질을 찾아야 한다는 것은 별개다.

만약 제한을 두게 되는 경우가 있다면 지하수보전지역으로 묶여 있는 지역이라든지 지역일대가 지하수 부족으로 물 부족을 호소하고 있는 지역이어서 담당자의 재량으로 허가를 내 주지 않을 수도 있다.

농가주택을 통한 실수요 목적의 투자 분석

도시인의 농가주택 취득

주택을 건립하려면 우선 자격요건을 갖추어야 만한다. 농지를 증여받았으니 농지원부는 있다 하더라도 본인이 무주택자라야 가능하며 농업, 임업, 축산업에 의한 수입액이 연간 총수입의 2분의 1을 초과하여만 한다.

① 농가주택의 절차는 농지전용과 개발행위허가를 득하여야 하는데, 이는 토목설계사무실에 의뢰를 하면 모든 절차를 대행해 주므로 구비서류만 준비하면 된다. 참고로 처리기간은 15일이다.

② 농가주택의 규모는 660㎡(200평) 이하여야만 가능하며 창고와 축사를 부속건물로 할 시에도 660㎡ 이내에 주택, 창고, 축사를 그 안에 건립할 수 있다.
창고와 축사가 부족하다면 똑같은 자격요건을 갖춘 순수한 농업인일 경우 세대당 1,500㎡ 이하로 건립을 할 수 있다.

③ 처음 허가를 득할시 660㎡ 안에 대지와 창고와 축사로 되어 있기에 지목은 순수한 대지일 뿐이다. 그러나 다른 세대로 1,500㎡의 창고와 축사를

건립하였다면 지목은 창고(창)나 축사(목)로 지목이 변경되며, 10년이 지나도 대지로 변경되지는 못한다. 다만 축사를 폐사하고 주택을 건립한다면 지목은 대지로 변경 가능하다.

④ 전용비는 농업용 주택이기에 농지전용부담금은 부과받지 않는다. 만약 일반주택일 경우에는 1㎡ 당 10,300원의 부담금을 지불하여야 한다.

누구나 한번쯤은 시골의 허름한 농가주택을 구입해서 자신의 취향에 맞게 조금 수리하고, 작은 텃밭과 정원을 꾸미면서 남들이 말하는 전원생활을 만끽해보고 싶다는 생각을 해보았을 것이다.

요즘 들어 많은 법률들이 용도에 맞게 바뀌고 있다.

"농가주택은 농업인만이 농사 목적에 사용하여야 한다."

어쩌면 당연한 일인지도 모른다. 농업인이라는 자격요건을 열거하고 그에 맞는 농업인이 지을 수 있는 것이 농업인주택이다.

그래서 일반인이 구입하려면 제한을 받게 된다. 농가주택을 일반인이 구입하려면 우선, 농가주택을 일반주택으로 용도변경을 한 후에 구입하면 가능하다. 관리지역에 있는 농가주택은 건축일로부터 5년 이내에도 용도변경이 가능하나, 허가권자의 판단이 남아 있고. 5년 이후는 용도변경승인 없이도 변경할 수 있으므로 안전하다.

변경한다는 의미는 농업인에게 주어졌던 농지보전부담금 전액 면제를 다시 부과하겠다는 것이다. (5년 이후는 부담금을 부과하지 않는다.)

변경을 신청하는 자가 부담해야 하므로 농가주택을 구입하기 전의 전 소유주로부터 이와 같은 절차를 마무리 해달라는 것이 보이지 않는 절약의 방법이다. 현실에서는 이런 절차 없이 단순한 거래로 끝나는 경우가 많으나, 행정기관이 이를 알게 되면 매도자는 나 몰라라 할 것이고, 결국은 매수자가 용도변경비용을 부담해야 할 것이다.

농업진흥구역에서는 농업인만 농가주택을 짓고 살 수 있다. 5년이 지나도 농업진흥구역에서만 가능한 용도로 변경되므로 실수를 해서는 안 된다. 즉 농업진흥구역의 농가주택은 계속하여 농가주택이며, 농업인만이 소유할 수 있으므로 농업인이 아닌 도시의 일반인은 구입 자체가 불가능한 일이 되어 버렸다.

절대로 구입할 방법이 없다고 보여진다. 그리고 보면, 농업인이 아닌 일반인이 농가주택을 안전하게 구입하기 위해서는 관리지역에 소재해야 하고, 적어도 5년이 경과된 주택이어야 하고, 일반주택으로 용도변경이 된 것을 구입한다면 좋을 것이다. 5년 이내의 것이라면 용도변경승인을 얻은 후에 구입하면 된다.

따라서 농업진흥구역에서 현지 농업인의 이름을 사용해 건축한 후, 명의를 넘겨받던 방법도 이제는 허용되지 않을 것으로 보인다. 농업진흥구역의 농가주택을 매매 형식 등으로 등기는 넘어갈 수는 있으나 담당 행정기관에 적발되면, 원상복구, 고발조치 등 불이익을 당하게 된다. 모처럼 애써 찾아서 매입한 농가주택이 전원생활의 꿈을 이루기도 전에 온갖 문제들로 인해 엉망이 된다면 안타까운 일이 아닐 수 없다.

전원주택이 도시인의 실제 주거용이나 주말 레저용 그리고 은퇴자의 실버주택을 의미한다면 농가주택은 농림어업이나 축산업을 직접 경영하는 현지 주민의 실제 주거용 주택이다. 귀농을 하여 주소 이전 후 1년이 지나면 관리지역에 60평 한도의 농가주택을 신고제로 지을 수 있다. 농림지역에서는 농지원부가 있는 무주택 농민이 30평 이하의 주택 신축만 가능하다.

귀농인의 건축신고로 농지부서에서 현장실사를 하고 농지전용허가를 대지로 용도변경허가를 받은 후에야 농가주택을 지을 수 있고, 본인 명의로 된 주택이 없어야 하며, 자세한 사항은 건축사사무실이나 해당 면사무소 산업계에 문의하면 상담이 가능하다. 귀농인의 경우, 주택신축자금 지원이 필요하면 해당 지역의 면사무소 주택계에서 2,000만 원 한도 내에서 5년 거치 15년 상환으로 저리에 융자해 주는 제도를 확인하여 이용할 수 있다. 농업기반공사는 농촌 주택에 대한 '표준설계도'를 작성하여 무상 이용토록 하고 있으며 산림조합중앙회에서는 국산 목재로 목조주택을 시공하고 있다.

경작인 농민이라면 농지면적이 1,000㎡(303평) 이상을 소유해야 하고 모자란 면적은 임대를 하여야 등기도 가능하다. 농업인은 농업경영을 통한 농산물의 연간 판매액이 100만 원 이상인 자를 기준으로 한다.

농업인주택 신축 특례 혜택

농업인은 관리지역과 농업진흥지역(농지가 경지정리가 된 곳) 중 농업보호구역은 물론 농업진흥구역 내에서도 농업인주택을 지을 수 있다. 일반인은 농업진흥구역 중 농업진흥구역 내에서는 농가주택을 지을 수 없고, 관리지역과 농업보호구역 내에서는 농가주택, 소위 말하는 전원주택을 지을 수 있다.

그때 지을 수 있는 농업인주택 부지로 전용신청자가 구비할 조건(농지법 제34조. 동법시행령 제34조 제4항)은 농업인 1인 이상으로 구성되는 농업·임업 또는 축산업을 영위하는 세대로서 당해 세대의 농·임·축산업에 의한 수입액이 연간 총수입액의 2분의 1을 초과하는 세대주거나 당해 세대원의 노동력의 2분의 1 이상으로 농·임·축산업을 영위하는 세대의 세대주가 설치하는 것이다.

당해 세대의 농업·임업·축산업의 경영의 근거가 되는 농지·산림·축사 등이 소재하는 시·구·읍·면 또는 이에 연접한 시·구·읍·면 지역에 설치할 것이어야 한다.

첫째, 농업인은 농업진흥구역 내에서도 농업인주택을 지을 수 있다.

농업인은 관리지역과 농업진흥지역 중 농업보호구역은 물론 농업진흥구역 내에서도 농업인주택을 지을 수 있다. 그때 지을 수 있는 농업인주택의 조건은 위와 같은 것이다.

이에 반해 일반인은 농업진흥구역 중 농업진흥구역 내에서는 결코 농가주택을 지을 수 없다. 다만 관리지역과 농업보호구역 내에서는 농가주택(전원주택)을 지을 수 있다.

농업진흥지역은 농업진흥지구(농지정리 된 곳)과 농업보호구역으로 나눌 수 있는데, 이 중 농업진흥구역에서는 농업인만이 농업인주택을 지을 수 있고, 일반인은 농가주택을 지을 수 없다는 말이다. 다만 농업진흥구역 내의 농지에 짓는 농업인주택이나 농가주택은 어떠한 경우에도 예외 없이 농지전용의 허가절차를 밟아야 한다.

둘째, 농업인주택은 농지전용시에 농지보전부담금이 면제된다.

농업인주택과 그에 준하는 임업인주택에 관하여는 농업진흥구역·농업보호구역·농업진흥지역 밖 모두 농지보전부담금이 100% 감면된다.

셋째, 무주택 세대주가 농업진흥지역 밖에 농업인주택 신축시 농지전용신고로 가능하다.

농지전용허가를 받지 아니 하고 전용신고로 가능한 농업인주택 신축요건은 무주택 세대주로 농업진흥지역 밖에 설치하고자 할 경우에 한한다.

- 현재 무주택 세대주라고 하더라도 당해 세대주 명의로 설치하는 최초의 시설일 것.
- 무주택자가 농업진흥지역 안에 설치하고자 할 경우에는 농지전용허가를 받아야 함.
- 유주택자가 농업진흥지역 안이나 밖에서 설치하고자 할 경우에는 모두 농지전용허가를 받아야 함.

농업인주택의 사후관리의무

농업인주택으로 사용된 지 5년 이내에 일반주택 등으로 사용하거나 비농업인 등에게 매도하고자 할 경우에는 농지법 시행령 제60조의 규정에 의거 용도변경승인을 받아야 한다. 임업인주택의 경우에도 같다.

다만, 양도하는 경우에도 농업진흥지역 내에서는 행위제한규정(기간이 경과하여도 일반주택으로 용도변경 안됨)에 저촉되지 않아야 한다.

용도변경승인이 가능할 경우에는 용도변경승인을 신청하는 자가 감면되었던 농지조성비를 납부해야 한다.

농업인주택의 시설 기준

장기간 독립된 주거생활을 영위할 수 있는 구조로 된 건축물 및 그 건축물에 부속한 창고, 축사 등 농·임·축산업을 영위하는 데 필요한 시설, 주택의 부속시설이라고 보기 어려운 축산시설의 경우는 별도 허가신청을 해야 한다. 무주택 세대주가 농업진흥지역 밖에 농업인주택 신축시에는 농지전용신고로 가능하다.

농업인주택으로 허가를 받아 사용한 지 5년 이내에 일반주택 등으로 사용하거나 비농업인 등에게 매도하고자 할 경우는 농지법 시행령 제60조의 규정에 의거 용도변경승인을 받아야 한다.

매도시 농업진흥지역 내에서는 행위 제한 규정으로 기간이 경과하여도 일반주택으로 용도변경이 안 되므로 구입자가 저촉되지 않아야 하고 용도변경승인이 가능할 경우에는 감면받았던 농지조성비를 납부해야 한다.

시골에 단독주택을 지을 때는 일반적으로 두 가지 분류 방식을 쓴다. 일반주택과 농가주택(농업인주택)이다.

그런데 시골로 내려가 정착하고자 하는 이들 중에서 건축법상 농가주택에 대한 정확한 정의에 대해 제대로 이해하고 있는 이들은 별로 없다. 심지는 시골에 있는 주택은 모두 농가주택이라고 생각하는 이들도 의외로 많다.

일반주택은 주택이 건축될 토지의 지목이 농지 또는 산지인 경우, 주택을 건축하기 위해선 지목을 대지로 지목변경을 해야 하며 이 과정에서 국가에 전용비를 납부해야 한다. 다시 말해 전용비를 납부해야 하는 주택을 일반주택이라 말하는 것이다.

일반주택은 법에서 정하는 건폐율과 용적률 그리고, 건축허가 조건에 맞춰 건축하면 된다. 다시 말해 도시민이 알고 있는 시골 주택의 대부분은 전용비를 납부한 일반주택이란 뜻이다. 이 일반주택을 시골에 있다는 이유로 농가주택이라 칭하면서 도시에서 시골로 가는 이들이 용어해석에 혼란이 생긴 것이다. 심지어는 도시민의 농어촌주택 마련 조세특례제한법이란 법 명칭 또한 건축법에서 말하는 일반주택을 농가(농촌)주택으로 오해하게 하는 경우가 많다.

도시에 주택을 가지고 있는 사람이 현실적으로 시골에서 농지전용비를 감면 받는 농가주택을 건축하기란 쉽지 않다. 법적으로 농가주택은 농지전용비를 감면 받는 주택을 말한다. 건축주가 농업인이라는 전제조건을 갖춰야 한다. 여기서 농업인의 조건을 해석함에 있어 설왕설래가 많으며 지자체마다 해석이 조금씩 다른 경우가 있다.

대부분의 지자체에서 공통적으로 적용시키는 농업인의 조건은 다음과 같다.

1. 주소지가 현지에 있는 현지민
2. 농지원부 소유주(농가주택 건축 후에도 농지원부 자격요건을 유지할 수 있는 자) : 농지원부는 일반적으로 자경하는 농지가 1,000㎡ 이상이어야 발급 받는다. 농지는 본인 소유든 임대든 상관없이 농사를 짓는 면적이 1,000㎡ 이상이면 된다.
3. 무주택자
4. 연소득의 1/2가 농업소득인 등으로 정하고 민원처리를 하고 있다.

이 4가지 조건을 갖추면 건축과에선 두말없이 농림지역이라도 경지정리가 완료된 농업진흥구역 논이 아니라면, 도로 등의 기본 건축허가조건을 갖춘 농지라면, 대부분 건축허가를 내준다는 의미다. 도시에 거주하고 있는 일반인의 경우 쉽게 충족할 수 없는 조건이다.

1, 2, 4번 조건을 갖추지 못했어도 농가주택을 건축한 이들이 있다. 해결방법은 해당 지역 지자체 공무원에게 농지법과 건축법상 일부 상기 조건보다 융통성 있는 농업인의 조건을 법적으로 증명하여 건축을 한 것이다.

농업인주택의 의미

우리가 흔히 사용하는 농가주택이란 말은 그냥 농촌에 있는 허름한 주택이란 뜻이고 특별한 법률적인 용어는 아니다. 대개 대도시나 도시지역이 아닌 농촌, 산촌, 어촌 등의 시골에 지어진 그런 소규모의 주민 주택을 말한다.

전원주택이라는 말도 많이 쓰고 있다. 다만 전원주택은 좀 더 좋은(?) 위치에 농가주택보다는 좀 더 잘 지은(?) 그런 주택을 연상케 한다. 농가주택이 실제 농림·어업이나 축산업을 직접 영위하는 현지 주민의 실제 주거용이라고 본다면 전원주택은 도시인의 실제 거주용(메인하우스) 또는 주말 레저용(세컨드하우스) 또는 노인 은퇴자의 주택(실버하우스) 등을 모두 지칭하는 것이라 볼 수 있겠다.

이들 주택은 모두 건축법상 일반 주거용 주택으로서 건축법 등 관계 법령에 의해 신축하면 되는 것이다. 특별한 혜택이나 지원도 없다. 농업인이든 비농업인(도시인) 이든 별다른 제한도 따로 없다.

다만 통상 지방 시·군·읍·면 지역에 소재한다는 이유만으로 농촌인구 유입 유인의 차원에서 소규모 농가주택에 대한 현행 세제상 금융상 약간의 혜택은 있다. 예컨대 농가주택에 대한 1가구 2주택시 양도세 면제, 3가구 비포함 특례, 농가주택 구입시 농협 저리대출 지원, 지자체의 귀농자 정착금 지원 등이다.

여기서 농업인주택은 농지법, 산지관리법에 의해 일정 요건을 갖춘 농업인·임업인에게만 일정 혜택과 특례가 주어지는 법률적인 용어다. 즉 농가주택과는 다른 법률적이고 제한적인 그런 용어다.

농가주택은 몇 평까지 지을 수 있을까?

대부분 농가주택은 건축면적을 100㎡ 이하로 건축해야 한다고 알고 있는 경우가 많다. 농가주택은 100㎡ 이하 건축만 가능하다는 말은 정답이 아니다. 농가주택이라도 해당 용도구역의 건폐율과 용적률에 맞춰 건축을 하면 문제없다.

건폐율이 20%이고 용적률이 80%라면 660㎡(약 200평)를 농지전용을 하여 1층 건축면적 40평까지 용적률 해당 면적인 연면적 160평까지 건축이 가능하다. 물론, 농가주택의 경우 전용면적이 660㎡까지 제한을 두는 것이나 층수 제한이 있는 경우가 있다.

그럼, 농가주택은 100㎡ 이하로 건축해야 한다는 정보는 어디서 나온 것일까? 이 규정은 농촌주택개량사업 또는 농협에서 농가주택에 융자를 해 주는 경우, 지원과 융자 대상 농가주택은 100㎡ 이하로 한다는 내용 때문이다. 이 규정에서 정한 100㎡ 이하라는 면적이 일반적인 농가주택으로 오해를 하게 된 것 같다. 다시 말해, 해당 용도지역의 건폐율과 용적률에 맞춰 건축해도 농지전용비를 감면 받는 농가주택을 건축할 수 있다는 뜻이다.

농업인주택의 부지면적 기준

 Tip

농가(전원)주택, 반드시 계획관리지역 농지를 고집할 필요가 있을까?

지방에 땅투자를 계획하고 실천하는 이들 중 처음 토지 매입을 하는 분들은 관리지역 중 계획관리지역에 목을 매는 이들이 많다.

계획관리지역은 생산이나 보전관리지역보다 30% 정도 가격이 비싸다. 또한 다양한 이용도 가능하다. 공장, 창고, 숙박시설, 음식점 등을 목적으로 매입한다면 당연히 계획관리지역이어야 만한다.

그러나 주택 용도의 땅이라면 심각하게 고려를 해야 한다.

1. 먼저 일반적인 건폐율(건물바닥면적) / 용적률(건물전체면적) 비교를 해보자.
   - 계획관리지역 : 건폐율 40% 이하. 용적률 100% 이하
   - 생산, 보전관리지역 : 건폐율 20% 이하. 용적률 80% 이하
   • 100평 대지에 집을 짓는다면 바닥면적이 계획관리지역은 40평까지 건축이 가능하고 생산이나 보전관리지역인 경우 20평까지만 지을 수 있어서 토지 이용도가 많이 떨어진다. 그러나 법에는 또한 다음과 같은 규정들이 있다.
2. 생산, 보전관리지역 농지를 전용하여 주택을 건축하는 경우, 건폐율을 60%까지 지을 수 있다. 건폐율 60% 이하. 용적율 80% 이하(대지 100평이면 1층 60평 2층 20평까지 건축 가능)

다시 말해서 시·군 도시계획조례로 별도로 규정이 되어 있는 경우 생산, 보전관리지역인 경우 농지전용시 대지 100평이면 건평 60평까지 집을 지을 수 있다.
< 국토의 이용 및 계획에 관한 법률>

부지의 총면적이 200평(660㎡) 이하, 해당 세대주가 전용허가신청일 이전 5년간 농업인주택부지로 전용한 농지면적을 합산한 면적이 200평(660㎡)이 하이어야 한다.

농가주택은 농업인 조건을 갖춰 농지전용비를 감면 받는 주택이다. 건폐율, 용적률 안에서 건축하면 된다. 농업인주택(농가주택)은 건축법상 예외 규정으로 건폐율이 60%다. 농업인 조건을 지자체마다 해석이 조금씩 다르다는 것을 인정하고 농가주택을 짓는 자가 지자체 담당공무원이 요구하는 조건을 동의하거나 법으로 설득해야 한다.

▶▶▶Tip

1. 농지전용비를 감면 받은 주택은 준공 후 5년 안에는 같은 조건을 갖춘 매수자에게만 매도할 수 있다. 만일, 농가주택으로 농지전용비를 감면 받은 농가주택의 용도지역이 관리지역이고 같은 농업인 조건을 갖춘 매수자가 아니라면 5년 안에 매도를 하면 감면 받은 농지전용비는 납부해야 한다.
   관리지역에 농지전용비를 감면 받아 건축한 농가주택은 5년 후엔 감면 받은 농지전용비 납부 없이 일반인에게도 매도할 수 있다.

2. 농림지역 중 농업진흥구역에 건축한 농가주택은 5년 후라도 일반인에게는 매도할 수 없다.
   - 구법에는 일반인에게도 5년만 지나면 매도가 가능했기에 농림지역 농업진흥구역 안의 매매 대상 농가주택이 구법을 적용 받는 농가주택인지, 신법 적용 농가주택인지 확인해야 한다.
   ※ 2007년도 이후 신법에는 농업진흥구역 안의 농가주택 신축시 상기 4가지 농업인 조건을 충족하는 매수자가 아니라면 소유권 이전 자체를 막는 법이 생겼다는 뜻이다.
   - 과거 구법 적용시 수도권 지역이나 풍광 좋은 지역의 농업진흥구역 안의 농지에 현지의 자격 조건을 갖춘 농업인의 명의를 빌려 일반인이 건축하고 5년 뒤 명의이전을 한 사례를 막기 위한 법 개정이라고 생각하면 될 것이다.

구옥 농가주택에 투자하기

2003년 정부의 잇따른 강력한 부동산규제정책 이후 서울 및 수도권의 주택시장에 대한 투자자들의 관심이 크게 떨어지면서 토지에 대한 관심이 점차 고조, 더불어 농지와 농가주택 등에 대한 투자 수요가 크게 늘고 있다. 특히 2005년 7월 1일부터 시행된 농지법으로 인해 농지 및 농가주택에 대한 관심이 더욱 높아졌다.

농가주택의 개념

농가주택이란 흔히 농촌에 있는 허름한 주택을 일컫는데, 건축법상에는 적용되지 않는 용어이며, 농지법에 의한 규정에 적용을 받는다. 농어촌주택이라 함은 아래와 같은 경우를 말한다.

> ▶▶▶**농어촌 주택의 구분**
>
> - **농가주택** : 수도권을 제외한 읍·면지역 + 대지면적 660㎡ 이내 + 건물연면적 150㎡ 이내 (공동주택 전용 116 ㎡) + 취득가(기준시가) 7,000만 원 이하 + 매도가 1 억원 이하.
> - **상속주택** : 피상속인이 취득 후 5 년 이상 거주한 사실이 있는 주택.
> - **이농주택** : 농업, 어업에 종사하던 자가 취득일로부터 5 년 이상 거주한 사실이 있는 주택.
> - **귀농주택** : 농업 또는 어업에 종사하고자 하는 자와 그 배우자 및 그들의 직계존속의 본적 또는 원적이 있거나 5 년 이상 거주한 사실이 있다는 곳에 300평 이상의 농지와 함께 취득하여 거주하고 있는 주택. (대지면적 200평 내외)

농가주택에 대한 관심이 높아진 것은 전원주택 및 펜션에 대한 관심 고

조되는 것과 궤를 같이 하는데, 일반 전원주택 및 펜션에 비해 신규 투자비용이 적게 드는 데다 부분적인 개축을 통해서 민박집으로도 활용할 수 있기 때문이다.

또한 농가주택의 경우 도시민이 취득한 뒤 기존에 소유하고 있던 도시주택을 팔아도 1가구 2주택 양도세 부과대상에서 제외되는 지역이 많아 투자여건에 큰 제약이 없는 장점을 갖고 있다. 일정 규모나 가격 이하의 농어촌주택의 경우에는 '별장'으로 분류되지 않아 취득세와 종합토지세 등의 지방세가 중과되지 않는 점 또한 많은 이들이 관심을 보이는 이유다.

▶2004년부터는 대지면적 200평 이하, 건평 40평 이하, 기준시가 7천만원 이하 농어촌 주택의 경우, 별장으로 분류하지 않아 취득세와 종합토지세 등의 지방세가 부과되지 않는다. 그러나 모든 농가주택이 양도소득세 비과세, 지방세 감면 등의 혜택을 받는 것은 아니므로 주의해야 한다. 지역적으로는 수도권과 광역시, 토지거래허가구역, 토지 투기지역, 관광단지 개발지역 등은 그러한 대상에서 제외 된다.

▶1주택을 소유한 자가 서울·인천·경기도를 제외한 읍·면 지역(단, 도시계획구역 안의 지역은 제외)에 소재한 농어촌주택을 보유하여 1세대 2주택이 된 때에는 농어촌주택 외의 주택(일반주택)을 3년 이상 보유(서울, 과천 및 5대 신도시 지역의 경우는 3년 이상 보유 및 1년 이상 거주)하다가 팔면 양도소득세가 과세되지 않는다.

기존 농가주택 구입의 장점

농가주택은 지목상 대지인 경우 많아 자유롭게 증·개축이 가능하기 때문에 전원주택을 구입하는 것에 비해 절차가 간단하다. 전원주택은 부지를 매입하기 위해 부지런히 발품을 팔아야 하며, 건축 및 각종 인·허가 과정 또한 복잡하여 시간이 많이 소요되는 데 비해, 농가주택은 매매만 이루어지면 된다. 농지전용 등의 절차가 필요 없고 계약만 하면 간단히 개조한 후 바로 들어가 살 수 있으며, 살면서 불편한 사항을 고쳐가면 되기에 시간적 여유가 없는 수요자들에게 적당하다. 또한 비용 측면에서도 월등하게 저렴한 가격으로 마련하는 게 가능하다.

수도, 전기 등 주거에 필요한 기반시설을 이미 대부분 갖추고 있기 때문에 비용을 상당히 절감할 수 있으며, 농지(관리지역) 구입시에는 대체조성비 및 건축비가 만만치 않게 들어가는 반면 농가주택을 구입하여 개조하면 개조를 하는 데 필요한 비용 외에 추가비용이 소요되지 않는 장점이 있다.

사례 : 옛집의 운치를 살리며 비용은 절반

서울에 살고 있는 김모 씨는 부모님이 사시던 고향의 낡은 농가주택을 리모델링하여 저렴한 비용으로 전원주택 한 채를 장만하여, 농가에 딸려 있는 텃밭을 가꿔 주말농장으로 활용하거나 휴가철 친구들과의 모임장소로도 이용하면서 비용 이상의 큰 기쁨을 맛보고 있다. 또한 수리비용 이상의 높은 가격으로 매입하고 싶다는 문의도 끊이지 않는다고 한다.

은퇴가 몇 년 남지 않았던 김 씨는 전원주택을 짓기 위해 1년 이상 부지확보를 위해 발품을 팔고 다녔었다. 풍광이 수려하여 마음에 드는 땅은 가격이 비쌌고, 여유자금 규모와 비슷한 가격의 땅은 마음에 드는 것이 없었다.

그 중 마음에 들었던 경기도 용인 양지면의 농지(관리지역)를 구입하고자 했으나, 땅값 이외에 전용시 들어가는 대체조성비 및 건축비가 만만치 않아 전원주택을 짓기를 결국 포기하고 말았다.

낙망하고 있던 차에 낡은 농가주택을 활용하여 저렴하게 전원주택 장만

했다는 보도를 접하고는 한동안 잊고 지냈던 고향집을 떠올리게 되었고, 그림 같은 전원주택에 대한 미련이 남아 신축하려던 김 씨는 신축 공사비의 절반 정도면 리모델링이 가능할 것 같다는 전문가의 조언에 따라 수리를 결심하게 되었던 것이다.

전체적인 외관은 시골집이 가지고 있는 운치를 살려 밖에서 보면 영락없는 '농가'지만 안에는 입식부엌, 욕실, 화장실 등이 마련되는 등 아파트 구조를 도입해 생활 편의성을 살렸다.

김 씨가 고향집을 리모델링하는 데 들인 비용은 총 4000여만 원. 쓰러져 가던 고향집을 개조하여 일석삼조의 기쁨을 맛보게 된 김 씨는 주변 지인들에게도 '농가주택 리모델링'을 권유하는 등 농가주택 예찬론에 열을 올리고 있다.

농가주택을 구입할 때 주의할 점

농가주택을 구입할 때는 증·개축이나 신축이 가능한지에 대해 시·군·구청에 미리 확인해야 한다. 리모델링을 염두에 두고 구입한 농가주택이 법적 제약으로 인해 증·개축이 불가능하다면 낭패이기 때문이다.

리모델링을 염두에 둔다고 해도 수리가 어려울 정도로 망가진 주택을 구입하는 경우는 피해야 한다. 수리가 어렵다면 결국 철거해야 하는데, 철거를 하게 되면 폐자재에 대한 환경세가 많이 부과돼 저렴한 가격에 전원주택을 구입하겠다는 애초 목적과 한참 거리가 멀어지게 된다. 외관만으로 섣부르게 판단하지 말고 전문가의 도움을 받아 내부골조를 꼼꼼히 챙겨야 한다.

농가주택은 건물주와 땅 주인이 다른 물건도 많다. 따라서 지상권 문제를 필히 확인하여야 골치 아픈 상황을 미연에 방지해야 할 수 있다. 농어촌

빈집 중에는 대지가 아닌 농지에 지은 무허가 건물이거나 대지와 주택 소유주가 서로 다른 경우도 많기 때문이다. 만약 건물과 땅의 소유주가 다른 땅을 샀다가 집주인이 나중에 지상권을 주장하면 낭패를 볼 수도 있으므로 토지대장, 건축물대장, 건물등기부등본 등의 서류를 발급받아 꼼꼼히 따져봐야 한다.

이밖에 모든 농가주택이 양도소득세 비과세, 지방세 감면 등의 혜택을 받지 않는다는 사실도 잊지 말아야 한다. 수도권 및 광역시와 토지거래허가구역, 투기지역, 관광단지 개발지역 등은 양도세 비과세 등의 대상에서 제외된다.

농업보호구역에 주택 건축하기

농업보호구역이란 농업진흥지역의 농업환경을 보호하기 위하여 지정된 지역을 말한다. 일반적으로 우량농지인 농업진흥지역 내의 땅에는 아주 특별한 경우를 제외하고는 절대로 농작물 경작 이외의 용도로 전용하지 못 한다.

하지만 농업진흥구역 안의 농업보호구역은 비록 우량농지는 아니지만 농업진흥구역의 농업용수용 확보, 수질보전 등 농업환경을 보호하기 위해 지정된 지역을 말한다. 때문에 농업보호구역은 농지 그 자체의 전용에 대해서는 농업진흥지역에 비해 매우 관대한 편이다.

장점
농업보호구역은 대개 저수지나 하천 등을 끼고 있기 때문에 경관이 매우 수려한 경우가 많다. 전원주택용은 물론이고 카페나 음식점 용도로도 안성맞춤이다. 준농림지에 비해 규제가 비교적 까다로워 시세가 조금 낮게 형성되는 경우가 많지만 역으로 이 점이 오히려 장점으로 작용하기도 한다.
현재 전국의 농업보호구역 면적은 5억 4,500여 평으로 집계되어 있다.

단점

농업보호구역은 준농림지와 그 쓰임새가 비슷하지만 실제로 전원주택의 건축을 위한 농지전용이 자유로운 준농림지와는 차이가 있다. 농업보호구역은 농업진흥구역의 농업용수보호에 지장이 없는 범위 내에서만 극히 예외적으로 전용이 허용된다. 때문에 전용을 100% 장담할 수 없는 곳이 농업보호구역이다.

절차 및 방법

일반적인 준농림지 전용절차와 비슷하다. 다만 허가조건이 오폐수정화시설 등에서 조금 더 엄격한 편이다. 농지법 제34조 2항과 농지법 시행령 제35조에는 환경오염시설, 부지면적 454평 이상의 공장, 908평 이상의 공동주택, 303평 이상의 숙박·위락시설 등을 제외하고는 농업보호구역 내에서도 농지전용이 가능하다고 명시되어 있다.

이 규정은 국토이용관리법 제15조 1항 4호 및 국토이용관리법 시행령 제14조 1항의 '준농림지 내에서의 행위제한'과 거의 비슷한 내용이다.

이 법령에 따르면 준농림지 내에서도 환경오염시설, 부지면적이 9,075평 이상인 시설·건축물의 설치 이외에는 어떤 용도로도 개발을 허용하고 있다.

하지만 농업진흥구역 안에서의 농지전용은 정책적으로 억제하고 있기 때문에 법 규정상 문이 열려 있다는 것만을 믿고 덜컥 농업보호구역 내의 땅을 샀다가는 낭패를 보기 십상이다. 따라서 매입 전에 해당 지자체의 담당자를 만나 매입하고자 하는 땅이 전용허가가 가능한 땅인지의 여부부터 확인해 보아야 한다.

물론 대충 알고 있는 담당자라면 "그 땅이 비록 산간 지역에 위치해 있지만 집단화된 우량농지와 붙어 있기 때문에 전용이 힘들 것"이라고 말할 것이다.

이 경우 미리 발급을 받아 둔 토지이용계획확인원을 근거로 그 땅의 용도가 농업진흥구역이 아닌 농업보호구역으로 지정되어 있음을 확인시켜 주어야 하는데, 그러면 담당자는 다시 '그 땅이 비록 농업보호구역으로 지정되어 있지만 주택이 들어설 경우 농업진흥구역에 공급되는 상수원의 수질오염이 예상되기 때문에 전용이 불가하다'고 할 것이다.

하지만 뜻이 있다면 이 경우에도 물러서지 말고 하수관을 저수지가 아닌 다른 곳으로 낸다든지 오폐수정화시설을 대폭 강화한다든지 하는 조건을 타진해 보도록 해야 한다.

주의사항

농업보호구역은 저수지의 상류 쪽을 택해야 한다. 저수지 하류 쪽은 심사 규정이 까다로워 전용이 어려울 수도 있다. 매입 전에 반드시 해당 지자체 농지관리계와 같이 공신력 있는 부서에 해당 농지의 전용가능 여부를 확인하도록 해야 하는데, 농업진흥구역 안에 위치해 있기 때문에 100% 허가를 받을 수 있다는 보장을 할 수가 없기 때문이다.

전용허가를 내기 전에 하수처리에 대한 특별한 계획과 대책을 세워야 하고, 농업보호구역은 지형이나 주변 자연환경, 도로와의 접근성 등에 따라 가격이 천차만별이므로 부지런히 발품을 팔아야 한다. 주변 도로가 도로로서 승인을 받을 수 있는지 확인하는 것은 필수다.

부지 주위에 실제로 사용하고 있는 도로나 농로가 있더라도 포장이 되어 있지 않으면 도로로서 인정받지 못 하는 경우가 있으므로 주의해야 한다.

농지 구입에 필요한 구비서류와 절차

도시농부가 되기 위한 농지원부와 농지취득자격증명의 이해

농지자격취득증명은 농지를 취득하는 경우에 발부 받는 등기 이전에 필요한 서류라면 농지원부는 농사를 짓고 있는 경작 현황을 확인하는 것임에 유의할 필요가 있다. 농지원부는 농사를 직접 경영하는 사람이 자경을 인정받아 주소지의 농지 관련 부서에 등재하고 비치하는 것을 말한다. 따라서 농지원부는 현재 거주지의 관할 동사무소나 면사무소, 구청 등의 농지 관련 부서에 신청한다. 농취증을 받아서 농지는 소유하고 있지만 농지원부는 없는 경우가 많고, 임차하여 농사를 자경하는 경우 농지를 소유하지는 않지만 농지원부는 있을 수도 있다.

농지원부를 작성하려면 우선 농지를 소유하거나 임차해 1년 이상 자경을 하여 그 사실을 스스로 입증하여야 한다. 주소지 농지관련 부서에 신청서를 제출하면 담당자가 토지 소재지의 담당자와 통화하고 토지의 경작 사실을 확인 받아 등재하는 절차를 밟는다. 다만, 주소지의 담당자는 농지의 현재 상황을 확인할 수가 없으므로 토지 소재지의 담당자에게 미리 자경 사실을 알려서 조회가 오면 한 번에 통과할 수 있도록 하는 것이 좋을 듯하다.

농지 소재지의 자경증명서를 제출하면 조회 없이 바로 작성이 가능하기도 하다. 자경을 입증하기 어려운 경우에는 종자를 구입한 영수증이나 비료 구입 영수증 등 민원인이 스스로 입증 자료를 찾아 자경하였음을 입증하는 서류를 관리청에 제출하여야 하는 경우도 있다. 농지원부를 만들어서 농업인이 되는 것과 농지가 부재지주의 소유로 인정되어 양도소득세를 중과세하는 것은 전혀 별개의 문제이다.

부재지주의 비사업용 토지는 반드시 농지 소재지나 인접 지역에 거주하는 것을 요건으로 하지만 외지인도 농지원부를 만들 수는 있다. 농지원부는 있지만 비사업용 토지에 해당하는 경우가 존재할 수 있는 이유다.

농지원부가 있는 것과 없는 것의 차이는 무엇일까?

농사를 지으며 농민으로 인정받아 농지원부에 등재되면 많은 혜택이 있다. 우선 토지의 소재지나 연접지역에 2년 이상 농지를 보유하면 다른 농지를 취득하고 이전등기를 하는 경우 취득세를 50% 감면하고 채권매입을 하지 않아도 된다. 농지를 담보로 근저당을 설정하는 경우에도 면제되며 8년 이상 재촌과 자경을 하면 양도소득세가 2억 원까지 감면된다.

농지를 전용하는 경우, 농지전용부담금을 ㎡당 개별공시지가의 30%를 부담해야 한다. 그러나 농업인의 지위를 인정받아 농지원부에 등재되면 농지보전부담금이 면제되어 농가주택을 짓거나 농업용 시설 등을 설치하는 경우 많은 비용을 절감할 수 있다. 농어촌자녀 대학장학금 우선지원, 농기계 면세유 구입, 일부의 세금이나 공과금, 보험료, 준조세 등 감면 혜택도 있다. 농업인으로서 자격을 인정받아 각종 혜택을 받을 수 있는 것이다.

농지원부와 양도세 감면 적용시점, 국민연금과 의료보험 혜택 사례

지난 2010년 10월 13일 강원도 홍천으로 이사를 하였는데, 농사는 지난 2008년 5월 땅을 산 뒤에 계속 지어왔다. 농지원부는 이사를 한 지 일주일 정도 지난 2010년 10월 21일 작성했다. 농지원부신청서에는 2008년 5월부터 농사를 지었다고 기재했다. 그럼 농지의 양도세 감면과 관련, '8년 자경·재촌'의 시점은 언제일까. 농사를 짓기 시작한 2008년 5월일까, 아니면 농지원부에 기재한 2010년 10월 21일일까? 답은 2010년 10월 21일이다.

~~8년 자경·재촌의 기준은 재촌이다. 양도소득세 감면 조건에서 주소지 거주 8년을 갖춰야 된다.~~농지원부는 참고사항이지 필수서류는 아니다. 또한 자경 기준은 이전 주소지에서 경작지까지의 거리가 20㎞ 이상이면 인정되지 않는다. 자경을 인정받으려면 근로소득이 없는 전업농이어야 한다. 요즘은 자경·재촌을 기준으로 양도세 감면 신청시에는 농협 조합원 가입 여부, 면세유 구입 여부 등도 면밀히 본다. 그만큼 까다로워졌다는 것이다.

직장을 다니다 퇴사해 귀농이나 귀촌을 하면 지역의료보험에 가입하게 된다. 만약 지역의보료가 직장의료보험보다 턱없이 높다면, 향후 1년간은 직장의료보험료로 낼 수 있도록 임의 계속가입자로 가입할 수 있다. 물론 1년 후에는 지역의보로 자동 전환된다. 지역의료보험료는 산식이 좀 복잡하지만 대략 재산이 많으면 많이 나온다. 직장인의 경우 연봉으로만 책정되는 것과는 다르다. 하지만 농촌에 거주, 즉 재촌이면 22%가 감면되고, 농어업인 확인서에 이장과 면장의 도장을 받아 팩스로 보내주면 추가로 28%가 감면돼 총 50% 감면 혜택을 받을 수 있다. 이장, 면장의 도장을 받아서 팩스로 확인시켜 주고는 50% 감면 혜택을 받아 102,600원으로 줄였다.

국민건강보험공단 지사에서는 통상 재촌 22% 감면 혜택만 적용하기 때문에 반드시 농어업인 확인서를 발급받아 최대한의 감면 혜택을 받는 게 좋다. 시골에서의 재테크는 무조건 지출을 줄이는 게 중요하다.

농어업인은 국민연금 감면 혜택도 받을 수 있다. 여러 가지 서류가 있지만 농지원부만 팩스로 보내줘도 된다.

나의 경우는 아예 국민연금공단 쪽에서 면사무소에 연락해서 농지원부를 받아서 알아서 처리해줬다.

경제적으로 여의치 않으면 국민연금 납부를 유예할 수도 있지만, 계속 납부하는 게 나중에 국민연금 수급 때 유리하다.

농취증 발급에 대한 오해와 편견

토지에 투자하는 방법 중 하나인 경매는 많은 장점이 있는 것이 사실이다. 중개업소를 거친 일반매매보다 저렴하게 매입할 수 있는 기회가 있고, 소액투자 물건도 쉽게 접근할 수 있다. 토지거래허가구역에서도 허가를 받지 않는다는 특징도 있다.

낙찰을 받고 소유권을 이전한 뒤에 곧바로 매도해도 문제가 없다. 매도에 따른 양도세가 양도차익의 50% 중과세라는 부담만 있는 것일 뿐 거래 규제는 전혀 없다. 이런 이유로, 수익률이 높은 토지에 남녀노소를 불문하고 거주 요건이나 거리 제한을 따지지 않는 경매를 통해 토지를 매수하려고 하는 것이다.

하지만 경매로 토지를 낙찰을 받고 수익을 올리는 사례는 많지 않다. 토지는 자연 그대로의 원자재이기 때문에 가공할 줄 모른다면 제 가치를 드러내기 힘들다. 토지는 고수익이 따르는 만큼, 그에 따르는 노하우도 수반되어야 하는 것이다. 고수와 초보자의 차이라고 할 수 있다.

수익이 나올 수 있는 토지를 구별하는 능력과 지목변경 등 리모델링으로 부가가치를 높이는 능력과 기대수익률을 얻으며 매매할 수 있는 전략 등이 요구된다. 또한, 문제 발생시 해결 능력과 응용력도 요구된다. 실제로 토지 고수들은 많은 실패를 바탕으로 한 축적된 기술이 있고 문제해결 능력을 갖추기 위해 포괄적인 네트워크를 구축하고 있다.

다른 부동산 상품과는 달리, 삶의 애환을 많이 경험하는 분야가 바로 토지다. 그런 이유 때문인지는 몰라도, 토지는 전문가들만 다루는 상품이라고 여기는 경향이 있다.

여기에서는 토지(농지)를 경매를 통해 매입하고자 할 때나 일반 매매를 통해 매입하고자 할 때 필수서류인 농지취득자격증명(농취증)에 대해 알아보기로 하자.

농지취득자격증명제도는 농지를 취득하고자 하는 자가 농업인의 자격요건을 갖추었는지 여부에 대한 확인 제도로, 농지취득자격증명을 받지 못하면 농업인이 아니므로 농지를 취득할 수 없다. 즉 비농업인이 투기 목적으로 농지를 소유하는 것을 방지하기 위한 규정인 것이다.

다만, 다음과 같은 경우에는 농지취득자격증명의 발급 없이 농지를 취득할 수 있다.

① 국가나 지방자치단체가 농지를 소유하는 경우.
② 상속(유증遺贈 포함)으로 농지를 취득하여 소유하는 경우.
③ 담보농지를 취득하여 소유하는 경우. (농업기반공사. 조합 등 농지의 저당권자로서 경매를 2회 이상 진행하여도 경락인이 없는 경우에 한함.)
④ 농지전용협의를 마친 농지를 소유하는 경우.
⑤ 한국농어촌공사 및 농지관리기금법에 따라 한국농어촌공사가 농지를 취득하여 소유하는 경우.
⑥ 농어촌정비법의 규정에 따라 농지를 취득하여 소유하는 경우.
⑦ 공유수면매립법에 따라 매립 농지를 취득하여 소유하는 경우.
⑧ 토지수용으로 농지를 취득하여 소유하는 경우.
⑨ 농림축산식품부장관과 협의를 마치고 공익사업을 위한 토지 등의 취득 및 보상에 관한 법률에 따라 농지를 취득하여 소유하는 경우.
⑩ 농업법인의 합병으로 농지를 취득하는 경우.
⑪ 공유 농지의 분할로 농지를 취득하는 경우.
⑫ 취득시효의 완성으로 농지를 취득하는 경우.
⑬ 환매권자 등이 환매권 등에 따라 농지를 취득하는 경우.
⑭ 농지이용증진사업 시행계획에 따라 농지를 취득하는 경우.

한마디로 상속이나 농지전용으로 더이상 농지가 아닌 경우 등을 제외하고는 무조건적으로 농취증을 발급받아야 한다고 해석해야 한다. 따라서 경매를 통해 농지를 매입하는 경우에도 농취증은 받아야 하는 것이다.

경매가 진행 중인 농지의 법원 자료에는 '농지취득자격증명 제출 요' 또는 '매각결정기일까지 미제출시 보증금 반환하지 않음'과 같은 무시무시한 (?) 내용이 기록되어 있기 마련이다. 때문에, 낙찰 후에는 반드시 농취증을 제출하여야 한다.

만일, 낙찰 후 매각결정기일까지 제출하지 않으면 법원마다 다른 지역도 있지만, 대부분 보증금을 몰수함에 유의하여야 한다. 불가피한 경우, 농취증을 매각결정기일까지 발급받지 못한 경우라면 법원에 매각허가기일 변경 신청서를 제출하여 허가기일을 연장한 후 그 기간 내에 농취증을 발급받아 매각허가를 받으면 된다.

먼저, 농취증 발급에 대한 오해부터 풀어보기로 하자.

해당 시·구·읍·면에 신청만 하면 거의 100% 농취증이 나온다는 것은 오해다. 농취증 발급은 지자체 담당자의 고유권한이기 때문에 발급이 안 되는 경우를 종종 보게 된다. 서울에 거주하면서, 경상도나 전라도에 소재한 토지를 낙찰받고 애를 태우는 사례를 종종 본다.

지목에 전·답·과수원뿐 아니라 '대'라고 되어 있어도 사실상 농지법상 농지로 이용되는 토지라면 농취증을 받아야 한다. 또 지목이 전·답·과수원으로 되어 있지만 실제 이용상황이 농지가 아닌 잡종지 등 다른 용도로 이용되고 있다면 농지이용확인서를 발급 받아 서면에 의하여 그 사실이 증명되는 경우는 그 서류를 대신하여 제출하면 된다.

그러나 불법으로 형질이 변경된 농지의 경우에 불법으로 형질변경을 한 부분에 대한 복구가 필요하다고 판단되면 현 상태에서는 농취증을 발급받을 수 없다는 사실에 유념하여야 한다.

따라서 법원의 물건명세서에서 제시 외 건물이 있다고 명시되어 있거나 사진 속에 건축물이 보이면 꼭 임장을 통해 내용을 확인하여야 한다. 일반 매매에서도, 농지로 활용되고 있는지 여부를 확인하고 특약사항에 명시되어야 하는 것이다. 농취증 발급이 100%가 아니라는 사실로 인해, 농취증 발급이 안 될 수도 있다는 것을 반드시 유의해야 한다.

경매자료의 사진을 보았을 때 건물이 찍히지 않는 경우도 있고 실제로는 분묘가 있으나 낮아서 보이지 않는 경우도 있다. 흔히 접할 수 있는 반려사항 중의 하나는 바닥이 포장되어 있거나 폐가가 있는 경우다. 그런데 더욱 당혹스럽게 만든 것은 엉뚱한 지번의 임장이다. 한마디로, 불법 전용된 농지인지 아닌지를 파악하여야 하는데, 이 부분을 소홀히 하는 것이다.

일반적으로 농취증의 반려 사유는 크게 신청대상 토지가 농지에 해당하지 않거나 농취증 없이 취득할 수 있는 농지, 취득 원인이 농취증을 필요로 하지 않는 경우와 "신청대상 농지는 불법으로 형질을 변경한 것에 대한 복구가 필요하며 현 상태에서는 농취증을 발급받을 수 없음"이라고 하여 반려하는 경우다.

여기서 불법은 건축법상의 불법을 말하는 것이 아니라 농지법상의 농지전용허가 없이 이루어진 불법을 말한다. 따라서 건축물대장이 있고 재산세를 납부하여도 불법으로 간주하고 반려를 하는 것이다.

물론, 농지전용허가를 받아 건축하는 것이라면 당연히 불법이 아니고 처음부터 농취증 발급대상이 아니다. 물론, 1973년 1월 1일 이전부터 사용한 것이 객관적으로 입증된 불법 건축물은 발급대상이다.

농지전용허가를 받지 않은 농지 위의 건물이라도 온실, 버섯재배사, 비닐하우스, 전기 및 수도가 들어오지 않는 20㎡ 이하의 농막, 농지법상의 축사, 농로 등은 농지법상 농지로 보기 때문에 역시 발급대상이다.

그렇다면, 불법 건축물이라고 보여 농취증을 발급받을 수 없다면 포기하여야 할까?

일반적으로, 원상복구 후 신청하는 것이 원칙이나 아직 소유권자가 아니므로 사실상 불가능하다. 따라서 원상복구를 조건으로 계획서를 제출하고 담당자의 검토를 받는 것이 현실적이다. 지자체의 담당자가 복구계획서를 이행한다면 농취증을 발급할 수 있지만 만약 복구할 수 없다고 판단되면 반려 대상이라고 통보해 준다. 따라서 원상복구계획서를 제대로 작성하는 것이 중요하다.

반려된다고 하여도 마지막 절차로 법원에 제출하는 것이 좋다. 법원에 따라서 반려를 근거로 낙찰을 허가해 주거나 낙찰불허를 하면서 보증금을 돌려주기도 하기 때문에 포기는 금물인 것이다. 이외에도, 실무적으로 얼마든지 농취증을 받을 수 있는 사례는 많다.

농지취득자격증명을 발급받고자 하는 자는 신청서와 농업경영계획서, 법인은 법인등기부등본, 농지임대차(사용대차)계약서(농업경영을 하지 아니 하는 자가 취득하고자 하는 농지의 면적이 1,000㎡ 미만 또는 시설 면적이 330㎡ 미만인 경우), 농지전용허가 또는 농지전용신고 입증서류를 첨부하여 그 발급을 시장·구청장·읍장·면장에게 신청하면, 그 신청을 받는 날부터 2~4일 이내 반려대상이 되는지 여부를 확인한 다음 그 결과를 신청인에게 서면으로 통지하는 방식으로 진행한다.

마지막으로, 주거·상업·공업지역 안에 있는 농지와 도시계획시설예정지로 포함된 녹지지역 안의 농지를 취득할 때에는 농지취득자격증명제도가 적용되지 아니하며, 도시계획구역 안의 녹지지역·개발제한구역 및 도시개발예정지구 안의 농지로서 토지형질변경허가를 받은 농지 역시 농취증이 필요 없다.

토지거래허가구역에는 토지거래허가를 받는 경우, 농취증을 발급받은 것으로 본다는 것 역시 농취증과 관련된 내용이다.

농지원부 (신규, 발급) 신청서

	처리기간
	관내 3일(관외 0일)

①신청인	성명		주민등록번호	
	주소		전화번호	

② 신 청 농 지	농지 소재지				③ 지목	④ 소유 임차	⑤면적(㎡)		⑥논 농업 이용 기간	⑦농지이용면적(㎡)			비고
	시군	읍면	리동	지번			농업 진흥 지역 안	농업 진흥 지역 밖		벼재배	타 작물 재배	휴경	

농지법 제1조 및 동법 시행령 제71조, 동 시행규칙 제50조 내지 제53조의 규정에 따라
농지원부 작성 대상자 등록(변경)을 신청합니다

년   월   일

신청인   (인)

경영 양도인 (변경신고의 경우)   (인)

구비서류 1. 등기부등본 2. 기타	수수료
	없음

농지투자에서 중요한 공부서류 5종

농지원부

농지를 계획적으로 관리하기 위해 만들어진 서류다. 일종의 농지에 대한 데이터베이스를 구축하기 위한 서류이며(농지 소유 및 임대차 현황/ 농업자금지원 농가 선정 농업시책/농업인 자경여부 확인자료), 농취증은 말 그대로 농지를 취득할 수 있는 자격을 말하는 것이다.

농취증은 원래 경자유전의 원칙으로 농업인만 농지를 소유할 수 있었으나 2004년 농지법 수정으로 도시민도 거리에 관계없이 농지를 취득할 수 있게 됐는데, 그래서 생긴 게 농취증이다. 따라서 농지원부로 농취증을 대신할 수 없다.

농지투자에 있어 농지원부는 굉장히 중요한 의미를 갖는다.

농지원부는 행정관서에서 농지의 소유 및 이용 실태를 파악하여 이를 효율적으로 이용, 관리하기 위하여 작성 비치하는 것이다. 작성이 강제되는 것은 아니고, 모든 농지에 대하여 다 작성되어 있는 것도 아니다. 또 농지원부가 작성되어 있다고 하여 어떠한 권리의무 관계가 인정되는 것도 아니다.

그런데, 우리가 알아야 하는 이유는 뭘까?

농지원부를 작성하면 '농업인'이라는 아주 소중한 지위를 인정받는데 훨씬 유리하다. 앞서 설명한 것처럼 '농업인'의 인정 여부는 '농업인'이라는 것이 문제가 되는 개개의 사건(주로 조세 사건)에서, 궁극적으로는 판사에 의하여 인정되는 것이지만, 농지원부가 작성되어 있으면 일단 '농업인'의 지위가 추정된다 할 수 있겠다.

그리고 법적인 문제를 떠나서도 현실적으로 농지원부를 제출함으로써 여러 가지 특혜를 받을 수 있는 경우가 많고 또 어떤 경우에는 농지원부의 제출이 요구되는 경우도 있다.

농지원부를 작성하면 농업인이라는 지위를 인정받는 데 훨씬 유리하다. 농지원부가 작성되어 있으면 농업인의 지위가 추정된다.

농지원부는 농업인(1세대에 2인 이상의 농업인이 있는 경우에는 그 세대를 말한다), 농업법인 또는 준농업법인 별로 작성한다.

시·구·읍·면장은 관할구역 안에 거주하던 농업인의 거주지 이동으로 신거주지의 시·구·읍·면장에게 주민등록표를 이송하는 경우에는 농지원부를 첨부해 이송해야 한다. 농지원부의 열람 또는 등본교부신청은 구술 또는 문서(전자문서를 포함)로 시·구·읍·면장에게 이를 신청해야 한다.

여기서 한 가지 유의할 점은 농지원부의 작성 및 관리 기관은 농지 소재지가 아닌 주소지 관할기관이라는 것이다. 따라서 농업인이 농지원부를 작성하고자 하는 경우, 농지 소재지가 아닌 본인의 주소지 읍·면·동사무소에서 신청한다. 농지 소재지가 신청인의 주소지와 동일한 경우에는 관할 관청에서 담당 공무원이 누가 농사를 짓고 있는지 등 실태조사를 거쳐 농지의 소유 및 이용 상황을 파악해 작성한다.

하지만 농지 소재지가 신청인의 주소지와 다른 경우에는 경작 현황을 농지 소재지 관할 관청에 조회한 결과에 따라 농지원부를 작성하게 된다. 다만, 토지 소재지에서 발급하는 자경증명서를 제출하면 조회 없이 바로 작성 가능하다.

▶ 농지원부는 1,000㎡(약 302.5평)부터 발급 가능.

▶ 농지 소유주의 거주지 읍·면·동사무소에 신청.

▶ 농지원부를 발급받으려면 신청서에 마을이장의 도장이나 서명을 받아 읍·면·동사무소에 제출하면, 농지에 작물이 있는지 여부에 대해 실사를 한 후 발급.

▶등재 사항 : 농업인 인적사항, 가족사항, 소유농지 현황, 임차농지 현황, 경작 현황 등
▶농지원부는 소유권을 증명하는 게 아니라 경작 현황을 확인하는 것으로, 소유농지나 임차농지에 관계없이 실제로 농사를 짓는 사람이 작성.
▶작성 시점 : 농지원부는 농지를 신규 소유 및 임차가 확인되는 시점에 바로 작성(최초작성일, 소유 · 임차농지 현황 등)하고, 경작 상황은 향후 확인되는 즉시 갱신.
▶세금 감면이나 보상 관련 사항은 세무서나 보상 관련 담당기관(부서)에서 판단할 사항이다. 본인이 기존에 농사를 직접 지었더라도 농지원부를 작성하지 않았다면 소급해 작성할 수 없다.

농지취득자격증명

농지를 구입할 때 관청에 제출하는 영농계획서의 성격이다.

농지취득자격증명이란 농지 매수인의 농민 여부, 자경 여부 및 농지 소유 상한 이내 여부 등 농지 소유 자격과 소유상한을 확인하고 심사하여 적격 농민에게만 농지의 매입을 허용함으로써 농민이 아닌 사람의 투기적 농지매입을 규제하고 경자유전의 실현을 도모하기 위해 만든 제도이다.

농지 소재지를 관할하는 시·구·읍면장에게 발급을 신청해야 한다.

농지취득자격증명 취득가능 여부를 고민하는 것 중 하나는 도시에서 사는 사람이 농지취득자격증명 발급이 가능한지 여부인데, 원칙적으로는 가능하다. 다시 말하자면 농지취득자격증명 발급은 의외로 간단하다.

농지취득자격증명은 취득이 중요한 것이 아니라 실제로 경작을 하고 있는지 여부가 가장 중요하다.

일단 증명서를 발급해 준 뒤 "합법적인 영농"을 하느냐 않느냐를 확인하는 것이 중요한 문제이므로 신청 시점에서는 농사가 불가능한 토지만 아니라면, 웬만하면 발급이 가능하다.

그러나 1년 이내에 경작을 하지 않으면 농지강제처분명령과 이행강제금 부과 등이 내려지기 때문에 주의해야 한다. 물론 이 경우에 담당자가 현장 조사를 해야 하는데, 현실적으로는 어렵다.

그렇기 때문에 실제 경작을 하기가 힘들다면 적당한 나무를 심어둔다면 일단은 안심이다. 그럴 경우는 농사를 지으러 왔다 갔다 할 필요도 없게 된다.

그리고 중요한 점은 그 지역에 주민과 분쟁이 생기면 안 된다. 대체로 신고하는 사람은 그 지역 주민 중에서 불만을 가진 사람이기 때문이다. 실제 경작을 못할 것 같으면 한국농어촌공사의 농지은행을 통해 현지인에게 임대를 주어도 되기 때문에 적절한 방법을 이용하자.

다만 개인 간의 농지 임대차계약은 농지법 위반이 되기 때문에 주의해야 한다. 농지은행에 위탁하여 8년을 임대하면 부재지주라도 '자경 8년'이 인정되어 일정 한도로 양도세 비과세 혜택을 받을 수 있다. 자신이 택할 수 있는 유리한 방식을 택해서 농지를 소유하는 투자가 가능하다.

농취증은 농지를 사기 위하여 발급받고 그것을 해당 기관에서 판단하는 것이다. 해당 시나 면사무소에서 신청을 하고 승인 받는 형식인 것이다.

자경증명서

많은 분들이 농지의 자경 여부에 대하여 혼동하는 경우가 많다. 이는 이에 대한 규정을 관리하고 있는 법규들이 산재해 있기 때문이다.

즉 ① 농지법의 자경 여부와 ② 국토계획법에 의한 토지거래허가의 자경 여부, ③ 소득세법과 조세특례법의 사업용과 비사업용의 판단의 자경 여부의 판단이 관리하는 부서와 기관마다 조금씩 다르다.

이들 법의 원칙은 다 똑같다. 직접 농사를 지을 것, 즉 경자유전의 법칙을 적용하고 있다는 것이며, 다만 일부 예외 규정이 있을 뿐이다.

자경증명의 발급신청

▶자경하고 있는 농업인 또는 농업법인은 시·구·읍·면장에게 자경증명을 발급받을 수 있다. (농지법 제50조 제2항)

▶자경증명을 발급 받으려는 사람은 자경증명발급신청서를 해당 농지 소재지를 관할하는 시·구·읍·면장에게 제출한다.

▶시·구·읍·면장은 이러한 신청이 있는 때 신청인의 농업경영상황을 조사한 후 자경하는 사실이 명백한 경우에는 신청일부터 4일 이내에 자경증명을 발급한다. (농지법 시행규칙 제59조 제2항)

자경 여부의 확인

자경을 했는지 여부는 자경 사실을 주장하는 양도자가 입증해야 한다. 농지 구입 후 작성된 첨부서류를 통해 자경 사실을 증명할 수 있다.

자경농지 관련 첨부서류

▶농지원부
▶농협 등의 조합원인 경우 조합원 증명원
▶농약 및 비료 구입 영수증
▶자경증명발급신청서
▶농지취득자격증명
▶농약 등 판매확인서
▶농지 소재지 농지위원장이 확인한 자경농지 사실확인서
▶인우보증서(이웃이나 친지가 그 사실이 허위가 아님을 보증) 등

논농사 직불금이나 쌀직불 보조금 등을 수령한 사실이 있으면 이를 증거자료로 활용하기도 한다.

이 감면 규정은 농민에게 혜택을 주기 위한 제도이다. 따라서 일정 기간 이상 직접 경작한 경우에만 대상이 된다.

농업인(경작자)의 거주 및 자경 요건 비교

구분	농업인주택을 위한 농지전용	농업인의 농지에 대한 토지거래 허가	구농지의 양도소득세 비과세 또는 감면 (비과세 : 농지의 교환, 감면 : 자경. 대토)
법령	농지법	국토의 계획법	소득세법
농업인 기준	농지법 시행령 제조 규정	농어업 · 농어촌 및 식품산업 기본법 제3조 제3호 가목 규정	–
거주 요건	농지 소재지 시 · 구(도농복합시는 동) · 읍 · 면 또는 연접 시 · 구(도농복합시는 동) · 읍 · 면	거주하는 주소지 시 또는 군(광역시의 군 포함) 또는 주소지로부터 20km 이내	농지가 소재하는 시 · 군 · 구(자치구인 구) 또는 연접 시 · 군 · 구 및 농지로부터 직선거리 20km 이내 • 3년 자경 대토 : 새로 취득한 농지에 1년 이내 거주요건 충족(이사) 의무
경작 요건	자경(농업인이 그 소유 농지에서 농작물 경작 또는 다년 생식물 재배에 상시 종사하거나 농작업의 2분의 1 이상을 자기의 노동력으로 경작 또는 재배하는 것과 농업법인이 그 소유의 농지에 경작 또는 재배하는 것) 〈법 제2조 제5호〉	–	• 교환 : 새로이 취득하는 농지를 3년 이상 거주하며 경작 의무 • 8년 자경 : 양도 시점에 자경이 아니어도 되고 거주하면서 직접 경작한 기간의 합산 • 3년 자경 대토 : 양도시점에 반드시 거주하면서 직접 경작, 새로이 취득하는 농지를 3년 이상 거주하면서 경작 의무 • 8년 자경의 직접 경작이란 소유 농지에서 농작물의 경작 또는 다년생식물의 재배에 상시 종사하거나 농작업의 2분의 1 이상을 자기의 노동력에 의하여 경작 또는 재배하는 것.
부가 요건 및 기타	농업 · 임업 또는 축산업을 영위하는 농업인 세대로서 농림축산업에 따른 수입액이 연간 총 수입액의 2분의 1을 초과하는 세대 또는 해당 세대원의 노동력의 2분의 1 이상으로 농림축산업을 영위하는 새대의 세대주가 설치하는 것일 것 〈영 제29조 제4항〉	이용의무 • 농업을 영위하기 위한 목적으로 허가를 받은 경우에는 토지의 취득시부터 2년 • 축산업 · 임업 또는 어업을 영위하기 위한 목적으로 허가를 받은 경우에는 토지의 취득시부터 3년. 다만, 토지의 취득 후 축산물 · 임산물 또는 수산물 등의 생산물이 없는 경우에는 5년으로 한다. 〈영 제24조 제2항 3, 4호〉	• 3년 자경 대토 : 새로 취득하는 농지의 면적이 양도하는 농지의 면적의 2분의 1 이상 가액의 3분의 1 이상 • 양도세의 비과세, 감면 또는 중과세 해당 여부를 따질 때 재촌 · 자경요건을 갖추면 되고, 농업인이어야 하는 제한과 농지면적의 기준 따위의 규정은 없다. • 주말체험영농으로 취득한 농지는 거주 및 자경하지 아니해도 일반과세 대상이고, 거주 및 자경요건을 충족하는 경우는 양도세를 감면받을 수 있다.

■ 농지법 시행규칙 [별지 제60호 서식]

자경증명서 발급신청서

※ 뒤쪽의 신청 안내를 참고하기시 바라며, 색상이 어두운 란은 신청인이 작성하지 않습니다.

접수번호			접수일			처리기간	4일

1. 농지의 소유주

①성명(명칭)		②주민등록번호 (법인등록번호)	
③주소			(전화번호 :)

2. 소유 농지의 표시 및 자경 여부

④소재지			⑤지번	⑥지목	※⑦면적 (㎡)	※⑧자경 여부	
시 · 군	읍 · 면	리 · 동				자경	비자경

위와 같이 증명합니다.

년 월 일

시장 · 구청장 · 읍장 · 면장 (직인)

수수료 :
농지법 시행령
제74에 따름

작성방법 : 신청인은 ⑧번까지만 기재하고 ※표시란은 증명관청에서 기재합니다.
　　　　　(⑧자경 여부란은 해당란에 ○표를 하고 그 위에 셀로판테이프를 접착합니다.)

자경증명서 발급 운영 흐름도

1. 민원인이 농지 소재지를 관할하는 시·구·읍·면을 방문 또는 온라인(민원24)으로 신청
2. 처리기관은 농업인의 농업경영 상황을 조사하여 신청일로부터 4일 이내 처리/발급

신청인	시·구·읍·면 (농지 소재지)

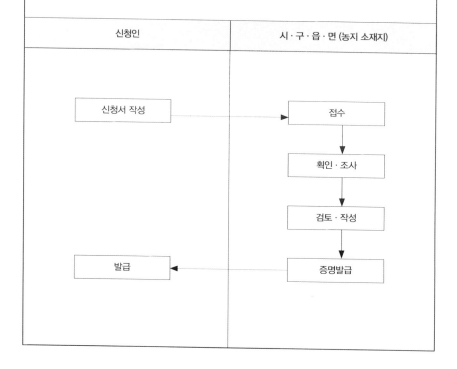

농업인확인서

농식품부 : 농업인확인서 입증 서류 규정.

1년 중 90일 이상 농업에 종사하는 자 확인에 필요한 서류의 종류.

농림축산식품부고시 제2009- 412호

농업협동조합법 시행령 제4조 제2항에 따라 1년 중 90일 이상 농업에 종사하는 자
확인에 필요한 서류의 종류를 다음과 같이 제정 · 고시합니다.

년 월 일

농림축산식품부장관

1년 중 90일 이상 농업에 종사하는 자 확인에 필요한 서류의 종류

시행령 제4조 제1항 제2호의 자격기준으로 지역농업협동조합의 조합원으로 가입하고자 하는 사람은
다음 각 호의 서류를 조합에 제출하여야 한다.

1. 가족원인 농업종사자
   가. 시행령 제4조 제1항 제1호부터 제6호까지의 농업인의 자격 기준 중 어느 하나에 해당되는 농업인
   (이하 "농업경영주"라 한다)의 가족원으로 등록된 주민등록등본 또는 초본
   나. 국민연금법 제9조의 지역가입자이거나 제10조의 임의가입자(국민연금법 제13조 제1항의 임의계
   속가입자 중 지역임의계속가입자를 포함한다) 또는 국민건강보험법 제6조 제3항의 지역가입자
   임을 확인할 수 있는 서류

2. 가족원이 아닌 농업종사자 : 농업경영주와 1년 중 90일 이상 농업경영이나 농지경작활동의 고용인
   으로 종사한다는 것을 내용으로 체결한 서면계약서

〈부칙〉
제1조(시행일) 이 고시는 고시한 날부터 시행한다.
제2조(재검토 기한) 이 고시는 2012년 12월 17일까지 훈령.예규 등의 발령 및 관리에 관한 규정(대통
령훈령 제248호) 제7조 제3항 제2호에 따라 재검토하여야 한다.

농업인확인서

<table>
<tr><td rowspan="4">농
업
인</td><td>① 성명</td><td></td><td>② 주민등록번호</td><td></td></tr>
<tr><td>③ 주소</td><td></td><td></td><td></td></tr>
<tr><td>④ 우편번호</td><td colspan="3"></td></tr>
<tr><td>⑤ 전화번호</td><td colspan="3">집/사무실전화 :   휴대전화 :</td></tr>
<tr><td rowspan="5">⑥ 농업인 충족기준</td><td colspan="4">• 농업 · 농촌 및 식품산업 기본법 시행령 제 3 조제 1 항제 1 호 [ ]</td></tr>
<tr><td colspan="4">• 농업 · 농촌 및 식품산업 기본법 시행령 제 3 조제 1 항제 2 호 [ ]</td></tr>
<tr><td colspan="4">• 농업 · 농촌 및 식품산업 기본법 시행령 제 3 조제 1 항제 3 호 [ ]</td></tr>
<tr><td colspan="4">• 농업 · 농촌 및 식품산업 기본법 시행령 제 3 조제 1 항제 4 호 [ ]</td></tr>
<tr><td colspan="4">• 농업 · 농촌 및 식품산업 기본법 시행령 제 3 조제 1 항제 5 호 [ ]</td></tr>
<tr><td>⑦ 농업 경영 · 경작 규모</td><td colspan="4"></td></tr>
<tr><td>⑧ 연간 농업 종사일수</td><td colspan="4">• 가족원인 농업종사자 :   인 • 가족원이 아닌 농업종사자 :   인</td></tr>
<tr><td>⑨ 연간 농산물 판매액</td><td colspan="4">   원</td></tr>
<tr><td>⑩ 농업인 해당일</td><td colspan="4">   년   월   일</td></tr>
<tr><td>⑪ 용도</td><td colspan="4"></td></tr>
</table>

위의 사람은 농업 · 농촌 및 식품산업기본법 시행령(이하 "법 시행령"이라 한다)」 제 3 조 제 1 항의 농업인임을 같은 법 시행령 제 3 조 제 2 항 및 농림축산식품부고시 2008– 94 호의 제 6 조 제 1 항에 따라 위와 같이 확인합니다.

년 월 일

국립농산물품질관리원 출장소장 [인]

[작성 · 확인사항]

1. ① · ② · ③ · ④ : 주민등록표상의 내용을 적으십시오.
2. ⑤ : 농업인이 작성한 내용을 적으십시오.
3. ⑥ · ⑦ · ⑧ · ⑨ · ⑩ : 농업인이 작성한 내용 및 첨부 증빙자료, 관련기관 등을 통하여 법 시행령 제 3 조 제 1 항에 따른 농업인임을 확인한 내용을 적으십시오.
4. ⑥은 신청자에게 해당되는 농업인 충족 기준에 표시를 하십시오.
5. ⑩농업인 해당일은 ⑥농업인 충족기준을 농업인이 충족한 연 · 월 · 일을 적으십시오.
6. 이 농업인확인서는 ⑪용도 이외로 사용할 수 없으며, 유효기간은 농업인확인서의 발급일로부터 3개월이 되는 날까지입니다.

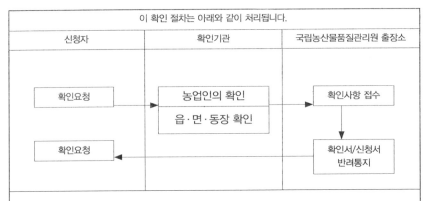

신청자	확인기관	국립농산물품질관리원 출장소
이 확인 절차는 아래와 같이 처리됩니다.		
확인요청	농업인의 확인 읍·면·동장 확인	확인사항 접수
확인요청		확인서/신청서 반려통지

※ 읍·면·동장의 농업인 확인을 받았더라도 이 고시 제 5 조 제 2 항 및 제 3 항에 따라 해당지역의 국립농산물품질관리원의 출장소장이 관계 공무원의 현지조사를 통하여 이 고시 제 6 조에 따른 농업인확인서의 발급 여부를 최종 결정합니다.
※ 지방자치법 제 104 조에 따른 지방자치단체의 조례나 규칙으로 읍·면·동장의 사무가 위임된 경우에는 위임받은 기관의 장

농업인 및 농업의 구분기준

1. 확인 대상인 농업인의 구분기준
[농업인 및 농업의 구분기준]
- 법 시행령 제3조제1항제1호 : 1,000㎡ 이상의 농지(농어촌정비법 제84조에 따라 비농업인이 분양이나 임대받은 농어촌주택 등에 부속된 농지는 제외한다)를 경영하거나 경작하는 사람
- 법 시행령 제3조 제1항 제2호 : 농업경영을 통한 농산물의 연간 판매액이 120만 원 이상인 사람
- 법 시행령 제3조 제1항 제3호 : 1년 중 90일 이상 농업에 종사하는 사람

2. 확인 대상인 농업의 구분기준
- 농작물재배업(법 시행령 제2조 제1호) : 식량작물재배업, 채소작물재배업, 과실작물재배업, 화훼작물재배업, 특용작물재배업, 약용작물재배업, 버섯재배업, 양잠업 및 종자·묘목재배업(임업용은 제외한다)
- 축산업(법 시행령 제2조 제2호) : 동물(수생동물은 제외한다)의 사육업·증식업·부화업 및 종축업
- 임업(법 시행령 제2조 제3호) : 육림업(자연휴양림·자연수목원의 조성·관리·운영업을 포함한다), 임산물 생산·채취업 및 임업용 종자·묘목 재배업

작성 및 유의사항

1. ①성명, ②주민등록번호, ③주소는 주민등록표상의 내용을 적으십시오.
2. ④농업인 충족 기준은 위의 확인대상인 농업인의 구분기준 중 해당되는 "농업인 충족기준" 란에 표시를 하십시오.
3. ⑤연간 농산물 판매액은 법 시행령 제3조 제1항 제2호의 농업인에 한합니다.
4. ⑥연간 농업 종사일수는 법 시행령 제3조 제1항 제3호의 농업인에 한합니다.
5. ⑦농업 경영·경작규모는 법 시행령 제3조 제1항 제1호·제2호의 농업인에 한합니다.
6. ⑧농업인 해당일은 신청자가 ④에 표시를 한 농업인 기준을 충족한 연·월·일을 적으십시오.
7. 법 시행령 제3조 제1항 제1호·제2호의 농업인 토지에 대해서는 읍·면·동장이 이 고시 제10조에 따라 관련 농지원부·토지등기부·토지대장·건물등기부·건축물대장 등을 통하여 자체적으로 확인하여야 합니다

농업경영체등록제(농가등록제)

실제로 농사를 짓는 농민에게는 농기계용 기름에서부터 농약, 비료, 농자재에 이르기까지 일반인보다 싸게 구입할 수 있는 혜택이 주어진다. 이때 이런 혜택을 받기 위해서는 '농업경영체'로 등록해야 한다.

농업경영체 등록 농가에만 각종 영농자재를 구입할 때 부가가치세 영세율이 적용되고 있기 때문이다.

앞서 기획재정부는 '농축산임어업용 기자재 및 석유류에 대한 부가가치세 영세율 및 면세 적용 등에 관한 특례규정'을 개정해 부가세 영세율 적용 대상 농어민의 범위를 농어업경영체 육성 및 지원에 관한 법률에 따라 '농어업경영정보를 등록한 자'로 제한했다.

농업경영체등록제는 농가소득안정 직불제의 도입을 전제로 개별 농가를 경영 여건에 따라 유형화 하고, 각 유형에 맞는 맞춤형 지원을 제도적으로 뒷받침하기 위해 실시하는 자율등록제도로서 지난 2008년 6월 시행됐다.

이 제도는 '농어업경영체 육성 및 지원에 관한 법률' 제4조에 따라 농어업경영체가 농지원부의 정보 이외 축사·원예시설 등 생산수단, 생산농산물, 생산방법 및 가축사육 마릿수 등 농업경영 관련 정보를 스스로 등록하고 관리한다.

농업경영체 등록은 토지 소유와 상관없이 실제로 농사를 짓는 농업인(개인·법인)만 등록할 수 있으며, 등록을 하지 않거나 변경등록을 하지 않으면 각종 정책지원의 전부 또는 일부를 받을 수 없다. 하지만 등록이 의무 사항은 아니다.

따라서 향후 도입할 농가단위 소득안정 직접 지불제등을 포함해 농림사업의 혜택을 받으려면 반드시 경영정보등록이 필요하다.

농업경영체 등록은 등록신청서(농산물품질관리원 홈페이지 다운로드)를 작성해 농업인은 주민등록지, 농업법인은 주사무소 소재지의 농산물품질관리원 지원·출장소로 제출하면 된다.

제출 방법은 직접 방문, 우편, 모사전송 등이 가능하나, 전화로는 신규 신청이 불가능하다.

관할 지원·출장소에서는 등록신청서를 받아 전산 등록하며, 신청서 접수 30일 이내에 경영체에 등록통지서를 발급해 우편으로 보내준다.

변경등록 신청대상은 다음과 같다.
- 경영주 성명, 주소
- 경작하는 농지의 지번, 지목, 면적, 자경·임차 여부
- 농작물별 재배면적 및 수확 면적
- 가축 종류별 지난해 출하량 및 사육 두수
- 가축사육시설 지번·지목·면적 및 자영·수탁 여부 등

주의할 점은 농사를 짓지 않으면서 허위로 농업경영체등록을 해 농약 및 비료, 농자재의 영세율 혜택을 적용받거나 농업용 면세유 등 정책자금을 지원 받은 사실이 밝혀지면 관련법에 의해 처벌받을 수 있다.

농업경영체등록제는 농업인이나 농업법인(영농조합법인, 농업회사법인) 등 농업경영체의 농사정보(인력, 농지, 가축, 농축산물 생산정보 등)를 국립농산물품질관리원에 등록하여 관리하는 제도이다.

농업경영체등록제를 지원하는 농어업경영체 육성 및 지원에 관한 법률을 제정하여 2009년 10월 2일 시행하였으며 이 법령은 경쟁력 있는 농어업경영체를 육성하고 농업경영체의 소득을 안정시키기 위한 직접지불제 시행 등의 목적이 있다.

농업경영계획서

취득 대상 농지에 관한 사항	①소재지			②지번	③지목	④면적 (㎡)	⑤영농 거리	⑥주재배 예정 작목	⑦영동 착수 시기
	시·군	구·읍·면	리·동						
	계								

농업 경영 · 동력의 확보 방안	⑧취득자와의 관계	성별	연령	직업	영농경력(년)		향후영농 여부	
	⑨취득농지의 농업경영에 필요한 노동력 확보방안							
	자기노동력	일부고용		일부위탁		전부위탁(임대)		

농업 기계 장비의 확보 방안	⑩농업기계·장비의 보유현황						
	기계·장비명	규격	보유현황	기계·장비명	규격	보유현황	
	⑪농업기계 장비의 보유계획						
	기계·장비명	규격	보유계획	기계·장비명	규격	보유계획	

⑫연고자에 관한 사항	연고자 성명		관계	

농지법 제8조 제2항의 규정에 의하여 위와 같이
본인이 취득하고자 하는 농지에 대한 농업경영계획서를 작성·제출합니다.

년   월   일

제출자   (서명 또는 인)

⑬소유 농지의 이용현황

소재지				지번	지목	면적 (m²)	주재배 작목	자경 여부
시·도	시·군	읍·면	리·동					

⑭임차(예정) 농지현황

소재지				지번	지목	면적 (m²)	주재배(예정) 작목	임차(예정) 여부
시·도	시·군	읍·면	리·동					

전용 목적사업의 착수시기	년 월 일
착수 전의 농업경영 계획	□ 직접경작 □ 임대 □ 휴경
⑮특기사항	

※ **기재상 주의사항**

⑤란은 거주지로부터 농지 소재지까지 일상적인 통행에 이용하는 도로에 따라 측정한 거리를 씁니다.

⑥란은 그 농지에 주로 재배·식재하고자 하는 작목을 씁니다.

⑦란은 취득농지의 실제 경작예정 시기를 씁니다.

⑧란은 같은 세대의 세대원 중 영농한 경력이 있는 세대원과 앞으로 영농하고자 하는 세대원에 대하여 영농경력 과 앞으로의 영농 여부를 개인별로 씁니다.

⑨란은 취득하고자 하는 농지의 농업경영에 필요한 노동력을 확보하는 방안을 다음 구분에 의하여 해당되는 란 에 표시합니다.

　가. 같은 세대의 세대원의 노동력만으로 영농하고자 하는 경우에는 자기노동력란에 ○표

　나. 자기 노동력만으로 부족하여 농작업의 일부를 고용인력에 의하고자 하는 경우에는 일부고용란에 ○표

　다. 자기 노동력만으로 부족하여 농작업의 일부를 남에게 위탁하고자 하는 경 우에는 일부 위탁란에 위탁하고자 하는 작업의 종류와 그 비율을 씁니다. (예 : 모내기(10%) 약제살포(20%)등)

　라. 자기 노동력에 의하지 아니 하고 농작업의 전부를 남에게 맡기거나 임대하고자 하는 경우에는 전부 위탁(임대) 란에 ○표

⑩란과 ⑪란은 농업경영에 필요한 농업기계와 장비의 보유현황과 앞으로의 보유계획을 씁니다.

⑫란은 취득농지의 소재지에 거주하고 있는 연고자의 성명 및 관계를 씁니다.

⑬란과 ⑭란은 현재 소유 농지 또는 임차(예정)농지에서의 영농상황(계획)을 씁니다.

⑯란은 취득농지가 농지로의 복구가 필요한 경우 복구계획 등 특기사항을 기재합니다.

농업인과 농업법인의 등록신청에 의해 농업경영체의 등록이 이루어지는 것이지만 각종 농림정책사업에 참여하여 정책자금(융자 또는 보조금)을 지원받기 위해서는 등록을 하여야만 불이익을 받지 않는다.

농업경영정보를 등록하고 농업을 주업으로 하는 농업경영체가 직접지불금(농업경영체의 소득을 안정시키기 위한 보조금)을 지급받을 수 있으며 영농규모화사업, 친환경비료지원사업, 영유아양육비지원사업 등 29개가 농업경영체 등록제와 연계되므로 등록하지 아니한 농업경영체는 그 대상에서 제외되거나 우선으로 지원 받을 수 없다.

농업경영체 등록을 하려면 국립농산물품질관리원 지원 또는 출장소를 방문하여 등록신청서를 작성하여 제출 또는 인터넷으로 신청서 서식을 받아서 작성한 뒤 우편 또는 팩스로 보내면 된다. 등록신청서 접수와 동시에 경영체별 고유등록번호가 부여되며 접수일로부터 30일 이내에 등록통지서를 발급받게 된다.

농업경영체등록신청을 마치면 국립농산물품질관리원에서 발급하는 농업인확인서도 수월하게 받을 수 있다.

2011년도 농림수산사업 시행지침에서 29개 정책지원 사업 중 농업경영체로 등록한 자만이 농업용 면세유 등 다음과 같은 지원대상이 된다. 이 외의 여러 사업에 대해서는 농업경영체등록을 한 자를 우선하여 대상자로 선정한다.

- 영농규모화사업
- 경영회생지원 농지매입사업
- 조건불리지역 직접지불제
- 농어촌자원 복합산업화 지원사업
- 광역클러스터 활성화 지원사업(향토산업육성사업)
- 농어업 에너지이용 효율화 사업

- 과원영농규모화 사업
- 농업자금 이차 보전
- 마필사업 육성사업
- 종축시설현대화 사업
- 농사물산지유통센터 건립지원사업
- 농업용 면세유지원 사업
- 가축분뇨처리지원 사업
- 기자재 영세율(농업인의 경우)
- 조사료 생산기반 확충사업

농지원부의 투자가치

농지원부 만들기와 이점의 활용 방법

도시에서 살든 농촌에서 살든 일단 농지를 구입하였으면 농지원부를 꼭 만들어두는 것이 세법 등 여러 가지 측면에서 유리하다.

그러면 '농지원부' 만들기와 그 이점의 활용 방법을 알아보자.

농지를 구입하여 등기소에 등기를 마치고 나면 '등기필증'이라고 하는 소위 그 땅에 대한 '권리증'을 받게 된다. 이 '등기필증'을 받은 다음 약 10여 일 후 토지대장이 정리되었을 즈음에 주소지 읍·면·동사무소에 가서 '농지원부'에 등록신청을 하도록 한다.

'농지원부'에 대해서는 앞에서 자세히 설명했다. 일종의 농지에 대한 주민등록등본과 비슷한 것으로서 전국 어디에 있는 농지든 주민등록상의 세대원이 소유하고 있는 농지는 모두 등재하여 관리하는 것이다.

▶농지원부는 농가의 농지 소유실태 및 이용실태를 파악하여 이를 효율적으로 이용, 관리하기 위하여 작성, 비치하는 행정자료로서 농지취득자격증명 발급대상요건 확인, 농업경영체 등록자료, 각종 직불금 등 농업 관련 자금지원 대상농가 선정 기초자료 등 그 활용도는 증대되고 있는 반면 관리 상태는 아주 미흡한 것으로 나타나 있다.

▶특히 쌀소득직불제 등의 운용에 있어 농지원부가 정비되어 있지 않아 비경작자 등 무자격자가 직불금을 지원받는 사례가 발생하였고, 실경작자의 농지원부 누락, 사망자의 농지원부 등재는 물론 분할·합병 등으로 없어진 필지가 농지원부에 등재되어 있으며, 농지면적이 토지대장·농지조서·경지면적 조사 결과 통계치 등과 상당한 차이가 있어 효율적인 농지행정 및 농정시책 추진 자료로 활용하는 데 많은 애로가 발생했다.

▶이는 농지원부를 관리하는 일선 읍·면·동에서 변동사항에 대하여 그때그때 정리를 하지 못한 이유도 있지만 농지 소유주가 관행적으로 무단임대를 하면서도 세제혜택 등을 감안, 대부분 소유주 명의로 농지원부를 작성하였기 때문이며, 임대차 관계는 사적 계약 관계로서 당사자가 신고를 하지 않는 한 일선 행정기관에서 이를 완벽하게 확인하는 데는 한계가 있기 때문이다.

▶농지원부는 농업인(농지경작자)의 주소지 읍·면·동사무소에서 작성, 관리하며 거주지 이동시는 전입신고에 따라 전산으로 자동 이송되며, 전·답·과수원 이외의 지목도 3년 이상 경작이 확인된 경우 농지조서에 등재가 가능하다.

▶농지원부에는 농가(경작자) 성명·농지 소유주의 성명·주소·주민등록번호·세대원, 면적, 지번, 임차인 사항, 임차기간, 주요 재배작물, 경지정리 여부, 자경 유무 등이 기재되고 농업인의 등재신청을 통하여 경작 상황이 확인된 시점부터 작성이 원칙이므로 과거에 농사를 지었다고 해서 소급하여 작성하는 것은 불가하다.

▶농지원부는 농업인·농업법인·준농업법인 별로 작성되며, 작성대상은 1,000㎡ 이상의 농지에서 농작물 또는 다년생식물을 경작 또는 재배하는 자나, 농지에 330㎡ 이상의 고정식 온실·비닐하우스·버섯재배사 등 농업용 시설을 설치하여 농작물 또는 다년생식물을 경작 재배하는 사람이면 해당된다.

'농지원부'는 소유주가 직접 신청을 하지 않으면 자동으로 등록되지 않고 있으므로 소유주가 직접 등록신청을 해야 만한다. 따라서 농지를 구입한 후에는 소유주가 직접 농지증명을 새로 만들거나 추가등록 신청을 하여야 한다.

'농지원부'가 등재되면 좋은 점은 농지와 임야 등을 구입·관리·양도하는 데 농민에게 많은 혜택들을 주고 있기 때문이다. 농지를 소유한 소유주가 농민으로서의 혜택을 받을 수가 있게 되는 것이다.

이 '농지원부'가 있으면 추가로 농지나 임야를 구입할 때에 이 농지원부 등본을 제출하면 구입이 매우 쉬울 수가 있다. 즉 농촌이 아닌 도시에 살고 있는 사람이라든가 농지원부가 없는 사람은 농지나 임야를 법적으로 살 수가 없는 경우에도 이 농지원부가 있는 사람은 농지나 임야를 법적으로 쉽게 살 수가 있게 되는 것이다.

그러므로 이 '농지원부'의 위력은 아주 놀라운 것인데, 특히 토지거래허가 지역의 경우 인근 시·군·구에 있는 농지도 구입할 수가 있고, 1,000㎡ 미만의 소규모 농지도 구입할 수가 있다.

농지원부의 통작 거리는 70km이지만 답의 벼농사나 전의 보리·밀·콩과 같은 단년생 농작물의 경우에는 통작 거리의 제한에 해당이 되지만, 유실수·약초 재배와 같은 다년생식물 재배의 경우에는 통작 거리 제한을 받지 않을 수도 있다.

농지원부가 주는 혜택

① 주소지가 토지 소재지 및 연접지역에 2년간 거주시 이전등기 때 취득·등록세 50% 감면, 채권 면제.

② 대출할 때 근저당을 설정하면 등록세, 채권 전부 면제.

③ 보유 농지 양도시 부재지주에 대한 양도세 중과 배제 - 단, 부재지주 판정기준에 의한 거주(재촌) 요건은 충족시켜야 함.

④ 농지원부를 보유하고 8년 이상 재촌자경이 입증되면 과세기간별로 2억 원 한도 내에서 양도소득세 100% 감면. 단, 5개 과세기간에 감면 받을 양도소득세액의 합계액이 3억 원을 초과하는 경우에는 그 초과하는 부분에 상당하는 금액은 양도세 부과한다. 이 경우 양도차익이 아니라 양도소득세액을 3억 원까지 100% 감면해 주는 것이기에 수도권이 아닌 지방의 경우 사실상 비과세나 다름없는 셈이다.

⑤ 농지원부를 보유하고 3년 이상 재촌자경 후 양도하고 1년 이내에 대체농지(단, 면적의 1/2또는 가액의 1/3 이상일 것)를 구입할 경우, 당해 농지에 대한 양도세 100% 감면. 이때 대체 농지도 3년 이상 자경해야 하고, 먼저 취득 후 매도하거나 먼저 매도한 뒤 취득해도 상관없다.

⑥ 농업인자격증명.

⑦ 토지거래허가구역에서 추가 농지 구입 때 유리.

⑧ 개발제한구역에서 농업인의 혜택 부여시 확인 서류로 사용할 수 있다.

⑨ 농촌의 일부 세금 및 공과금 보험료 준조세 등 감면 혜택.

⑩ 농업인 대상 자금 및 대출 지원시 확인 서류.

⑪ 농지전용시 농지부담금 면제.

⑫ 농업용 농기계·면세유 구입 혜택.

⑬ 농촌 자녀 대학장학금 우선 지원.

⑭ 각종 보조금 지원.

⑮ 농기계·비닐하우스 시설구입 지원.

기타

• 농지전용, 산지전용시 농업인 및 임업인 확인 자료로 쓸 수 있다.

• 도합 3ha(약 9천 평) 이내에서 추가 농지 구입시 지방세 50% 감면.

• 국민연금 및 건강보험료 50% 감면.

농지원부의 발급

농지원부를 신청하는 두 가지 방법

첫째, 농지 소유주(농업인)의 주민등록 주소지 시·구·읍·면·동의 농지관리부서에 가서 농지의 등기부등본, 토지대장등본과 소유주의 주민등록등본을 제출하여 신청하는 방법.

둘째, 농지 소재지의 읍·면·동에 가서 '자경증명'을 발급 받아 위와 같이 농지원부를 신청하는 방법.

주민등록등본, 토지대장등본은 의무적인 구비서류는 아니다.

이 서류는 행정기관 측에서 확인이 가능한 것이라서 꼭 제출해야 하는 것은 아니지만 행정편의상 요구하는 곳이 많은 게 현실이다. 어차피 농지 소유주(농업인)의 필요에 의하여 신청하는 것이니만큼 위 구비서류들은 복사만 하고 반려하는 곳도 있고, 그대로 사용하는 곳도 있고, 확인만 하고 되돌려주는 곳도 있다. 담당자에 따라서 각각 다르므로 신청인이 미리 구비를 해가는 게 좋다.

'자경증명'을 발급받아서 신청하는 경우는 농지 소유주의 주민등록상 주소지와 농지 소재지가 각각 다를 경우에 사용하는 것이다. 즉 농지 소재지 시·구·읍·면 담당자에게 자경증명을 발급받게 되면 직접 현장을 데리고 가서 보여 줄 수도 있고, 현황을 설명할 수도 있다. 하지만 소유주의 주소지와 농지의 소재지가 다른 경우 소유주의 주소지에서 농지원부를 신청하게 되면 행정기관의 담당자에 의한 확인으로 자경 여부를 조사해서 자칫 잘못 확인되거나, 농지 인근의 농민들이 잘못 설명을 해 주어서 '자경 사실'이 확인되지 않아 '농지원부'의 등재가 불가능 하게 되는 경우가 있다.

그러므로 농지 소유주는 가급적이면 농지의 소재지에 직접 가서 '자경증명'을 발급받아 주민등록주소지에 '농지원부'의 등재를 신청하는 것이 좋을 것이다.

농지원부의 등재 작성절차

농지 소유주(농업인)가 직접 주민등록주소지의 시·구·읍·면·동에 가서 농지의 등기부등본, 토지대장등본, 주민등록등본을 첨부하여 신청인이 직접 신청서를 작성하는 곳도 있고, 구두로 신청해도 되는 곳도 있다.

행정기관에서 의무적으로 작성 비치해야 하는 서류가 아니고, 농업인의 필요와 신청에 의해서 해당 필지만 '농지원부'를 작성·관리하는 서류이기 때문이다.

'농지원부등재 신청서'를 접수한 시·구·읍·면·동에서는 담당자가 해당 농지 소유주의 자경 여부를 확인한다. 해당 농지가 신청서를 접수한 기관의 관할 내에 있을 경우에는 담당자가 직접 또는 이장이나 농지관리위원 등을 통해서 경작자를 확인하게 된다.

해당 농지가 관할 밖에 있을 경우에는 해당 농지 소재지의 시·구·읍·면·동장에게 '농지경작자확인'을 의뢰하게 된다. 그리하여 농지 소재지의 시·구·읍·면·동장은 해당 농지의 경작자를 확인하여, 확인 의뢰한 농지 소유주의 주소지 관할 행정기관에 통보를 해 주게 된다.

해당 농지가 소유주의 자경으로 확인이 된 경우에는 해당 행정기관에서 '농지원부'를 등재하여 작성·관리하게 되지만, 만약 소유주가 직접 자경을 하지 않고 휴경지로 있거나 임대차를 하여서 타인이 경작을 하고 있는 경우에는 관할 행정기관에서 '농지원부'에 등재를 하지 않고 농지원부의 발급을 거부하게 된다.

따라서 농지 소유주의 주민등록주소지와 농지 소재지가 원격지로서 다를 경우에는 소유주가 농지 소재지의 관할 행정기관에 직접 가서 '자경증명'을 발급받아 주민등록 주소지의 행정기관에 이를 제출하여 '농지원부'의 등재를 신청을 하는 편이 유리하다는 점을 참고할 필요가 있을 것이다.

농지원부의 등본 발급은 어떻게 받는가?

농지 소유주가 주민등록주소지의 시·구·읍·면·동의 농지관리부서에 직접 신청하여 등본을 발급 받을 수 있다.

농지의 소재지가 소유주 주민등록주소지와 관할이 다를 경우에는 주민등록주소지의 관할 행정기관이 농지 소재지의 관할 행정기관에 자경 여부를 확인·조회한 후에 발급하는 것이므로 처리기한은 15일이고 통상 10일 이상의 시일이 소요된다.

농지원부의 등본은 대한민국 전자정부에서도 발급받을 수가 있는데, 이 경우 인증서가 있어야 되고, 본인 것만 발급 가능하다. 자신의 컴퓨터를 통하여 프린터로 직접 출력이 가능하고, 우편이나 가까운 행정기관에서도 수령할 수도 있다.

농지원부의 활용은 어디에 어떻게 하나요?

농지원부의 활용은 각급 행정기관에서 농업경영확인용으로 사용할 수 있다. 또한 농가주택, 농업용 창고, 축사 등을 건축할 때에 유용하게 사용될 수 있으며, 농지전용신고, 토지 형질변경신고시에도 활용할 수 있으며, 취득세, 등기등록세, 부동산양도소득세 감면신청 등에도 유용하게 사용할 수 있다. 농민에게 수여되는 각종 보조금, 융자금, 학자금 등의 확인시에도 활용할 수 있으며, 기타 관련 행정기관 등에서 농업인으로 확인하여 혜택을 부여해 줄 때에 활용하게 된다.

특히 농협 등에서 조합원 가입을 확인할 때라든가, 경매 등을 통하여 농지나 임야를 취득할 때에 매우 유용하고 위력적으로 활용할 수가 있게 된다.

농지원부의 위력은 주말농장에 있다

도시민이 도시 근교에 있는 농지를 사서 주말농장으로 사용하고자 할 때에도 '농지원부'는 위력을 발휘한다. 왜냐하면 현행 법률상 농지취득자격증명이 없는 사람은 농지를 절대로 취득할 수가 없기 때문이다.

뿐만 아니라 도시의 그린벨트 내에 있는 토지(농지)를 취득하여 묻어 두고자 할 때에도 '농지원부'는 실로 큰 위력을 발휘한다. 그린벨트의 토지는 대부분이 농지기 때문이다. 바둑을 둘 때에 작은 한 점짜리 집을 토대로 해서 집을 마구 확장해 나가면 매우 유리한 것과 같은 식이다. 그렇게 해서 근교에 제법 규모를 갖춘 주말농장을 만들고자 할 때에도 '농지원부'는 실로 위력을 발휘한다.

이밖에도 정부에서 농업인에게 주는 많은 지원들이 있는데, 이러한 혜택들은 일단 '농지원부'가 있어야 가능하다. 농업인에 대한 수많은 지원 중에서 실제로 농촌에서 농사를 지으며 사는 농민이라면 체감되지 않아서 잘 느껴지지 않겠지만 도시 영세민의 입장에서 돈이 되는 것들을 몇 가지 알아보면 다음과 같다.

첫째, 집에 어린아이가 있는 경우에는(유치원을 안가는 경우) 여성 농업인에게 현금으로 지원금이 나온다.

물론 세부적으로 다른 소득이 있다면 안 되는 것이기는 하지만 어쨌든 부부 중 1인이 전업농이면 가능하고, 설사 소득이 조금 있다고 하더라도 '농지원부'를 가지고 있는 농업인이라면 유치원 비용이 매우 저렴하다.

둘째, 대한민국 국민이라면 피할 수 없는 건강보험(의료보험)료가 무려 28%나 저렴해진다!

이것은 농어촌 지역에 살면 무조건 22%를 정부가 지원해 주고 또한 '농지원부'가 있다면 거기에다가 또 28%를 추가로 지원을 해 준다. 그러므로 '농지원부'가 있다면 무려 50%의 금액을 정부에서 지원해 주는 것이다.

이 건강보험료(의료보험료)는 반드시 건강보험조합에 가서 '농지원부'를 가진 농업인이 직접 신청을 해야만 된다. 내는 돈을 더욱 많이 내게 하는 경우에는 누구 하나 신고를 하지 않더라도 자동적으로 척척 잘도 알아서 올라가게 되는 것이지만 뭔가 지원을 해 준다든가, 내는 돈을 좀 깎아 준다든가 하는 혜택의 경우에는 아쉬운 사람이 직접 모든 것을 적극적으로 잘 알아보고, 물어보고, 파고들고, 신청하고 해야 하는 것이지 그냥 가만히 있어서는 저절로 혜택을 주는 일은 절대로 없다.

그러므로 그 힘든 '농지원부'를 등재했다고 하더라도, 예를 들면 그냥 어떤 관공서나 건강보험공단 같은 데 가서 그냥 무턱대고 "내가 농업인인데 뭐 좀 혜택이 없나요?" 라고 아무리 물어봐야 누구 하나 제대로 대답해 주는 사람은 아무도 없는 것이다.

 '농지원부' 등재를 마친 농업인은 보다 적극적으로, 발품도 팔고 알아보면서 혜택을 받을 수 있는 정보들을 찾아내고 직접 해당기관에 가서 신청을 해야 농업인으로서의 혜택을 제대로 받을 수가 있게 된다.

 정부가, 행정기관이, 법률이 농업인들에게 주는 각종 혜택들은 도시 영세민의 입장에서 보면 엄청나게 많고 큰 좋은 혜택들이다. 그 좋은 혜택들을 헛되이 그냥 다 흘려보내지 않도록 하자. 그것이 농업인으로서 찾아야 할 당연한 권리다.

 그러한 혜택은 위에서 말한 것들 뿐만이 아니다.

 예를 들면 어떤 사람이 농지원부를 만들고 나서, 농협은행에 찾아가서 저금을 한다고 치자. 농지원부'를 만들기 전, 농업인이 아닌 일반인의 입장에서 은행에 가서 저금을 한다고 치면 저금이자가 기껏 4.3%를 넘기기 어렵고, 그것도 이자소득세를 자동으로 공제하고 나면 실질적 저축 이율은 기껏 3.5%를 넘기기가 어렵다.

 하지만 '농지원부등본'을 제출해 감서 "나는 농업인이므로 '농어가 목돈 마련저축'을 들어야 겠다."라고 말하고 이 '농어가목돈마련저축'에 가입해 매월 10만 원씩 불입하면 5년 동안에 걸쳐 남보다 약 230만 원이 더 들어 온다.

 농협은행에 가면 이자율이 적힌 저축 상품들의 표들이 많이 비치되어 있다. 농촌이니까 정부에서 어느 정도 지원도 있고, 절세상품도 있어서 이율은 시중의 일반 은행들보다는 저금 이율이 약간씩 높은 편이다. 가장 높은 이율의 상품은 시중의 일반은행에 비하여 대략 1,2%가량 이율이 더 높은 저축상품도 있다.

 하지만 그 정도쯤 가지고서야 시중은행과 별로 큰 차이가 있는 것도 아니고, 뭐 별로 관심을 끌 정도는 아닌데, 저축이율이 무려 15.1%나 되는 저축 상품도 분명히 있는 경우를 보면 놀라지 않을 수가 없는 일이다.

이것은 사채 이율에 맞먹는 엄청난 혜택의 이율 수준이고, 도시민의 입장에서 보면 이 같은 저축 이율은 실로 엄청난 혜택임에 틀림없는 일이다. '농지원부'를 만들었다면 없는 살림이라도 일단 이것만은 가입을 해 놓고 봐야 되지 않겠나 싶은 생각이 들 정도다.

그러나 농협은행을 찾아가서 아무리 뒤져봐도 그러한 이율의 저축상품 안내책자는 눈을 씻고 찾아봐도 찾을 수가 없을 것이다.

은행 측에서 잘 비치를 해 놓지 않기 때문이다!

어쨌든 그렇게 높은 이율의 저축 상품은 인터넷을 통하여 잘 검색을 해봐야만 찾아낼 수가 있을 것인데, 저소득 농어민에게는 5년간 매월 10만 원씩 불입을 하면 이율이 무려 15.1%가 된다는 것이다.

이 밖에도 '농지원부'를 가진 사람은 농업인으로서의 혜택을 알게 모르게 더 많이 받을 수도 있다. 그러므로 귀농을 해서 농지를 가지고 있으면서도 아직까지 '농지원부'를 만들지 않았다면, 지금 곧 서둘러서 '농지원부'를 만든 다음 정부가, 각급 행정기관이, 법률상, 농업인에게 주는 각종 혜택들을 꼭 적극적으로 찾아내서 받을 수 있게 되기를 바란다.

농지취득의 관문 농지취득자격증명 발급 요건

전원주택지를 구입하기 위해서 지방을 다니다 보면 지목이 거의 임야·전·답·목장지 등 대지로 전환 또는 용도변경을 해야 하는 땅이 대부분이다.

농지에 건축을 하기 위해서는 전용허가를 받아야 한다. 농지는 건축허가를 득하여 대지화 하는 데 몇 가지 제약이 따르고, 비용도 만만치 않게 드는 게 현실이다. 대지화 되어 있는 땅을 구입하면 좋겠지만 주택이 이미 건축되어 있다면 값도 비싸고 원하는 형태로 조경을 하기가 어려울 뿐 필요 없거나 상황에 따라 1가구 2주택이 되어 규제 대상이 되기 때문에 보통은 농지(전·답·목장지·과수원)를 취득하여 보유하게 된다.

그러나 도시민의 경우, 주소지를 그대로 두고 또는 경작을 하지 않고도 보유할 수 있는지가 관심사가 된다. 소유권이전등기를 할 때 반드시 농지취득자격증명을 요구하고 있는데, 그 절차와 필요성을 의외로 모르는 경우가 많다.

▶▶▶ 농취증 발급 요건

시·구·읍·면장은 발급신청이 있으면 아래 사항을 확인한다.
1. 취득대상 농지의 면적
   ① 신규로 농업경영을 하고자 할 경우
      • 시설(온실, 버섯재배사, 비닐하우스)이 설치되어 있거나 설치하고자 하는 농지 → 330㎡ 이상.
      • 시설을 설치하지 않는 일반농지(벼농사, 밭농사 등) : 1,000㎡ 이상.
   ② 기존에 농지원부가 있는 농가는 최소 면적 제한 없음.
   ③ 농업인이 아닌 개인이 주말체험영농 목적으로 이용하고자 취득하는 경우에는 신청 당시 소유하고 있는 농지의 면적에 새로 취득하는 농지를 합한 면적이 1,000㎡ 미만일 것.
2. 농업경영에 이용하기 위한 노동력 및 농업기계·장비 등의 확보 여부 또는 확보 방안
3. 소유 농지의 이용 실태
4. 경작 또는 재배하고자 하는 농작물 또는 다년생식물의 종류
5. 농작물의 경작 또는 다년생식물의 재배지 등으로 이용되고 있지 아니 하는 농지의 경우에는 농지의 복구가능성 등 취득대상 토지 상태
6. 신청자의 연령·신체적인 조건·직업 또는 거주지 등 영농여건
7. 신청자의 영농 의지

농지를 취득(매매, 증여, 교환, 화해, 경매, 판결 등)하고자 하는 자는 농지의 소재지를 관할하는 시장·구청장·읍장 또는 면장으로부터 농지취득자격증명을 발급받아야 한다고 명시하고 있다.

주말체험영농을 하고자 농지를 소유하는 경우나 농지전용허가를 받거나 농지전용신고를 한 사람이 농지를 소유하는 경우 농업경영계획서를 작성하지 않아도 된다. 이 경우는 어떤 용도로 이용하겠다는 것이 확실하므로 농업경영계획서 작성은 면제하게 된다.

농지로서 1,000㎡(302평) 미만인 경우, 논·밭·과수원 모두 어디든지 주말체험영농 목적으로 취득하는데, 다만 가족 전원의 면적과 이전에 취득한 분을 합산한다. 만일 1,000㎡(302평)가 넘으면 주말체험영농의 목적으로는 안되고 '농업경영목적'으로 해야 한다.

주말체험영농의 경우에도 논을 밭으로 전환하는 것도 가능하며, 전원주택을 짓기 위한 농지전용도 가능하다. 취득자의 거주지나 나이 등의 제한은 없으나, 중고등학교 학생이거나 나이가 너무 어려서 당해 농지를 주말체험영농으로 이용할 수 없다고 판단하는 경우 제한할 수 있다.

주말체험영농 목적으로 취득한 농지도 휴경, 임대할 경우 처분토록 하고 있고 인근 농업인에게 농작업 일부 위탁은 허용된다. 다만 토지거래허가지역에서는 주말체험영농 목적인 경우, 허가는 불가하다.

경매의 경우도 농지취득자격증명을 요구하기 때문에 농지를 낙찰 받아 최고가 매수인은 집행관으로부터 농지입찰사실증명을 발급받아 농지 소재지 관공서에 신청하여 농지취득자격증명을 발급받아 매각허가기일까지 법원에 제출하여야 한다. 만일 이를 제출하지 않으면 매각불허가 결정이 되고 입찰보증금은 회수할 수 없게 된다.

해당 지역이 토지거래허가구역인 경우는 농지 소재지 20여 km 이내에 거주한 경우에 한하여 농지 거래를 위한 토지거래허가를 내주는데, 이는 농지법이 아니라 건설교통부의 토지거래허가지침에 따른 것으로 농지취득자격증명과는 무관하다. 어쨌든 농지소유권 이전서류에 필수적으로 첨부되어야 등기가 가능하기 때문이다.

도시계획구역 내의 농지는 농지취득자격증명이 필요 없다

이 경우에는 농지취득자격증명 대신 도시계획확인원을 제출하면 된다. 다만, 도시계획구역 내의 농지라도 녹지지역의 경우 도시계획사업에 필요한 농지라는 사실 증명을 첨부하지 않으면 농지취득자격증명이 필요하다.

농취증이란 농지법에 규정된 규제 사항으로서 농지는 원래 농업인만 취득하는 것이 원칙이지만 법을 개정하여 일반인들도 농지를 취득할 수 있도록 하되 농지를 취득할 때에는 농지취득자격증명서를 제출해야 등기가 가능하다.

농취증에는 영농계획서라는 것이 첨부되도록 되어 있어서 주말농장·일반영농 등에 대해 계획을 명기하도록 되어 있다. 만약 그 농취증 대로 농사를 짓지 않으면 제재를 받게 되는 사항이 규정되어 있다.

아무튼 대한민국 어디든지 전답을 취득할 때에는 반드시 농취증을 제출해야 한다. 이 농취증 때문에 경매나 공매에 뛰어들지 못하는 사람들이 더러 있으며, 이 농취증에 대해 잘못 알고 있는 사람들도 의외로 많다.

농취증 관련 사례

Q : 경남 의령에 있는 관리지역 지목 전 300평을 낙찰 받았습니다. 농취증이 필요합니까?

A : 그렇다. 그렇다면 경남 의령에 있는 관리지역 지목 임야인 토림 1,000평에 대해서는 농취증이 필요할까?

임야는 농취증이 필요 없다. 그러면 경남 의령의 자연녹지지역 지목이 답인 370평은 어떨까? 조금 공부해본 사람은 필요하다고 답을 하겠지만, 어중간한 사람은 헷갈릴 수 있다.

그럼 이런 질문은 어떨까?

부산의 주거지역, 준주거지역, 상업지역에 있는 농지가 70평 있다. 현황 농지다. 농취증이 필요할까?

여기서 조금 공부를 했던 분들도 틀리기 시작한다.

정답은 농취증이 필요 없다!!

경매나 공매기관의 직원도 여기서 헷갈리는 경우가 있는 것이 문제다. 제주도 상업지역에 농지를 가지고 있는 사람의 경우, 농취증을 제출하지 않는다고 낙찰 불허가를 때렸던 경우가 있었다고 한다. 법적인 근거를 들어 항고를 했더니 바로 연락이 와서 항고를 취소하면 낙찰허가를 내 준다고 하였다고 한다.

그린벨트 지역의 농지도 농취증이 필요하다. 자연녹지지역이면서 개발제한구역이라는 그린벨트의 농지를 취득하려면 필히 농취증이 있어야 한다. 도시지역의 농지는 농지법 적용이므로 그렇다. 지역에 우선하는 것이 아니고 지목에 우선한다고 생각하면 될 것이다.

지목에 불구하고 현황이 농지인 경우에 대한 내용은 조금 복잡하므로 생략하고, 농취증 발급에 대해 알아보자.

경매의 경우, 낙찰이 되면 그 날 부로 농취증을 발급받으러 가야 한다. 서울의 경우 동사무소로, 면 단위의 경우 면사무소로 가서 담당자에게 농취증 신청을 하러 왔다고 하면 종이를 2장을 준다. 앞장은 농지취득자격증명서 양식이고 뒷장은 영농계획서이다.

초보자라도 양식에 따라 적으면 되지만 303평 이하인 경우 주말농장으로 하면 되고 303평 이상인 경우에는 자영으로 기록을 하면 되는데, 무슨 농작물을 언제부터 지을 것인지를 명기하게 되어 있다. 대충 기록할 생각일랑 아예 하지 않는 게 좋다. 실제 자신의 계획을 기록하는 게 좋다는 의미다.

얼마 전에 농지법이 개정되어 다년생식물 재배, 나무 재배 등도 영농의 범위에 포함되었다는 걸 알고 참고로 응용하기 바란다. 농사를 지은 경험이 없는 사람들은 조금 수월한 농작물을 기른다고 해야지 욕심껏 기록할 필요는 없다.

시골에서는, 즉 면 단위에서는 현장을 가보는 경우가 적지만 도시지역(저의 경우 양산)에서는 현장을 꼭 답사를 한 후에 이상이 없어야 발급을 해 준다.

바로 그날로 발급을 받아서 법원에 제출하고 온다. 다른 사람들의 말을 들으니 바로 발급을 해 주지 않고 애를 먹이는 지역이 있다고 한다. 그러니 경우에 따라 다르다는 걸 염두에 두어야 할 것이다.

농취증 제출하고 등기하고 해서 내 이름으로 등기가 되었다 하고, 농취증을 제출할 때에는 농사를 짓겠다고 해놓고 안 지으면 어떻게 되느냐 하는 문제이다.

농지법이 개정되기 전에는 농사를 안 하면 그에 대한 통지를 하고 강제처분명령을 내리고, 그래도 안 하면 공시지가의 20%를 매년 과태료로 물리게 되어 있어서 꽤 부담이 컸다. 당시 신문에는 서울 및 수도권에 있는 농지는 과태료 금액이 아주 커서 골프를 치러 가는 대신 농사를 지으러 간다는 기사가 실린 적도 있을 정도다.

그런데 법이 개정되어 농사를 짓지 않을 경우 농업진흥공사에 몇 년간 위탁을 하면 되고, 강제처분명령을 받더라도 농사를 짓는다는 걸 증명하면 된다고 한다. 하지만 그것을 증명하는 것은 매우 어려울 것 같다. 아예 농사를 짓는 것이 현명하다.

결론적으로, 농취증 발급은 겁낼 사항도 아니고 한 두 번 해보면 알게 되는 사항이다. 주말농장도 지목이 전답인 농지라면 농취증을 제출해야 한다.

영농을 남에게 맡기면 어떠냐는 질문을 하는데, 그러면 안 된다. 해당 토지의 소재지 마을이장에게 물어보면 토지 소유주가 농사를 직접 짓는지 안 짓는지 금방 알아낼 수 있다. 실제 농사를 지어야 하며 마을이장과 인사를 나누고 가깝게 지내는 것도 한 방법이다. 정원수 관상수 등 나무를 심어도 인정이 되고 산야초등 약초를 심어도 된다.

또한 농취증과 농지원부를 혼동하는 이들이 있는데 농취증은 위에 설명한 것이고, 농지원부는 농지를 취득하고 영농을 하고 얼마 후에 자산의 주소지 관할 관청에 농지원부를 신청하면 해당 농지 소재지 관청에 질의하여 농사를 짓고 있다고 확인이 되면 해당 관청에서 농지원부라는 걸 발급해 준다. 이는 농업인이 되는 가장 기초적인 단계이다.

도시민이 농지취득자격증명 발급받기

보통 농지를 매수하려는 수많은 사람들이 고민, 걱정하는 사항들 중 하나다. 그러나 농지취득자격증명 발급은 무척 쉽다.

경매에서 농지를 낙찰 받거나 공인중개사무소를 통해 농지를 매수했을 경우 낙찰(매수인)증명서 혹은 부동산매매계약서를 가지고 농지 소재지 시·구·읍·면사무소로 간다. (물론 공인중개 사무소에서 대행해 주기도 하지만 지역에 따라 본인이 직접 가야 하는 경우도 많다.)

(앞쪽)

농지취득자격증명신청서		처리기간	접수	제 호
		4일	처리	제 호

농지 취득자 (신청인)	①성명(명칭)	②주민등록번호 (법인등록번호	⑤취득자의 구분			
	③주소		농업인	신규 영농	법인 등	주말체험 영농
	④전화번호					

취득 농지 의 표시	⑥소재지						⑩농지 구분			
	시·군	구· 읍·면	리·동	⑦지번	⑧지목	⑨면적 (㎡)	농업진흥지역		진흥지역 밖	영농 여건 불리 농지
							진흥 구역	보호 구역		

⑩취득원인					
⑪취득목적	농업 경영	주말 체험 농장	농지 전용	시험·연구· 실습지용 등	

농지법 제8조 제2항 및 동법 시행령 제10조 제1항의 규정에 의하여
위와 같이 농지취득자격증명의 발급을 신청합니다.

년   월   일

농지취득자(신청인) (서명 또는 인) 시장·구청장·읍장·면장 귀하

※ 구비서류	수수료
1. 법인등기부등본(법인의 경우에 한합니다) 2. 별지 제2호 서식의 농지취득인정서(법 제6조 제2항 제2호의 규정에 해당하는 경우에 한합니다) 3. 별지 제6호 서식의 농업경영계획서(농지를 농업경영 목적으로 취득하는 경우에 한합니다) 4. 농지임대차계약서 또는 농지사용대차계약서(농업경영을 하지 아니하는 자가 취득 하고자 하는 농지의 면적이 영 제10조 제2항 제5호 각목의 1 에 해당하지 아니하는 경우에 한합니다) 5. 농지전용허가(다른 법률에 의하여 농지전용허가가 의제되는 인가 또는 승인 등을 포함합니다)를 받거나 농지전용신고를 한 사실을 입증하는 서류(농지를 전용 목적으로 취득하는 경우에 한합니다)	농지법 시행령 제74조에 따름
※ 담당공무원 확인사항 1. 토지(임야)대장 2. 주민등록표등본 3. 법인 등기사항등명서(신청인이 법인인 경우만 해당)	

(뒤쪽)

※ 기재시 주의사항

* 란은 신청인이 기재하지 아니합니다.
①란은 법인에 있어서는 그 명칭 및 대표자의 성명을 씁니다.
②란은 개인은 주민등록번호, 법인은 법인등록번호를 씁니다.
⑤란은 다음 구분에 따라 농지취득자가 해당되는 난에 ○표를 합니다.
　가. 신청당시 농업경영에 종사하고 있는 개인은 "농업인"
　나. 신청당시 농업경영에 종사하지 아니하지만 앞으로 농업경영을 하고자 하는 개인은 "신규영농"
　다. 농업회사법인·영농조합법인 그 밖의 법인은 "법인" 등
　라. 농업경영에 종사하지 아니 하지만 앞으로 주말·체험영농을 하고자 하는 개인은 "주말체험·영농"

[취득농지의 표시]란은 취득대상 농지의 지번에 따라 매필지별로 씁니다.
⑨란은 공부상의 지목에 따라 전·답·과수원 등으로 구분하여 씁니다.
⑪란은 매 필지별로 진흥구역·보호구역·진흥지역 밖으로 구분하여 해당란에 ○표를 합니다.
⑫란은 매매·교환·경락·수증 등 취득원인의 구분에 따라 씁니다.
⑬란은 농업경영/농지전용/시험·실습·종묘포/주말체험·영농 등 취득 후 이용목적의 구분에 따라 해당란에 ○표를 합니다(농지취득 후 농지 이용목적대로 이용하지 아니할 경우 처분명령/이행강제금 부과/징역·벌금 등의 대상이 될 수 있으므로 정확하게 기록하여야 합니다.)

※ 농지취득 후 농지 이용목적대로 이용하지 아니할 경우 처분명령/ 이행강제금 부과/ 징역·벌금 등의 대상이 될 수 있으므로 정확하게 기록하여야 합니다.

처리절차

신청인	처리기관 (시·구·읍·면)

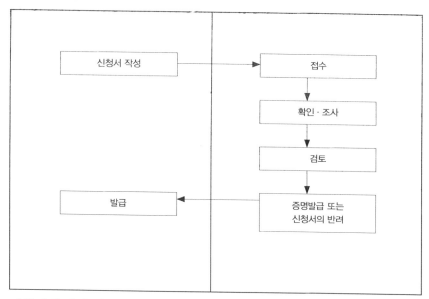

민원실에 가면 뒤 양식에 따라 ① 농지취득자격증명신청서를 작성하고, ②
농업경영계획서(영농계획서)를 작성한다.

그러면 즉시 혹은 4일 내에 발급해 준다. (요즘은 담당직원이 해당 토지를 실제
로 답사하여 농사를 지을 수 있는 땅인지 확인하는 경우도 많다.)

농지취득자격증명은 '현재'가 중요한 것이 아니라 증명이 발급된 후 1년
이내에 실제 경작을 하는지 아닌지가 중요하다. 그러므로 현 시점에서 담당
자가 발급을 거부할 이유가 거의 없다.

담당자는 일단 증명서를 발급해 준 뒤 "합법적인 영농"을 하느냐 하지 않
느냐를 감시, 확인하는 것이 중요할 따름이다.

그러므로 신청시점에서는 농사가 불가능한 토지만 아니라면 99% 발급해
준다. 그리고 보통 1년 이내에 경작을 하지 않으면 농지강제처분명령과 이
행강제금부과 등이 내려진다.

농지전용으로 몸값 높이기

농지를 돈 되는 땅으로 만들기

농지전용이란 "농지법상 농지를 농작물의 경작, 다년생식물의 재배 등 농업 생산 또는 농지개량 목적 이외로 사용하는 것을 말한다. 즉 농지에 단독주택이나 근린생활시설, 공장부지, 창고부지 등을 신축하기 위한 목적으로 농지의 형질을 변경하는 행위를 일컫는다.

농지전용은 농지개혁의 성과를 유지하기 위하여 농지의 보존 및 이용에 관한 법률에 의하여 제한되어 왔지만, 국내외적인 사회의 변화, 인구증가에 따른 주택의 공급, 공장의 지방 분산 등으로 도시 주변의 농지전용에 대한 수요가 꾸준히 증가한 것이 사실이다.

문제는 농지와 주택이 교차되면서 농업용수에 하수가 흘러들어가면서 농업생산성이 저하되고, 택지화 됨으로써 늘어나는 유출물의 처리가 어려워져 환경문제를 악화시킨다는 데 있다.

이러한 시장의 변화와 환경문제 악화의 양면성으로 인해 규제는 완화되었지만 인프라의 난개발과 주택의 무계획화를 방지하기 위해서 시가화구역과 이를 조정하는 구역을 구분하기에 이른 것이다. 즉 체계적인 관리와 함께 까다로운 인·허가가 수반되는 것이다.

그러나 우리 투자자 입장에서 농지전용은 수익을 극대화할 수 있다는 점에서 가능성을 타진하여야 한다. 신청을 하면서 농지전용허가신청서, 사업계획서, 소유권(사용권) 입증서류, 전용예정구역이 표시된 지적도(임야도)등본, 피해방지계획서 등을 제출한다면, 해당 지자체 확인과 함께 허가 또는 불허가 여부를 통보해 준다. 허가는 농지보전부담금을 납부한 후 허가증을 받는 것으로 종료되는데, 기간은 길어야 1개월 이내 마무리된다.

농지전용은 투자의 꽃봉우리

농지에 투자하는 경우는 크게 두 가지의 경우로 나누어 볼 수 있다.

첫 번째는 농지를 매수해서 그 상태로 가지고 있다가 가격이 상승하면 되팔아 양도차익을 얻는 경우이다.

두 번째는 농지를 사서 이를 대지로 변경한 다음 이 대지 위에 투자자가 원하는 용도의 건축물을 건축하는 경우이다.

예를 들면 농지를 사서 그 위에 별장이나 전원주택을 지은 다음 되판다든가 혹은 펜션이나 근생시설 같은 수익성 건물을 지어서 직접 경영을 하는 방법 등이 있다.

이때 농지에 건물을 짓기 위해서는 '농지전용허가'를 받아야 한다. 농지전용이란 농지를 농작물의 경작 또는 다년생식물의 재배 등 농업생산 외의 목적에 사용하는 것을 말한다.

쉽게 말하면 농지에다 농사를 짓지 않고 다른 용도로 이용하는 것을 농지전용이라고 한다. 예를 들면 농지를 하나 사서 그 위에 주택을 짓는 경우 등이 농지의 전용에 해당된다.

농지의 전용 문제는 농지투자에 있어서 아주 중요한 요소이다. 어떤 농지가 하나 있을 때 그 농지가 투자대상으로 적합한지 아닌지를 판단하는 1차적인 요소가 바로 해당 농지가 '전용(용도전환)'이 얼마나 쉬운가 하는 것이다.

당연히 전용이 더 쉬울수록 투자대상으로서 좋은 농지이다. 이를 좀 더 자세하게 살펴보자.

농지의 가격이 상승하게 되는 가장 직접적인 요인은 용도 전환, 즉 '농지의 전용'이다. 왜 그런지 살펴보자.

토지의 가격은 용도에 따라 달라진다. 같은 토지라도 어떤 용도로 이용하느냐에 따라 가격이 달라진다.

참고로 감정평가에서의 토지의 분류를 좀 살펴보면, 토지의 가격을 평가하는 감정평가에서는 토지를 용도에 따라 크게 임야, 농지, 대지 세 가지로 분류한다.

토지를 용도에 따라 분류한 목적은 토지의 가격 평가를 보다 쉽게 하기 위해서이다. 그런데 토지의 용도는 임야보다는 농지가 또 농지보다는 대지가 더 생산적인 용도로 본다. 따라서 하나의 토지가 임야일 때보다는 농지일 때가 또 농지일 때보다는 대지일 때가 더 가격이 높아진다.

위의 내용을 줄여서 말하자면, 농지가 농지의 용도에서 대지의 용도로 전환이 되면(이를 농지의 전용이라고 한다.) 가격이 상승한다는 것이다. 그래서 농지에서 있어서는 전용이 가능한가 하는 것 혹은 전용이 얼마나 쉬운가 하는 것이 그 농지의 가격을 결정하게 되는 것이다.

그러면 어떤 농지가 상대적으로 더 '전용'이 쉬운가?

농지는 크게 두 가지로 나누어진다. 농지에는 '농업진흥지역의 농지'와 '농업진흥지역 이외의 농지'가 있다.

농업진흥지역의 농지는 그야말로 우량한 농지이다. 농업진흥지역 안에 있는 농지는 농업용으로는 아주 좋은 농지에 해당한다. 그래서 이 지역의 농지는 개발이 금지된다. 따라서 농업진흥지역 안의 농지는 그만큼 농지의 전용이 어렵다. 농지의 전용이 어렵다는 것은 해당 농지를 농사 외의 다른 용도로 이용하기가 어렵다는 것이다. 따라서 이러한 농지는 가격 상승이 그리 많지 않다. 농업진흥지역의 농지는 특별한 경우가 아니고는 투자대상으로는 적절하지 않다.

이에 비하여 농업진흥지역 이외의 농지는 농업용으로는 그리 좋은 농지가 아니다. 그래서 농업진흥지역 이외의 농지는 개발이 가능하다. 농지의 전용이 농업진흥지역의 농지보다 상대적으로 더 쉽다. 농지를 농사 외의 용도로 사용하는 것이 가능하다는 것이다. 그러므로 농업진흥지역 이외의 농지는 상대적으로 가격 상승이 더 높다. 그래서 일반적으로 투자대상이 되는 농지가 바로 농업진흥지역 이외의 농지이다.

일반적으로 농지는 개발이 가능한 땅과 불가능 하지는 않지만 어려운 땅으로 구분, 관리된다. 시·도지사는 농지를 효율적으로 이용·보전하기 위하여 국토계획법에 의한 관리지역·농림지역 및 자연환경보전지역, 특별시의 녹지지역을 제외한 도시지역의 녹지지역 중 우량한 농지를 선별하여 생산 목적으로 보전 대상에 해당하는 농지를 농림축산식품부장관의 승인을 얻어 농업진흥지역을 지정한다.

농업진흥지역을 좀 더 세분화하면 농지조성사업 또는 농업기반정비사업이 시행되었거나 시행 중인 지역으로서 농업용으로 이용하고 있거나 이용할 토지가 집단화되어 있는 지역은 농업진흥구역으로, 농업진흥구역의 용수원 확보, 수질보전 등 농업환경을 보호하기 위하여 필요한 지역은 농업보호구역으로 구분된다.

농업진흥구역에서는 농업 생산 또는 농지개량과 직접적으로 관련되지 아니한 토지이용행위를 할 수 없으나 농지법 제32조 제1항에 의한 토지이용행위는 가능하다. 눈여겨볼 만한 이용행위는 농업인주택과 농업용 또는 축산업용 시설의 설치 정도다.

농업보호구역 역시 농지법 제32조 제2항에서 보듯이 농업진흥구역에서 할 수 있는 토지이용행위를 포함하여 농어촌정비법에 따른 관광농원사업(20,000㎡ 미만), 주말농원사업(3,000㎡ 미만) 등 농업인의 소득 증대를 위한 이용행위가 가능하므로 농업진흥구역보다는 가치가 있는 농지라 할 수 있다.

앞서 보았듯이 농업진흥지역은 대부분 국토계획법상 생산녹지지역, 생산관리지역, 농림지역, 자연환경보전지역에 지정된다. 어떤 용도지역이든 관계없이 농지법에 의해 행위제한이 적용되는 것이고, 농업진흥지역 밖의 농지에 대한 행위제한은 해당 용도지역에 해당되는 규제를 적용하나 농지전용만큼은 용도지역에 관계없이 농지법에 의한 전용기준에 따른다는 것에 유의하여야 할 것이다.

이런 이유로, 농지투자는 용도지역으로 투자 여부를 결정하는 것이 아니라 농업진흥지역의 농지인지, 우량농지인지, 개발행위허가가 가능한 농지인지 여부를 따지는 것이 더 중요하다 할 수 있다.

농업진흥지역으로 지정된 농지인지 여부는 토지이용계획확인서를 보면 알 수 있다. 아무런 표시가 없는 경우에는 농업진흥지역 밖의 농지로 해석할 수 있다. 따라서 실수요자가 아닌 투자 목적이라면 특별한 사정이 없는 한 농업진흥지역에 포함된 농지는 구입하지 않는 것이 바람직하다.

다만 도시기본계획이나 광역도시계획에 의하여 도시화예정지에 편입된 것으로 개발 축에 포함된 지역은 택지조성이나 산업용지조성지역으로 편입될 확률이 높아 투자가치가 높기 때문에 개발축이 더 중요하다는 투자의 맥은 잊지 말아야 할 것이다.

이러한 농지를 가치 측면에서 분류하였다면, 투자의 꽃이라고 불리는 농지전용까지 생각해볼 수 있어야 성공 투자자로 거듭날 수 있다.

농지의 몸값을 올리는 농지전용은 농업진흥지역의 안이든 밖이든 관계없이 농지법에 의하여 그 전용허가 및 신고를 통해서 건축물을 지을 수 있는 대지로 형질변경을 하는 행위다. 즉 농지전용은 농지를 농작물의 경작 또는 다년생식물의 재배 등 농업생산 또는 농업개량 외의 목적에 사용하는 일체의 행위를 말하는 것이다.

이처럼 농지를 대지로 전용이 가능한 땅은 도시지역 또는 관리지역 내의 농지가 용이하기 때문에 인기가 많은 것이고, 농지법이 적용되는 농업진흥지역으로 경지정리가 된 지역은 전용허가를 받기가 까다롭고 어렵기 때문에 기피하는 경향이 있다.

농지전용허가를 함에 있어서 국토계획법에 의한 도시지역·계획관리지역 및 개발진흥지구 안의 농지를 제외하고는 대기오염배출시설·폐수배출시설·농업의 진흥이나 농지의 보전을 저해할 우려가 있는 시설의 경우에는 전용허가를 받는 것이 까다롭다.

따라서 농지에 투자를 할 때는 비농업진흥지역으로 자연녹지지역·생산녹지지역·계획관리지역·개발진흥지구 내 경지정리가 이루어지지 않은 지역이나 한계농지가 좋다. 상대적으로 전용이 까다로운 답은 농지개량행위를 통해 전으로 바꾸는 절차를 통해서 부가가치를 높이는 방식으로 진행하는 것이 좋다.

이와 같이 농지전용은 용도지역에 따라 전용을 받는 것이 아니라 오히려 어느 용도지역이든 관계없이 농지를 개발하려면 농지법상 농지전용기준에 해당되는지 여부를 확인하여야 함은 앞서 강조하였다.

농지를 전용하는 자는 농지보전부담금, 면허세, 채권 등 납부영수증을 제출하여야 전용허가증을 교부받는다. 농지전용을 한 자는 농지전용사업 완료 후 전용면적에 대한 토지분할 및 지목변경을 신청하여야 한다. 이를 이행하지 않은 경우, 부동산등기법에 의거 과태료처분을 받게 된다. 결국, 투자자 입장에서는 농지전용 등이 제한될 수 있는 땅은 피하는 것이 상책이다.

농지는 먹거리와 연계된 것이라서 보호할 수 있는 농지는 철저하게 보호하여야 하고, 국가 경쟁력 차원에서 개발할 수 있는 농지는 개발하는 것이 타당하다. 따라서 시대적 흐름에 따라 개발 가능한 농지를 선점하는 것이 중요하다.

지목변경은 필수

농지나 임야를 사서 전원주택을 지을 계획을 갖고 있는 사람들이 궁금해하는 점은 농지를 대지로 바꾸는 지목변경 절차이다.

그 절차는 이렇다.

① 밭이나 논을 매입한다. ② 농지전용(개발행위) 허가를 받는다. ③ 건축허가(신고)를 받는다. ④ 집을 짓는다. ⑤ 지목변경을 한다.

대개 사람들은 농지를 대지로 바꾼 다음 건축을 하는 것으로 알고 있다. 하지만 실제는 용도변경, 즉 농지전용이 먼저다.

농지전용허가(개발행위허가)를 받고 집을 완공한 다음 준공필증을 첨부해서 군청 지적계에 신청하면 그때 지목이 대지로 바뀐다.

농지전용허가란 농지를 농사 또는 농업인 관련 용도 외의 목적으로 사용하고자 허가를 받는 것을 말한다. 따라서 농지를 사서 집을 짓고자 하는 경우 외지인은 반드시 농지전용허가를 받아야 한다.

농지전용허가는 전용 목적이 분명해야 받을 수 있다. 집을 지을 것인지, 공장을 지을 것인지 아니면 식당을 지을 것인지 구체적으로 밝혀야 한다. 농지전용허가를 받은 후 8년 이내에는 다른 용도로 전용이 안 된다.

먼저 농지전용허가(개발행위허가)를 신청하면 군청의 담당 직원이 현장 실사를 나온다. 직원은 법령에 제한을 둔 사항에 맞춰서 현장을 확인하고 그 제한사항에 해당하지 않는 농지는 허가를 내 준다. 통상 농지전용허가는 토목측량회사에서 대행해 주기 때문에 이 회사를 통하면 가능, 불가능 여부가 바로 나온다.

농지전용은 원칙적으로 땅주인만 신청할 수 있으며 소유권을 이전하는 당해 연도에는 전용허가가 나지 않는다. 그 해에 집을 지으려면 소유권을 이전하기 전에 토지사용승낙서를 받아서 전용허가를 받은 뒤에 소유권을 이전해야 한다.

농지전용허가가 나오면 농지보전부담금을 내야 한다. 납부액은 전용농지 공시지가 총액의 30%이다. 이 것 또한 토목측량회사에 돈을 보내주면 대신 납부해 주고 영수증까지 챙겨준다.

집을 짓겠다고 농지전용허가를 받은 후 2년 이상 특별한 사유 없이 집짓기에 착수하지 않거나 착공한 뒤 1년 이상 공사를 중단한 경우에는 허가가 취소될 수 있으니 주의해야 한다.

농지전용허가를 받았으면, 이어 건축인·허가를 신청하고 건축하면 된다. 건축인·허가는 건축설계사무소에서 대행해 준다. 수수료는 업체마다 조금씩 차이가 있으므로 저렴하면서도 믿을 만한 곳을 선택한다. 건축물 준공허가를 받으면 그때야 비로소 대지로 지목이 변경되는 것이다.

하지만 지목변경이 토지 소유주에게 무조건 득이 되는 것만은 아니다. 땅값은 용도변경 가능성을 보고 오르는 것인데, 지목변경이 되면 공시지가가 한꺼번에 오른다. 공연히 지목변경으로 세금 부담만 크게 늘어날 수 있다.

지목변경이 된 상태는 토지 소유주가 이미 대지 조성을 하고 건물까지 준공한 상태이므로 장래에 그 토지의 가격이 상승할 것으로 기대해 투자하고자 하는 사람은 드물다. 필요에 의해서 주택을 건축하거나 해당 토지가 향후 발전가치, 시세차익을 기대할 수 있는 곳에 위치했는지 따져보고 건물을 짓는 것은 가치가 있다.

하지만 단순히 지가상승을 목적으로 한다면 지목변경보다는 그 땅을 사서 개발할 실수요자가 쉽게 접근하도록 주변 환경을 조성하는 것이 더 낫다.

개발행위허가와 농지전용허가의 인·허가 비용

개발행위허가란 간단히 말해서 지목이 전·답·임야·하천부지 등 개발이 되어 있지 않은 모든 원초적인 지목 상태의 토지를 다른 용도로 전용할 경우, 다른 용도로 개발을 한다고 해서 붙여진 허가진행절차를 총칭하는 법령이라고 보면 된다.

지목이 전·답·임야 등 개발이 안 되어 있는 모든 지목의 토지를 타 목적으로 전용하기 위하여 인·허가를 받는 행위를 개발행위라 한다.

일반적으로 관리지역 토지를 허가받을 때만 '개발행위허가'라고 설명하고 있으나 이는 잘못된 것이며, 모든 미개발지의 전용허가를 받을 때 개발행위허가를 받게 되어 있다. 토지의 분할도 '개발행위허가'를 받아 분할을 하게 되어 있다.

2003년 1월 1일부터 국토계획법이 제정되면서 종전의 전용허가는 개발행위허가제로 변경되었고, 제출서류도 기존의 농지전용허가·산지전용허가 관련 서류에 건축도면 등 건축허가를 위한 관련 서류가 추가되었다.

이러한 개발행위허가라는 법의 제정으로 도시과에 허가신청 접수를 하게 되며 도시과에서는 접수받은 부지의 지목에 따라 전용허가 해당 부서(산림과/지역경제과/건설과 등)에 협의문을 보내어 관련 서류를 취합한 후 종합 검토하여 허가서류를 발급하게 된다.

이때 납부할 비용은 지목에 따라 조금씩 다르나 개략적인 비용의 항목은 다음과 같다.

① 측량설계비

② 측량설계사무소에 내는 용역비

③ 농지전용부담금

④ 개발부담금(비도시지역 : 1,650㎡ 이상)

⑤ 면허세

⑥ 지역개발공채 구입비 등

개발행위허가로 바뀌어 건축허가 관련 서류를 첨부하게 되면서, 개인이 전용허가를 받는 것은 거의 힘들어졌다. 부지와 주변의 건축물, 도로 상황까지 모두 파악한 지적도, 토목설계도면 등이 필요하기 때문에 관련업체를 통해 진행할 수밖에 없다.

농지보전부담금을 내야 하는 원리는 토지는 한정되어 있고, 원래 농지를 타목적으로 사용하게 되면 그만큼 농사를 지을 땅이 줄어들게 되기 때문이다. 개발부담금은 개발에 따른 이익이 발생하게 되면 그 개발이익을 환수하는 제도다.

과거에는 건축을 수반하지 아니 하면서 개발행위허가 등에 의하여 지목을 변경하는 사업에 대해서는 개발부담금을 부과하지 않았는데, 이렇게 개발부담금을 회피하기 위하여 지목 변경과 건축을 나누어서 단계적으로 시행하는 경우에서 문제가 발생했고, 개발부담금 부과가 중지된 기간 동안 개별법으로 신설된 토지개발사업들이 부과대상사업에서 누락된 문제가 있었다.

이에 2006년부터 건축이 수반되지 아니 하면서 개발행위허가 등에 의하여 도시지역 990㎡(약 300평) 이상, 비도시지역의 경우 1,650㎡(약 500평) 이상 지목을 변경하는 사업을 개발부담금 부과대상사업에 추가하였다.

농지전용은 이렇게 하는 것이다

아무 땅에나 무턱대고 집을 지을 수는 없다. 특히 도시민이 농지를 구입한 경우는 반드시 집을 지을 수 있는 허가가 필요하다. 농지를 다른 용도로 사용하겠다는 전용허가(개발행위허가)가 그것이다. 땅을 구입하기 전, 전용허가에 대해 먼저 알고 있어야 땅을 고르는 안목이 생기며, 구입 후 허가 신청 과정에서도 막힘이 없게 된다.

대지로 전용이 가능한 땅, 집을 지을 수 있는 땅은 두 종류가 있다.

'대지'이거나 '대지로 전용이 가능한 땅'이다. 원칙적으로 지목이 '대지'인 토지는 국토계획법에 따라 국토교통부에서 관리하며, 건축법이나 도시계획법의 적용을 받는다. 그래서 도시 이외의 지역에서 60평 이하의 집을 짓는 경우는 신고만으로 건축이 가능하기도 하다.

그러나 도심 외곽은 대지가 많지도 않을 뿐더러 있다 하더라도 전용하는데 드는 시간과 비용이 없는 만큼 가격이 비싸다. 그래서 전원주택을 짓고자 하는 이들은 '대지로 전용이 가능한 땅'을 찾게 된다.

대지로 전용이 가능한 땅은 관리지역 내의 농지나 임야다. 관리지역은 예전으로 말하면 준농림지에 해당하는 것으로 밭과 논 중에서 그다지 농사에 적합하지 않은 땅을 말한다. 농지를 대지로 바꾸는 것은 개발행위허가제에 포함된다.

2003년 1월 1일부터 국토계획법이 제정되면서 종전의 전용허가는 개발행위허가제로 변경되었고, 제출 서류도 기존의 농지전용허가 관련 서류에 건축도면 등 건축허가를 위한 관련 서류가 추가되었다. 그래서 지금은 농지전용허가나 개발행위허가를 같은 의미로 사용하고 있다. 농지, 즉 밭이나 논이라고 해서 모두 전용될 수 있는 것은 아니다.

농사를 짓기에 적합한 농지는 농업진흥구역으로 정해 철저히 보호받기 때문에 용지전용이 거의 어렵다고 봐야 한다. 단, 농업보호구역일 경우에는 가능성이 있으니 미리 속단하지 말고 전용 여부를 직접 확인해본다.

토지대장, 지적도, 토지이용계획확인원을 가지고 시·군청의 종합민원실을 찾는 것이 확실하다.

건축 및 농지전용 담당자를 만나서 농지전용이 가능한 땅인지 건폐율과 용적률은 얼마인지 꼼꼼히 알아본 후 구매에 들어가야 하며, 이때 전용할 농지의 측량설계비, 측량설계사무소에 내는 의뢰비, 농지조성비가 비용으로 든다.

농지보전부담금을 부과하는 이유는 앞에서 이야기했던 것처럼 토지는 한정되어 있는데, 원래 농지를 타목적으로 사용하게 되면 그만큼 농사를 지을 땅이 줄어들게 되기 때문이다. 즉 개간이나 간척사업을 통해서 식량자급을 할 수 있는 기반을 만들어야 하는데, 그 필요한 재원을 마련하려는 목적이다. 따라서 농지보전부담금이 ㎡당 얼마인지 정확히 알아보아야 한다. (단, 농업인의 주택은 농지조성비가 전액 면제)

2년 이내 착공, 1년 이내 공사완료, 허가일로부터 2년 이내에 건축을 착공하고 그 후 1년 이내에 공사를 완료하지 않으면 허가는 다시 취소되며, 이때 이미 납입한 농지조성비는 농지로 복구한 상태에서 환불을 받을 수 있다. 또 농지전용을 통해 조성한 대지는 농지전용 완료일부터 8년까지는 용도변경이 까다로워진다.

만약 다른 용도로 사용하려면 시장·군수의 허가를 받아야 하기 때문에 공익적인 용도가 아니면 어렵다고 봐야 한다. 즉 주택건축의 계약을 어기고 음식점이나 카페, 공장 등으로 용도변경을 하면 전용허가가 취소됨은 물론 5년 이하의 징역이나 2,000만 원 이하의 벌금형에 처해진다.

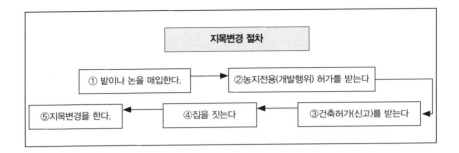

농지전용비용 산출 내역

1. 농지보전부담금

- 기존의 농지보전부담금이 농지보전부담금으로 명칭이 변경되었다. (시행일. 2006. 1. 22 부터)
- 부과기준이 조성원가에서 공시지가로 변경
- 부과대상(농지법 제 38 조) : 전·답·과수원, 사실상 농지
- 영농여건불리농지의 경우 농지보전부담금 면제
- 농업인의 경우 농지보전부담금은 전액 면제
- 10평 이하 건축물 시공시 50%의 농지보전부담금을 면제
- 부과기준(농지법 제40조, 시행령 제57조의 2) 농지를 전용할 때 ㎡당 개별공시지가의 30%를 부과하기 때문에 지역에 따라 전용비가 차이가 많다. (㎡당 5만 원을 초과하는 경우에는 5만 원으로 상한제도를 도입)
- 농지보전부담금 계산방법
전용면적(㎡) x ㎡당 개별공시지가 x 30%

200 평을 기준으로 할 경우
660㎡ (200평) x ㎡ 당 30,000원 x 30% = 5,940,000 원 (납부해야 할 농지보전부담금) ㎡당 개별공시지가가 170,000원이라면,

(㎡당 170,000원 x 30%) = 51,000원 (5만 원을 초과 함) ➡ 660㎡ (200평) x 50,000원 = 33,000,000원(납부해야 할 농지보전부담금)

※ 농지전용면적 : 건축면적만큼 농지전용면적 허가해 줌. (자세한 내용은 해당 관청에 문의)

※ 개별공시지가란?
공시지가를 기준으로 하여 산정한 개별토지에 대한 단위면적당(원/㎡) 가격이다. 국토교통부장관이 결정하여 고시한 공시지가를 바탕으로 하여 시장·군수·구청장 등이 산정한 공시지가로 토지의 특성조사와 표준지 선정 여부로 결정한다. 〈토지대장 및 등기부등본 참고〉

2. 농지전용허가비

- 200평까지 150만 원 내외 (지역 및 규모에 따라 차이가 남)
- 수입증지 : 3,500㎡ 이하의 경우 20,000원 (해당부서 문의)

3. 지역개발공채

〈지역별비용〉
- 경기도 : 농지 1,000원/3.3㎡ 당 임야 2,000원 / 3.3㎡ 당
- 충청남북도 : 농지(전답)는 ㎡당 1,500원, 임야, 잡종지, 초지 등은 읍·면인 경우 ㎡당 1,500원, 동 지역인 경우 ㎡당 3,000원
  - 지역개발공채 매입 후 바로 현금화 가능(채권할인율은 시세에 따라, 할인업자에 따라 다름)
  - 공채매입 여부와 금액은 토지 소재지의 도에 따라 다르므로, 구체적인 기준과 액수는 해당 광역시, 도에 문의 (강원도 지역은 형질변경시 채권을 매입하지 않아도 되는 지역임)

4. 개발행위대행비

- 토목설계사무소나 건축사사무소에서 대행(대행비 약 200만 원 정도 소요)
- 건축신고 사항일 경우 개별적으로 하면 비용은 절감할 수 있으나 신청서, 사업계획서, 피해방지계획서 등을 작성하고 건축물 평면도를 첨부. (전적으로 해당 당사자가 판단해야 할 사항임)
- 토목설계가 필요하거나 건축허가 사항일 경우에는 대행업체를 통해서 해야 한다.
  - 토목설계가 필요한 경우 : 50cm 이상 성토 또는 절토시, 축대나 옹벽을 설치할 경우 등
- 빠른 업무처리를 위해서는 토목설계사무소와 건축사사무소가 연계되어 있는 곳을 선택

5. 지목변경비

- 지목변경 수수료 : 1,000 원
- 지목변경 취득세 계산법 : (지목 변경 후 시가표준액 – 지목 변경 전 시가 표준액) x 2%
- 지목변경 농어촌특별세 : 지목변경 취득세 * 10%
  - 지목변경 취득세, 농어촌특별세는 한 고지서에 부과됨.
  - 건축물 완공 후 지목변경 신청

6. 참고사항

- 지목변경만으로 간단하게 대지로 전환할 수 있는 경우
  - 1973년 1월 1일 이전부터 농지외 다른 용도로 사용하였다는 것이 입증되는 토지는 농지법상 농지가 아님
  - 입증자료 : 건축물관리대장, 과세대장, 세금납부영수증, 항공사진(국토정보지리원에서 확인), 농지원부, 공시지가조사표, 임령측정결과 등

- 개발부담금
보통 전원주택의 경우 지목 변경이 500평 이상을 넘어가는 경우가 없기 때문에 해당사항이 없으기 때문에 참고용으로 활용
  - 도시지역 990㎡(약 300평) 이상,
  - 비도시지역의 경우 1,650㎡(약 500 평) 이상

- 준공 후 지붕이 있는 창고, 주차장, 정자, 테라스 등 시공, 보일러실 증축을 계획하고 있다면 추후 실제 증축시 문제가 발생할 수 있으니 그 전에 허가를 받아 시공하는 것이 바람직.
- 그 외 측량비, 토목공사비, 건축설계비 및 인·허가비는 별도로 예산

개발행위허가의 구체적인 절차

① 매매가 되면 땅의 원래 주인으로부터 토지영구사용승낙서를 받는다. 이 승낙서는 토지 소유주가 토지에 대한 모든 권한을 구입한 이에게 넘겨주겠다는 약속으로서 꼭 소유주의 인감증명이 첨부되어야 한다.

② 승낙서 외에 사업계획개요서 1부, 전용할 구역이 표시된 토지의 지적도, 건축허가 관련 서류, 전용이 인근 농지 영농에 피해가 될 경우 피해방지계획서 등을 첨부해 개발행위허가신청서를 제출한다.

③ 읍·면·시 소속의 허가전용권자에게 제출한다. 부지가 10,000㎡ 미만이면 시장이나 군수·구청장이 전용허가권자이다. 확인에서 서류 송부는 7일 이내에 이루어져야 한다.

④ 전용허가권자가 허가 가능한지 불가능한지를 결정해 15일 이내로 신청자에게 통보해 준다. 허가가 이루어졌다면 농어촌진흥공사가 농지보전부담금을 부과하는 고지서를 신청자에게 발송한다.

⑤ 신청자는 농지보전부담금과 전용부담금을 전문수납기관(농협, 수협, 축협)에 납부하고 시장·군수·구청장에게 영수증을 제시한다.

⑥ 허가권자는 납부 사실을 확인 후 전용 허가증을 발급한다. 그러나 이때 논이나 밭이 법적으로 바로 대지로 바뀌는 것은 아니다. 건축물을 짓고 나서 준공검사를 완료한 후라야 지목변경이 가능하다.
그러나 일단 전용허가증이 나오면 일반농지와는 용도가 다르며 전용허가를 받은 농지는 외지인도 소유권이전등기가 가능하다.

개발행위허가신청 사례 예시

개발행위허가를 신청하는 지목이 농지인 경우 다음과 같은 비용을 납부하게 된다.

제세공과금

① 농지전용부담금 - 공시지가의 30%

② 지역개발공채 - 평당 2,000원

③ 면허세 - 건당 10,000원

용역비

① 전용허가용역비 - 설계사무실에 의뢰하여 지급. 1건당 1,500,000원

② 건축허가비 - 건당 2백만 원. 건축사사무실에 지급.(세부설계를 원하시는 분은 별도 비용 추가발생) 건축허가 신청시 제출하는 설계도면을 본인이 설계하거나 다른 업체에 의뢰하여 도면을 제공하고 건축사무소에 서 인,허가만 의뢰할 경우 백만 원 정도로도 가능함.

개발행위시 비용의 예

• 농지 - 200평 (660/㎡)

• 공시지가 - 49,000/㎡

• 전용면적 - 200평

• 전용 목적 - 주택건축을 위한 전용

비용

항목	계산식		계
용역비	개발행위허가	1건	1,500,000
	건축허가	1건	2,000,000
제세공과금	농지전용부담금	(공시지가30%) 32,340,000원의 30%	9,702,000
	지역개발공채	200평 × 2,000원	400,000
	면허세	1건 × 10,000원	10,000
기타			
계			13,612,000

농지전용신고 절차도

농지전용허가절차 (개발행위 신고)

단계	내용	비고
1단계	농지전용자 서류접수	사업계획서, 사용승낙서, 매매계약서, 임야도등본, 지형도, 대체시설설치, 피해방지계획서, 시설물배치도, 자금소요계획서, 건축허가 관련서류
2단계	해당 지자체 도시계획위원회 심사	처리기간 7일
3단계	시·군·구청(산업과)	처리기간 시장, 군수 15일, 시도지사 25일
4단계	허가통보	
5단계	비용 남부	대체조성비 : 4,500원 / m² 농지조성부담금 : m²당 공시지가 × 30% × 감면율 개발부담금 : 개발이익의 25% 지역개발공채 : 1,000원 / m² (평균가정치)
6단계	허가증 교부	

농지전용허가 절차도(개발행위 신고)

구분	서류	행정 절차
농지 전용 허가	구비서류	– 소유권 관련 서류 : 토지매매계약서, 인감증명서, 토지사용승낙서,(원소유주로 부터 취득) 가설계안 – 농림수산부가 요구하는 서류 일체 : 사업계획개요서 1부(전용목적 기재), 지적도등본(전용예정구역의 표시), 토사유출 및 폐수배출 등 인근 지역에 대한 피해방지계획서
	허가절차	① 구비서류를 시,군,구 해당 지자체에 제출 ② 시·군·구청장(전용허가권자)에게 확인서 첨부해서 제출 　– 시,도지사에게 제출하는 경우 : 농림지역 3,000㎡(약 907평) 이상 /계획관 　리지역 10,000㎡(3,250평) 이상 　– 시장·군수·구청장에게 제출하는 경우 : 농림지역 3,000㎡(약 907평) 미만 　/ 계획관리지역 10,000㎡(3,250평)) 미만 ③ 전용허가권자가 전용허가 여부를 통보(7일 이내에) ④ 농지전용자가 농지보전부담금, 전용부담금 등 세금납부(농어촌진흥공사) ⑤ 전용허가권자가 전용허가증 발급(15일 이내) ⑥ 주택신축(2년 이내) ⑦ 준공검사필증 발급 ⑧ 대지로 지목변경 ⑨ 소유권이전등기
	주의사항	① 관할 농지관리계나 산림계에 전용허가 사전 문의 대상 　– 대지에 인접한 도로폭이 2m 이내이거나 　– 주변이 농림지역으로 둘러싸인 경우 　– 인적이 없는 곳인 경우 ② 농지전용허가가 취소되는 경우 　– 전용허가증 발급 후 2년 이내에 건축을 신축하고, 준공검사를 신청하지 않 　는 경우 　– 전용허가증 발급 후 1년 이상 공사가 중단되는 경우 ③ 농지전용 완료일로부터 8년 이내 다른 목적으로 농지를 전용할 수 없으며, 8 년 이내에 토지를 양도하는 경우, 소득세 부담이 크다.

　도시지역, 계획관리지역 및 개발진흥지구에 있는 농지를 제외한 관리지역·농림지역·자연환경보전지역에서는 대기오염배출시설, 폐수배출시설, 농업의 진흥이나 농지의 보전을 해칠 우려가 있는 시설은 전용이 안 되므로 전문가나 설계사무소의 도움을 받는 것이 중요하다.

　농지전용부담금은 전용면적 대비 공시지가의 30%이며, ㎡ 당 한도금액은 5만 원이다. 즉 공시지가가 ㎡ 당 10만 원이라면 30%를 적용하여 3만 원이 되기 때문에 부담금은㎡ 당 3만 원이 되고, 공시지가가 ㎡ 당 20만 원이라면 30% 적용하여 6만 원이 되지만, 한도금액이 5만 원이기 때문에 부담금은 ㎡ 당 5만 원이 되는 것이다.

이때 농업진흥구역 여부와 상관없이 농업용 주택을 짓거나 농업용 시설을 설치할 경우에는 농지보전부담금이 100% 감면된다.

허가권자가 면적을 줄일 경우 줄어든 면적만큼 농지보전부담금은 환급되고, 농지전용허가의 취소나 원상회복을 명할 경우 농지의 회복 여부를 확인한 후 환급한다.

1,000㎡의 농지를 전용하는 경우, 최대 5,000만 원(한도금액 적용시)의 전용부담금이 발생한다. 적지 않은 전용부담금이 부과되므로 무조건적으로 전용하는 것은 좋지 않다. 전용 전후의 수익 타당성을 비교하는 것에 사업의 성패가 달려 있다고 볼 수 있다.

또 하나 고려하여야 하는 것은 사전환경성 검토제도다. 환경정책기본법에 따라 2000년 8월 17일부터 시행된 제도로, 각종 개발계획이나 개발사업을 수립·시행할 경우, 초기 단계에서 입지의 타당성, 주변 환경과의 조화 등 환경에 미치는 영향을 고려하여 개발과 보전의 조화, 곧 환경친화적인 개발을 꾀할 목적으로 도입된 제도이다.

허가를 받고자 하는 면적이 보전관리지역은 5,000㎡ 이상, 생산관리지역은 7,500㎡ 이상, 계획관리지역 10,000㎡ 이상, 농림지역 7,500㎡ 이상, 자연환경보전지역 5,000㎡ 이상일 경우는 사전환경성 검토대상이 된다.

다만, 허가기간이 6개월 이상 소요되고 많은 비용이 부담되기 때문에 투자자 입장에서는 넓은 면적을 기준 면적 이하로 분할하여 순차적으로 허가를 받는 방식으로 진행하는 것을 염두에 두기도 한다.

허가 목적이나 허가 조건을 위반한 경우, 농지보전부담금을 내지 않은 경우, 또는 정당한 사유 없이 2년 이상 대지를 조성하거나 시설물의 설치 등 농지전용 목적사업에 착수하지 않은 경우, 농지전용 목적사업에 착수한 뒤 1년 이상 공사를 중단한 경우 등에는 허가가 취소된다. 농지전용신고를 하지 않고서 전용한 경우나 허가가 취소된 경우에는 원상회복을 해야 하고, 원상회복을 하지 않을 경우에는 대집행으로 원상복구를 할 수 있다.

지금까지 농지전용허가를 통해서 수익을 낼 수 있는 절차를 살펴보았지만 많은 비용이 발생하기에 실행에 앞서 망설이는 것은 당연하다. 농지전용으로 많은 수익이 날 수 있다는 것은 소문을 들어 익히 알고 있지만, 부수적으로 들어가는 비용(용역비, 공사비 등)으로 고민하는 것이다.

농지개량행위도 있다. 무조건적인 농지전용허가보다는 전후의 수익 비교를 확인하는 등의 방식으로 접근하여야 한다. 전용에 대한 용어들은 익히 들어서 필요성과 수익률을 비교하는 투자자들이 많이 있으나 의외로 농지개량에 대해서는 모르는 투자자들도 있다.

농지개량행위는 농지법에 따라 농지의 원래 목적에 사용하는 행위로 보아, 농지전용으로 보지 않는다. 즉 농지의 형상을 변경할 수 있는 행위로, 땅을 리모델링할 수 있는 것이다.

농지법 시행규칙 제2조 〈농지개량의 범위〉에는 객토, 성토, 절토가 있다. 공통적인 사항으로, 농작물의 경작 등에 적합한 흙을 사용하여야 하고 농작물을 개량하거나 다년생식물을 재배하는 데 필요한 범위 이내로, 농지개량 시설의 폐지, 변경, 토사의 유출 등 인근 농지의 농업 경영에 피해를 주지 않는 선에서 개량행위가 가능하다.

땅의 리모델링 중 하나인 객토, 성토, 절토에 대해 살펴보기로 하자.

▶객토(토양을 개량할 목적으로 다른 장소에서 개량 목적에 맞는 토양을 운반하여 균일하게 섞어주는 작업) : 객토원의 흙 성분과 그 양이 객토 대상 농지의 토지 개량 목적에 적합하여야 하고, 해당 농지에 경작 중인 농작물 또는 재배 중인 다년생식물을 수확한 후에 시행하여야 한다.

▶성토(흙을 쌓는 작업) : 연접한 토지보다 높거나 해당 농지의 관개에 이용하는 용수로보다 높지 않아야 하고, 농작물의 경작 등에 부적합한 토석 또는 재활용 골재 등을 사용해 흙을 쌓지 말아야 한다.

▶절토(평지를 만들기 위해서 흙을 깎아내는 작업) : 토지의 유출·붕괴 등으로 인근 농지에 피해 발생이 우려되지 않아야 하고, 비탈면 또는 절개면에 토양의 유실 등을 방지할 수 있는 안전 조치를 취한 후 작업하여야 한다.

이러한 농지개량행위를 통해, 농지보전부담금과 용역비를 아낄 수가 있기 때문에 전용에 앞서 개량행위 여부를 확인하여야 한다. 개량행위를 통해서 땅을 매력적으로 만들 수 있다면 높은 수익이 가능하다.

농지전용을 위한 실무 절차

농지전용이란 농지를 농작물의 경작·다년생식물의 재배·가축사육 등 농업생산 또는 농지개량 이외의 목적으로 사용하는 것을 말한다.
농지전용허가는 농지전용허가신청서를 작성하고 농지전용허가심사를 받은 뒤 허가를 통보받는 과정을 거친다.

농지전용협의

타법(건축법. 국토계획법)에 따라 의제 처리되므로 건축허가나 개발행위허가(토지형질변경허가)를 신청하면 시·군·구에서 협의 처리하여 별도 허가가 필요 없다. (농지전용협의)

농지전용허가·협의·신고수리 관할관청(허가권자)

구분	농지전용신고	농지전용허가	농지전용협의
전용 목적	농업시설	농업시설, 기타시설	농업시설, 기타시설
신청자	전업농가	전업농가 외	전업농가 외
허가자	읍·면장	시장·군수	시장, 군수

농지구분	농림축산식품부장관	시·도지사	시장·군수·구청장
농업진흥지역 안 농지	3만m² 이상	3천 ~ 3만m² 미만	3천m² 미만
농업진흥지역 밖	10만m² 이상	3만 ~ 10만m² 미만	3만m² 미만

농지전용을 하기 위하여 확인해야 할 사항(건축허가 기준)

1. 토지이용계획확인서 확인
2. 농지법상 확인 사항

▶농지법상 농지 구분(농업진흥지역, 농업진흥지역 밖)

※ 농업진흥지역은 농업의 진흥을 도모하기 위하여 일정 규모로 농지가 집단화되어 농업 목적으로 이용되는 것이 필요한 지역이므로 농지전용을 할수 있는 행위가 정해져 있다.

시설명	농업진흥지역	농업진흥지역
일반(단독)주택	×	허가 (1,000m² 이내)
무주택세대 농가주택	허가 (660m² 이내)	신고 (6600m² 이내)
유주택자 농가주택	허가 (6600m² 이내)	허가 (6600m² 이내)
농사용시설(창고, 저장고)	신고	신고
일반, 휴게음식점, 숙박시설	×	△
기타 1, 2종 근린생활시설	×	허가 (6600m² 이내)
위락시설	×	×

농지법 시행령 농지전용신고대상 시설의 범위 규모 등 (제41조 관련)

시설의 범위	설치자의 범위	규모
농업진흥지역밖에 설치하는 제34조 제4항의 규정에 의한 농업인주택	제34조 제4항 각호에 해당하는 무주택인 세대의 세대주	세대당 660m² 이하
제34조 제5항 제1호에 해당하는 시설 및 동항 제4호에 해당하는 시설중 농업용시설	제34조 제4항 각호에 해당하는 세대의 세대원인 농업인과 농업법인	• 농업인 : 세대당 1,500m² 이하 • 농업법인 : 법인당 7,000m²(농업진흥지역 안의 경우에는 3,300m²) 이하
농업진흥지역밖에 설치하는 제34조 제5항 제2호 제3호에 해당하는 시설 또는 동항 제4호에 해당하는 시설중 축산업용 시설	제34조 제4항 각호에 해당하는 세대의 세대원인 농업인과 농업법인	세대 또는 법인당 7,000m²
자기가 생산한 농수산물을 처리하기 위하여 농업진흥지역 밖에 설치하는 집하장 선과장 판매장 창고 또는 가공공장 등 농수산물 유통 가공시설	제34조 제4항 각호에 해당하는 세대의 세대원인 농업인과 이에 준하는 임어업인 세대의 세대원인 임 어업인	세대당 3,300m² 이하
구성원(조합원)이 생산한 농수산물을 처리하기 위하여 농업진흥지역 밖에 설치하는 집하장 선과장 판매장 창고 또는 가공공장 등 농수산물 유통 가공시설	농어촌발전특별조치법 시행령 제5조의 2의 규정에 의한 농림수산물의 생산자단체	단체당 7,000m² 이하
농업진흥지역 밖에 설치하는 법 제34조 제1항 제2호에 해당하는 다음 각목의 시설 가. 어린이놀이터, 마을회관 나. 창고, 작업장, 농기계수리시설, 퇴비장 다. 경로당, 보육시설, 유치원 등 노유자시설 라. 목욕탕, 구판장	제한없음	제한없음
제34조 제2항 제2호에 해당하는 농수산업 관련 시험 연구시설	비영리법인	법인당 7천m²(농업진흥지역 안의 경우에는 3천m²)이하
농업진흥지역 밖에 설치하는 양어장 및 양식장	제34조 제4항 각호에 해당하는 세대의 세대원인 농업인 및 이에 준하는 어업인세대의 세대원인 어업인과 농업법인	세대 또는 법인당 7,000m² 이하
농업진흥지역 밖에 설치하는 제34조 제7항 제1호의 규정에 의한 어업용시설 중 양어장 및 양식장을 제외한 시설	제34조 제4항 각호에 해당하는 세대의 세대원인 농업인 및 이에 준하는 어업인세대의 세대원인 어업인과 농업법인	세대 또는 법인당 1,500m² 이하

▶국토계획법에 의한 도시지역·계획관리지역 및 개발진흥지구 안의 농지를 제외한 지역으로서 농지전용허가제한 시설인지 여부.

※ 관리지역은 계획관리지역이 아니므로 세분되기 전까지는 허가제한 대상시설 여부를 심사하여야 하고 건폐율 40%, 용적률 80% 적용.

보행 및 자동차 통행이 가능한 너비 4m 이상의 도로

▶지형적 조건으로 차량 통행을 위한 도로의 설치가 곤란하다고 인정하여 시장·군수·구청장이 그 위치를 지정·공고하는 구간 안의 너비 3m 이상 (길이가 10m 미만인 막다른 도로인 경우에는 너비 2m 이상)인 도로. 10m 이상, 35m 미만일 경우 도로의 너비는 3m, 35m 이상일 경우 6m 이상. (도시계획 구역이 아닌 읍·면 지역에는 4m)

▶국토계획법·도로법·사도법 기타 관계 법령에 따라 신설 또는 변경에 관한 고시가 된 도로.

▶건축허가 또는 신고시 특별시장·광역시장·도지사 또는 시장·군수·구청장(자치구)이 그 위치를 지정·공고한 도로.

건폐율과 용적률

• 건폐율 : 대지 면적에 대한 건축면적의 비율. (자연녹지지역인 경우 건폐율이 20%로 농지가 100㎡일 때 20㎡까지 지을 수 있음.)

• 용적률 : 대지 면적에 대한 건축물의 연면적

구분	1종주거지역	일반상업지역	일반공업지역	녹지지역	관리지역
건폐율	60% 이하	70% 이하	60% 이하	20% 이하	40% 이하
용적률	150 이하	800% 이하	250% 이하	50~100% 이하	8% 이하

※ 위 지역 내에서 세분되어(주거지역일 경우 일반 주거지역, 전용 주거지역 등) 건폐율과 용적률이 다르며 그 범위 내에서 도시군계획조례로 정한다.(국토계획법 제77조. 제78조. 동법 시행령 제84조, 85조. 해당 시군 조례)

국토계획법 확인

• 개발행위허가

도시계획위원회 심의 : 주택, 근린생활시설 등 일부 제외

소규모 환경영향 평가

농지전용면적이 농업진흥지역에서는 7,500㎡ 이상, 보전관리지역 5,000㎡ 이상, 생산관리지역 7,500㎡ 이상, 계획관리지역 10,000㎡ 이상, 자연환경보전지역 및 개발제한구역에서는 5,000㎡ 이상일 경우, 농지전용허가 전에 지방 환경과의 장과 소규모 환경영향평가 협의.

기타 타법 관련 사항

▶ 경사도(시·군 조례로 정함), 오·폐수 등

▶ 폐수 등 환경피해 여부(대기환경보전법·수질 및 수생태계보전에 관한 법·소음
　진동규제법)

▶ 오수처리시설 관련 사항

▶ 문화재보호구역에서는 현상변경심의 가능 여부.

기타 하수 관련 시설 및 환경 관련법 확인

각종 부담금

농지보전부담금 ➡ 착공 전 부과

전용면적(m^2) × 전용농지의 개별공시지가 × 30%

m^2당 50,000원을 초과하는 경우 상한액을 50,000원으로 하므로 공시지
가가 평당 166,670원 이상인 경우 50,000원을 적용한다.

농지보전부담금 부과 기준일 : 농지전용, 건축, 개발행위 허가일 납입 기
간 : 납입통지서 발급일로부터 30일. (자진 납부는 15일)

예치금 및 공채 ➡ 착공 전 부과

▶ 공사이행 예치금

▶ 도시철도공채

지목 변경에 따른 취득세 ➡ 준공 후 부과

지목 변경 전의 시가표준액과 지목 변경 후의 시가표준액의 차액 × 2%

[(변경 후 공시지가 - 변경 전 공시지가) × 2%]

※ 건축물에 대하여는 취득세·등록세 등 별도 납부/ 농어촌특별세 : 취득세액의 10%

개발부담금 ➡ 준공 후 부과

부과대상 면적

▶특별시, 광역시 중 도시계획구역인 지역에서 시행하는 사업 : 660㎡ 이상.

▶특별시, 광역시 이외의 도시계획구역인 지역에서 시행하는 사업 : 990㎡ 이상

▶도시계획구역 중 개발제한구역 안에서 당해 구역의 지정 당시부터 토지를 소유한 자가 당해 토지에 대하여 시행하는 사업 : 1,650㎡ 이상

▶도시계획구역 외의 지역에서 시행하는 사업의 경우 : 1,650㎡ 이상

산출방식

부과 종료시점 지가 : (부과개시시점 지가+개발비용+정상지가 상승분) × 25%

※ 개발비용이란 토지개발에 직접 투입된 비용(토목공사비)으로서 사업시행자가 당해 개발사업시행과 관련하여 지출한 경비를 합한 금액으로 산출 내역서와 증빙서류(영수증)를 갖추어 제출. (단, 건축비는 제외)

기타 면허세 와 공채 ➡ 착공 전 부과

▶전용면적에 따라 면허세 차등 부과

▶주택채권 등

용도구역 안에서의 허용행위 및 농지전용허가 제한 내용

용도지역		농업진흥지역 행위제한		농지전용허가 제한 (시행령 제49조)
용도별 건축물 종류		진흥구역	보호구역	
단독주택	단독주택	660㎡ 이하의 농업인주택	1,000 ㎡미만	1,000 초과
	다중주택	제한	제한	1,000㎡ 초과
	다가구주택	제한	제한	1,000㎡ 초과
	공관	제한	제한	1,000㎡ 초과
공동주택	아파트	제한	제한	제한
	연립주택	제한	제한	15,000㎡ 초과
	다세대주택	제한	제한	15,000㎡ 초과
	기숙사	제한	제한	10,000㎡ 초과
제1종 근린생활 시설	수퍼마켓, 일용품 소매점 (1,000㎡ 미만)	제한	1,000㎡ 미만	1,000㎡초과
	휴게음식점(300㎡ 미만)	제한	제한	제한
	이·미용원, 일반목욕장, 세탁소	농업인이 공동운용, 사용하거나 국가, 지방자치단체 또는 농업생산자단체가 설치 하는 목욕탕	농업인이 공동운용,사용하 거나 국가,지방자치단체 또 는 농업생산자단체가 설치 하는 목욕탕	1,000㎡ 초과
	의원, 치과의원, 한의원, 침술원, 접골원, 조산소	제한	1,000㎡ 미만	1,000㎡ 초과
	탁구장, 체육도장 (500㎡ 미만)	제한	1,000㎡ 미만	1,000㎡ 초과
	동사무소, 파출소, 소방서, 우체국, 보건소 등 (1,000㎡ 미만)	보건진료소에 한하여 허용	1,000㎡ 미만	1,000㎡ 초과
	마을회관, 마을공동작업소, 마을 공동구판장	제한	1,000㎡ 미만	1,000㎡ 초과
	변전소, 양수장, 정수장, 대피소, 공중화장실	마을 공동취수장에 한하여 허용	3,000㎡ 미만	3,000㎡ 초과
	지역 아동센타	제한	1,000㎡ 미만	1,000㎡ 초과
제2종 근린생활 시설	일반음식점, 기원	제한	1,000㎡ 미만 (일반음식점 제외)	1,000㎡ 초과 (일반음식점 제외)
	휴게음식점(300㎡ 이상)	제한	제한	제한
	서점(1,000㎡ 이상)	제한	허용	1,000㎡ 초과
	테니스장, 체력단련장, 당구장, 골프 연습장 등 (500㎡ 미만)	제한	1,000㎡ 미만 (골프연습장 제외)	1,000㎡ 초과
	종교집회장, 공연장, 비디오물 감상실, 소극장(300㎡ 미만)	제한	1,000㎡ 미만	1,000㎡초과
	금융업소, 사무소, 부동산 중개업소, 결혼상담소, 출 판사(500㎡ 미만)	제한	1,000㎡ 미만	1,000㎡ 초과

제2종 근린생활 시설	제조업, 수리점, 세탁소 (500㎡ 미만) ※ 농수산물가공처리시설, 농기계수리시설, 유기질비료 및 사료제조시설은 제외	제한	제한	제한
	게임제공업소, 멀티미디어 문화컨텐츠설비제공업소 등(500㎡ 미만)	제한	1,000㎡ 미만	1,000㎡ 초과
	사진관, 표구점, 학원(500 ㎡ 미만), 장의사, 동물병 원, 독서실, 총포판매소 기 타 이와 유사한 것 (150㎡ 미만)	제한	1,000㎡ 미만	1,000㎡ 초과
	단란주점으로서 동일한 건 축물 안에서 당해 용도에 쓰이는 바닥면적의 합계가 150㎡ 미만	제한	제한	제한
	의약품도매점, 자동차영업 소 (1,000㎡ 초과)	제한	제한	1,000㎡ 초과
	안마시술소, 노래연습장	제한	제한	1,000㎡ 초과
문화 및 집회시설	공연장(300㎡ 이상)으로서 제2종 근린생활시설에 해 당하지 아니하는 것	제한	제한	제한
	집회장(300㎡ 이상)으로서 제2종 근린생활시설에 해 당하지 아니하는 것	제한	제한	제한
	관람장(1,000㎡ 이상)	제한	제한	제한
	전시장	제한	제한	제한
	동식물원	제한	제한	제한
종교시설	종교집회장(300㎡ 이상)과 종교집회장 안에 설치하는 납골당으로서 제2종 근린 생활시설에 해당하지 아니 하는 것	제한	제한	1,000㎡ 초과
	종교집회장 안에 설치하는 납골당으로서 제2종 근린 생활시설에 해당하지 아니 하는 것			
판매시설	도매시장	농업생산자단체가 설치하 는 3,000㎡ 미만의 농산물 판매시설	농업생산자단체가 설치하 는 3,000㎡ 미만의 농산물 판매시설	1,000㎡ 초과
	소매시장			1,000㎡ 초과
	상점(제3호 가목에 해당하 는 용도로서 1,000㎡ 이상, 제4호 아목에 해당하는 용 도로서 500㎡ 이상			1,000㎡ 초과

운수시설	여객자동차, 화물터미널	제한	제한	제한
	철도역사	제한	제한	제한
	공항시설	제한	제한	제한
	항만 및 종합여객시설	제한	제한	제한
	집배송시설	제한	제한	제한
의료시설	병원(종합병원, 병원, 치과병원, 한방병원, 정신병원 및 요양소)	제한	제한	1,000㎡ 초과
	격리병원(전염병원,마약진료소 기타 이와 유사한 것)	제한	제한	1,000㎡ 초과
	장례식장	제한	제한	1,000㎡ 초과
교육연구시설	학교(초등학교, 중학교, 고등학교, 전문대학, 대학, 대학교 기타 이에 준하는 각종학교)	제한	제한	1,000㎡ 초과
	교육원(연수원 기타 이와 유사한 것을 포함)	제한	제한	1,000㎡ 초과
	직업훈련소	제한	제한	제한
	학원(자동차학원 및 무도학원을 제외)	제한	제한	제한
	연구소(연구소에 준하는 시험소와 계측계량소를 포함)	3,000㎡ 미만의 농수산업 관련시험, 연구시설	제한	1,000㎡ 초과
	도서관	제한	제한	제한
노유자시설	아동관련시설	경로당, 보육시설, 유치원 등노 유자 시설	경로당, 보육시설, 유치원 등 노유자 시설	1,000㎡ 초과
	노인복지시설			
	그 밖에 다른 용도로 분류되지 아니 한 사회복지시설 및 근로복지시설			
수련시설	생활권수련시설(청소년수련관, 청소년문화의집, 유스호스텔 기타 이와 유사한 것)	제한	제한	1,000㎡ 초과
	자연권수련시설(청소년수련원, 청소년 야영장 기타 이와 유사한 것)	제한	제한	1,000㎡ 초과
운동시설	탁구장, 체육도장, 테니스장, 체력 단련장, 에어로빅장, 볼링장, 당구장, 실내낚시터, 골프연습장	농업인이 공동으로 운용하고 사용하는 운동시설 및 국가, 지방자치단체 또는 농업생산자단체가 설치하는 운동시설	농업인이 공동으로 운용하고 사용하는 운동시설 및 국가, 지방자치단체 또는 농업생산자단체가 설치하는 운동시설	1,000㎡ 초과
	체육관(관람석이 없거나 관람석의 바닥면적이 1,000㎡ 미만)			1,000㎡ 초과

	운동장(육상, 구기, 볼링, 골프장 등과 이에 부수되는 건축물로서 관람석이 없거나 관람석의 바닥면적이 1,000㎡			1,000㎡ 초과
업무시설	공공업무시설 : 국가 또는 지방자치단체의 청사와 외국공관의 건축물	제한	제한	제한
	공공업무시설 : 국가 또는 지방자치단체의 청사와 외국공관의 건축물	제한	제한	제한
숙박시설	일반숙박시설(호텔, 여관 및 여인숙)	제한	제한	제한
	관광숙박시설(관광호텔, 수상관광호텔, 한국전통호텔, 가족호텔 및 휴양콘도미니엄)	제한	제한	제한
	기타 가목 및 나목의 시설과 유사한 것	제한	제한	제한
위락시설	단란주점	제한	제한	제한
	주점영업(유흥주점과 이와 유사한 것 포함)	제한	제한	제한
	라. 관광진흥법에 의한 유원지시설업의 시설	제한	제한	제한
	투전기업소 및 카지노업소	제한	제한	제한
	무도장과 무도학원	제한	제한	제한
공장	물품의 제조가공(염색·도장·표백·재봉·건조·인쇄 등을 포함한다) 또는 수리에 계속적으로 이용되는 건축물로서 제2종근린생활시설, 위험물저장 및 처리시설, 자동차관련시설, 분뇨 및 쓰레기처리시설 등으로 따로 분류되지 아니한 것	3천 ㎡ 미만의 농수산물가공처리시설(RPC : 3만 ㎡ 미만). 유기질비료, 사료제조 시설(1만 ㎡ 미만). 농업기계수리시설	- 3천 ㎡ 미만의 농수산물가공처리시설(RPC3만 ㎡ 미만). - 유기질비료, 사료제조시설(1만 ㎡ 미만). 농업기계 수리시설	1,000㎡ 초과
창고시설	창고(물품저장시설로서 냉장, 냉동창고 포함)	- 1만 ㎡ 미만 : 어업이 자기가 생산한 수산물을 건조, 보관하는 시설 또는 자가 어업 경영에 사용하는 사료, 어구등 보관시설 - 3만 ㎡ 미만 : 산지유통시설	- 1만 ㎡ 미만 : 어업이 자기가 생산한 수산물을 건조, 보관하는 시설 또는 자가 어업 경영에 사용하는 사료, 어구 등 보관시설 - 3만 ㎡ 미만 : 산지유통시설	1,000㎡ 초과
	하역장			3,000㎡ 초과
위험물 저장 및 처리시설	주유소(기계식 세차설비를 포함) 및 석유판매소	제한	제한	1,000㎡ 초과
	액화석유가스충전소	제한	제한	1,000㎡ 초과
	위험물제조소	제한	제한	1,000㎡ 초과
	위험물저장소	제한	제한	1,000㎡ 초과

위험물 저장 및 처리시설	액화가스취급소	제한	제한	1,000㎡ 초과
	액화가스판매소	제한	제한	1,000㎡ 초과
	액화가스판매소	제한	제한	1,000㎡ 초과
	고압가스충전, 저장소	제한	제한	1,000㎡ 초과
	기타 가목 내지 아목의 시설과 유사한 것	제한	제한	허용
자동차 관련시설	주차장	제한	제한	제한
	세차장	제한	제한	제한
	폐차장	제한	제한	제한
	검사장	제한	제한	제한
	매매장	제한	제한	제한
	정비공장	제한	제한	제한
	운전학원, 정비학원	제한	제한	1,000㎡ 초과
	여객자동차운수사업법, 화물자동차운수사업법 및 건설기계관리법에 의한 차고 및 주기장	제한	제한	1,000㎡ 초과
동물 및 식물 관련 시설	축사	허용	허용	제한없음
	가축시설	허용	허용	제한없음
	도축장	제한	제한	1,000㎡ 초과
	도계장	제한	제한	1,000㎡ 초과
	버섯재배시설	허용	허용	제한없음
	종묘배양시설	허용	허용	제한없음
	화초 및 분재 등의 온실	허용	허용	제한없음
	식물과 관련된 마목 내지 사목의 시설과 유사한 것 (동, 식물원을 제외)	허용	허용	제한없음
분뇨 및 쓰레기 처리시설	분뇨, 폐기물처리시설	제한	제한	1,000㎡ 초과
	고물상	제한	제한	1,000㎡ 초과
	폐기물재활용시설	제한	제한	1,000㎡ 초과
교정 및 군사시설	교도소	제한	제한	1,000㎡ 초과
	감화원 등에 쓰이는 시설	제한	제한	1,000㎡ 초과
	군사시설	허용	허용	제한없음
묘지시설	화장장	제한	제한	1,000㎡ 초과
	납골당(문화 및 집회시설에 해당하는 것을 제외)	제한	제한	1,000㎡ 초과
	묘지에 부수되는 건축물	제한	제한	1,000㎡ 초과

방송통신 시설	방송국	제한	제한	10,000㎡ 초과
	전신전화국	제한	제한	10,000㎡ 초과
	촬영소 기타 이와 유사한 것	제한	제한	10,000㎡ 초과
	통신용 시설	제한	제한	제한없음
발전시설	발전소	제한	제한	10,000㎡ 초과
관광 휴양시설	야외음악당	제한	제한	제한
	야외극장	제한	제한	제한
	어린이회관	제한	제한	제한
	휴게소	제한	제한	제한
	관망탑	제한	제한	제한
	공원, 유원지 또는 관광지에 부수되는 시설	제한	제한	제한
건축법 시행령 별표1의 규정에 해당 되지 아니 하는 시설				10,000㎡ 초과

농지전용시 납부하는 개발행위허가, 농지보전부담금, 개발부담금

대지로 전용이 가능한 땅은 관리지역 내의 농지나 임야다. 관리지역은 전과 답 중 그다지 농사에 적합하지 않은 땅을 말한다. 농지를 대지로 바꾸는 것은 개발행위허가제에 포함되며, 전용할 농지의 측량설계비, 측량설계사무소에 지불하는 의뢰비, 농지보전부담금. 개발부담금(비도시지역: 1,650㎡(약 500평) 이상)이 든다. 민원실 서류신청비나 면허세, 지역개발공채 구입비 등 10만 원 이내의 소소한 비용도 내야 한다. 개발행위허가로 바뀌어 건축허가 관련서류를 첨부하게 되면서, 개인이 전용허가를 받기는 불가능해졌다.

부지와 주변의 건축물, 도로 상황까지 모두 파악한 지적도나 토목 설계도면 등이 필요하기 때문에 관련 업체를 통해 진행해야 한다.

그다음 큰 부담이 되는 것이 농지보전부담금, 개발부담금이다. 농지보전부담금제는 전용허가 농지별로 개별 공시지가의 30%를 부과한다.

초보 투자자의 농지전용허가 실무 사례

덜커덕 땅을 사서 드디어 땅 주인이 되었습니다. 밭도 일구고 나무도 심으며 자연과 하나가 되고 싶었고, 주말마다 농사를 짓겠다고 부지런을 떨어보면서 지난 가을에는 수확의 큰 기쁨도 느껴보았습니다.

땅을 살 때부터 중요한 목표가 전원주택을 짓는 것이었으므로 세상에 하나뿐인 나만의 집을 짓고 싶어서 하나씩 준비하고 있는데, 그 과정에 제가 직접 전용허가를 받으러 군청이며 읍사무소를 드나들면서 느낀 것은 직접 전용허가를 받는 경우가 거의 없다는 것입니다. 담당 공무원들의 이야기로는 거의 99%가 대행업체를 통해서 받는다고 합니다. 제출해야 하는 서류가 다소 많고 관련 법에 대한 상식도 요구되는 편이라 어려운 것이 사실입니다.

그러나 이 글을 끝까지 읽으신다면 적지 않은 비용을 아낄 수 있을 뿐 아니라 농지나 주택에 대한 이해를 넓히는 계기가 되리라 생각하므로 꼭 한번 도전해보시도록 권합니다.

왜 전용 허가를 받아야 하는가?

집을 지으려면 땅이 있어야 합니다. 내 땅이라고 해서 무조건 집을 지을 수 있는 것은 아닙니다. 농지에는 농작물이, 임야에는 나무가 있어야 하며 다른 것은 있을 수 없다는 것이 농지법과 산림법의 주요 골자입니다. 맞습니다. 집은 대지에 있어야 합니다.

대지는 과거에 집이 있었거나, 현재에도 집이 있거나, 미래에 집이 생길 수 있는 땅을 말하는 단어입니다. 여기서 집이란 등기가 되어 있는 건축물을 의미합니다. 그런데 농가가 딸린 땅을 구입하더라도, 그 농가가 등기가 되어 있지 않은 무허가 주택인 경우 지목이 대지가 아닌 경우가 많으므로 주의하여야 합니다. 물론 약 6평(20㎡) 이하의 작은 건축물(농막)은 농사를 위한 것이며, 거주를 목적으로 하지 않는다면 농지에 설치할 수도 있으나, 극히 예외라 할 수 있겠습니다.

농지(논밭)를 대지로 바꾸는 것을 농지전용, 임야(산)를 대지로 바꾸는 것을 형질변경이라고 합니다. 당연히 대지를 구입하였다면 이 복잡한 과정이 없어도 되나, 안타깝게도 우리 국토의 대부분은 농지와 임야로 구성되어 있으며, 좋은 자연환경이 보존된 땅을 비교적 저렴하게 구입하려면 농지나 임야가 일반적입니다.

농지전용의 제한

이대로만 따라 한다고 해서 모든 땅을 대지로 바꿀 수 있는 것은 아닙니다. 나도 이 분야의 전문가가 아니어서 실제 경험을 위주로 말씀드리고자 하며, 전용허가를 받는 데 필요한 몇 가지 전제 조건을 붙여 보겠습니다.

우선 가장 중요한 것은 폭 3~4m 이상의 도로가 전용하고자 하는 토지에 4m 이상 붙어 있어야 합니다. 이 말은 역으로 맹지는 전용허가 대상에서 제외되므로 타인의 도로나 토지를 사용해서 길을 만들겠다는 구체적인 대책서가 필요합니다.

이런 경우에는 전문가의 도움이 필요하다는 말로 대신하고 싶습니다.

하여간 땅을 구입하시면서 그곳에 붙어 있는 도로가 있는지 꼭 살펴보셔야 합니다.

포장 여부에 상관없이 1톤 트럭이 그럭저럭 다닐 수 있다면 현황도로라고 주장할 수 있습니다. 현황도로가 없다면, 혹시 지적도상에 도로가 표시되어 있는 경우가 있습니다.

지방의 지적도인 경우 대부분 일제시대에 만들어진 것이라 도면상으로만 도로가 있는 경우가 있다고 합니다. 이런 경우에도 전용허가가 가능하다고 합니다만, 직접 확인된 부분은 아닙니다.

두 번째로는 구입하려는 땅의 토지이용계획확인원이라는 서류를 해당 군청에서 발급해보면 그 땅에 대한 국가에서 계획한 현재 및 미래의 이용 현황을 알 수 있습니다. 예를 들어서 농업진흥지역 내부의 땅인 경우 허가를 받기가 더욱 힘들며, 일반적으로 준농림지역(현재 관리지역)인 경우에는 무난히 전용허가를 받을 수 있습니다. 그 외에도 군사지역, 상수도보호구역 등 여러 가지 이유로 인해서 전용허가가 어려운 경우가 많다고 합니다.

세 번째는 민원 발생에 대한 우려라고 할 수 있습니다.

드넓은 논 가운데에 집을 짓게 되면, 당연히 토사 유출 및 오수 배출로 인한 민원이 생길 수 있습니다. 이는 전용허가를 받기 위해 제출하는 사업계획서에 포함되는 내용으로 허가 여부에 많은 영향을 미칩니다.

허가를 주관하는 해당 지자체에서 실제로 현장 답사를 나오게 되므로, 민원 발생 여부를 미리 알아보고 대책을 준비하여야 합니다.

전용허가를 받은 후 해야 할 일

만일 성공적으로 전용허가를 받았다면, 당연히 집을 짓는 것이겠죠. 그러나 그 전에 몇 가지 해야 할 일이 있습니다. 우선 측량을 하여 전용면적만큼 분할을 해야 합니다.

바로 이 분할된 땅이 준공검사와 등기가 완료된 후에 대지로 전환되는 것입니다. 이 시점에서 주소도 이전해서 전입을 해야 합니다.

전용허가를 받았다고 해서 바로 대지로 전용되는 것이 아니라는 것을 꼭 알아 두시고, 전용허가를 받은 후 2년 이내에 건축을 착공하고 그 후 1년 이내에 공사를 완료하지 않으면 허가가 취소된다는 사실도 꼭 잊지 마십시오.

제출할 서류 만들기

이제 실전으로 들어가서 관공서에 제출할 서류를 만들어 보겠습니다. 필요한 서류들은 다음과 같습니다.

① 농지전용허가 신청서
② 사업계획서

③ 등기부등본 (전용하고자 하는 토지의 소유권을 입증하는 서류)

④ 지적도등본 또는 지형도 (전용하고자 하는 농지에 대하여 전용 예정구역을 표시)

⑤ 피해방지계획서

등기부등본의 경우 소재지의 등기소에서 신청하면 즉석에서 발급이 됩니다. 지적도등본은 군청에서 발급을 하며, 이 서류를 바로 제출하는 것이 아니고 해당 지번의 지역을 확대 복사하여, 전용할 구역을 표시하여야 합니다.

저의 경우는 자와 연필을 이용해서 직접 그렸으며, 실제 도로와 집의 위치 및 크기를 기입하였습니다. 후에 건물이 완성되어 준공검사와 등기를 하여야 대지로 지목이 변경됩니다. 준공검사를 할 때, 전용허가신청을 할 때 제출한 서류와 실제 건물의 위치가 일치하여야 하는 것이 원칙입니다.

그리고 중요한 것은 토지의 소재지가 읍 단위라면, 읍사무소와 군청에 모두 제출하여야 하므로 모든 서류는 반드시 2부씩 준비하여야 합니다.

이들 문서들은 모두 군청 담당 직원의 도움으로 완성할 수 있었으며, 경우에 따라 내용이 다를 수 있으므로 서류를 제출하기 이전에 농지담당 직원과 꼭 한 번 상담해야 합니다.

사업 기간

다시 한 번 말씀하지만 전용허가를 받은 후 2년 이내에 건축을 착공하고 그 후 1년 이내에 공사를 완료하지 않으면 허가가 취소됩니다.

일반적으로 이 항목은 그 기간이 1년 6개월 정도가 되도록 기입합니다. 전용 목적은 주택 신축이라고 기입하면 무난합니다.

지목

밭 또는 논으로 해당 사항을 기입하십시오.

면적

전용면적이 아닌 해당 지번의 총 면적을 적어야 합니다.

진흥지역 용도 구분

토지이용계획원을 보고 같은 내용으로 적어야 합니다.

주재배 작물명

현재 실제로 재배 중인 작물을 적으시면 됩니다. 저의 경우는 옥수수, 고구마라고 기입하였습니다.

사업계획서 작성

전용허가 관련 서류 중 사업계획서 및 피해방지계획서가 가장 어렵다는 생각이 듭니다.

비록 두 페이지의 분량이지만 저의 경우 처음에는 이 서류를 부실하게 만들어서 1차 도전(?)에서는 실패를 했습니다. 최소한 각 항목별 내용을 꼭 이해하시고, 개인의 상황에 맞추어 수정하시길 바랍니다.

반드시 포함되어야 할 내용으로는 전용 목적, 사업시행자, 시행기간, 시설물의 배치도 및 소요자금 조달방안을 구체적으로 서술해야 합니다.

그 중에 어려운 서류는 시설물의 배치도인데, 저의 경우에는 농어촌 주택표준설계도의 배치도를 인터넷에서 출력한 후 사업계획서에 첨부하였습니다. 표준주택 도면은 여러 종류의 면적에 따라 다양하게 준비되어 있으므로 활용할 가치가 매우 높습니다.

실제 건축물의 배치에도 도움을 주는 자료이기도 합니다.

※ 농어촌표준설계도는 농업기반공사 홈페이지(http://www.karico.co.kr/sds/)
　에 접속하면, 출력이 가능합니다.

피해방지계획서 작성

처음에는 시골에 집을 하나 짓는 데 무슨 피해가 있기에 이런 계획서까지 제출하는지 의아한 생각이 들었습니다. 그러나 인·허가를 담당하는 관공서의 입장에서 보면, 민원이 발생하게 될 소지를 최소화 하는 것이 필요한 것 같았습니다.

어쨌든 해야 합니다.

농지전용을 위해 제출하는 서류

제출할 서류들은 다음과 같이 정리할 수 있습니다.

- 농지전용허가 신청서
- 사업계획서
- 피해방지 계획서
- 시설물 배치도
- 등기부등본
- 전용예정구역이 표시된 지적도 또는 지형도
- 피해방지계획서

다소 분량이 많아 보이지만 하나하나 차분하게 준비한다면 그리 어려운 일만은 아니라는 생각이 듭니다.

이제 끝이 다가왔습니다.

전용허가를 받은 다음 해당 군청에서 연락이 오면, 수수료를 지불하게 되고, 그 뒤 드디어 전용허가증을 손에 쥐게 되는 것입니다.

농지전용 □허가 □변경허가 신청서				처리기간	
				시·군·구 : 12일	
				시·도 : 22일	
				농림축산식품부 : 35일	

①신청인	성명	(1)	주민등록번호 (법인등록번호)			(2)
	주소	(3)				

② 전용하고자 하는 농지	소재지	(4)			
	구분	계(㎡)	답	전	농지개량시설 부지
	농업진흥구역				
	농업보호구역				
	농업진흥지역 밖	(5)		(5)	
	계	(5)		(5)	

③사업예정부지 총 면적(비농지 포함)	(5) ㎡ (농업진흥지역 ㎡)

④사업기간	착공예정일 : (6) 년 월 일	준공예정일	(7) 년 월 일

⑤전용 목적	(8)

농지법 제36조 제1항의 규정에 의하여
위와 같이 농지전용의 허가(변경허가)를 신청합니다.

년   월   일

신청인 : (1)   (서명 또는 인)

농림축산식품부장관
시 · 도지사   귀하
시장 · 군수 · 자치구청장

※ 구비서류	수수료
1. 전용목적, 사업시행자 및 시행시간, 시설물 배치도, 소요자금 조달 방안, 시설물관리·운영계획, 대기환경보전법 시행령 별표 1 및 수질환경보전법 시행령 별표 1에 의한 사업장 규모 등을 명시한 사업계획서	농지법 시행령 제75조에 의함

2. 전용하고자 하는 농지의 소유권을 입증하는 서류 또는 사용권을 가지고 있음을 입증하는 서류 (사용승낙서 또는 사용승낙의 뜻이 기재된 매매계약서 등)
3. 전용하고자 하는 농지에 대하여 전용계정구역이 표시된 지적도등본 또는 임야도등본과 지형도(당해 농지의 전용허가에 관한 권한이 영 제72조 제2항의 규정에 의하여 시장 · 군수 또는 자치구청장에게 위임된 경우에는 지형도를 생략할 수 있음)
4. 당해 농지의 전용이 농지계량시설 또는 도로의 폐지 및 변경이 토사의 유출 · 폐수의 배출 또는 악취의 발생을 수반하여 인군 농지의 농업경영과 농어촌생활환경의 유지에 피해가 예상되는 경우에는 대체시설의 설치 등 피해방지계획서
5. 변경내용을 증명할 수 있는 서류를 포함한 변경사유서 및 허가증(변경허가신청에 한함)

※ 전용하고자 하는 농지의 명세는 뒤쪽에 기재하여 주시기 바랍니다.

⑥ 전용신청농지명세서								
소재지			지번	지목	면적 (㎡)	진흥지역 용도구분	전용면적 ㎡	주재배 작물명
시 · 군	읍 · 면	리 · 동						
(9)	(9)	(9)	(9)	(10)	(11)	(12)	(13)	(14)

※ 이 신청서는 무료로 배부되면 아래와 같이 처리합니다.

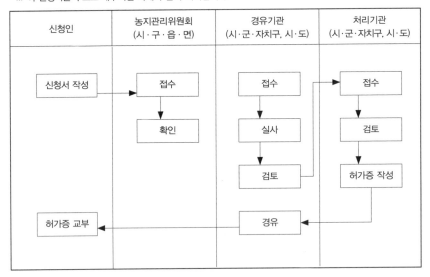

농지전용허가

구분	시장 · 군수 · 자치구청장	시 · 도지사	농림축산식품부
농업진흥지역 안 농지	2천 ㎡ 미만	2천 ㎡ 이상~2만 ㎡ 미만	2만 ㎡ 이상
농업진흥지역 밖 농지	6천 ㎡ 미만	6천 ㎡ 이상~6만 ㎡ 미만	6만 ㎡ 이상

사업계획서

1. 사업신청인

주소 :

성명 :

주민등록번호 :

2. 사업위치

주소 :

본 신청지는 ○○○리 ○○○ 입구에서 액 800m 진입 후 도로 우측에 접한 지점임

3. 사업목적

본 신청인은 도시에서 생활하다가 횡성군 ○○면에 있는 본인 소유의 토지에 일반주택 및 그에 필요한 부대시설에 대하여, 농지전용허가를 득한 후 이주하여 생활하고자 하오니 검토 후 허가하여 주시기 바랍니다.

4. 사업기간

착공예정일 :　　년　　월　　일
준공예정일 :　　년　　월　　일

5. 사업계요

사업 내용 : 일반주택 신축

사업내용			사업부지 (㎡)	농지사용 면적 (㎡)	농지편입 비율	비고
동수	용도	면적(㎡)				
1	일반주택	70	200	200	1100%	농지전용 허가
건폐율			70 ÷ 200 × 100 = 35%			
용적률			70 ÷ 200 × 100 = 35%			

6. 지번별 토지조서

소재지	지번	지목	지적 (m²)	신청면적 (m²)	소유지	비고
횡성군 안흥면	○○○-○	전	1,653	200	△△△	

7. 사업비 및 조달 방법

구분	시설방법	면적 (m²)	소요금액	조달방법	비고
건축공사	직영공사	70	30,000	본인부담	일반주택
부지조성공사	직영공사	200	4,000	본인부담	

8. 토지이용계획

소재지	편입명칭	면적 (m²)	
횡성군 안흥면	일반주택	70	
	관리부지	130	
전용면적	관리부지	200	

9. 기타

본 공사를 시행함에 있어 민원이 야기되는 문제는 없을 것으로 판단되며, 만약 본 공사로 인하여 문제 발생시 본 사업시행자인 본인이 직접 책임지고 해결할 것이며, 본 공사를 시행함에 있어서 허가청의 제반 규정 및 관리 감독 하에 본 사업을 수행함을 원칙으로 하며 이를 위반시 귀청의 어떠한 조치라도 감수하겠음.

상기와 같이 농지전용 허가에 따른 사업계획서를 제출합니다.

년   월   일

신청인 주소 :

성명 :   (인)

피해방지계획서

※ 토지유출, 폐수 유출, 악취 발생, 일조, 통풍에의 영향에 따른 피해방지계획

1. 인근 농지의 농업 경영에 대한 피해방지계획
- 토공사 : 본 신청지에 인력 및 장비를 동원하여 부지 평탄 작업을 실시한 후 일반주택 및 진출입로 공사를 할 계획임.
- 오수계획 : 본 신청지에 오수정화시설을 설치할 계획임.
- 인근 농지에 대하여는 사전에 토지 소유주와 상의하여 인원 발생이 없도록 하겠음.

2. 농어촌 환경에 대한 피해방지계획
- 본 신청지는 인근 농가와 인접하여 있으나 생활환경에는 피해가 없을 것으로 생각되며, 민원이 발생시 본인이 직접 처리하겠음.

※ 용수 취수로 인한 피해방지계획

1. 농수산업에 대한 피해방지
- 본 사업으로 인하여 농수산업에 피해가 없을 것으로 생각되나, 피해발생시 본인이 책임지고 처리하겠음.

2. 농어촌 생활환경에 대한 피해방지계획
- 생활환경에는 피해가 없을 것으로 생각되며, 민원 발생시 본인이 직접 처리하겠음.

※ 교통계획

본 신청서는 현황도로를 이용할 계획이며, 부지 내 도로는 진출입로에 대한 허가를 동시에 득하여 사용하고자 함.

상기 사항으로 인한 민원 발생시 신청인 OOO은 이에 대한 모든 책임을 지고 민원 처리를 하겠으며, 미처리시 허가를 취소하여도 이의를 제기하지 않겠습니다.

년   월   일

신청인 :   (인)

농지전용을 신청할 때 주의할 점

전용가능면적을 확인하라

농지전용을 신청하기 전에는 전용가능면적이 어느 정도인지를 확인할 필요가 있다. 지자체에 따라 혹은 상황에 따라 전용면적을 탄력적으로 정하는 경우가 많으며, 또 많은 지자체에서 자체적인 기준에 따라 건폐율을 정하고 있다.

건폐율은 건물의 바닥면적(평)을 대지의 면적(평)으로 나눈 값에 100을 곱한 값이다. 즉 건평이 30평이고 대지가 150평이라면 건폐율은 20%다.

건폐율이 20% 한도에서 전용이 가능하다면 전용가능면적은 건물 바닥면적의 5배에 해당된다. 또한 대부분의 시·군에서는 최대 전용면적을 일반주택 200평, 농가주택 300평으로 정하고 있다. 전용가능면적에 대해서는 해당 지자체에 확실히 알아보고 부지를 매입하는 것이 좋다.

건축면적과 비교해 전용면적을 정하라

전용할 때 전용면적을 무조건 넓게 한다하여 좋은 것이 아니다. 집을 몇 평 지을 것인지부터 계획을 세워야 한다. 전용허가가 나면 그 면적에 맞게 건축을 해야 하기 때문에 너무 넓게 전용을 받게 되면 불필요한 건축비를 들이게 된다. 수도권 일원에서는 건축면적의 3~4배가 대지화 된다고 보면 된다. 즉 건평 40평의 주택을 짓는다면 120평~160평 정도가 대지화 된다.

이 내용은 앞서 설명한 건폐율과 중복되는 것이지만 전용신청을 할 때 염두에 두어야 할 내용이다.

내 손으로 직접 농지전용허가 신청하기

허가를 위한 필수조건 챙기기

농지법상 전용농지 여부를 미리 확인해야 한다. 농업진흥지역은 농업의 진흥을 도모하기 위해 농지를 집단화 하여 농업 목적으로 이용되는 것이 필요한 지역이므로 농지전용을 할 수 있는 행위가 정해져 있다. 이외에 군사지역, 상수도보호구역 역시 법적 이유로 전용허가가 어려운 것이 사실이다.

따라서 토지이용계획확인원을 해당 시·군·구청에서 발급받아 국가에서 계획한 토지이용현황을 반드시 확인한다. 또한 전용하고자 하는 농지가 전용하려는 용도로 적정한 면적인지, 전용으로 인한 인근 농지에 피해는 없는지, 인근 농지의 잠식 우려가 있는지, 농어촌 생활환경에 미치는 영향이 있는지 등의 여부를 꼼꼼히 살핀다.

진입도로 확인

너비 4m 이상의 도로가 전용하고자 하는 토지에 실질적으로 존재하는지 반드시 확인해야 한다. 토지 주변으로 도로가 없다는 것은 맹지일 가능성이 높은데, 맹지는 전용허가 대상에서 제외되기 때문이다.

소재지에 따른 서류 구비하기

토지의 소재지가 읍 단위라면 읍사무소와 군청에 각각 서류를 제출해야 하므로 모든 허가준비에 필요한 서류를 2부씩 준비해야 한다. 해당 읍사무소, 군청의 담당 직원으로부터 도움을 받아 완성할 수 있으며, 경우에 따라 내용이 변경될 수 있으므로 반드시 서류를 제출하기 전 농지 담당 직원과 상담한다.

미리 보는 농지전용허가

농지전용허가 절차
농지전용허가 신청서 작성 → 해당 지자체(시·군·구)에 제출 → 해당 지자체(시·군·구) 확인 → 시장·군수·구청장에게 확인서 송부 → 농지전용허가 심사 → 허가 통보

▶농업진흥지역 내 3만 ㎡ 이상, 농업진흥지역 밖 20만 ㎡ 이상일 경우 허가 시간 총 30일 소요.

▶농업진흥지역 내 3천 ㎡ 이상~3만 ㎡ 미만, 농업진흥지역 밖 3만 ㎡ 이상 ~20만 ㎡ 미만일 경우, 허가 시간 총 20일 소요.

▶농업진흥지역 내 3천 ㎡ 미만, 농업진흥지역 밖 3만 ㎡ 미만일 경우, 허가 시간 총 10일 소요.

농지전용허가신청시 제출 서류 및 작성
농지전용허가를 위해서는 농지전용허가신청서, 사업계획서, 토지등기부등본(신청인이 당해 농지의 소유주인 경우), 사용승낙서 또는 임대차계약서 사본(신청인이 당해 농지의 소유주가 아닌 경우 사용권을 입증하는 서류), 지적도등본 또는 지형도, 시설물 배치도, 피해방지 계획서 등을 반드시 준비해야 한다.

① 농지전용허가 신청서
해당 시·군·구청에 구비되어 있으며 인터넷 민원 24(www.egov.go. kr)에서도 신청이 가능하다. 전용 목적, 지목, 면적, 진흥지역 용도구분, 주재배 작물명 등을 자세히 기재해야 하며, 특히 면적 기입란에는 전용면적이 아닌 해당 지번의 총면적을 적고, 진흥지역 용도구분 기입은 토지이용계획원을 반드시 참고해 해당 토지의 상황을 파악한 후 기재해야 문제가 없다.

② 토지등기부등본

소재지의 등기소에서 신청하면 즉시 발급받을 수 있으며 대법원 인터넷 등기(www.iros.go.kr)에서도 발급이 가능하다.

③ 사업계획서

농지전용허가서류 중, 가장 신경을 많이 써야 하는 부분이다. 각 항목별 내용을 반드시 숙지한 후 자신에게 맞는 용도로 조금씩 수정해 나가는 것이 좋다. 꼭 기재할 내용으로는 전용 목적, 사업시행자, 시행기간, 시설물의 배치도, 소요자금 조달 방안 등이다.

④ 시설물 배치도

시설물 배치도는 실제 건축물의 배치 상황을 정확하게 보여줘야 하므로 전문적인 기술이 요구된다. 따라서 많은 건축주들이 건축사사무소를 통해 대행하고 있는 것이 관례인데, 정부 지침에 따라 마련된 무료 건축도면인 농어촌표준설계도를 이용하면 시설물 배치도를 꾸미는 데 도움을 얻을 수 있다.

농어촌표준설계도는 생활 유형에 따라 경량목구조형, 황토조적조형, 제로에너지형 등 총 5개 유형의 10종으로 다양하게 구성되어 필요에 따라 활용해볼 수 있다. 농업기반공사, 웰촌 사이트를 통해 직접 이용할 수 있다.

⑤ 피해방지계획서

변경된 토지에 건축물을 건립하는 것이기에 담당 관청, 인근 농지 소유주 등 다양한 이해관계가 있으므로 사전에 민원 발생에 따른 문제점을 최소화하는 것이 좋다. 전용으로 인해 인근 농지에 피해가 예상되는 경우, 농어촌 생활환경에 미치는 영향 등을 미리 파악하고 혹 피해상황이 우려된다면 구체적인 대책을 마련해 계획서에 자세히 기재해야 한다.

허가 후 마무리 짓기

위 서류를 준비해 신청한 후 허가를 받게 되면 면적에 따른 수수료와 농지보전부담금(농지를 대지로 전환하는 데 따른 개발이익을 환수하고 농지 감소에 따른 대체농지를 조성하기 위해 징수하는 금액)을 납부한다. 납부가 끝나면 기다리던 농지전용허가증이 발급된다. 이후 건축물 착공과 그에 따른 보존등기를 완료하면 농지전용에 따른 모든 절차가 마무리된다.

전용허가 후 보존등기까지의 과정

① 경계측량 및 분할측량 : 개발행위 범위만큼 측량하여 신축한다.

② 착공 : 개발행위허가서에 지정한 기간까지 건물을 착공한다. 전용허가를 받은 후 2년 이내에 착공해야 하며 착공 후 1년 이내에 공사를 완료하지 않을 경우 허가가 취소되고 농지로 다시 전환하라는 처분명령이 떨어지므로 유의한다. 불이행시에는 이행강제금이 부과된다.

③ 준공검사 및 건축물 등록신고 : 준공검사를 받기 전 현황측량을 하고 오수정화조필증을 받아 준공검사를 받은 후에 건축물 등록신고를 한다.

④ 취·등록세 자진신고 및 지목변경 등기 : 건물이 등록되면 취·등록세를 납부하고 등록세 같은 경우 건축물보존등기시 납부하면 된다. 지목변경은 건축물대장과 개발행위서를 첨부해 관할청에 신청한다.

⑤ 건축물 보존등기 : 건축물대장 등 관련 서류를 준비해 관할 등기소에 가서 건축물 보존등기를 하면 된다.

농지투자, 샛길도 있다

농지개량행위로 개발행위허가 효과 얻기

논을 밭으로 하는 행위는 농지법상 농지개량행위로 개발행위허가 효과가 기대된다. 농지개량의 범위는 농지의 생산성을 높이기 위하여 농지의 형질을 변경하는 아래의 어느 하나에 해당하는 행위로서 인근 농지의 관개·배수·통풍 및 농작업에 영향을 미치지 아니 하는 것으로 한다.

답에서 전으로 변경하는 것은 농지전용이 아니라 농지개량행위로서 농지보전부담금 부과대상이 아니다.

객토, 성토, 절토의 뜻

공통사항	– 농작물의 경작 또는 다년생식물의 재배에 적합한 흙을 사용할 것 – 농작물의 경작 또는 다년생식물의 재배를 위하여 필요한 범위 이내일 것 – 농지개량시설의 폐지, 토사의 유출 등 인근 농지의 농업경영에 피해를 주지 않을 것
객토	– 객토원의 흙의 성분과 그 양이 객토 대상 농지의 토양 개량 목적에 적합헐 것 – 당해 농지에 경작, 재배 중인 농작물 또는 다년생식물을 수확한 후에 시행할 것.
성토	– 연접 토지보다 높거나 당해 농지의 관개에 이용하는 용수로 보다 높게 성토하지 아니할 것. – 농작물의 경작 등에 부적합한 토석 또는 재활용골재 등을 사용하여 성토하지 아니할 것.
절토	– 토사의 유출, 붕괴 등 인근 농지에 대한 피해발생이 우려되지 아니할 것. – 비탈면 또는 절개면에 대하여 토양의 유실 등을 방지할 수 있는 안전조치가 되어 있을 것.

유의사항

농지개량은 농지의 생산성을 높이기 위하여 농지의 형질을 변경하는 행위다. 따라서 공사장에서 나온 토석의 처리를 주목적으로 농지의 형질을 변경하는 행위는 형질변경 후의 농지 상태가 더 양호해질 것으로 예상되는 경우에도 농지전용행위로서 농지전용(또는 일시사용) 절차를 거쳐야 한다.

또한 농지법령상 농지개량 과정에서 발생한 토석의 처리에 대하여는 별도로 규정하지 않으므로 토석의 판매도 가능하며, 성토시의 높이나 사용할 흙의 종류에 대하여도 제한하는 규정은 없다.

그러나 형질변경 후의 농지 상태가 변경 전보다 더 불량해져 작물 생육에 부적합하여 생산성이 떨어지거나 영농에 활용하지 않고 방치하는 등 농지개량을 빙자한 전용행위로 판단될 경우에는 원상복구명령, 고발 등의 조치를 할 수 있다.

농막과 관리사 설치

시골살이 첫걸음은 대부분 농막부터 구상한다. 농막은 전기나 수도 등을 설치할 수 없고 지목이 변경되지 않는다. 농막을 지을 계획이라면 관리사나 농업용 창고로 전용하는 것을 생각해보는 것도 좋을 것 같다.

농업용 창고는 농사를 하면서 수확한 농산물이나 농기계(농지구 포함)를 보관하는 시설이고, 관리사는 주거 목적이 아닌 시설로서 농업경영에 필요한 기자재 보관·농작업시 휴식 등의 용도로 사용되는 최소 면적만큼 전용할 수 있다. 관리사로 전용을 받으면 지목은 잡종지로서 농업용 창고는 창고로 변경되고, 두 시설 모두 농업용 시설이므로 농지보전부담금이 100% 감면되며 준공 후 5년이 지나면 음식점이나 일반주택 등 다른 용도로 변경할 때 농지법상 제한을 받지 않는다.

▶▶▶ 농막

농막의 원래 용도는 농부가 거주하는 집으로부터 쉽게 오갈 수 있는 거리가 아닌 위치에 있는 농지에 농사를 지으면서, 필요한 농기구 및 농자재를 보관하는 임시창고나 임시 휴식공간으로 만든 간이시설이다.

농지에 설치하고자 하는 건축물, 공작물 또는 컨테이너 등 시설이 다음 각호의 요건에 모두 해당하는 경우에는 이를 농지법 시행령 제2조 제3항의 규정에 의한 "농막"으로 인정하여 농지전용 또는 신고 절차없이 설치할 수 있도록 하고 있으며, 다만, 농막의 범위에 해당되더라도 건축법, 도시계획법 등 관계 법령의 적용 대상이 되는 시설인 경우에는 그 법령에서 정한 절차 규정을 이행하여야 한다.

- 농업생산에 직접 필요한 시설로서 농업인이 자기의 농업경영에 이용하는 토지에 설치하는 시설일 것.
- 주거 목적이 아닌 시설로서 농기구, 농약, 비료 등 농업용 기자재, 종자의 보관, 농작업 중의 휴식 및 간이 취사 등의 용도로 사용되는 시설일 것. (* 간이 취사라 함은 휴대용 가스랜지(부르스타) 등으로 취사하는 것임.)
- 연면적의 합계가 6평 이내일 것(약 20㎡ 이하)
- 전기, 수도, 가스 등 새로운 간선공급설비의 설치를 요하지 아니할 것. (한전 전기 연결, 농막 내 수도관 연결, LPG 가스랜지 설치를 금한다는 뜻임) 따라서, 상기 요건에 적합하지 아니할 경우에는 농지전용허가(신고) 절차를 거쳐야 설치가 가능하다. (*건축허가를 득해야만 전기, 수도, 가스 설치할 수 있다는 뜻이다.)

▶농막은 자체가 농지이므로 타법(건축법. 국토계획법 등)에 의한 인허가(가설건축물축조신고. 건축물 기재사항 신청. 건축신고. 개발행위허가 등 해당되는 경우에 한함.) 절차만 이행하면 된다.

※ 농막은 농지전용절차 없이 진행되기 때문에 해당 농지 관련 부서에서 진행하며 일부 지자체에서는 건축과에서 처리하는 곳도 있다. 그리고, 30평 이하 단독주택의 건축신고가 면사무소로 이관되면서 현재 대부분의 지자체에서는 해당 토지가 위치한 면사무소에서 농막 설치 관련업무를 처리하고 있으므로 참고하도록 하자.

관리사나 농업용 창고로 전용할 수 있는 조건은 농업인에 한하므로 주소지를 농지 소재지로 전입하여 농지원부를 작성하여 농지전용신고로 처리하는 것이 좋다. 그러나 농지 소재지로 주소를 옮길 수 없다면 농지전용허가를 받는 것이 원칙이지만 일선기관에서는 대부분 이 부분까지 검토하지는 않고 있는 실정이다.

창고나 관리사를 건축신고로 처리할 경우 현황도로만 있으면 대부분 설치할 수 있고, 농지전용신고는 농사에서 나오는 소득이 다른 사업이나 직장에서 나오는 소득보다 많아야 가능하다.

참고로 농지에 건축할 경우 건축허가(신고)·개발행위허가·농지전용허가(신고)를 모두 하여야 하는데, 각각 받지 않고 건축허가(신고)에 따라 협의처리되므로 한 번에 처리할 수 있다.

농지의 타용도 일시사용허가

농지의 타용도 일시사용허가의 의미

예컨대 농지를 개구리 양식장으로 일정기간 사용하는 경우, 혹은 레미콘 공장 혹은 크라샤장 근처의 농지를 일정기간 쇄석 및 모래의 야적장으로 사용하는 경우, 농지는 농업 본래의 목적 사용에 위배된다.

그렇다고 이 경우 반드시 농지전용을 받아야 하는 것은 번거롭기도 하고, 일정기간 사용 후 농지 상태로 복구한다면 큰 문제가 되지 않을 수도 있다. 법은 이러한 경우에 대비하여 농지의 타목적 일시사용허가라는 제도를 두고 있다.

농지 타용도 일시사용허가는 농지법상의 농지전용이 아니다. 농지법상 농지전용이란 농지를 농작물의 경작이나 다년생식물의 재배 등 농업생산 또는 농지개량 외의 용도로 사용하는 것을 말하며, 농지개량시설과 농지에 설치하는 농축산물 생산시설은 농지전용으로 보지 않는다.

농지 타용도 일시사용허가의 대상

농지 타용도 일시사용허가의 대상으로는 다음의 네 가지가 있다. (농지법 제36조 제1항)

① 건축법에 의한 건축허가 또는 건축신고대상 시설이 아닌 간이농수축 산업용시설(농지개량시설과 농축산물 생산시설은 제외)과 농수산물의 간이처 리시설을 설치하는 경우.

② 주목적 사업(해당 농지에서 허용되는 사업만 해당)을 위한 현장사무소나 부 대시설 설치.

③ 그 밖에 이에 준하는 시설 설치, 물건 적치 혹은 매설하는 경우.

④ 토석과 광물을 채굴하는 경우.

농지 타용도 일시사용허가의 신청 및 허가절차

농지 타용도 일시사용허가의 신청 및 허가 절차에 관하여는 농지법 시행 령 제32조~제35조에 별도의 규정을 두고 있다.

농지 타용도 일시사용허가의 기간과 조건

타용도 일시사용허가시 3년 이내 기간 동안 사용 후 농지로 복구하는 조건으로 한다. 다만 주목적사업(해당 농지에서 허용되는 사업만 해당한다)을 위하여 현장사무소나 부대시설, 그 밖에 이에 준하는 시설을 설치하거나 물건을 적치하거나 매설하는 경우에는 그 주목적사업의 시행에 필요한 기간 내로 한다.

시장·군수 또는 자치구 구청장은 농지일시사용허가를 하거나 협의를 할 때에는 사업을 시행하려는 자에게 농지로의 복구계획을 제출하게 하고 복구비용을 예치하게 할 수 있다.

다만 타용도 일시사용허가시에는 농지보전부담금이 전액 면제된다.

농지의 □ 허가 타용도일시사용 □ 변경허가 신청서					처리기간
					10일

신청인	성명(명칭)			주민(법인) 등록번호	

타 용도로 일시 사용 하려는 농지	주소				(전화번호 :)
	소재지				
	구분	계(m²)	답	전	농지개량시설 부지
	농업진흥구역				
	농업보호구역				
	농업진흥지역 밖				
	계				

사업예정부지 총 면적	m² (농업진흥지역 : m²)
사용기간	년 월 일부터 년 월 일까지
타용도 일시사용 목적	

농지법 제36조에 따라 위와 같이 농지의 타용도일시사용허가를 신청합니다.

년 월 일

신청인 (서명 또는 인)

시장 · 군수 · 자치구청장 귀하

		담당 공무원 확인사항	수수료
구 비 서 류	1. 타용도로 사용하려는 기간 등이 표시된 사업계획서 2. 타용도로 사용하려는 농지의 소유권을 입증하는 서류 (토지등기부등본으로 확인할 수 없는 경우에 한정합니 다.) 또는 사용권을 가지고 있음으로 입증하는 서류(사 용승낙서에 한합니다.) 3. 해당농지의 타용도사용이 농지개량시설 또는 도로의 폐 지 및 변경이나 토사의 유출 · 폐수의 배출 또는 악취의 발생들을 수반하여 인근 농지의 농업경영과 농어촌생 활환경의 유지에 피해가 예상되는 경우에는 대체시설의 설피등 피해방지계획서. 4. 영 제40조 제1항에 따른 복구계획 및 복구비용명세서(변 경허가신청의 경우에는 이미 제출한 복구계획과 복구비 용명세서의 변경에 필요한 경우에 한합니다.) 5. 변경 내용을 증명할 수 있는 서류를 포함한 변경사유서 (변경허가신청의 경우에 한합니다.)	토지등기부등본 (신청인이 다른 용도 로 사용하려는 농지 의 소유주인 경우에 한정합니다.)	농지법 시행령 제74조에 따름

매도자가 농지전용허가와 건축허가를 득해 놓은 경우의 토지 거래

매수자의 입장에서는 농지(산지) 전용허가를 득하고 건축허가를 받아놓은 필지이기에 건축허가에 관해서는 일단 확인된 매물이니 안심이 된다. 단, 건축허가를 받아놓은 상태이므로 매도자는 당연히 매매 가격을 좀 더 받고자 할 것이다. 본인이 수고도 했고 돈도 들었으니 당연하다.

아무튼 이런 매물을 매수할 때는 꼭 매매계약 전에 챙겨야 할 것이 있다. 알면 돈이 되는 정보다.

① 임야나 경사진 농지를 택지로 하기 위해 개발행위를 받은 경우.
② 가장 안쪽의 필지까지 도로를 내기 위해 건축허가를 받은 경우.
③ 집을 지으려고 전용허가와 건축허가까지 득했는데 어쩔 수 없이 매물로 나온 경우.
④ 토지사용승낙서가 필요하거나 건축허가가 나올지 안 나올지 확신이 서지 않는 부지이기에 매도자가 건축허가를 받아놓고 매물로 내놓은 경우 등등.

매도자가 농지(산지)전용허가와 건축허가를 득해 놓은 경우

① 토목측량회사와 건축설계사무소에 지급한 인·허가비(최소 300~500만 원)
② 농지전용비(공시지가의 30%) 또는 산지전용비(산림청고시 평당 1만 원 이하) 등 제세공과금.
③ 개발행위허가를 득하면서 지적공사를 통해 측량한 지적경계측량 성과도. (개발행위를 받으면서 측량한 성과도가 있다면 역시 매수자는 측량말뚝 보전과 함께 챙겨둔다.)

이런 비용들은 매도자가 개발행위를 하면서 선 지급된 상황에서 매수자와의 매매계약이 진행된다.

이때 매수자는 잔금일에 매도자가 기존에 허가받은 내용을 모두 승계받아야 한다. 계약서를 작성할 때 명의이전절차 등을 매도자가 해 줄 수 없기 때문이다. 일반적으로 매수자는 잔금일엔 인·허가 관련 승계를 받는 것이 보통이다.

왜냐하면 매수자가 잔금을 치르고 소유권이전을 받은 후 나중에 본인이 건축을 하고자 할 때 인·허가 관련 명의이전 승계를 받으려고 하면 여러모로 잔금시 승계 받는 것보다 불편한 상황이 연출되는 경우가 많다.

아무튼 전용허가와 건축허가를 득한 토지를 매입할 때는 매도자로부터 개발행위 관련 모든 권리와 의무를 승계받는 조건으로 계약해야 한다.

다음은 계약서를 작성하기 전에 꼭 챙겨야 할 주의사항이다.

① 매도자가 인·허가 용역을 받은 토목측량회사와 건축설계사무소에 인·허가비를 지불한 매도자의 비용을 매수인이 승계받을 수 있는지 확인해 달라고 계약서 작성 전 매도자나 중개업체에게 요구한다.

매매계약서를 작성한 후 계약금이 지불된 상태에서 매도자나 중개업체에서 인·허가업체인 토목측량회사와 건축설계사무소에 연락해서 매도자는 벌써 완납한 인·허가비용을 매수자가 또 지불하지 않아도 명의이전이 되지요? 라고 문의하면 대개 50% 이상의 인·허가업체에선 인·허가 계약자가 바뀌는 것이기 때문에 인·허가비용을 다시 받아야 한다면서 매도자가 개발행위를 받은 건임에도 불구하고 인·허가비를 추가로 청구하곤 한다.

심한 경우는 같은 건으로, 명의이전서류만 해당 지자체에 들어가면 되는데(관공서의 한두 번 출입해서 개발행위를 받은 명의자만 변경하는 것인데) 100% 인·허가비를 다시 청구하는 인·허가 업체도 있다. 특히 소유권이전이 끝나고 명의이전 관련 서류를 들고 찾아온 매수자에게는 인·허가비용을 새로 받아야 한다고 말하는 업체가 생각 외로 많다.

매도자에겐 인·허가 계약을 하고 허가를 득한 후 인·허가용역비를 완납 받았기에 매매계약 전 인·허가 업체를 찾아오거나 전화를 준 매도자에게 명의이전을 받을 매수자에게 인허·가 용역비를 100% 다시 청구해야 한다는 말은 하면 "도둑놈"이란 소리를 들을 것이 뻔하므로 계약 전 개발행위 관련 인·허가업체에 매수자의 명의이전 관련 비용과 절차를 문의하러 온 매도자에게 인·허가업체는 도의적으로 과다 명의이전비를 청구할 수 없다는 점을 매수자는 계약 전에 확인하고 계약해야 한다.

매도를 위한 사전작업 개발행위허가를 득한 것이므로 인·허가업체와 인·허가용역 계약을 할 때 "1회 인·허가 신청자 명의이전을 할 것이다."라는 것을 사전에 고지하고 인·허가 계약을 하면 실제 매수자에게 명의이전해 줄 때 명의이전에 따른 인·허가업체(토목측량회사, 설계사무소)의 추가 용역비 청구 관련 비용을 자신의 인·허가용역 계약시 확정시킬 수 있다.

매도자의 토지분할과 도로개설을 위한 개발행위 인·허가 용역계약 전에 앞으로 있을 미래의 매수자 명의이전 비용까지 확정하자고 매도자가 인·허가업체에 요구하면 대개 인·허가업체는 명의이전 관련 용역비 청구는 제외한다. 또는 저렴하게 조율할 수밖에 없게 된다는 것이다.

② 매수자는 명의이전을 받으면 농지, 산지 전용에 따른 전용비 또한 매도자로부터 승계받는다.

인·허가업체가 매도자로부터 매수자에게 개발행위와 관련된 권리를 승계한다는 뜻은 전용비 역시 승계한다는 뜻이라는 것을 참고하자.

매도자도 농지(산지) 전용비에 대해 명의이전이 되면 자동으로 승계되겠지 하고 생각할 수 있지만 실제로는 매도자가 반환을 받고, 매수자가 명의

이전을 받으면서 재납부하는 경우가 있는 지자체도 있다.

관공서에서는 명의이전 서류가 들어오면 대부분은 서류상으로 농지(산지) 전용비는 매수자에게 승계한다는 식으로 처리한다. 개인들은 인·허가업체에서 대행하므로 모를 뿐이다.

> ※ 매수자가 매수한 개발행위허가를 받은 필지에 대해 자금 사정으로 개발을 하지 못하고 허가가 취소되는 경우, 전용비는 반환받는다.

③ 매수자는 좀 더 돈을 아끼고 싶다는 마음이 있고 매물을 확실히 매입할 예정이라면, 매도자와 함께 인·허가업체 계약 전에 함께 방문하거나 매도자에게 얘기를 해야 한다.

대신 매도자가 허가받은 명의이전 외에도 인·허가를 받은 내용(건축허가면적 등)이 매수자가 원하는 인·허가 조건이 다를 수 있으므로 전용한 필지면적이나 위치는 변동되지 않더라도, 건축허가를 받아 놓은 ○○평 건축허가 도면은 변경되기 십상이므로 명의이전을 받는 매수자의 "건축설계 변경에 따른 설계변경 비용을 인·허가업체에서 얼마나 청구할 것인지 문의 부탁드리겠습니다." 라고 얘기해 준다.

이렇게 계약 전에 매도자와 인·허가 계약을 한 인·허가업체(토목측량회사와 건축설계사무소)와의 인·허가 관련 비용을 확실하게 챙겨두고 계약을 하게 되면 매수자는 인·허가 관련 비용을 최소 100만 원 이상 낮게 부를 확률이 높아진다.

인·허가업체인 토목측량회사와 건축설계사무소에서는 관행상 준공 완료 때까지의 인·허가업무대행을 하기로 계약했지만 대부분의 계약한 인·허가 비용을 매도자로부터 개발행위허가가 완료시 완납받았기 때문에 추가로 인·허가비를 청구할 건수(?)가 생기면 청구하는 것 또한 관행이다.

이 추가 인·허가 비용은 고무줄(?) 금액이라는 것 또한 현실이기에 매수자는 건축허가를 받은 필지를 매수하고자 할 때는 인·허가 업체의 인·허가 용역에 따른 용역비를 매도자로부터 완납 받은 상황이라는 점과 매도자는 자신의 개발행위를 받은 필지를 매도하면서 발생한 비용을 매매가격에 반영했다는 점을 감안하여 매수자는 당연히 매도자에게 인·허가 관련 비용을 모두 승계 받는 조건을 조율한 후 계약하는 것이 타당한 것이다.

개발행위허가를 득한 필지를 매수하는 매수자들이 매수하고자 하는 부동산의 소유권이전에 관한 부분만 짚다 보니 개발행위 인·허가와 관련해서 발생하는 비용을 간과해서 매도자가 벌써 완납한 인·허가 용역비를 한 번 더 100% 지불하는 사례가 비일비재하다.

결 론

1. 개발행위허가를 득한 필지를 매입할 때는 소유권이전에 따른 매매금액, 수수료만 생각하지 말고 개발행위 명의이전에 관한 비용도 계약 전에 확인한다.
2. 명의이전 비용은 매도자가 인·허가를 득한 시점에 농지(산지)전용허가와 건축허가(신고) 인·허가 용역비는 완납되는 것이 관행(?)이므로 개발 관련 인·허가 비용은 매도자 입장에선 완납된 상황이다.
3. 그러나 개발행위 인·허가를 맡아서 매도자에게 허가를 득해 주는 인·허가업체인 토목측량회사와 건축설계사무소는 준공 전이지만 매도자에 돈(인·허가용역비)을 다 받았으므로 준공까지 의무만 남은 상태에서 인·허가 관련 명의변경 건이 생기면 새로운 허가 명의자에게 추가로 인·허가 용역비를 청구하고 싶어진다.
4. 매수자는 매매계약을 할 때 매도자의 개발행위허가를 득하고 명의이

전을 해 준다는 말만 듣고 계약한 후 나중에 인·허가업체의 명의이전에 따른 비용을 청구 받으면 황당해 하는 경우가 많으나 소유권이전 후에 아쉬운 것은 매수자 본인이기에 다른 인·허가업체를 선택해도 역시 인·허가비용을 별도로 지불해야 하는 상황이므로 결국 매도자가 인·허가받은 업체를 통해 명의이전 비용을 타협하게 된다.

5. 이런 상황이 현실에서는 비일비재하기에 인·허가업체에 개발행위허가를 득하면서 인·허가 용역비를 지불한 매도자를 통해 매수자는 계약 전에 인·허가 명의이전에 따른 추가 인·허가비가 있는지 확인하고 계약하는 것이 좋으며, 인·허가업체에서는 기존에 돈을 완납 받은 매도자에게 매수자의 추가 인·허가비를 받을 것인지 문의를 받으면 도의적으로 매도자에게 인·허가비를 과다하게 청구할 수 없는 것이 보통이다.

매도자 입장에선 인·허가비 이중청구 때문에 자신의 매매 금액에 불이익이 올 것이라고 판단하고 항의할 것이기 때문이다.

6. 매수자는 매도자의 건축설계도면이 마음에 들지 않는 경우가 대부분이어서 실제 건축에 들어가면 설계변경을 하는 경우가 발생하기에 매도자에게 매수자의 명의이전 외에 건축설계 변경시 설계변경 비용까지 아예 확인토록 하는 것이 매수자에겐 유리하다.

인·허가업체에선 기존에 돈을 받았던 매도자보다는 소유권이전을 받고 준공까지 인·허가업체에 아쉬운 소리할 매수자이지만 한 푼 받은 적이 없는 건축주이기 때문에 이 점을 감안하여 매도자에게 소유권이전만 해달라는 것이 아니라 개발행위 인·허가 관련 업무에 관한 비용을 모두 인·허가업체에 계약 전 사전 상담을 통해 추가비용을 확인하고 계약한다. 이러면 개발행위허가를 득한 것을 감안한 매매 가격을 제대로 인수인계를 받게 된다.

농지자경과 부재지주 문제 해결하기

부재지주 문제 해결하기

농지은행에 임대하거나 매도위탁 하기

비사업용 토지에 대한 양도소득세 중과(60%)를 피하고자 쌀직불금을 받았다가 땅을 팔아야 하는 처지에 놓일 수도 있다. 농사를 지을 여건이 안 되는데도 농지를 갖고 있다면 농지은행에 위탁하는 방법을 고려해볼 수 있다.

한국농촌공사 산하 농지은행에 8년 이상 맡기면 양도세가 9~36%로 줄어들고 해마다 임대수익까지 얻을 수 있다. 만약 쌀직불금 때문에 강제매각 처분을 받았더라도 경우에 따라서는 농지은행에 맡길 수 있어 관심을 둘 만하다.

현행 농지법에 따르면 1996년 이후 매입한 농지는 소유주가 자경을 해야 하는데, 그렇지 않으면 양도세가 무거워진다. 자경을 나누는 기준은 세 가지가 있으며 한 가지만 충족하면 된다. 농지를 팔기 전 3년 중 2년 이상을 농촌에 거주하면서 농사를 짓거나, 5년 중 3년 이상을 경작지에서 살았던 경우, 전체 보유기간 중 80% 이상을 농촌에 살면서 경작을 하는 경우 등이다.

지방자치단체는 해마다 자경을 하지 않는 토지를 조사해 파악한다. 단속에 걸리면 1년 6개월 안에 땅을 팔아야 하고 해마다 공시지가의 20%를 과징금으로 내야 한다.

매각할 때 시세차익이 있다면 당연히 양도세 중과 대상이다. 부재지주로 걸리지 않고 8년이 넘으면 1억 원까지는 양도세가 면제되지만 항상 불안에 떨 수밖에 없다. 쌀직불금 사태 같은 일이 다시 오지 않으리란 법이 없는 탓이다.

농지은행에 논밭을 맡기면 이러한 고민이 상당히 해소된다. 8년 이상 위탁하면 '사업용 토지'로 분류되기 때문에 양도세가 6~42%의 일반 세율로 과세된다. 부재지주를 숨긴 채 버티는 것보다는 양도세가 많지만 중과 대상에서 합법적으로 빠져나갈 수 있다.

부재지주에 대한 지속적인 단속과 양도세 감면 효과 등으로 농지은행 위탁 수요는 증가세다.

▶▶▶**농지 양도세 60% 중과를 받지 않으려면**

- 토지 소유주가 농촌애 재촌해야 하고 농지의 위치가 군·읍·면 등 도시지역이면 안 됨.
- 재촌이란 농지 소재지나 연접(농지로부터 직선거리로 30㎞ 이내) 시·군·구에 주민등록이 되어 있고 실제 거주해야 함.
- 자경이란 농작업에 상시 종사하거나 농작업의 2분의 1 이상을 자기의 노동력에 의해 경작하는 것을 의미함.

사례 : 홍천 소재 밭 450평을 매입

2004년 강원도 홍천에 소재한 밭 450평을 평당 6만 원에 투자용으로 매입한 이모 씨는 요즘 고민이 많다.

당시 그는 도시민이 농지를 살 때 지자체에 제출하도록 되어 있는 농지취득자격증명신청서에 구입 목적을 '농업용'으로 적고 이 땅을 샀다.

그런데 홍천군으로부터 "구입 목적대로 농지를 이용하지 않는 사실이 판명돼 이행강제금을 부과할 예정이므로 군청에 출석, 소명하라."는 내용의 안내장을 받은 것이다.

현행 농지법에는 구입 목적대로 농지를 이용하지 않은 사실이 적발될 경우 1년 동안 처분의무기간을 주고, 이 기간 내 땅을 처분하지 않으면 매년 이행강제금(공시지가의 20%)를 부과하도록 돼 있다.

그는 "이행강제금을 물지 않으려면 농지를 처분해야 하지만 주변 중개업소에 땅을 내놔도 거들떠보는 사람이 없어 걱정"이라며 하소연했다.

이 씨는 그동안 수확물을 나누는 조건으로 현지 주민을 고용, 고추·호박 등을 대리 경작하는 방법으로 정부의 단속을 피해 왔다. 이렇게 하면 담당 공무원이 실제 경작 여부를 직접 조사하지 않는 한 이용목적 위반에 대한 적발이 사실상 어렵다. 하지만 각 지자체가 투기 방지를 위해 단속을 강화하면서 이마저 쉽지 않게 됐다.

이 씨의 경우 기한(1년) 내 농지를 처분하지 못하면 매년 공시지가의 20%인 180만 원을 이행강제금으로 내야 할 처지가 된다. 이처럼 강제금이 많이 나오는 이유는 이 땅이 신설 고속도로(서울-양양간) 주변에 편입되면서 최근 공시지가가 평당 2만 원으로 급등했기 때문이다.

전문가들은 이 경우 농지은행에 ▶농지임대 ▶매도 위탁 등의 방법을 통해 이행강제금 부과를 피할 수 있다고 조언한다. 농지은행은 도시 자본을 농촌으로 끌어들이기 위해 2005년 10월부터 설립한 것으로, 도시민이 농지를 매입해 농촌공사에 맡기면 이를 현지 전업농 등에게 임대해 주는 일을 한다.

이 농지은행에 임대할 수 있는 땅은 1996년(농지법 시행일) 이후 취득해 자경하지 못하는 부재지주들의 농지가 대상이 된다. 부재지주가 1996년 이전에 매입한 농지는 '자경' 조건을 규정한 농지법 적용대상에서 제외돼 이행강제금 부과가 면제된다. 3,030평 미만의 상속 농지도 이행강제금 부과대상에서 제외된다.

부재지주가 농지 임대를 위탁하면 농지은행은 서류 검토와 현장 조사를 거친 뒤 대신 경작해 줄 농민을 물색, 임대차 계약 체결을 도와준다. 이렇게 하면 농지 이용 목적을 위반한 부재지주에게 부과되는 '농지처분 의무'를 면할 수 있고, 계약기간(5년) 동안 매년 약정된 임대료도 받을 수 있다.

▶정부는 구입 목적대로 농지를 이용하지 않는 부재지주에 대해 단속을 실시한다. 부재지주에게 부과되는 농지처분이행강제금을 피하려면 농지은행 에 농지를 임대 또는 매도 위탁하면 된다.

농지의 연간 임대료는 별도로 정해진 요율표가 없다. 다만 농촌공사는 지역별로 임대료 상한선을 정해 이 범위 안에서 부재지주와 협의해 구체적인 임대료 액수를 결정한다.

이때 임대료는 농지의 상태, 수확량 등을 감안해 다르게 결정된다. 물론 농지 임대가 결정되면 부재지주는 임대 위탁에 따른 수수료(연 임대료의 8~12%)를 농지은행에 내야 한다.

임대기간(5년)이 만료되면 1회에 한해 연장할 수 있다. 하지만 임대 계약 기간 중 해약이나 농지 처분은 불가능하다.

농촌공사 한 관계자는 "이미 지자체에서 처분이 통지된 농지나 용도지역상 도시지역 내 농지는 농지은행 위탁이 불가능하다는 점에 유의해야 한다."고 말했다.

'자경' 사실을 인정받으면 벌금 안 내도 돼

부재지주가 농지를 팔려고 내놔도 팔리지 않을 때는 농지은행에 매도 위탁을 할 수 있다. 농지은행은 지난해부터 부재지주 소유 농지를 농민에게 대신 팔아주는 매도 수탁사업을 시행하고 있다.

부재지주가 농지 매도를 위탁하면 농지은행은 매수자 알선, 가격 협의 등을 대신해 준다. 이때 농지은행은 매도자(부재지주)로부터 거래금액의 0.6~0.9% 정도를 수수료 명목으로 받는다. 농지 임대와 마찬가지로 농지은행에 처분이 위탁된 농지도 '농지처분 의무'를 피할 수 있다.

농지정리가 잘 된 농업진흥구역 내 논밭은 농지은행에서 직접 매입해 주기도 한다. 물론 매매가는 시장가격이다. 이도 저도 어렵다면 부재지주가 직접 농사를 짓고 있다는 사실을 인정받으면 된다. 이러면 '농지처분 의무'를 면해 이행강제금을 물지 않아도 된다. 이른바 '자경' 기준을 갖추는 방법이다. 농지법에서 '자경'을 판단하는 기준은 '농사의 50% 이상을 자신의 노동력으로 경작하는 경우'다. 이 경우 담당 공무원은 부재지주의 정확한 노동 투입량을 산정하기가 어려운 게 현실이다.

때문에 지자체에서는 주변 농민 등에게 부재지주의 실제 경작 여부를 직접 확인, 자경 여부를 판단한다. 이 경우 지자체에 따라서는 씨앗, 비닐 등 농자재를 구입하고 받은 영수증 등을 제출 받아 '자경' 여부를 판단하는 경우도 있지만 쉽지는 않은 일이다.

지역별 농지 임대료 상한선(단위 :   원/㎡)

도별	전체	일모작			이모작		
		평균	진흥지역	진흥지역 밖	평균	진흥지역	진흥지역 밖
경기	302	302	310	295	315	315	315
강원	358	358	366	351	–	–	–
충북	307	307	324	290	–	–	–
충남	395	372	400	344	439	453	425
전북	373	360	378	343	388	400	376
전남	293	281	292	270	305	319	292
경북	352	329	340	319	385	403	368
경남	438	310	327	297	596	620	520
제주	297	297	299	296	–	–	

자료 : 농촌공사

농지임대 어떻게 하나?

임대요건	농업용으로 농지를 매입했으나 직접 농사를 지을 수 없는 경우
임대자격	농지를 소유하고 있는 자 * 단 농지를 취득한 지 1 년이 지나지 않은 사람은 제외
임대기간	5 년 (재임대 가능)
임대대상	논, 밭, 과수원 등 농지법상 농지에 해당되는 땅
임차료	지역별 상한선을 정해두고 그 범위에서 땅 주인과 협의해 결정
임대 수수료	매년 임차료의 8–12%

농지은행 수탁수수료

건당 수탁 규모	수수료율
5,000㎡ 미만	12%
5,000㎡ 미만 ~ 10,000㎡ 미만	11%
10,000㎡ ~ 20,000㎡ 미만	10%
20,000㎡ ~ 30,000 ㎡민	9%
30,000㎡ 이상	8%

농지은행 이용에 유의할 점

지금 당장은 아니지만 2, 3년 후에 도시의 생활을 접고 시골로 내려가려는 이들이나 도시의 생활을 하면서 여유가 생기면 주말영농을 하기 위해 미리 농지를 마련하는 이들이 있다.

자신이 사는 지역의 농지를 매입한 이들이 아니라면 이들을 부재지주라고 한다. 토지 소유주의 주소지가 농지의 관할지역이나 연접 지역에 속해 있지 않는 사람이다.

요즘 농지은행에서 농지를 소유한 부재지주에게 일괄적으로 안내문을 발송하고 있다. 안내문의 내용은 "소유한 농지를 자경하지 않을 시에는 농지법 위반에 걸리므로 농지은행에 맡기라."는 취지다.

부동산업체에서 관련 지역 부동산 소유주에게 매매나 임대 의사가 있는지 DM 발송을 한 것과 똑같은 일을 한 것이다.

농지은행은 정부가 공인한 회사로 부재지주들이 5년 동안 자경의무를 피할 수 있는 방법 중 하나다. 그렇지만 농지은행에 맡겨 부재지주를 피하는 것이 꼭 좋은 것은 아니다. 좋을 수도 있고 나쁠 수도 있기 때문이다. 좋고 나쁜 점은 상황에 따라 조건이 다를 수 있으므로 관할 지역 농지은행에 상담을 받아보고 처리하는 것이 좋다. 모든 사람이 공통된 사항이 있지만 다른 부분도 있기 때문이다.

농지은행에서 하는 일은 알고 보면 부동산중개업체와 업무 성격이 비슷하다. 농지 임대를 대행해 주고 중개 수수료를 받기 때문이다. 매매도 같이 한다.

그런데 오해할 수 있는 부분이 있다.

농지은행에 위탁을 맡겼다고 해서 무조건 부재지주 단속을 피할 수는 없다는 것이다. 다행히 위탁한 농지가 임대가 나가서 임대를 받은 사람이 농사를 지으면 다행이지만 농사를 지을 사람이 없어 농지가 임대되지 않으면 농지은행에서는 이에 대해 책임을 지지 않는다. 단속기관에서는 해당년도에 농사를 지었는지 짓지 않았는지만 가지고 단속하기 때문이다. 따라서 농지가 임대되지 않으면 그해 농사는 주인이 직접 지어야 한다.

다시 말해 정부에서 농지를 매입한 사람은 5년 동안 자경의 의무가 있지만 농지은행을 통해 임대를 준 경우는 자경의무를 면제해 준다는 것뿐이다. 개인끼리 임대하는 것은 불법이다.

2004년도 이전에는 자경을 하지 않아 농지법 위반에 걸리면 무조건 처분하게 되어 있으며 매년 공시지가의 20%씩 5년 동안 농지를 처분할 때까지 부과됐다.

이제는 단속되어도 이후 3년 동안 자경을 한다면 과태료 부과도 되지 않고 농지도 처분하지 않아도 되는 유예기간이 생겼으므로 너무 걱정하지 않아도 된다. 단속을 받아도 농사를 지으실 생각이 있다면 걱정하지 않아도 된다는 뜻이다.

다음은 농지은행에서 부재지주에게 해 줄 수 없는 일들을 정리한 것이다.
① 매입한 지 1년 미만의 농지는 위탁을 받지 않는다.

② 임대 받을 농민이 없으면 농지은행에서는 위탁받은 것을 책임지지 않는다. 본인 스스로 그해 농사를 책임져야 한다.

③ 소규모 농지(진흥지역 1,000㎡ 미만, 진흥지역 밖 1,500㎡ 미만)는 위탁받지 않는다.

④ 도시지역 및 계획관리지역 내의 농지(농업진흥지역은 가능)는 위탁받지 않는다.

⑤ 개발예정지역(토지이용계획확인원으로 확인)도 위탁받지 않는다.

※ 개인 간의 임대의 경우 현행법상 불법이지만 농지은행에 임대자와 임차농민이 같이 방문하여 농지은행의 임대차계약서 양식을 통해 계약을 하면 합법화된다.

농지자경과 부재지주 관련 세금

비자경 부재지주란?

토지투자의 대상은 농지 아니면 임야다. 이 중에서 농지는 취득하기가 여간 까다로운 게 아니어서 자세히 알아둘 필요가 있다. 도시인들의 농지취득을 어렵게 하는 요소는 '농지취득자격증명'과 '토지거래허가'다.

헌법은 우리나라의 근본법이다. 모든 법은 헌법에 의해 구속을 받는다. 헌법은 농업에 관해서 다음과 같은 기본원칙을 천명하고 있다. 농사를 직접 지을 수 있도록 노력해야만 농지를 소유할 수 있다는 것이다.

"경자유전원칙"은 역사적으로 한국 사회에서 농토를 소유하고 있는 지주계급들이 소작농들을 가혹하게 착취해 왔던 현실에 대한 반성으로 확립

되었던 이념이고 원칙이다.

이 원칙이 가지고 있는 가치는 농지를 소수가 소유하는 것을 방지하고, 부의 적정한 분배를 통해 경제정의를 실천하고자 하는 데 있다.

그러나 이제 자유무역협정(FTA)이 체결된 시점에서 농업에 관한 종래의 정책은 커다란 변화를 맞을 상황이 되었다. 그럼에도 불구하고 현행 헌법은 농지에 대하여 경자유전원칙을 기본으로 하고 그에 따라 농지의 소작제도를 금지하고 있다.

따라서 농지를 소유하고자 하는 사람은 직접 농사를 지어야 만하고, 그렇지 않고 편법으로 농지만 취득하여 소유권을 가지고 있으면서 농사를 짓지 않고 소작을 주고 있으면 법에 의한 제재를 받게 되어 있다

그러나 헌법 제121조 제2항은, "농업생산성의 제고와 농지의 합리적인 이용을 위하거나 불가피한 사정으로 발생하는 농지의 임대차와 위탁경영은 법률이 정하는 바에 의하여 인정된다."고 규정하고 있다. 즉 헌법은 원칙적으로 농지소작을 금지하면서 다만 일정한 경우에는 농지법이라는 법률에 의해 농지에 대한 임대차를 허용하고 있는 것이다.

농지법 제22조는 다음과 같은 경우에 농토에 대한 임대차 또는 위탁경영을 허용하고 있다. 따라서 이와 같은 예외 사유에 해당되는지 잘 살펴보아야 한다. 만일 이러한 예외 사유에 해당하지 않으면 농지 소유주는 농지를 다른 사람에게 처분하여야 한다.

농지취득거리 제한이나 주거지역 제한이 사라져 도시민이 농지를 자유롭게 사는 것이 가능해지면서 농림축산식품부는 관할 지자체와 함께 부재지주에 대한 단속을 강화하고 있어 처분의무를 받는 경우는 매년 큰 폭으로 늘어날 것으로 보인다.

이 과정에서 투자목적으로 소규모 농지를 매입한 경우에는 처분 외에 길이 없어 재산상 손해를 볼 가능성도 커졌다.

8년 자경농지의 양도에 따른 양도소득세 감면

농지 소재지에 거주하는 거주자가 8년 이상 직접 경작한 농지를 양도하는 때에는 양도소득세가 감면되는데, 다음의 3가지 요건을 모두 충족하여야 한다.

① 양도 당시 농지로서 농업소득세의 과세 대상(비과세·감면 및 소액부 징수 대상을 포함)이 되는 토지일 것.
② 취득일부터 양도일 사이에 8년 이상 농지 소재지 및 연접 시·군·구에 거주할 것.
③ 취득일부터 양도일 사이에 8년 이상 재촌하고 직접 자경한 농지일 것.

※ 재촌이란 농지 소재지 시·군·구 또는 연접한 시·군·구 또는 농지로부터 직선거리 30㎞ 이내 지역에 거주하는 경우.

세법상 '직선거리 30㎞' 계산법

현행 세법상(조세특례제한법) '8년 자경농지 감면규정'이란 것이 존재한다. 이 규정은 농지 소재지에 거주하는 거주자가 8년 이상 직접 경작한 토지로서 농업소득세 과세대상 토지를 양도할 경우 양도세를 2억 원 한도 내에서 전액 감면해 주는 것이다. 즉 농업에 종사하는 농업인이 부득이한 사유 등으로 농지를 양도하더라도 과도한 세금부담 발생을 방지, 안정적으로 농업에 종사할 수 있도록 혜택을 주는 제도다.

그러나 모든 농지에 대해서 양도세 감면 혜택을 주는 것은 아니다. 세법에서 정하고 있는 일정한 거주 요건을 충족해야만 감면 대상에 포함된다.

세법에 명시된 거주 요건은 총 3가지다. 이 가운데 한 가지만 충족하면 감면 대상이 된다. 구체적으로 농지가 소재하는 시·군·구 안의 지역에서 거주하거나 농지 소재 시·군·구와 연접(행정구역상 동일한 경계선을 사이에 두고 붙어 있는 시·군·구 해수면도 포함)한 지역에 거주한 경우다.

직선거리 30km 라는 요건은 겉으로는 아주 단순해 보인다. 그러나 일반인들이 계산해 내기란 쉬운 일이 아니다. 혹여 과세 당국이 가지고 있는 별도의 계산법이 존재, 납세자들이 직접 계산한 것과 상이할 경우가 발생할수도 있다.

직선 및 직선거리의 사전적 의미부터 살펴보자. 직선은 꺾이거나 굽은 데가 없는 곧은 선을 의미한다. 직선거리는 두 점을 직선으로 연결하는 거리, 기하학적으로 가장 짧은 거리를 의미한다.

세법이 규정하고 있는 직선거리 30km 이내의 지역이라는 것은 거주지에서부터 농지 소재지까지 두 점을 직선으로 연결한 가장 짧은 거리로 30km 이내의 지역을 말한다.

다시 말해 지도상 거주지와 농지 소재지를 직선으로 연결한 거리가 30km 이내라면 실제로 거주지에서 농지 소재지로 가는 길이(도로사정상) 30km를 넘는다 할지라도 감면 대상에 포함될 수 있게 되는 것이다.

직선거리 계산과 관련해서는 과세 당국도 별도의 계산법을 가지고 있지 않다.

직선거리 계산은 납세자가 직접 계산하고 과세 당국이 이를 확인해 인정을 해 주면 된다. 따라서 납세자들은 인터넷 사이트 등에 올라온 지도검색을 이용하거나 행정 지도를 펼쳐 놓고 직접 계산을 해야 한다. 또한 대한지적공사 등에 문의를 하여 계산하는 방법도 있다.

농지와 자택 주소 지도상에 반영

　자택과 농지 주소를 지도상에 나타낼 수 있도록 네이버지도 좌측 ①[길찾기]를 클릭한 후 ②에 해당 농지 지번과 자택주소를 각각 입력한 후 ③[길찾기]를 클릭하면 아래와 같이 지도상에 두 위치가 표시된다.

직선거리 측정

　지도상에 출발지와 도착지의 위치로 농지와 주택의 위치를 확인 한 후 오른 쪽 중간의 ①[길이재기]를 클릭한 후 ② 시작점에 마우스를 클릭한 후 도착점까지 선을 끌어오면 농지로부터 자택까지의 직선거리가 측정된다.

부재지주 해결을 위한 편법 : 농지 '공동투자'

　서울 송파에 사는 박모 씨는 지난 2월 친구 3명과 함께 경기도 여주에 있는 논 3,800㎡를 각각 950㎡씩 공동으로 매입했다.

이들은 외지인이 농지를 매입할 때 반드시 발급받아야 하는 농지취득자격증명신청서의 취득 목적 난에 주말영농체험용'으로 적어 넣었다. 외지인이 주말영농체험용으로 구입하는 1,000㎡ 이하 농지에는 양도세가 중과되지 않는다는 점을 노린 것이다.

그는 "이 땅을 투자용으로 보유하고 있다가 2~3년 후에 되팔아 수익을 올릴 계획"이라고 말했다.

과거 여주·이천·용인 등 대규모 개발계획이 집중된 수도권 지역에서 부재지주 양도세를 피하기 위한 농지 공동투자가 성행했던 적이 있었다.

외지인이라도 덩치 큰 농지를 주말영농체험용으로 공동 매입해 1,000㎡ 이하씩 소유하면 양도세를 각각 6~42%만 내도록 한 규정을 악용한 투기 수법인 셈이다. 현행 규정은 외지인이 일반농지를 매입했다가 되팔 경우 양도차익의 66%(주민세 6% 포함)를 양도소득세로 내도록 규정하고 있지만 주말영농체험용 농지는 이 대상에서 제외하고 있다.

이런 허점을 노리고 다른 사람의 명의를 빌려 구색만 공동투자 형태를 갖추는 사례도 늘고 있다. 서울 강남에 사는 윤모 씨는 토지거래허가구역에서 제외된 경기도 이천에 소재한 밭 5,000㎡를 주말영농체험용으로 매입하면서 친지 등 5명의 명의를 빌렸다.

토지 매매계약서에는 윤 씨 외 5명이 이 농지를 매입하는 것처럼 꾸몄지만 매매 대금 3억 원은 윤 씨 혼자서 치른 것이다. 그가 공동투자 형태로 농지를 매입한 것은 나중에 이 농지를 되팔 때 부과될 양도세(6~42%)를 줄이기 위해서다. 그는 "공동투자를 하면 양도차익이 6명 앞으로 각각 나뉘어 계산돼 세금을 많게는 20% 가량 줄일 수 있다."고 말했다.

이 경우 물론 6명이 833㎡씩 소유한 형태이기 때문에 주말영농체험용 농지로 인정받아 기본적으로 부재지주 양도세 중과를 피할 수 있다.

투자용으로 농지를 공동으로 사들인 투자자들은 대부분 정부의 단속을 피하기 위해 위장 영농을 한다. 현행 농지법은 취득 목적대로 농지를 이용하지 않는 땅 주인에게는 처분의무기간(1년 6개월)을 주고, 이 기간 내 땅을 팔지 못하면 이행강제금(공시지가의 20%)을 내도록 하고 있다.

이런 규정을 피해 수확물을 나누는 조건으로 현지 주민을 고용, 고추·호박 등을 대리 경작하는 것인데, 이러면 담당 공무원이 실제 경작 여부를 직접 조사하지 않는 한 적발이 사실상 어려워 벌금 부과를 피하고 있다.

물론 한 달에 한두 번 가량 씨앗 등을 구입해 직접 농사를 짓기도 한다. 지자체에 따라서는 씨앗, 비닐 등 농자재를 구입하고 받은 영수증 등을 제출받아 주말영농체험 용도대로 농사를 짓는지 여부를 판단하는 경우도 있기 때문이다.

전문가들은 부재지주 양도세를 피하기 위한 농지 공동투자에는 신중해야 한다고 조언한다. 자칫 공동 명의자의 의견 다툼으로 법원에서 경매처분을 통한 현금 분할 판결을 내릴 수도 있다는 이유에서다. 다툼이 있는 공유 토지는 경매를 통해 낙찰금을 공동 소유주들에게 나눠준다. 이 경우 낙찰가가 시세보다 낮아져 오히려 손해를 볼 수 있다.

농지 임대차가 농지법 위반?

농촌 출신인 김갑돌 씨는 대학을 졸업하고 대기업에 취업하여 임원까지 승진했다가 55세에 퇴사를 했다. 회사에 다니는 동안 늘 고향에 대한 그리움을 가지고 있던 김 씨는 퇴사를 한 뒤 고향에 내려가 농사를 지어야겠다고 마음을 먹었다. 그러나 김 씨는 부모님이 남겨 준 땅이 3,300㎡만 가지고 있었던 터라 실제 농사를 지어 수익을 내기에는 어렵겠다고 생각했다.

김 씨는 평소 고향을 방문할 때마다 같은 마을 선배인 이농부 씨(58)와 박

영감 씨(70)에게서 자신이 나중에 귀농하면 논을 빌려 주기로 약속 받았던 것을 믿고 수천만 원을 들여 콤바인·트랙터·경운기·파종기 등 농기구를 구입했다.

이 씨와 박 씨는 모두 농촌에서 태어나 논농사만 지어왔던 전형적인 시골 농부들이다. 이 씨는 젊은 시절 52,800㎡나 되는 농사를 지어 자녀들을 교육시켰기 때문에 더이상 농사일을 하고 싶은 의욕이 없었고, 6,600㎡의 농사를 지어온 박 씨도 적잖이 나이를 먹은 데다 비싼 농기계·비료·농약 값과 일손 부족 탓에 더 이상 농사를 짓고 싶지 않았다.

그러던 중 평소 성실하고 의욕적인 김 씨가 고향에 내려와 농사를 지으려고 하자 이 씨와 박 씨는 자신들의 논 전부를 김 씨에게 임대하기로 합의하고 직접 임대차계약을 체결한 것이다.

김 씨는 꿈에 부풀어 논갈이를 하고 못자리도 크게 만들었다. 그런데 갑자기 관할 면사무소 직원이 김 씨를 찾아와 불법 농지임대차라고 하면서 농지법 위반으로 처벌받을 것이라고 말한 뒤 당장 임대차계약을 해지하고 논을 반환하라고 했다.

김 씨는 이 씨나 박 씨의 논 모두를 임차하지 않고서는 이미 구입한 농기계 값 등을 감당할 수 없는 상황인데, 면사무소 직원의 말에 따라 임대차계약을 해지하고 논을 반환해야 할까?

결론부터 말하면 김 씨는 이 씨의 논은 반환하고, 박 씨의 논은 반환하지 않아도 된다. 하지만 박 씨의 논 6,600㎡ 만으로는 농기계 값과 인건비·농약 값 등을 감당할 수 없어 결국 농사를 포기해야만 하는 상황이 발생할 것이다.

그렇다면 김 씨가 이 씨의 논은 반환하고, 박 씨의 논은 반환하지 않아도 되는 이유는 뭘까? 농지법이 농지임대차의 허용범위를 지나치게 엄격히 제한하고 있기 때문이다.

농지법 제23조(농지의 임대차 또는 사용대차)에는 '60세 이상이 되어 더 이상 농업경영에 종사하지 아니하게 된 자로서 자기의 농업경영에 이용한 기간이 5년이 넘은 농지'에 대해 임대차가 허용된다고 규정돼 있다. 58세인 이 씨의 논은 임대차가 허용되지 않고, 70세인 박 씨의 논은 임대차가 허용되는 근거다.

결국 농지임대차를 할 경우, 한국농어촌공사의 농지은행제도를 활용하거나 관련 법규에 대한 안내를 받는 것이 좋겠다.

농지 임대차에서 주의를 기울여야 하는 사례

농지등 토지의 임대차에서 많은 이들이 쉽게 생각하고 임대를 주었다가 나중에 크게 뒤통수를 맞는 사례를 이야기하고자 한다.

농지를 임대차할 때 별생각 없이 그냥 해 주는 경우가 많다. 그러나 반드시 지상권이 될 만한 시설물을 설치하지 않는 조건으로 해야 만한다. 설사 그리 약정을 했더라도 시설물이 설치되는 경우에는 매우 큰 어려움을 겪게 될 수도 있다.

법적으로는 임대인의 승낙 없이 한 것이므로 위법하여 철거 및 원상복구 의무가 있다 할 것이나 실제에서는 명도소송은 물론 명도소송 후에도 제대로 이행되기 어렵고 임차인인 약자의 보호 차원에서 일정액을 지불하도록 하는 경우가 발생하기도 한다.

일반적으로 비닐하우스를 하는 경우를 예로 들어 보겠다.

일반적인 농사를 짓는 경우에는 3.3㎡당 1,000원 정도의 임차료를 받는다. 그러나 비닐하우스를 하는 경우에는 3.3㎡당 2,000~3,000원을 받는다.

그런데 몇 년 후 내가 팔려고 내어 놓았더니 나가지 못하겠다고 한다. 즉 하우스등의 시설은 임차인의 소유이므로 지상권을 요구하는 것이다. 결국 시설비 보상비나 철거 비용으로 그동안 받았던 임차료의 2~5배를 더 줘도 해결이 안 되는 경우를 너무나 많이 보았다.

그럼 해결하는 방법은 있을까?

이미 엎질러져서 그렇게 하고 있는 경우에는 농지를 다시 임대하고자 하는 사람을 찾으면 간단히 해결하고 넘어갈 수 있다. 즉 임대차를 승계하게 하는 것이다.

그렇다면 임대차를 하기 전에는 어찌해야 할까?

농지를 빌려 주려고 하는데 하우스 등을 짓겠다든지, 농막을 짓겠다든지 하거든 직접 하우스나 농막 등을 지어 준다. 또는 시설 자재를 대 주고 인건비를 주어 임차인이 짓도록 하는 방법도 있다. 그러면 그 시설은 농지 소유주인 본인의 소유이므로 임차인이 권리 주장을 할 수 없다.

그러면 요즈음 흔히 하는 정원수나 과수원은 어떨까? 이것 또한 지상권이 성립돼 골치가 아프기는 마찬가지다. 한마디로 내 땅을 임대차 해 줄 때는 다른 용도로 사용하지 않을 사람을 선택하거나 아니면 그 용도에 맞는 시설을 설치하여 주거나 묘목 등을 식재해서 주면 된다.

모든 일에는 해결 방법이 있다. 꼭 법으로 해결하여야 만하는 것은 아니라고 본다. 또한 법이 모든 것을 해결해 주는 것도 아니다. 법이란 그나마 마지막으로 해결책을 찾는 최후의 수단 중 하나일 뿐이기 때문이다. 제일 좋은 방법은 서로에게 손해가 가장 적고 이익이 가도록 타협하는 것이다.

어느 한쪽의 일방적인 손해를 주어서도 안 되고 서로가 다소 손해를 보는 듯이 어느 한쪽이 이익을 독차지하려 해서도 안 된다. 서로가 다소 이익을 나누어 가지는 듯이 손해도 이익도 나누어서 부담한다는 생각으로 타협하는 것이 가장 좋은 방법이다.

자경이냐 위탁이냐?

"2년 전 충북 진천의 논 3,000평을 사들여 동네 주민에게 농사를 맡긴 부재지주 박모 씨는 요즘 걱정이 많다. 한국농촌공사가 운영하는 농지은행으로부터 최근 농지임대위탁 안내문을 받았기 때문이다. 안내문에는 '정당한 사유 없이 자경하지 않을 경우, 처분부과 등 불이익을 받게 될 것'이라는 내용이 있었기 때문이다.

박 씨는 "현실적으로 직접 농사짓기 어렵기 때문에 팔든지, 농지은행에 위탁할지 고민 중"이라고 말했다.

농지법이 시행된 1996년 1월 이후 취득분에 대해서는 개인 간 농지 임대(소작 형태)가 원칙적으로 금지된다. 다만 상속에 따른 취득분이나 8년 자경 후 이농한 농가 소유의 농지는 1만 ㎡(3,025평)까지 제한적으로 허용된다. 이런데도 상당수 외지인들이 투자용으로 농지를 산 뒤 친인척이나 지역 주민에게 농사를 맡기고 임대료로 수확물을 받고 있다.

자경으로 인정받으려면 농사의 절반 이상을 직접 지어야 한다. 농림축산식품부 관계자는 "논농사의 경우 파종·농약 살포·수확에는 농지 소유주가 직접 참여해야 하는데, 이런 규정을 제대로 지키는 사람들이 별로 없다."고 말했다.

하지만 이런 불법 임대나 위장 자경은 쉽지 않게 됐다. 토지거래허가구역에선 허가목적대로 땅을 이용하지 않는 주인을 신고하는 사람에게 포상금을 주는 '토파라치' 제도가 시행되기 때문이다.

자경이 어려운 외지인이 농지를 보유하고 싶을 경우 농지은행에 위탁하는 것도 고려할 만하다. 도시민들이 농지취득자격증명을 받아 농지를 구입한 뒤 이를 농지은행에 맡기면 농사를 짓지 않고도 소유할 수 있다.

그러나 개발 예정지나 소규모 농지는 위탁 대상이 아니라는 점을 알아야 한다. 아직 세분화가 끝나지 않은 관리지역(옛 준농림지)의 경우, 위탁이 가능하지만 계획관리지역으로 분류되면 재계약이 어렵다. 공동 지분 형태로 농지를 구입한 경우에는 모든 투자자의 동의가 있어야 가능하다.

농지은행에 농지임대 및 매도를 맡기려면

임대위탁(2005. 10. 1 시행)	구분	매도위탁(2008. 4. 30 시행)
• 대상농지 － 개인이 소유하고 있는 농지 (논·밭) － 단, 농업진흥지역 내 1000㎡ 이상, 농업진흥지역 밖 1500㎡ 이상 • 제외농지 － 도시지역 및 계획관리지역 내의 농지 － 개발계획구역 및 예정지 내외 농지 － 2인 이상의 공유하는 농지의 일부 지분	대상농지	• 대상농지 － 자경에 이용하지 않아 처분통지를 받거나 매도 희망하는 농지. • 제외 농지 － 개발계획구역 및 예정지 내의 농지 － 농지전용허가·협의 또는 농지전용신고를 마친 농지 － 토양이 오염된 농지
• 임차기간 5년 － 최초 계약기간 만료 후 같은 임차인과 재계약하는 경우, 기간 제한 없음.	기간	• 위탁기간 6개월 － 농업인에게만 알선 － 기간 내 팔리지 않으면 소유주가 직접 팔아야 한다.
• 3000평 논, 연간 180만~220만 원 예상 － 위탁수수료(연간 임대료의 8~12%) 별도 － 중도 해지할 때 잔여기간 임차료의 20%를 위약금으로 내야 한다.	임대료 및 가격, 수수료	• 가격은 실거래가와 공시지가를 참작해 농지은행과 위탁자가 협의해 결정 • 매도 수수료는 거래금액의 1% 미만 － 매수자 (농업인) 수수료는 면제

농지의 투자가치 판독법

농지와 임야 어느 것이 더 좋은가?

일반인들은 허가를 받게 되면 지목을 대지로 바꿀 수 있는 것으로 막연하게 생각하는 경향이 있다. 그렇지 않다.

일단 그 지목에 따라 농지보전부담금이나 대체산림조성비를 국가에 납부하고 개발행위절차를 거쳐 목적 행위(집을 건축하고 또는 창고를 짓고, 목적 건축물을 짓고)를 한 후 준공을 받아 목적물 건축이나 개발행위가 종료되는 시점에 비로소 지목이 '대지'로 바뀌는 것이다.

농지나 임야를 대지로 바꾸기

흔히 말하는 전용비에는 어떤 종류가 있는지 구체적으로 알아보자.

우리나라 28개 법적 지목 중 지목이 '임'이나 '농지'(전·답·과수원 기타 법적 지목 불문하고 실제로 농작물 경작지 또는 다년생식물 재배지)는 본래 지목의 목적 이외의 용도로 활용하기 위해서는 국가에 세금을 내야 한다.

농지는 농지보전부담금, 임야는 대체산림자원조성비가 이에 해당한다. 이러한 세금은 대체로 어떤 개발행위나 건축을 할 때 필요하다.

농지보전부담금은 말 그대로 개발을 하면서 훼손된 농지만큼 별도의 농지를 조성하기 위해 국가에 내는 세금이다. 이 세금은 임야도 마찬가지지만 만약 애초의 목적 행위를 하지 않을 경우, 환급이 된다.

같은 농지라 해도 입지나 영농여건, 개발 가능성에 따라 ㎡당의 가격이 천차만별이다. 예전에는 그 가격차를 불문하고 경지정리가 되었는지 또는 용수개발이 시행됐는지에 따라 세금이 정해졌다.

결국 상대적으로 농촌지역에 불리하게 적용될 수밖에 없었으므로 지금은 공시지가 기준으로 세금이 매겨지게 돼 공시지가가 비싼 농지는 더 많은 세금을, 싼 농지는 상대적으로 저렴한 세금을 내게 된다. 물론 초기에 드는 비용은 소소한 비용을 제외하고 개발행위허가를 같이 받아야 한다. 이때 개발행위에 따른 토목설계비 등이 추가로 들어간다.

임야는 농지에 대한 농지보전부담금처럼 대체산림조성비란 이름의 세금이 부과된다. 산지를 조림, 벌채, 임산물의 굴취·채취 등의 이외의 목적, 그러니까 농지처럼 개발행위나 주택 등을 건축하고자 할 때 부과되는 세금인 것이다. 마찬가지로 임야를 개발하고 난 후의 대체할 산림을 조성할 비용이다. 그 비용은 토지 매매에서 가장 중요한 서류 중 하나라고 얘기한 토지이용계획확인서를 보면 산지로 나오는데, 일단 세금 면에서 보자면 대체산림조성비가 농지보다는 상대적으로 유리하다고 볼 수 있다.

하지만 임야는 개발을 할 경우 경사면(법면 로스라고도 한다) 부분의 면적 손실이 발생할 수 있으므로 지목이 임야인 토지를 선택할 경우 반드시 경사면의 경사도가 20(지자체마다 조금씩은 차이가 있다)을 넘지 않는 임야를 선택하는 것이 차후에 개발 후 비용적인 측면에서도 유리하므로 참고기 바란다.

토지경매를 시작하고자 하는 경우나, 귀농을 하려는 이들로부터 간혹 농지가 좋은지 임야가 좋은지에 대한 질문을 받고 당황한 적이 있다. 땅이란 투자 혹은 보유하려는 목적에 따라 또 실제 활용하는 이에 따라 그 가치가 달라질 수 있기 때문인데, 농지와 임야를 기본법, 규제, 활용도, 투자 및 개발 측면에서 서로 비교해보자.

현행법상 28개 지목 중 농지와 임야가 85%

전·답·과수원의 지목을 가진 땅을 묶어서 농지라고 부르며, 농지법의 작용을 받는다. 농지에 목장용지를 합하여 농경지라고 부른다.

우리나라 국토의 약 85%는 임야와 농지로, 지적법상 규정된 28개 지목 중 농지와 임야를 제외한 24개 지목의 면적 합계는 약 15% 정도에 불과하다. 그 중에서도 활용이 곤란한 도로, 하천, 구거, 제방, 사적지 등을 제외하고 나면, 땅을 사서 개발하려고 할 때 찾게 되는 것은 기본적으로 농지와 임야일 수밖에 없다.

현행법상 28 개 지목	
농지 20%	논 12%, 밭 8%, 과수원
목장용지	초지, 축사
임야	65%
기타 지목(23개)	• 대지 잡종지 주차장 염전 광천지 • 도로, 하천, 구거, 제방, 유지, 양어장 • 공장용지, 창고용지, 학교용지, 철도용지, 수도용지 • 사적지, 체육용지, 공원, 유원지, 묘지

규제상 농지와 임야	
농지(농지법)	경사유전원칙, 농지취득자경증명제도, 농업진흥지역, 농지전용제한
임야 (산지관리법)	산지전용제한구역 보전산지 경사도/ 고도제한/ 입목본수도/ 산지전용제한

농지와 임야에 관한 기본법과 용도지역

농지에 관하여는 농지법이 기본법이며, 농업기반시설이나 농촌관광 등을 지원하는 농어촌정비법이 있다. 임야에 관하여는 산림자원의 조성 및 경영에 관한 법률과 산지관리법이 있으며, 국유림, 휴양림, 식물원, 산촌진흥 등에 관하여는 별도의 단행법에 세분화되어 있다.

임야는 지상의 입목을 포함하느냐 여부에 따라 통상 산지 혹은 산림 등으로도 불리며, 약간의 개념상 차이는 있으나 대체로 같은 의미로 보면 된다. 그러나 목장용지나 초지는 임야와는 전혀 다른 지목으로서 달리 취급된다. 초지에 관하여는 별도의 초지법이 있다.

농지는 농지법에서 농업진흥지역 내 농지와 그 밖의 농지로 구분되며, 농업진흥지역은 다시 농업진흥구역과 농업보호구역으로 나뉜다. 산지관리법에서 임야는 보전산지와 준보전산지로 분류되며, 보전산지는 다시 공익용 산지와 임업용 산지로 구분된다. 이러한 농지와 임야의 구분은 지목에 다른 특수한 용도지역으로 볼 수 있으며, 각 용도지역에 따라 농지나 산지로 보존하려는 강도와 개발이 가능한 행위 및 규모가 다르다.

그리고 대체로 농업진흥지역 내 농지와 보전산지는 국토계획법에 따른 농림지역에 포함시키고 있다. 반면에 농업진흥지역 밖 농지와 준보전산지는 관리지역으로 분류하며, 이들 지역은 다시 관리지역 재분류 작업의 결과, 계획·생산·보전관리지역으로 세분화된다.

활용도에 있어서의 농지와 임야

농지와 임야는 활용도와 개발대상으로서 커다란 차이가 있다. 농지는 통상 마을에 가까이 소재하고 큰 수목이 없으며, 대체로 경사도가 급하지 않아 개발이 쉽다. 따라서 농사를 짓는 목적 이외에도 전원주택을 짓거나 관광농원이나 주말농장, 유실수 재배 등에 적합하다. 하천을 끼고 있거나 넓은 과수원을 활용하면 관광지 조성이나 농어촌관광휴양단지로도 활용된다.

이에 비해 임야는 수목이 울창한 산지로 형성되어 있기 때문에 버섯재배, 약초재배, 관상수 식재, 조림사업 등 임업생산은 물론 수목원과 자연휴양림 등 휴양시설로도 제격이다. 흑염소·꿩이나 양계장 등 축사 신축과 동물 사육에도 적합하고, 그 외에도 공장·창고·연수원·박물관 등을 건립하기 좋다. 콘도나 스키장·골프장 등의 레저타운은 대규모 임야에서만 가능하다. 근래에는 가족 산과 수목장림에 대한 관심도 또한 많아지고 있다.

투자가치에 있어서의 농지와 임야 비교

일반인의 투자가치를 따질 때 농지와 임야는 일장일단이 있어서 한마디로 이야기하기는 힘들다. 개인투자자를 기준으로 한다면, 농지는 규모가 작고 개발이 용이하여 소액투자에 적합하다. 일반인이 당장 주말농장으로 쓰거나 농가주택이나 전원주택을 짓기 편이하고, 귀농자에게는 일단 손쉽고 친숙하게 정착할 수 있는 장점이 있다고 볼 수 있다.

실제로 수도권의 작은 농지는 개인의 좋은 투자대상이 되고 있다. 이에 반해 임야는 대체로 농지에 비해 ㎡(평)당 단가는 싸지만, 면적과 규모가 커서 투자금액이 만만치 않으므로 통상 쉽게 접근할 수 없는 점이 있다. 개발에 관련된 규제도 많아서 개인이 쉽게 접근하기 어려운 점도 있다. 그러나 기업체의 대규모 개발을 위한 투자대상이 되고, 개인의 상속용 투자재산으로 적합하다.

개발규제에 있어서의 농지와 임야 비교

농지와 임야를 개발하려는 경우에는 통상 개발행위허가 외에도 각기 농지전용과 산지전용이라는 지목변경절차를 거친다. 농지전용과 산지전용은 모두 심사를 할 때 국토계획법과 농지법, 산지관리법, 기타 개별법상 용도지역에서의 개발제한 및 건폐율, 용적률 등이 우선 검토 대상이 될 것이다. 그러나 양자는 그 구체적인 심사기준과 전용 비용에서 많은 차이가 있다.

농지전용에서 심사기준으로는 무엇보다도 해당 농지의 보전 필요성 여부와 주변 농지에의 영향을 우선으로 한다. 전용신청시 사전에 그 지역 해당 지자체의 검토를 거치는 과정에서 사전심사가 이루어지고 난 후에 전용신청서가 공무원에 접수된다.

산지전용은 개발대상 임야의 경사도 및 고도제한, 입목본수도 등 산지전용심사기준이 까다로워 개발이 쉽지 않다. 또 임야에 660㎡(200평) 미만 주택을 지으려면 자기 소유여야 한다는 제한도 있다. 반면 농지의 경우에는, 타인의 농지에도 토지사용승낙을 받아 농지전용과 건축허가를 받아 집을 지을 수 있다.

개발에 따르는 비용 측면에서 양자를 비교해보면 농지의 경우 농지전용시 부과하는 농지보전부담금은 ㎡당 개별공시지가의 30%로서, ㎡(평)당으로만 보면, 산지전용에서 부과되는 대체산림자원조성비보다 훨씬 많다.

그러나 임야의 대규모 산지전용에는 그 외에도 산지복구비 예치, 개발부담금 부과와 환경영향평가 시행 등의 부담이 따르므로 단순히 임야의 경우가 더 싸다고 단언할 수는 없다. 또한 임야의 경우에는 부지를 조성하는 토목공사비나 기반시설설치 비용도 만만치 않으며, 공사시행 중 지역주민의 민원과 분쟁도 적지 않다.

취득에 있어서의 농지와 임야 비교

농지를 취득할 때에는 국가나 지자체의 경우를 제외하고는 반드시 농지취득자격증명을 받아야 하며, 거의 예외가 없다. 경매로 농지를 취득하는 경우에도 농취증을 받아야 한다. 오래 전에는 임야도 임야매매증명제도가 있었고, 분할 최소면적 제한규정도 있었으나 지금은 모두 폐지되었다.

농지나 임야 모두 토지거래허가구역 내에 소재하는 토지를 매입할 경우에는 취득 전에 토지거래허가를 받아야 한다. 허가조건으로는 외지인인 경우, 모두 구입자의 전세대가 주민등록을 이전하여 6개월 이상 실제로 거주해야 허가를 받을 수 있는 점은 동일하다. 그리고 농지의 경우에는 농업경영 목적, 임야의 경우에는 산림경영 목적이라는 실수요자 조건도 동일하다.

그러나 취득할 수 있는 주체로서 농지는 농업인이나 농업경영을 하려는 개인 혹은 농법법인 및 특수한 목적을 가진 법인만이 농지를 보유할 수 있다. 영리를 목적으로 하는 상법상 주식회사 등 일반법인은 농지를 취득할 수 없다. 이에 반하여 임야는 주식회사 등 일반법인도 제한 없이 취득할 수 있다. 농지와 임야 모두 취득할 수 있는 면적의 상한선은 없다.

사후관리의무에 있어서의 농지와 임야 비교

농지취득 후에는 엄격한 농업경영의 사후관리의무가 따르며, 이것을 자경의무라고 한다. 농지의 자경의무를 위반한 경우에는 이행강제금과 강제매수절차가 따른다. 임야에도 임업경영 의무가 있긴 하나, 농지만큼 까다롭지 않아 대개는 문제가 되지 않는다.

경지정리가 된 농업진흥구역 내 농지는 2,000㎡ 아래로는 토지분할을 할 수 없다는 제한도 있다.

농지법 제21조에 의하면, 농업생산기반정비사업이 시행된 농지는 세분화 방지를 위해 농지전용, 농지개량, 농지의 교환·분합 등 불가피한 경우가 아니면 2,000㎡(약 605평) 이하로 분할되는 것을 제한하고 있다.

따라서 구입할 농지가 농업생산 기반정비사업이 시행된 지역에 있는지 시·군에서 우선 확인하고 만약 이에 해당될 경우, 필지당 2,000㎡(약 605평) 이하로는 분할할 수 없을 것이다.

규제완화에 있어서 농지와 임야의 기본적인 차이

농지와 임야를 놓고 개발이나 투자대상으로 검토할 때 반드시 유의하여야 할 사항은 공법적 규제의 내용과 그 규제의 해제와 완화 가능성이다.

수도권의 도시지역에 인접한 자연녹지지역이나 계획관리지역 안에 있는 농지 같은 것은 비교적 개발이 용이하다. 이런 지역은 향후 인구증가와 도시 확산에 대비하여 도시지역에의 편입을 예상하고 시가화예정용지로 편입되어 있는 경우가 많기 때문이다. 실제로 이런 땅은 세월이 흐르면서 규제가 완화되어 개발될 가능성이 많으므로 투자가치가 매우 높다고 할 수 있다.

반면 수도권이나 광역시 주변의 그린벨트 내에 있는 임야는 국가의 특별한 정책 목적 외에는 개인적인 개발이 제한되어 있다고 할 수 있다. 그린벨트임야와 상수원보호구역·보안림·사찰림·자연공원·자연생태계보호구역·백두대간보호구역 등은 거의 모두 공익용 산지라는 보전산지로 지정되어 있다. 공익용 산지는 개인의 활용용도가 거의 없어서 개발은 물론 거래대상으로서도 기피 물건으로 인정된다. 임야투자에 있어서 특히 유의하여야 할 점인 것이다.

그러나 공익용 산지도 그린벨트 해제나 5년마다 있는 산지이용규제 타당성 검토와 도시관리계획 변경, 도로개설, 주변지역 개발 등으로 전부 또는 일부가 임업용 산지나 관리지역 혹은 도시지역 등으로 용도지역이 변경될 수 있으며, 그 용도제한도 완화가 될 수 있어서, 장기적으로는 투자대상이 될 수도 있다.

그러나 실제 임야경매나 투자시에는 그 지역의 장기적인 개발전망과 규제의 변경이나 완화될 가능성이 있는지 등 투자 타당성에 대한 세밀한 검토가 절대적으로 필요할 것이다.

법규상 농지와 임야의 투자가치 비교

이상으로 농지와 임야의 개괄적인 차이를 보았다. 그러나 활용도, 개발목적에 따라 투자대상으로서 농지와 임야 중 어느 것이 좋다는 결론은 내릴 수 없다. 그것은 토지를 구입하는 이의 목적에 따라 달라질 수밖에 없는 것이기 때문이다.

토지경매를 하는 이들이나, 귀농 혹은 전원생활을 계획하는 이들이 농지나 임야 중 어느 것을 선택하여야 하는지에 대해서는 실제로 토지를 보유, 이용, 투자 목적에 따라 판단하여야 할 문제라고 본다.

농지와 임야의 법규상 비교

① 근거법

농지는 농지법(2002. 12. 30 개정), 임야는 산림법(2002. 12. 30 개정)과 산지관리법 (2002. 12. 30 제정)

② 주무관청

농지는 농림축산식품부, 임야는 산림청

③ 기본적인 용도지역

농지는 농림지역, 임야는 자연환경보전지역

④ 기본적인 지목

농지는 전·답·과수원(초지 및 임야 제외), 임야는 임야(과수원 제외, 대나무밭 포함)

⑤ 전문경영인

농업인(300평 이상, 연 90일 이상 경작, 연매출 100만 원 이상, 농지원부), 임업인 (9,000평 이상, 연 90일 이상 영림, 연매출 100만 원 이상)

⑥ 관련 장부

농지는 토지대장, 지적대장, 농지원부. 임야는 임야대장, 임야도.

다만 토임의 경우에는 지목은 임야지만 토지대장에 등재.

⑦ 개발행위 기본 제한지역

농지는 농업진흥지역(농업진흥지구, 농업보호지구), 임야는 보전산지(공익용 산지, 임업용 산지)

⑧ 개발가능지역

농지는 비농업진흥지역, 임야는 준보전산지

⑨ 규제의 기본원칙

농지의 기본원칙 : 헌법(제121조)상 경자유전의 원칙에 의하여 농지의 소작제를 금지하되 농지의 임대차와 위탁경영은 제한적으로 허용한다. 농지소유상한제도는 원칙적으로 없다.

임야의 기본원칙 : 자연환경보전과 임업자원의 보호를 위한 각종 특별법이 많다. (산림유전자원보호법, 문화재보호법, 백두대간보호법, 공원법, 사찰법, 습지보호구

역, 생태계보호구역, 조수보호구역, 휴양림, 보호림, 보안림 등 다수)

농지전용과 산지전용의 비교

① 근거법
농지전용은 농지법, 산지전용은 산지관리법

② 종류
농지전용은 농지전용허가, 농지전용신고, 농지전용협의 등 3종. 산지전용은 산지전용허가, 산지전용신고, 산지전용협의 등 3종.

③ 전용시 부담
농지전용은 농지조성비 ㎡당 10,300원~21,900원(평당 34,000원) ➡ 공시지가의 30%로 변경. 산지전용은 대체산림자원조성비 ㎡ 당 1,581원~3,162원(평당 5,200원) ➡ 매년 고시.

2019년도 대체산림자원조성비의 단위면적당 금액
- 준보전산지 : 4,800원/㎡
- 보전산지 : 6,240원/㎡
- 산지전용, 일시사용제한지역 : 9,600원/㎡

일반적인 경우 전용부담금 비용만은 임야는 농지의 1/6에 불과하다.

하지만 이것은 단순한 농지와 임야의 전용허가비에 따른 비교이므로 토지를 매입할 시에는 토목공사비 등 주변 상황을 비교 검토하여 전체적인 토지매입비 등을 계산을 하여야 싼맛에 매입한 토지가 애물단지로 전락하는 것을 미연에 방지하여야 한다.

실제 전용 사례로 본 농지전용과 산지전용의 비교

도시민이 전·답 등 농지나 산지(임야)를 사서 집을 지으려면 먼저 지목을 대지로 바꾸는 절차를 밟아야 한다. 이를 농지전용 또는 산지전용이라고 한다. 개인이 받을 수 있는 농지전용의 최대 면적은 1,000㎡(300평)이다. 다만, 계획관리지역에서는 면적제한이 없다.

그렇다고 무제한 가능한 것은 아니다. 집을 건축할 때 건폐율(계획관리지역 40%, 보전 및 생산관리지역 20%) 규정이 따로 있다. 전용을 받은 면적이 넓으면 건축물도 크게 지어야 인·허가를 받을 때 문제가 없다. 또 전용면적이 1,650㎡(500평)을 초과하면 농지전용부담금 외에 개발부담금(공시지가의 25%)도 물어야 한다.

현지에 거주하며 농사를 짓는 농업인이 자격을 갖춰 660㎡(200평) 이하 농지를 전용해 농업인주택을 지을 경우에는 신고로 가능하다. 농지전용부담금도 내지 않는다.

농지를 구입한 후 곧바로 농지전용이 가능하며, 전용을 받은 농지를 구입할 수도 있다. 양평과 같은 수질보전대책권역에서는 6개월 이상 거주해야 전용허가를 받을 수 있는 등 지역이나 규제에 따라 다소 차이가 있으므로 해당 관공서에 확인해 보아야 한다.

일반적으로 전용허가가 난 후 2년 이내에 집을 지어야 하고, 1년 연장이 가능하다. 단, 농지에 창고용으로 짓는 농막은 농지전용이 필요 없다.

농지나 산지전용의 인·허가 절차는 통상 토목측량회사에 대행을 맡긴다. 해당 농지나 산지 매매를 알선해 준 중개업소와 이들 토목측량회사들은 서로 연결돼 있다.

따라서 중개업자와 서로 신뢰를 쌓은 경우라면 중개업자를 통해 소개받아도 되고, 아니면 해당 관청 소재지 주변에 토목측량회사들이 대거 몰려 있으니 방문해서 믿을 만하고 수수료가 저렴한 곳에 맡기면 된다.

건축주가 건축설계사무소에 인·허가를 맡길 경우 별도의 토목측량 파트가 없다면 토목측량회사에 외주를 준다. 이들 간에도 서로 연결돼 있다. 지방의 군 지역 내 건축설계사무소에서는 대개 건축설계 인·허가만 맡는다.

물론 비용 절감을 위해 농지(산지)전용 인·허가 과정을 건축주가 직접 할 수도 있다. 하지만 현실적으로 여러 가지 도면이나 서류 준비에 어려움이 따른다. 골치도 아프고 적지 않은 시간과 품이 들어간다. 그래서 어쩔 수 없이 토목측량업체에 대행을 맡긴다.

건축 인·허가는 아예 법적으로 건축설계사무소를 통하도록 되어 있다. 건축법에 따르면, 건축 인·허가에 들어가는 건축설계도면에는 건축사의 도장이 있어야 한다.

건축설계가 잘됐는지, 설계도면에 따라 건축이 잘됐는지, 그래서 안전한지 등에 대한 건축사의 확인이 있어야만 건축 준공이 난다. 결국 농지(산지)전용과 건축 인·허가(건축설계 포함) 모두 대행할 수밖에 없는 게 현실이다.

건축주가 인·허가 대행 비용을 조금이라도 줄이려면 애초 가장 저렴한 업체를 선택하거나, 조금 깎아달라고 부탁하는 수밖에 없다.

건축 인·허가 대행비의 경우 설계사무소의 일을 줄여주고 다소 절충하는 것은 가능하다. 즉 건축주 본인이 직접 설계도면을 최대한 자세하게 그려 건축설계사무소에 가져다 주고, 건축사의 설계업무를 줄여준 만큼 대행비를 조금 깎아달라고 하는 것이다.

(참고로 필자가 지난 2009~2010년 홍천에 소재한 농지 990㎡를 대지로 바꿔 건물면적 92㎡의 집을 짓는 데 들어간 농지전용 인·허가 대행 수수료는 150만 원, 건축 인·허가 대행 수수료는 100만 원이었다. 이 역시 약간 절충한 가격이다.)

농지전용은 농지법에, 산지전용은 산림법에 개발방법이 제시되어 있다. 산지전용시에는 임목도(전용하고자 하는 필지 내 나무 분포도) 조사를 관할 산림조합에 의뢰해 조사하고, 그 조사서류를 첨부하게 되어 있다. 농지전용과 다른 점이다.

애초 산지전용 인·허가비에 산림조합 임목도 조사비가 포함된 경우도 있고 별도로 청구되는 경우도 있다.

그리고 임목도와 산의 경사도 등 세부 사항 조사로 인해 임야의 경우 개발이 불허되는 판정이 나올 수도 있다는 점에서 산지전용이 농지전용보다 어렵다. 산지전용의 경우 관리지역 임야 중 준보전산지라야 전원주택을 짓기 위한 전용에 문제가 없다고 보면 된다.

농지전용의 경우 서류와 현장 상황으로 어느 정도 전용허가 여부를 판단할 수 있는 반면, 산지전용은 서류상으로는 가능하나 현장 상황이 개발불허 조건이 될 수 있다는 변수로 인해 인·허가가 농지보다 더 까다로운 게 현실이다.

이로 인해 산지전용 인·허가비는 농지전용 인·허가비보다 조금 더 든다. 인·허가 처리기간도 산지전용이 농지전용보다 조금 더 걸린다.

농지전용허가시 농지보전부담금을 내야 한다. 이 부담금은 총 전용면적 공시지가의 30%이다. 단, ㎡당 공시지가가 5만 원을 넘을 경우 상한선인 5만 원만 내도록 하고 있다. 땅값이 비싼 수도권은 비용 부담이 크지만 지방은 공시지가가 낮아 그리 부담스럽지 않다.

또 가족체험형 주말농장을 활성화시키기 위해 도시민들이 자신의 주말농장에 33㎡(10평) 이하의 주말주택을 지을 때는 농지보전부담금을 50% 감면해 주고 있다. 산지전용시에는 대체산림자원조성비를 내야 하는데, 준보전산지의 경우 ㎡당 4,800원(2019년 기준)이다.

다음은 실제 농지나 산지전용신청시 요령을 알아보자.

먼저 산지전용허가 신청시 임야의 상태가 잡목이 **빽빽**해 측량이 힘든 상황이라면 측량이 가능한 시점에 신청을 넣어야 인·허가기간을 단축할 수 있다.

측량이 어느 정도 가능하도록 잡목을 베어내는 등 현장 상황을 만들거나 아니면 겨울철 낙엽이 지고 측량이 가능한 시점에 다시 인·허가 절차를 진행한다. 물론 주택 개발을 위해 660㎡(200평) 정도 측량을 한다면 대개 가능하다.

또 하나, 지목은 임야인데 현황농지인 경우와 지목은 농지인데 현황임야인 경우 각각 득실을 따져본 뒤 전용 방식을 결정한다.

지목이 임야라도 현황농지인 경우 농지법에 준해 전용허가를 받도록 하고 있다.

농지전용은 산지전용보다 절차는 간편한 반면 비용(농지보전부담금)이 많이 들어간다. 임야로 전용받는 데 아무런 문제가 없다면 현황농지에 나무를 심어 임야로 만든 다음 산지전용허가 신청을 해 전용비를 절감할 수 있다.

산지전용허가절차는 빨라도 한 달은 걸린다. 인·허가업체에서 산림조합에 임목도조사 등 외주 용역으로 조사를 하고, 자료를 받고, 인·허가 관련 서류를 준비하는 데 최소 한 달은 잡아야 한다.

그리고 이 처리기간 중에 한 필지로 온전히 개발되는 경우가 아니라면 전용하고자 하는 면적을 분할하는 측량을 해야 한다. 건축설계사무소가 아닌 토목측량회사에서 인·허가를 대행하는 이유이기도 하다.

왜 대지, 농지, 임야의 가격이 다를까?

어떻게 보면 물어볼 이유도 없는 당연한 질문이지만 정작 차이점에 대해서 얼마나 많은 사람들이 알고 있는지는 의문이다. 대지는 토지 중에 가장 좋은 지목이며 도로만 접한다면 전용허가 없이 바로 건축이 가능하다. 일부 지자체는 도로가 접하지 않아도 건축이 가능하다.

여기서 전용허가란 대지가 아닌 다른 지목의 토지에 어떤 건축행위를 하기 위해서 지목을 대지로 바꾸는 행정적 절차이다.

산지전용개발행위·농지전용개발행위는 이런 행위들은 전부 타 지목에서 대지로 가기 위한 행정적 절차들이다.

그럼 대지가 10만 원이라면 농지는 얼마가 되어야 하는가?

반대로 해석해서 농지 300평을 대지로 전용하기 위해서 들어가는 행정적 비용을 알아보면 될 것이다. 기본적으로 개발행위와 전용행위 대행 비용, 농지전용부담금이 들어간다. 그리고 기타 세금, 공과금납부 비용도 필요하다.

건축물 없이는 대지로 전용되지 않는다. 이 부분은 지역에 따라서 프리미엄이 발생된다.

그렇다면 농지는 대지인 지가의 절반값 미만인 5만 원 이하여야 한다.

이제 임야에 대해 알아보자.

대지가 만약 10만 원이라면 임야는 얼마 이하여야 할까?

마찬가지로 임야 300평을 대지로 전용하기 위해서 들어가는 행정적 비용을 알아보면 될 것이다. 개발행위, 전용행위 대행 비용으로 400~600만 원이 든다.

- 산지전용부담금 : 공시지가 ㎡ 당
- 토목공사 비용
- 기타 세금, 공과금 / 산지전용준공 비용

그리고 건축물 없이는 대지로 전용되지 않는다. 이 부분은 지역에 따라서 프리미엄이 발생한다. 따라서 300평 임야의 가격은 평당 1만 원 미만이어야 한다. 하지만 실제 관리지역의 건축허가가 가능한 임야의 가격은 농지 가격의 70%를 넘어서거나 일부 지역은 더 비싼 지역도 있다.

왜 이런 현상이 발생할까?

조금 더 깊이 들어가 보면 지금의 트렌드가 풍광이 아주 중요한 시대기 때문이다. 남향, 서향, 동향, 북향 이런 것보다 더 중요시 되는 것은 주변 풍광이며 일조량과 난방 조정은 인위적으로 만들 수 있지만 풍광은 인간의 힘으로 만들기 힘들기 때문에 조망권이 좋은 자리가 인기가 많다.

대지, 농지, 임야의 가격이 진화(?)하는 이유는 시대에 따른 트렌드라고 보면 좋을 것 같다. 즉 눈에 보이는 조망권에 대한 비중이 커진다고 볼 수 있다.

농지의 투자가치 계산해보기

항목	내용
인허가 위험도	허가대상이므로 적법 요건을 갖추어도 허가가 나지않을 위험성이 있다. 농지의 분류별 위험률을 나타내면 다음과 같다. 농업진흥지역농지 〉 농업보호구역농지 〉 농업진흥지역외농지
농지전용부담금	공시지가 x 30% (최고한도 50,000원 /㎡)
토목공사비	대지조성 토목공사비등 제비용(절토, 성토, 옹벽축조, 도로개설 등)

실무에서는 농지의 투자가치 = 인근 대지가격 x 농지효용비율이 된다.
대도시 인근 농지의 효용 비율은 아래와 같다.

구분		효용비율	비고
농업진흥지역	농업진흥구역	30%	본 비율은 대상지의 지역 요인이나 대상지의 개별 요인에 따라 가감될 수 있으며, 개인적 경험치이므로 참고자료로 활용하도록 추천한다.
	농업보호구역	40%	
농업진흥지역외 농지		60%	

예시 1

대상지는 농업진흥지역의 농업진흥구역 농지이며 소유주인 매도인은 평당 21만 원을 받기를 원한다. 참고로 인근 지역에서 유사한 거래 사례는 찾을 수 없었고, 대상지와 여건이 비슷한 인근 지역 전원주택의 대지 가격은 평당 81만 원이다. 투자자가 이 농지를 매입하기 위한 투자 상한 가격은 얼마나 될까?

풀이

투자가치 = 인근대지가격 / 평 × 효용비율 = 80만 원 / 평 × 30%
= 24만 원 / 평

예시 2

대상지의 현황은 농업진흥지역의 농업보호구역 농지 1,000평이며, 소유주인 매도인은 평당 55만 원을 받기를 원하고, 중개사는 여건이 비슷한 인근 지역 공장부지들이 평당 100만 원에 거래되고 있다며 적극적으로 투자를 권유하고 있다.

참고로 투자자가 확인해본 결과 인근 지역에서 유사한 거래 사례는 찾을 수 없었고 인근 공장부지가 평당 90~100만 원 선에 거래되고 있음을 확인했다. 투자자가 이 농지를 매입하기 위한 투자 상한 가격을 제시하여 본다면, 어느 정도일까?

풀이

투자가치 = 인근지역 대지가격/평 X 효용비율 = 100만 원/평 X 40%
= 40만 원/평

결국 고평가 되어 있음을 알 수 있다.

농지에 대한 가치투자법 : 토지 리모델링

농지의 가치를 높이는 방법에는 여러 가지 방법이 있을 수 있다. 우선은 농지전용을 하는 방법이 있다.

이 부분은 위에서 자세히 실무적으로 언급한 바 있으므로 이번엔 그 외 방법들에 대하여 알아보겠다.

땅의 가치를 떨어트리는 요인에는 여러 가지가 있을 수 있다. 그럼 이렇게 가치를 떨어뜨리는 요인을 해소한다면 가치는 올라갈 것이다.

그럼 땅의 가치를 떨어트리는 요인은 어떤 게 있을까? 땅의 형상에 의한 흠결이 있을 수 있다. 폭이 좁다든지 길쭉하다든지 삼각형, 자루형 등등이 있다.

땅의 접근성에 대한 흠결도 있겠다. 도로에 접하지 않았거나 접한 면이 좁다든지 아니면 맹지라든지 등등 땅의 권리관계에 대한 흠결이 있을 것이다.

지상권이나 지역권 또는 분묘기지권이나 법정지상권 등 건축허가, 행위허가를 받을 수 없는 흠결이 있을 수도 있다. 법률상의 저촉 지역은 그렇다 치고 연결도로 등 토지투자에서 좋은 것이 바로 이러한 흠결을 해결하여 가치를 높이는 것이다.

토지의 형상에 흠결이 있다면 그 형상을 화장을 하는 것이고, 권리관계등의 법률적 문제는 법적으로 풀어 나가면 될 것이고, 진입도로 등이 흠결이 있다면 진입도로를 확보하면 되는 것이다.

이렇게 땅을 가공하거나 리모델링을 하면 부가가치가 발생하게 된다. 바로 이것이 땅(농지)투자의 매력이다.

① 우선은 토지의 합병, 분할이 있다.

못생긴 땅을 이웃한 땅과 합치거나 보기 좋게, 쓸모 있게 분할하는 방법이다. 또 하나는 도로에 접하는 면적을 좋게 하기 위하여 맹지와 합쳐서 분할하거나 연접한 토지와 합병·분할하는 방법이다.

공유지인 토지는 공유지 분할을 한다. 물론 공유지 분할이 반드시 가치를 올리지는 않는다.

그러나 대부분은 공유지인 경우, 활용 등에 제한을 받아서 가치가 낮은 것이 사실이다. 협의 분할을 잘만 한다면 그만큼 가치가 상승하는 것이다.

② 법률적인 제한이 있는 근저당권이나 지상권, 지역권 등을 해소한다.

근저당권이야 대부분 구입시에 승계를 하든 말소를 하든 한다. 또한 지상권도 대부분은 구입시에 정리가 되지만 그래도 말소나 정리되지 않은 것이 있다면 모두 정리를 하여야 한다.

분묘기지권이 없는 다른 사람의 분묘나 무연고 분묘는 절차를 밟아서 이장이나 개장을 시키도록 한다. 법정분묘기지권이 있는 경우에도 최대한 합의하여 이장등 처리를 한다. 지역권등에 대하여도 면밀히 살펴서 말소를 하거나 아니면 분할하여 정리를 해 두는 것이 좋다.

③ 맹지인 토지에 도로를 만드는 방법이다.

앞의 토지를 구입하여 합병·분할하는 방법이 있고, 앞의 토지주에게 길을 내는 만큼의 토지를 구입하여 도로를 확보하거나, 앞의 토지에 토지사용 승낙을 받아 지역권으로 도로를 확보하는 방법이다. 또는 폐구거나 폐도로 등을 활용하는 방법이 있다.

④ 성토나 절토를 하여 멋있게 쓸모 있게, 구미에 맞도록 토지를 만든다.

움푹 들어간 토지는 복토를 하여 올려놓고 높이 솟아 있는 토지는 절토를 하여 평평하게 만드는 것이다. 가장 좋은 방법은 두 토지를 이용하여 상호 좋게 만드는 방법일 것이고, 특히나 도시 주변에서의 복토는 건축 현장의 흙을 무료로 받아서 하는 방법이 있다. 즉 토지를 화장하면서 내 돈을 안들이거나 적게 들이고 하는 방법을 찾아보도록 한다.

⑤ 건축행위 등 없이 지목변경을 통한 용도변경으로 가치를 높이는 방법이 있다. 특히나 수도권이나 대도시 주변에서는 낮은 농지를 매립을 하여 전으로 지목을 변경하는 경우 가치를 매우 높일 수 있다.

⑥ 다음으로는 작물을 재배하는 방법을 바꾼다.
일반 농경지에 과수원이나 약초나 관상수를 재배하는 방법이다. 토지 수용등이 예상되는 경우에 많은 효과를 보게 된다.
가능하다면 장뇌삼등 특수작물 재배도 좋다.
또 하나는 비닐하우스나 유리온실을 지어서 매도하는 것이다. 농작물을 재배한다면 농지로 보아서 절세 효과가 있지만 판매시설로 활용한다면 농지가 아닌 잡종지로 보아서 양도세 중과 대상이니 조심해야 한다.
따라서 비닐하우스나 유리온실로 지어서 농작물을 재배하는 상태에서 매도하는 것이 가장 좋은 방법이다. 높은 가격에 매도할 수도 있고 양도세도 농지의 자경으로 절세할 수 있다.

4차선 도로변에 있는 농지를 10년 전에 1억 원에 구입하여 2,000만 원을 들여서 비닐하우스를 짓고 6억 2천만 원에 매도하는 경우다. (편의상 기타 비용등은 생략했다.)

비닐하우스를 지어 매도하는 경우,
매도가 6억 2,000만 원 - 구입가 1억 원 - 시설비 2,000만 원 x 70% x 36% - 1,170만 원 = 1억 1,430만 원이다.
여기서 8년 이상 자경으로 1억 원을 감하면, 1,430만 원이다.

비닐하우스를 지어 판매시설로 매도하는 경우,

매도가 6억 2,000만 원 - 구입가 1억 원 - 시설비 2,000만 원 x 60%
= 3억 원.

비교해보면 농지로 매도하면 1,430만 원인데, 판매시설로 매도하면 3억 원이 된다. 그러나 2억 9천만 원이라면 10년간 연간 2,000만 원이 넘어야 하는데 과연 그렇게 될까? 거기다가 매도시 원상복구나 임차인에 대한 보상 등도 있어야 할 것이다.

이밖에도 주위에 국공유지가 있다면 매입을 해두는 것이 좋다. 주위에 폐구거나 폐도로가 있다면 매입을 하는 것이 유리하다. 물론 구거등을 진입도로로 활용하는 방법도 있고, 작은 임야는 등록전환을 하는 것이 좋다.

물론 등록전환을 하는 데는 조건이 있으므로 요건에 적합한 경우에 한한다. 가설건축물을 지어 두는 것도 한 방법일 수 있다.

또한 개발예정지등이라면 수용될 때를 대비하는 것도 있다.

농지투자 어느 곳이 정답인가?

수도권 농지투자 적지 찾기

경기도의 농업진흥지역은 전체 면적의 13.2%를 차지하고 있으며, 이중 농업보호구역이 216.7㎢(2.1%), 농업진흥구역이 1,128.8㎢(11.1%)에 해당된다.

평택(190.5㎢), 화성(165.1㎢), 이천(142.2㎢), 파주(131.6㎢), 안성(129.3㎢), 여주(119.8㎢), 김포(79.4㎢)이며, 농업진흥지역 중 보호구역의 면적이 넓게 나타난 시·군은 안성(38.9㎢), 여주(29.9㎢), 이천(26.3㎢), 양평(19.6㎢), 화성(18.9㎢)이다.

경기도의 농업진흥지역 현황

시군	총 면적	합계					
		면적(㎡)	비율(%)	면적(㎡)	비율(%)	면적(㎡)	비율(%)
경기도	10,182.7	1,345.5	13.2	1,128.8	11.1	216.7	2.1
남부	5,892.2	999.7	16.9	818.9	13.9	180.9	3.1
수원시	121.1	4.6	3.8	4.4	3.6	0.2	0.2
성남시	141.8	0.0	0.0	0.0	0.0	0.0	0.0
부천시	53.4	0.0	0.0	0.0	0.0	0.0	0.0
안양시	58.1	0.0	0.0	0.0	0.0	0.0	0.0
안산시	147.1	6.2	4.2	6.2	4.2	0.0	0.0
용인시	591.5	60.3	10.2	45.5	7.7	14.8	2.5
평택시	453.1	190.5	42.1	172.5	38.1	18.0	4.0
광명시	38.5	0.0	0.0	0.0	0.0	0.0	0.0
시흥시	134.4	0.0	0.0	0.0	0.0	0.0	0.0
군포시	36.4	0.1	0.3	0.1	0.3	0.0	0.0
화성시	688.2	165.1	24.0	146.2	21.2	18.9	2.7
이천시	461.2	142.2	30.8	115.9	25.1	26.3	5.7
김포시	276.5	79.4	28.7	76.9	27.8	2.5	0.9
광주시	431.5	22.2	5.1	12.1	2.8	10.1	2.3
안성시	553.5	129.3	23.4	90.4	16.3	38.9	7.0
하남시	93.1	0.0	0.0	0.0	0.0	0.0	0.0
의왕시	54.0	0.0	0.0	0.0	0.0	0.0	0.0
오산시	42.8	3.3	7.8	1.7	4.0	1.6	3.8
여주군	6.7.9	119.8	19.7	89.9	14.8	29.9	4.9
양평군	877.7	76.7	8.7	57.0	6.5	19.6	2.2
과천시	35.9	0.0	0.0	0.0	0.0	0.0	0.0
북부	4,284.5	345.8	8.1	309.9	7.2	35.8	0.8
고양시	267.3	36.8	13.8	36.8	13.8	0.0	0.0
의정부시	81.6	0.5	0.6	0.5	0.6	0.0	0.0
남양주시	458.4	4.2	0.9	3.2	0.7	1.0	0.2
파주시	672.6	131.6	19.6	122.5	18.2	9.1	1.4
구리시	33.3	0.0	0.0	0.0	0.0	0.0	0.0
포천시	826.4	69.5	8.4	58.8	7.1	10.6	1.3
양주시	310.2	43.5	14.0	31.5	10.5	12.0	3.9
동두천시	95.7	0.5	0.5	0.5	0.5	0.0	0.0
가평군	843.4	10.4	1.2	9.1	1.1	1.3	0.2
연천군	695.6	48.9	7.0	47.0	6.8	1.8	0.3

농업진흥지역 해제지에 투자하라

농업진흥구역으로 지정된 토지의 경우 경작 이외 토지이용행위가 제한을 받기 때문에 투자용으로는 매력을 거의 가지고 있지 않다.

하지만 농업진흥지역에 대한 규제가 완화될 것으로 예고되면서 농지가 새로운 투자대상으로 각광을 받고 있다.

농지법 개정의 배경을 살펴보면 전체 농가의 57.7%가 60세 이상의 고령농가인데다가 쌀 등 농산물시장의 추가개방 폭에 따라서 이농현상이 급증하면서 농지가격이 급락할 우려가 발생하고 있다. 경작 규모가 클수록 경쟁력이 있어 외국 농산물과 경쟁하려면 대량생산으로 생산단가를 낮추는 길밖에 없어 영농 규모를 늘리고 도시 자본을 농촌으로 끌어들여 농촌에 활기를 불어넣을 목적으로 농지제도를 개선하려 하고 있다.

이에 따라 식량안보와 국토환경보전을 위해서 일정 수준의 우량농지는 계속 보전할 필요가 있어 농업진흥지역 지정제등은 유지할 방침이지만 농업진흥지역 안에 있으면서도 경지정리가 안 된 곳 등 효율성이 떨어지는 농지에 대해서는 별도로 실태조사를 벌여 농업진흥지역에서 제외해 규제가 덜한 생산관리지역으로 편입시키고 있다.

개선 예정인 농지제도를 구체적으로 살펴보면 우선 현재 농지조성비를 기준으로 ㎡당 1~2만 원인 농지전용부담금을 공시지가 기준으로 변경하여 부담금을 대폭 인하하고, 사용용도를 제한하고, 허용된 시설이라도 면적제한을 뒀는데, 사용용도만 제한하고 면적제한은 폐지하여 전용 후 용도 폭을 넓혀 농지전용을 보다 쉽게 할 수 있도록 했다.

농지 외 다른 용도 활용이 사실상 불가능한 농업진흥지역을 농산물 판매시설 및 가공시설의 설립을 허용하고, 경지정리가 되지 않았거나 기반시설이 미비한 곳은 농업진흥지역에서 제외하며, 진흥지역 외 우량농지는 현재 개발이 상대적으로 쉬웠으나 생산보전지역으로 지정해 농업용으로 관리한다.

그동안 농업진흥구역 토지투자는 대토용이 주류를 이뤘으며, 농업보호구역 내 토지는 농업인주택으로 용도를 변경하여 전원주택 등의 용도로 활용되었다. 투자용으로서는 대토용이 아니면 전원주택용으로밖에 활용이 불가능해 투자용으로서는 많은 제약이 있었다. 대토용은 단기투자용으로 보상에 의한 자금유입이 없으면 환금성에 크나큰 제약을 받을 수 있으며, 농업인주택은 편법을 동원해야 하기 때문에 외지인이 구입하기에는 다소간 무리가 있다.

하지만 개정될 예정인 농지법에 따라 농지가 새로운 투자처로 주목받고 있는데, 농업진흥지역이라도 경지정리가 안 된 농지의 경우 생산관리지역으로 용도지역이 바뀔 예정이고, 경지정리가 되어 있지 않거나 기반시설이 미비한 곳은 농촌활력지구 등으로 지정하여 휴양시설이나 펜션 등으로 활용될 가능성이 있어 용도지역 변경에 따라 큰 가격상승을 예상할 수 있다.

마을 주변의 자투리 농지나 산과 산 사이에 위치해 있어서 항공방제나 기계화 영농 또는 대규모 경작이 불가능한 농지는 진흥농지에서 해제될 가능성이 있다.

농지는 농업진흥지역과 농업진흥지역 밖에 있는 농지로 구분하며, 해당 여부는 토지이용계획확인서를 보고 확인한다. 토지이용계획확인서의 농지란에 아무런 표시가 없거나 해당 없음에 체크가 되어 있는 것이 농업진흥지역 밖의 농지이다.

그에 반해 농업진흥지역 농지는 아래와 같이 농업진흥구역과 농업보호구역이 표시되어 있고 둘 중의 하나에 체크가 되어 있는 것이 농업진흥지역이다.

3	농지	농업진흥구역 ( ) 농업보호구역 ( ) 해당 없음 ( )

농업진흥지역으로 지정되는 농지

농업진흥지역은 농지를 효율적으로 이용하고 보존하기 위하여 지정되며, 농지법 시행 전의 절대농지와 비슷한 개념이기 때문에 요즘도 절대농지라고 표현하는 사람들이 많다.

그러나 절대농지와 상대농지는 필지별로 구분하여 지정한 데 반하여 농업진흥지역은 한 단계 진보하여 농지를 권역별로 지정했다는 데 차이가 있다.

농업진흥지역은 다시 농업진흥구역과 농업보호구역으로 구분한다. 용도지역으로 평가하는 '농업진흥지역 밖' 농지란에 아무런 표시가 없는 농업진흥지역 밖의 토지의 가치는 용도지역을 보고 가치평가를 한다. 즉 해당 토지의 용도지역이 '계획관리지역' 또는 '생산관리지역' 등으로 표시되어 있으면 용도지역에서 허용되는 건폐율, 용적률, 건축할 수 있는 건축물 등 세 가지를 가지고 해당 토지의 가치를 평가하는 것이다.

온라인에서 제공하는 토지이용계획확인서에는 농업진흥지역 안에 있는 농지는 농업진흥구역 또는 농업보호구역이라고 표시가 되어 있다.

농업진흥구역 농지의 가치평가와 투자 포인트

농업진흥구역이란?

농업진흥지역의 농지 중에서 농지조성사업 또는 농업기반정비사업이 시행되었거나 시행 중인 지역으로서 농업용으로 이용하고 있거나 이용할 토지가 집단화되어 있는 지역을 말하며, 현장에서는 토지이용계획확인서 농지란에 농업진흥지역 중 농업진흥구역으로 표시되어 있는 토지를 말한다.

농업진흥구역의 가치를 평가하라

투자대상 토지가 토지이용계획확인서에 '농림지역 농업진흥구역'이라고 표시된 토지는 아래와 같이 가치를 평가하면 된다. 건축할 수 있는 건축물에 가치평가의 포인트가 있다.

농업진흥구역에서 허용하는 건폐율은 20%를 적용하고, 용적률은 50%를 적용한다.

농업진흥구역 안에서는 농업생산 또는 농지개량과 직접 관련된 행위만이 가능하며, 농지법에 농업진흥구역 안에서 할 수 있는 행위가 아래와 같이 명시되어 있다.

농업진흥구역에서 건축할 수 있는 건축물

① 농·수·축산물의 가공, 처리시설 및 농·수·축산업 관련 시험, 연구시설의 설치.
② 어린이놀이터, 마을회관, 기타 농업인의 공동생활의 편익 시설 및 이용시설의 설치.
③ 농업인주택, 기타 법령이 정하는 농업용 또는 축산업용 시설의 설치.
④ 국방, 군사시설의 설치.
⑤ 하천, 제방, 기타 이에 준하는 국토보존시설의 설치.
⑥ 문화재의 보수, 복원, 이전 또는 매장문화재의 발굴, 비석, 기념탑, 기타 이와 유사한 공작물의 설치.
⑦ 도로, 철도, 전기공급시설, 기타 법령이 정하는 공공시설의 설치.
⑧ 지하자원의 개발을 위한 탐사 및 지하광물의 채광과 광석의 선별 및 적치를 위한 장소로 사용하는 행위.
⑨ 농어촌 소득원의 개발 등 농어촌 발전을 위하여 필요한 시설의 설치.

농업진흥구역의 투자 포인트

위의 ①번 항목에 있는 농업과 관련된 시설들이 개발할 수 있는 항목들이다. 즉 기본적으로 농·수·축산물의 가공 등과 관련된 범위를 넘어서는 행위는 허용되지 않는다.

③번의 농업인주택도 가능할 수 있다. 나머지 항목은 토지의 부가가치를 높일 수 있는 항목이 아니다. 따라서 투자 포인트로 농업진흥구역은 해당 토지를 개발이나 활용해서 가치를 높이는 것보다 투자해 두었다가 농업진흥구역에서 해제되는 행운을 노리고 투자하는 것이 정석이다.

농업보호구역 농지의 가치평가와 투자 포인트

농업보호구역이란?

농업진흥지역의 농지 중에서 농업진흥구역의 용수원 확보, 수질보전 등 농업환경을 보호하기 위해 필요한 지역을 말하며, 현장에서는 토지이용계획확인서 농지란에 농업진흥지역 중 농업보호구역으로 표시되어 있는 토지를 말한다.

해당 토지가 토지이용계획확인서에 '농림지역 농업보호구역'으로 표기된 토지는 아래와 같이 평가하면 된다. 건축할 수 있는 건축물에 가치평가의 포인트가 있다.

농업보호구역에서 허용하는 건폐율은 20%를 적용하고, 용적률은 50%를 적용한다.

농업보호구역에서 건축할 수 있는 건축물

농업보호구역 안에서는 농업진흥구역보다는 훨씬 많은 행위가 허용된다.

① 농업진흥구역에서 건축할 수 있는 건축물.

② 관광농원사업으로 설치하는 시설로서 그 부지가 20,000㎡ 미만인 것

③ 주말농원사업으로 설치하는 시설로서 그 부지가 3,000㎡ 미만인 것

④ 다음에 해당하는 시설로서 그 부지가 1,000㎡ 미만인 것.

- 단독주택
- 1종 근린생활시설, 슈퍼마켓이나 의원 등 가능. 이용원이나 일반목욕장 등은 허용되지 않는다.
- 2종 근린생활시설, 기원, 휴게음식점, 테니스장, 금융업소, 중개사무소, 게임장, 사진관, 학원 등이 가능하며 일반음식점과 골프연습장은 허용되지 않는다.

⑤ 변전소, 양수장 등으로서 그 부지가 3,000㎡ 미만인 것

농업보호구역 투자 포인트

농업진흥구역보다는 허용되는 건축물의 범위가 다양하다. 다만 1,000㎡ 이하의 소규모로 개발해야 한다는 단점이 있다. 따라서 투자 포인트로, 농업보호구역은 해당 토지를 적합한 용도로 개발이나 활용해서 가치를 높이는 투자도 가능하고, 해당 토지를 투자해 두었다가 농업보호구역에서 해제가 된다면 그야말로 행운이다.

'창고' 등이 많이 개발되어 있는 경기도 광주, 이천 등에 가보면 농업보호구역의 농지는 농업용 창고로 허가를 받아 개발된 사례를 많이 볼 수 있다. 또한 농업 관련 시설이기 때문에 용적률도 50%까지 적용을 받아 건축할 수 있다.

경기도 광주시 조례 제59조(농지법에 의해 허용되는 건축물의 건폐율 완화) 보전관리지역·생산관리지역·농림지역 또는 자연환경보전지역 안에서 농지법 제34조의 규정에 의하여 허용되는 건축물의 건폐율은 50% 이하로 한다.

현재 전 국토의 약 11%가 농업진흥지역으로 지정되어 있으며, 다음과 같은 농업진흥지역 해제가 이루어지고 있다.

농업진흥지역의 해제가 호재인 이유?

농업진흥지역에서 해제가 되면 용도지역이 농림지역에서 관리지역으로 상향 조정된다. 토지의 신분이 한 단계 격상되었다고 평가할 수 있다.

관리지역으로 편입이 되면 개발이 훨씬 쉬워지고 건축할 수 있는 건축물의 범위가 넓어진다. 우선 대표적으로 전원주택단지로 개발도 가능해진다. 그 이후 관리지역은 '토지적성평가'를 통해 보전관리, 생산관리, 계획관리지역 중 하나로 편입이 된다.

계획관리지역으로 편입이 되면 공장, 창고, 일반음식점, 숙박시설 등의 건축이 가능해져 최대의 지가상승을 가져오지만 보전관리나 생산관리지역이라도 대부분의 개발을 할 수 있어 전원주택 개발사업 등은 전혀 지장 없이 개발할 수 있다. 간혹 계획관리지역만을 고집하는 사람들이 있는데, 집을 짓고 살 목적이라면 생산이든 보전이든 상관이 없다는 걸 알아두자.

농업진흥지역의 해제를 요청할 수 있는 경우

① 해제승인을 요청할 수 있는 경우
첫째, 농지의 전용을 수반하여 국토계획법 제6조(국토의 용도구분)의 규정에 의하여 용도지역을 변경 하는 경우.
※ 용도지역을 도시지역, 자연환경보전지역으로 변경하는 경우는 농지전

용이 직접 수반되지 않으므로 변경 대상이 아님.

둘째, 도시지역 안에 주거지역/상업지역/공업지역 또는 도시계획시설을 지정 또는 결정하기 위하여 농지의 전용에 관한 협의를 하는 경우.

셋째, 당해 지역의 여건 변화로 농업진흥지역의 지정 요건에 적합하지 아니 하게 된 경우, 이 경우 그 토지의 면적이 10,000㎡ 이하인 때에 한한다.

※ 개인 소유의 농업진흥구역이 도로공사 등으로 위와 같이 20,000㎡ 이하로 자투리 땅이 된 지역이 발생할 경우에는 시·군·구에 해제승인 요청을 할 수 있다.

② 해제승인 요청자

광역시장·도지사가 지역 여건 등을 감안, 해제가 불가피하다고 인정될 경우에는 농림축산식품부에 요청한다.

③ 해제승인 요청시기

시·도지사는 용도지역변경 또는 용도지역변경이 의제되는 각종 지구·구역 등의 지정을 위한 도시관리계획 결정협의가 완료된 후 해제승인을 요청하여야 하나 진흥지역 안 농지를 포함한 전체 농지면적이 10만 ㎡ 미만인 경우에는 용도지역 변경 등 도시관리계획결정 협의와 해제승인을 동시에 요청할 수 있다.

④ 해제시 대체지정

농업진흥지역 해제시에는 그 해제하는 면적에 상응하는 새로운 지역을 진흥지역으로 대체지정하여야 한다. 그러나 다음의 경우는 대체지정 없이 해제할 수 있다.

1. 시·군 농지면적 중 농업진흥지역 지정 비율이 70% 이상인 시·군으로 농업진흥지역 해제가 불가피한 경우.

2. 농업진흥지역으로 대체 지정할 적합한 농지가 없는 광역시. (군 지역 제외)
3. 개발제한구역에서 해제되는 농지 중 농업진흥지역 농지를 해제하고 자 하는 경우.
4. 여건 변화로 자투리땅이 된 1ha(10,000㎡) 이하의 농업진흥지역을 해 제하는 경우.

농업진흥지역의 해제 요건

① 도로, 철도의 설치 및 택지개발지구, 산업단지지정 등 인근 토지의 이 용상황 변화로 인하여 집단화된 농지와 분리되어 영농여건이 나빠진 자투 리 토지로서 농업진흥지역으로 계속 관리하는 것이 부적합하게 된 경우.

② 농업진흥지역 지정 당시 이미 설치되어 있던 기존의 시설부지 및 사업 시행 또는 공사 중에 있던 시설부지가 인근 농지의 농업경영에 미치는 영향 이 크지 않은 경우로 그 토지의 면적이 1만 ㎡ 이하인 경우.

이상에서 살펴보았듯 정부는 현재 불합리한 농지제도의 개선을 위하여 그린벨트나 군사시설보호구역처럼 각각의 토지가 가지고 있는 본연의 적 성을 재평가하고 있다. 또한 신설되는 SOC 등으로 단절돼 농업적 기능이 저하되는 농지는 토지의 소유주가 직접 농업진흥지역의 해제승인을 요청 할 수 있도록 하고 있다.

절차를 통해 토지가치의 최대 기준인 용도지역이 바뀌는 해제대상 규제농 지를 알고 사거나, 또는 구입 후 해제승인을 받을 수 있다면 이것이야말로 토 지의 리모델링이며 정책을 활용한 가치투자의 척도라 할 것이다.

투자용으로 농지를 구입할 경우의 투자 포인트

첫째, 농업진흥지역 내 토지 중 기반시설이 미약하거나 경지정리가 안된 농지를 선택해야 한다. 이는 용도지역 변경에 따른 혜택을 입을 수 있다.

둘째, 농업진흥지역은 아니나 경지정리가 잘 되어 있는 곳은 생산보전지역으로 편입되어 농업용으로 관리하기 때문에 투자용으로는 피해야 한다.

셋째, 농업진흥구역은 완화되고, 농업보호구역은 더욱 강화될 가능성이 높다. 따라서 농업보호구역보다는 농업진흥구역이 투자대상으로 더 나을 것이다.

넷째, 개발압력이 높은 도시 근교에 있는 농업진흥지역 농지는 투자 1순위가 될 것이다. 농지법 개정은 투자자들에게 새로운 투자기회를 제공하게 된다.

대부분의 농업진흥지역 내 토지는 가격이 저렴하기에 소액투자가 가능하다는 장점을 가지고 있다. 반면 농지 선택이 잘못될 경우 환금성에 있어 제약이 크다는 단점이 있다.

농지투자와 농업진흥지역 해제지 투자법

1) 1992년 도입된 대체농지지정제도 전면 폐지
2) 현재 전국토의 약 11%인 106만 3,000ha가 농업진흥구지역으로 지정

3) 1차 해제
① 2007년 6월 여의도 면적의 23배 해제
② 도로 등을 개설하고 남은 자투리 농지 등이 해제

4) 2008년 해제
① 2008년 12월 여의도 면적의 49배(분당신도시의 7.3배)에 달하는 면적

(42,690,003.3㎡)을 해제 추진

② 2008년 해제 대상 : 농업진흥지역 중 농업보호구역

  • 농업진흥지역과 관계없는 단독 지역

  • 농업진흥지역과 인접돼 있는 미경지정리구역

  • 저수지 상류에서 500미터 이상 떨어진 미경지정리지역 등

5) 농업진흥지역 해제가 호재인 이유

① 농림지역에서 관리지역으로 편입(개발 용이)

② 건축할 수 있는 건축물의 범위가 넓어짐

6) 농업진흥지역 해제와 투자 전략

① 농업진흥지역 해제는 개발제한구역의 해제에서 힌트

② 개발제한구역은 큰 것부터 작은 것으로 해제

  • 대규모 취락지

  • 20가구 이상 중규모 취락지 이상은 99.99% 해제

  • 10~20가구 취락지역이 개별적 선별적 해제가 진행 중

③ 반대로 농업진흥지역 해제는 작은 것부터 큰 것으로 해제가 진행

④ 농업진흥지역으로서 전용이 주변 전용이 많이 이루어진 농지

⑤ 일반투자자의 눈으로도 왜 여기가 농업진흥지역일까? 의문이 드는 토지

7) 농업진흥지역 해제와 토지 경매

① 2008년 감정평가서 : 농림지역, 농업진흥지역(농업진흥구역 또는 농업보호구역)

② 2009년 토지이용계획확인서 : 관리지역(향후 세분화)

영농여건불리농지(한계농지) 투자성공 노하우

경자유전의 원칙과 한계농지

국가는 농지에 관하여 경자유전의 원칙이 달성될 수 있도록 노력하여야 하며, 농지의 소작제도는 금지된다. (헌법 제121조). 헌법에 따라, 현행 농지법은 농지를 소유하는 자격을 농업인으로 엄격히 제한하고, 농지취득자격증명제도를 둬서 농지 매수인의 농지 소유 자격과 소유 상한을 정하고 있다. 또한, 농업 경영의 목적대로 이용하지 않으면 이행강제등의 처분명령이 내려지고 있다.

그러나 전체 농지의 50% 이상을 부재지주가 소유하고 있고, 이행강제처분명령을 내리는 게는 쉽지 않은 일이라는 것은 현지 지자체를 통해 알 수 있다.

FTA 시장개방과 농촌의 도시화에 따른 시장의 흐름에 따라 지난 2005년 7월, 농지법 개정을 통해 농업법인의 농지 소유와 비농업인의 주말농장용 농지 소유등을 허용하여 경자유전의 원칙은 더 이상 원칙이 아닌 결과를 가져왔다.

또다시, 지난 MB 정부에서 경자유전의 원칙의 헌법 제121조를 수정할지도 모르는 상황까지 이르렀다. 경자유전의 원칙의 예외로 한계농지를 두어, 도시형 용지를 공급하겠다는 것이다. 즉 소유와 거래제한을 완화하고 복잡한 절차를 간소화하여 기업하기 좋은 환경을 만들겠다는 것이다.

더불어, 3ha인 비농업인의 상속농지 소유 한도를 전면 폐지하고 농업진흥지역 내 농지를 택지나 공장부지로 활용할 경우 같은 면적의 농지를 마련해야 하는 대체농지 지정 의무제를 폐지하기로 했다. 그리고 이러한 완화 조치로 인해 농지의 투자시증이 활짝 열리게 되었다.

'한계농지'란 비농업진흥구역의 농지 중 영농조건이 불리하여 생산성이 낮은 농지를 시·도지사의 승인을 얻어 이를 확정 고시한 농지를 말한다.

한계농지는 전체농지의 21%에 해당하고 대부분 관리지역에 위치해 있는데, 예를 들어 물 사정이 좋지 않은 천수답 같은 농지로 보면 된다.

입지 여건이나 용도지역, 주변 호재가 있는 토지 등 중요한 투자 조건을 제외시켜 둔 상태에서 많은 투자자들의 입에 오르내리는 것 중 하나가 바로 한계농지일 것이다.

명칭에서 알 수 있듯이 농지로서 그 생산성이 한계에 달해 있는 땅이라고 이해하면 되는데, 이 한계농지는 입지 여건이나 주변 호재만 양호하다면 예전에 언급했던 '토임'과 함께 투자 우선순위라고 할 수 있다.

우리나라는 전통적인 농업국가이기 때문에 농지에 대한 취득 및 개발이 비교적 까다로운 편이다. 그래서 여기저기 많이 다녀본 투자자들은 의아하게 느낀 적이 있을 것이다. 평탄한 농지가 앞에 있는데도 불구하고 굳이 산을 깎아서 건물을 지어둔 것들을 보면서 말이다.

농지는 취득시 그 조건을 충족시켜야 하며, 보유하고 있을 때 직접 경작하지 않으면 강제이행금 등을 내야 하며 개발을 할 때에도 이래저래 까다로운 절차가 기다리고 있다. 절차뿐이라면 괜찮은데, 비용적으로도 만만치 않다. 농지전용 비용은 산지전용 비용에 비해 월등히 비싸기 때문이다.

농지의 모양이라든가 쓰임새는 무척 좋지만 이러한 규제 때문에 제대로 활용을 못하고 있는 반면, 한계농지는 이러한 농지의 제한을 어느 정도 풀어뒀다.

한계농지를 구체적으로 말한다면 다음과 같다.

① 경사가 15도 이상의 계단식 농지로, 영농기계 사용이 불가능하여 영농 조건이 불리해 생산성이 매우 낮은 농지.

② 집단화 된 농지의 규모가 6,000평 미만인 농지. (단, 경지정리사업과 농업용수개발사업이 시행된 지역은 제외됨)

③ 광구 인근 지역의 농지로서 토양오염 등으로 인하여 농업 목적으로 사용하기에 부적당한 농지.

2008년 10월 30일 '국토이용효율화방안'을 보면 농지법을 개정하여 생산성이 떨어지는 한계농지의 비농업인의 소유를 허용하고 농지의 임대차, 위탁경영 등 농지이용에 대한 제한을 폐지하고, 농사 이외의 용도로 개발을 할 때 전용허가도 신고제로 바뀌었다.

한계농지가 좋은 투자처인 이유

① 한계농지는 지방자치단체가 지역경제활성화와 농가소득 증대를 위하여 직접 지원하므로 개발하고자 하는 경우 그 인·허가 절차가 매우 용이하다.

② 한계농지는 대체로 공기가 맑고 숲이 우거진 곳에 우거진 경우가 많아, 도시민인 개인이 농지에 전용허가를 받아 전원주택, 펜션, 휴양용 주택 등을 만들면 토지가격 상승 외에 임대수익을 얻을 수 있다는 점이다. 이 경우 농지조성비는 감면된다.

③ 한계농지정비사업으로 조성된 농지와 농촌주택 등에 부속된 농지를 분양, 임대할 경우에는 농지매매 등에 관한 제약을 받지 않아, 정비사업으로 조성된 농지는 비농업인이 농지취득자격증 없이 450평 이하로 매입이 가능하다.

④ 양평이나 용인 지역에 한계농지를 매입하여 답인 경우, 전으로 지목을 변경하면 토지가치도 상승시킬 수 있고, 이를 주말농장용으로 분양을 하면 과외로 추가 소득을 얻을 수 있다.

한계농지 투자의 이점

1. 농지취득시 작성해야 되는 농업경영계획서 불필요하다.
2. 취득시 거주지와의 거리제한이 없다.
3. 자경은 안 해도 되나 휴경은 불가하다.
4. 개인간 임대 · 사용대 가능하게 했다.
5. 취득 후 개발시 농지보전부담금이 없다.
6. 전용시 허가사항이 아닌 신고사항으로 절차를 간소화 했다.

수도권 광역교통망이 예정되어 있는 도심 근교의 계획관리지역 내 한계농지를 매입하여, 일단은 전용신고 없이 답을 전으로 객토나 성토 등으로 형질변경을 하여 지목을 바꾸고, 주말농장으로 분양을 하거나, 농지전용허가를 받아 전원주택이나 펜션을 지어 농가소득과 토지가격 상승을 얻는 일거양득의 수익을 올릴 수 있으므로 한계농지에 관심을 가질 만하다.

한계농지 또는 농업보호구역을 투자 목적으로 구입한다면 ① 기존 시가지에서 가까운 신설 도로 주변에서 접근성이 좋은 한계농지와 ② 경관이 좋은 저수지나 하천 인근의 하류에 위치한 농업보호구역을 눈여겨 보아야 한다. 상류 쪽보다 먼저 규제 대상에서 풀릴 가능성이 크다.

보통 옛날 화전민들이 일구던 농지들로 골짜기에 위치하여 진입도로 폭이 좁거나 맹지의 경우가 많다. 하지만 그만큼 가격이 상대적으로 낮기 때문에 해제만 된다면 투자가치는 매우 크다고 볼 수 있다. 적은 자금으로 투자하는 것보다는 여럿이 어울려 자금의 규모를 크게 하여 도로에서부터 대규모로 구입하여 놓는 것이 좋은 구입 방법일 것이다.

무분별한 부동산 투기가 성행하지 않는 상황에서 투자와 투기는 구별할 줄 알아야 한다.

정확한 정보가 없는 상황에서 구입한다면 투기가 될 수 있고, 정확한 정보에 의하여 구입한다면 절대 손해를 볼 일이 없는 투자가 될 것이다.

영농여건불리농지 여부 확인

영농여건불리농지는 농림축산식품부에 의하여 2010년 11월 5일자로 경기도 남양주시 등 21개 시·군에서 최초로 지정·고시되었으며, 나머지 시·군들에서도 상당수 현지 조사·확인이 완료되어 영농여건불리농지가 지정·고시되었다. 해당 농지가 영농여건불리농지에 해당하는지 여부는 토지와 관련된 여러 가지 문서 중에서 토지이용계획확인서를 통해서만 확인할 수 있다.

토지이용계획확인서의 '다른 법령 등에 따른 지역·지구 등' 란에 '영농여건불리농지(농지법)'라고 명백하게 표시되어 있는 것이 영농여건불리농지이다.

참고로 토지이용계획확인서는 시청이나 군청 또는 구청에서 발급받을 수 있으며, 투자가치 판단 목적의 열람용 토지이용계획확인서는 토지이용규제정보서비스(http://luris.mltm.go.kr)에 접속하여 온라인상에서도 간편하게 열람해볼 수 있다.

영농여건불리농지 투자의 장점

농지투자의 큰 맹점 중의 하나는 "반드시 투자자가 자기의 손으로 농사를 지어야 한다."(이것을 '자경'이라 한다)는 부담을 진다는 것이다. 타인에게 임대를 주어 경작을 하다가 시·군에 적발되면 해당 농지를 자경을 하든지 아니면 처분을 하든지 하여야 한다. 불이행시에는 매년 폭탄(토지가액의 100분의 20)에 가까운 이행강제금을 부담하여야 한다. 그에 비하여 영농여건불리농지로 지정된 농지는 다음과 같은 장점이 있다.

① 자기의 농업경영에 이용하지 않더라도 누구든지 취득하여 소유할 수 있으며, 임대도 가능하다.

취득시 일반농지와 달리 농업경영계획서를 작성하지 않고 농지취득자격증명을 신청할 수 있다.③ 전용하여 주택 등을 건축하고자 할 때에는 농지전용허가를 받는 대신 시장·군수에게 신고만으로 농지를 전용할 수 있다.

영농여건불리농지 투자에서 유의할 점

농지를 투자할 때 판단의 첫 번째 기준은 '투자가치가 있느냐 없느냐'이지 관리의 용이성이 아니다. 영농여건불리농지가 일반농지에 비하여 사후관리의 용이성은 있지만 투자가치 자체를 보증해 주지는 않는다. 따라서 투자가들이 경매나 일반매매를 통해서 영농여건불리농지에 투자할 때는 먼저 투자가치를 꼼꼼히 따져보는 것이 선행되어야 할 것이다.

한계농지 개발의 장점

① 일반농지를 전용하여 개발할 경우 농지조성비를 부담해야 하나, 한계농지 개발시 농지조성비가 면제되며(수도권 또는 광역시에 속하지 아니 하는 읍·면지역에 설치하는 시설에 한함) 또 한계농지정비사업에 임야가 포함될 경우 산림법에 의한 대체조림비가 면제된다. (수도권과 광역시는 제외)

② 지방자치단체가 지역경제활성화를 위해 사업을 적극 지원하고 필요시 농림축산식품부도 직접 지원하므로 인·허가절차가 보다 쉽게 추진할수 있으며 사업시행인가를 받게 되면 다른 법률에 의한 인·허가도 받은 것으로 처리한다.

③ 한계농지개발은 소규모로 전원주택·펜션 등을 1~2동 한계농지에 건립할 수도 있고, 대·중 규모로 한계농지 정비지구를 지정, 택지·공장단지·관광휴양단지·체육시설 등을 10㏊(3만 평) 이내에서 조성할 수도 있어 다양한 방식으로 개발이 가능하다.

▶한계농지 정비지구를 지정하지 않고 소규모 면적의 한계농지에서 전원주택, 펜션 등을 건립하는 경우는 각기 개별법에 의해 농지전용허가(농지법), 건축허가(건축법) 등을 적법하게 득한 후 사업을 시행하면 된다.

▶보다 큰 규모로 시설을 단지화 하거나, 체육시설 등 부지면적이 많이 소요되는 사업을 시행코자 할 경우, 한계농지 정비지구로 지정받아 고시절차를 거친 후, 시장·군수로부터 사업계획의 승인을 얻어 사업을 시행하면 된다.

④ 한계농지정비사업은 농촌에 활력증진과 경제활성화를 위해 농지를 다른 용도로 전용, 다양한 시설을 설치하도록 하는 사업이므로 사업준공인가 시 토지의 지목이 농지·임야에서 택지 등으로 바뀌므로 토지의 부가가치가 상승한다.

▶주택 1채 건립 등 소규모 사업에서 3만 평(10㏊) 규모의 시설단지개발까지 다양한 사업이 가능하여 선택의 폭이 크다.

▶저렴한 농지·임야 등을 구입하여 개발하므로 투자비가 적게 소요된다.

⑤ 한계농지는 대체로 공기가 맑고 숲이 우거진 곳에 위치한 경우가 많으므로 전원주택, 펜션, 휴양용 주택 등을 건축하여 주말이나 휴가시에 활용하고, 평시에는 관광객에서 숙박시설로 제공한다.

▶도시민이 소규모 자본으로 제2의 주택(Secondary house) 소유 가능.

▶현지 농촌주민은 주택관리를 위탁받아 소득증대 기회가 되고, 도시민들도 관광객에게 방을 대여하여 부수입을 올릴 수 있다.

⑥ 한계농지 정비지구에 다양한 체육·관광시설 등이 고루 배치되도록 계획하게 되므로 지역 주민들의 삶의 질이 향상되고, 도·농 교류의 장으로도 활용이 된다.

▶농촌에 건전한 체육·놀이문화가 정착하는 계기가 될 수 있다.

▶농촌 주민들의 일거리가 늘어나게 되며, 대규모시설의 주변에 향토음식·특산물 판매 등을 통한 소득 증대의 기회가 확대된다.

⑦ 한계농지정비사업으로 조성된 농지와 농촌주택(택지) 등에 부속된 농지를 분양·임대할 경우에는 농지매매 등에 관한 제약을 받지 않는다.

한계농지의 판정 도해

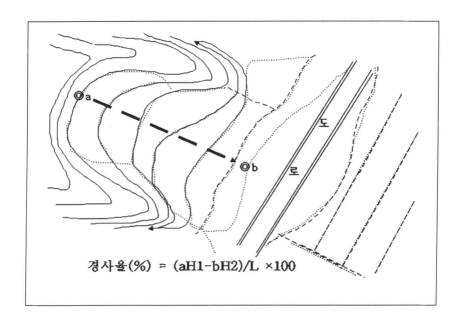

경사율(%) = (aH1-bH2)/L ×100

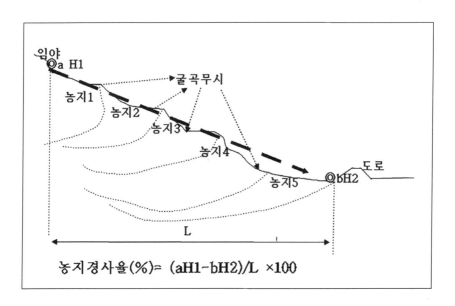

농지경사율(%)= (aH1-bH2)/L ×100

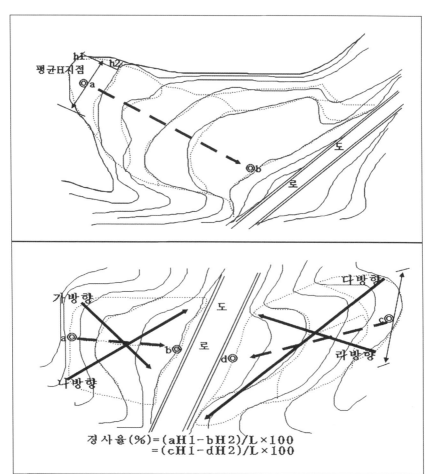

평균H지점 h1 h2
◎a

도
로

가방향
다방향
도
로
a◎
b◎
다방향
c◎
d◎
라방향

경사율(%)=(aH1−bH2)/L×100
　　　　=(cH1−dH2)/L×100

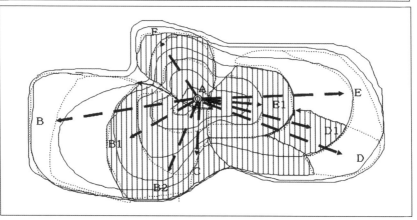

E
B
A
E1
B1
D1
B2
C
D

275

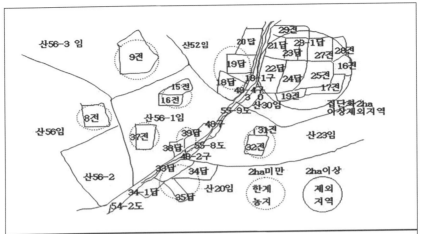

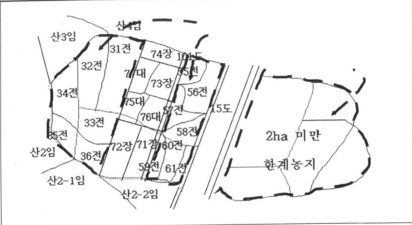

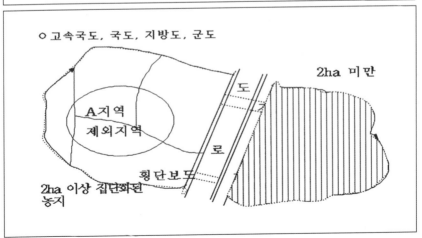

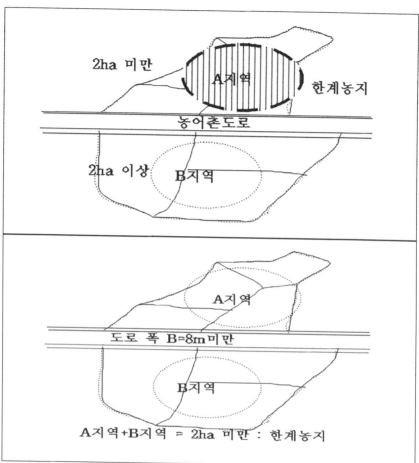

2ha 미만

A지역

한계농지

농어촌도로

2ha 이상   B지역

A지역

도로 폭 B=8m미만

B지역

A지역+B지역 = 2ha 미만 : 한계농지

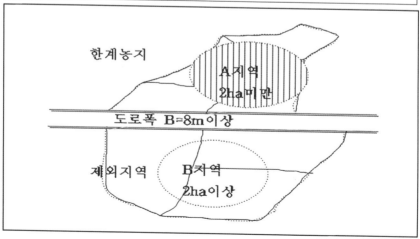

한계농지

A지역
2ha미만

도로폭 B=8m이상

제외지역   B지역
2ha이상

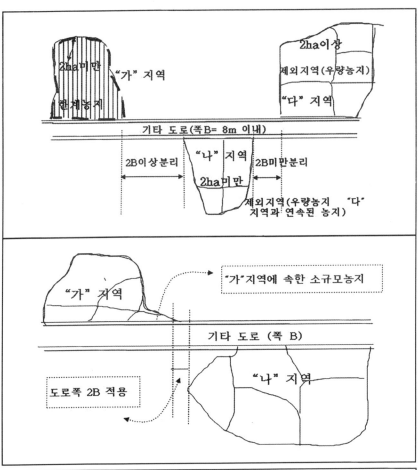

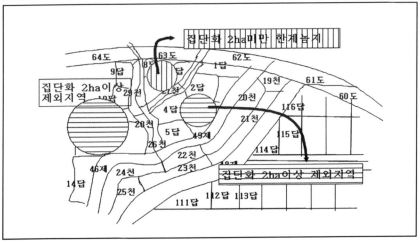

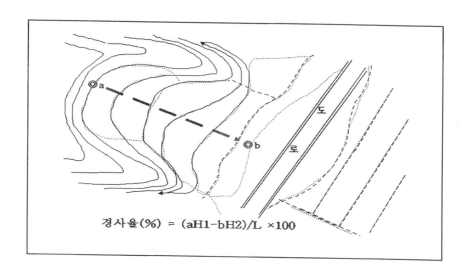

$$경사율(\%) = (aH1-bH2)/L \times 100$$

관리지역 미분류 지역 투자법

계획관리지역으로 분류된 토지

주변 개발압력이 높은 관리지역은 대부분 계획관리지역으로 지정되는 사례가 많았다. 이런 땅으로 ▶기존 개발지와 거리가 대략 1~2km 이내인 땅 ▶고속도로 IC 등 공공 편의시설에서 가까운 땅 ▶경지정리 면적 비율이 대략 10% 미만으로 낮은 논밭 등이다.

또 이미 개발행위 허가를 받아 건축을 진행 중인 곳도 대부분 계획관리지역으로 편입됐다. 그러나 개발행위허가를 받은 땅이라도 모두 계획관리지역으로 지정되는 것은 아니다. 파주시의 경우 개발허가를 받았더라도 부지면적 6,060㎡ 이하이고 주변이 경지정리가 잘 된 논밭이나 울창한 산림으로 둘러싸인 땅은 보전·생산관리지역으로 지정된 곳이 적지 않다.

관리지역 내 1만 ㎡ 미만의 소규모 농림지역도 관리지역으로 지정된 사례도 있다. 농림지역은 원칙적으로 관리지역 세분화 대상은 아니다. 그러나 지자체는 이런 소규모 농림지역은 보전보다는 개발가치가 높다고 보고 세분화 후 도시계획수립을 통해 계획관리지역으로 용도지역을 바꿔주기도 한다.

생산·보전관리지역으로 묶이는 땅

자연보전이나 경작 가치가 높은 땅은 대부분 생산·보전관리지역으로 묶였다.

이런 땅으로 ▶보전지역으로 둘러싸인 1만 ㎡ 미만 땅 ▶국가하천·지방1급하천변에서 500m 이내인 땅 ▶경지 정리가 잘된 지역과 가까운 논밭 ▶그린벨트 등 공적 규제지역 등이 있다.

또 농림지역으로 둘러싸인 1만 ㎡ 미만의 소규모 관리지역은 대부분 생산·보전 관리지역으로 분류된 사례가 많아 주의해야 한다.

투자 유의점은 투자자들은 입지가 떨어지더라도 계획관리지역으로 분류될 가능성이 큰 곳을 고르는 게 좋다. 하지만 일반인들은 관리지역 땅이 어느 지역으로 세분화 할지 점치기가 어렵다.

따라서 주민공람 등 관리지역 세분화의 윤곽이 어느 정도 드러난 땅을 사는 게 안전하다. 계획관리지역 지정을 기대하고 매입한 땅이 생산·보전 관리지역으로 묶여 낭패를 볼 수 있기 때문이다.

이미 주민공람 등이 진행 중인 땅 주인은 민원을 적극 제기해 재조정을 받는 게 좋다. 세분화에 문제가 있다고 판단되면 이의신청기간을 통해 주민 의견서를 제출한다. 이때 지자체는 현장조사를 통해 편입 여부를 다시 검토한다.

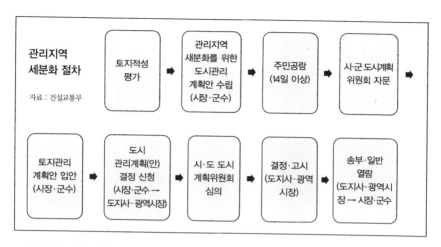

관리지역 세분화 절차

자료 : 건설교통부

토지적성 평가 → 관리지역 새분화를 위한 도시관리 계획안 수립 (시장·군수) → 주민공람 (14일 이상) → 시·군 도시계획 위원회 자문 →

토지관리 계획안 입안 (시장·군수) → 도시 관리계획(안) 결정 신청 (시장·군수 → 도지사·광역시장) → 시·도 도시 계획위원회 심의 → 결정·고시 (도지사·광역 시장) → 송부·일반 열람 (도지사·광역시 장 → 시장·군수)

수도권 관리지역 세분화 전후 공시지가 변화(자료 : 각 지자체)

위치		면적 (㎡)	지목	세분화 전		세분화 후		땅값 변동률 (%)
				용도지역	공시지가 (㎡)	용도지역	공시지가 (㎡)	
김포시	월곶면 용강리 262-3	1031	전	관리지역	5만 2천원	보전관리	5만 2천원	0
	월곶면 군하리 38-11	4438	답	관리지역	9만 3천원	계획관리	9만 6천원	3.2
고양시	설문동 424	2259	전	관리지역	15만 원	계획관리	20만 원	33
	설문동 326-5	3255	답	관리지역	12만 4천원	생산관리	12만 6천원	1.6
	설문동 326	1600	목장 용지	관리지역	15만 원	계획관리	17만 원	13

각 관리지역별 시설 허용용도

구분	보전관리지역	생산관리지역	계획관리지역
허용용도	①단독주택 ②제1종 근린생활시설(휴게음식점 제외) ③제2종 근린생활시설중 일부 (일반음식점 및 단란주점 제외) ④문화 및 집회시설 중 종교집회장 ⑤의료시설 ⑥창고시설(농업·임업·축산업·수산업용에 한함) ⑦위험물저장 및 처리시설 ⑧동물 및 식물 관련 시설 중 일부 ⑨기타	①단독주택 ②공동주택(아파트 제외) ③제1종 근린생활시설중 일부 ④제2종 근린생활시설중 일부 (일반음식점 및 단란주점 제외) ⑤창고시설(농업·임업·축산업·수산업용에 한함) ⑥공장중 일부(도정공장·식품공장과 면·지역에 건축하는 제재업의 공장중 일부) ⑦위험물저장 및 처리시설 ⑧기타	①단독주택 ②공동주택(제2종 지구단위계획수립시 아파트 가능) ③제1종 근린생활시설 ④제2종 근린생활시설 ⑤창고시설 ⑥숙박시설 (면적합계 660㎡ 이하, 3층 이하에 한함) ⑦공장 중 일부(부지면적이 1만 ㎡ 이상인 것 등) ⑧위험물저장 및 처리시설 ⑨기타

제2종 단위계획	수립 불가능	수립 불가능	수립 가능
건폐율(%)	20% / 50%	20% / 50%	40% / 80%
용적률(%)	단) 계획관리지역의 경우 제 2 종 지구단위계획을 수립하면 용적률을 최대 200%까지 허용함.		

관리지역 세분화(토지적성평가) 기준

▶관리지역 세분(계획·생산·보전)을 위한 경우

• 개발이 완료되었거나 절대적인 보전이 필요한 필지는 우선적으로 우선개발등급(5등급) 또는 우선보전등급(1등급)을 부여.

• 개발적성, 농업적성, 보전적성의 3개 특성별로 각 평가지표의 평가점수를 산정하고 평가점수를 합계하여 종합적성값 산정.

• 종합적성값은 평균과 표준편차를 이용하여 표준화 값(Z_i)에 따라 5개 등급으로 구분.

• 1등급·2등급인 경우, 보전 및 농업 적성이 강하고, 4등급·5등급인 경우 개발적성이 강한 것으로 판단.

▶각종 사업목적 도시관리계획의 입안(용도지역·용도지구·용도구역, 도시계획시설, 지구단위계획 등)을 위한 경우

• 절대적인 보전이 필요한 필지는 보전등급(A 등급)을 부여.

• 개발성의 단일 특성별로 평가지표의 평가점수 산정.

• 개발성 평가점수에 따라 3개 등급으로 분류(A등급 : 보전적성등급 , B등급 : 중간적성등급, C등급)

• 1등급·2등급인 경우 보전 및 농업적성이 강하고, 4등급·5등급인 경우 개발적성이 강한 것으로 판단.

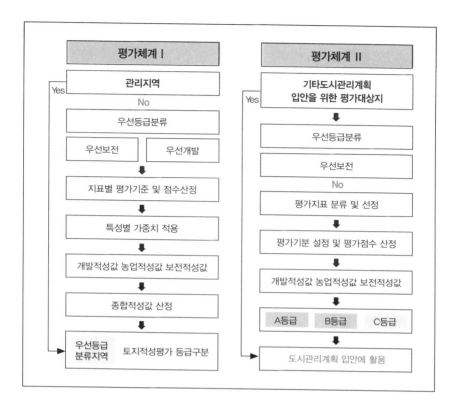

① 대상토지의 경사도가 15도 미만은 100점을 주고(수), 15~20도는 60
점(미), 20도 초과는 20점(가)으로 분류하며,

② 고도 100m 미만(수), 150m 초과시(가),

③ 토양적성등급 중 농지로 상태가 양호하지 못한 농지를(수), 양호한 농
지를(가),

④ 도시용지 비율이 5% 초과시(수), 1% 미만시(가),

⑤ 용도전용 비율이 1% 초과시(수), 0.5% 미만시(가),

⑥ 농업진흥지역으로부터의 거리 1km 초과시(수), 0.5km 미만(가),

⑦ 보전지역으로부터의 거리 1.5km 초과시(수), 0.5km 미만(가),

⑧ 기존 개발지와의 거리 1km 미만(수), 3km 초과시(가),

⑨ 고속도로 IC 등 공공편익시설과의 거리 1km 미만(수), 4km 초과시(가)

등으로 기준 평가

토지적성평가결과 관리지역이 보전, 생산관리지역 편입이 예상된다면 개발하거나 매매하라!

토지적성평가와 투자처 공략법

▶개발이 쉬운 계획관리지역으로 분류가 기대되는 땅을 추천한다.
• 개발 예정지로 둘러싸인 3,000여 평 미만의 땅
• 경사도(대략 15도 미만)와 고도가 낮은 임야
• 기존 개발지와 거리가 가까운(대략 1~2km 이내) 땅
• 도시용지 전용비율이 높을수록, 개발예정지 인근 지역
• 고속도로 IC 등 공공편의시설(대략 3km 이내)에서 가까운 땅
• 경지정리면적 비율이 낮은(대략 10% 미만) 논·밭
• 농업진흥지역에서 멀수록, 항공방제가 어려운 소규모 관리지역 농지
• 들쭉날쭉한 모양의 개발예정지와 붙은 농지·임야
• 취락지구

▶개발이 까다로운 생산·보전 관리지역으로 분류가 예상되는 땅은 피해야 한다.
• 보전지역으로 둘러싸인 3,000평 미만 땅
• 국가 하천·지방 1급 하천변에서 500m 이내인 땅
• 상수원보호구역에서 1km 이내인 집수구역(물을 모아두는 곳)
• 면적 30만 ㎢ 이상 농업용 저수지에서 500m 이내인 집수구역
• 경지정리가 잘된 지역과 가까운 논밭

- 그린벨트 등 공적 규제지역
- 상습침수 등 재해발생 가능성이 큰 땅

투자틈새, 도시지역 내의 농지투자

토지이용계획확인서의 기재사항 중에는 용도지역을 구분하는 항목이 있다. 이를 자세히 살펴보면 용도지역 항목에 도시관리계획에 의하여 결정된 도시지역, 관리지역, 농림지역, 자연환경보전지역의 네 가지 지역으로 구별되어 표기된다.

우리가 관심을 가질 부분은 이와 관련한 농지이다. 농지는 다음과 같이 구분할 수 있다.

첫째, 도시지역내의 주거지역·상업지역·공업지역의 농지.
둘째, 녹지지역의 농지.
셋째, 자연취락지구로 지정된 농지.
넷째, 비도시지역의 농지.

농지의 투자가치는 농지에 잠재되어 있는 개발가치다.
도시관리계획은 토지를 크게 도시지역과 비도시지역으로 나누고 있다.
일반적으로 사람들은 도시지역은 이미 개발협의가 완료된 곳이므로 개발가치가 높다고 생각하고, 비도시지역은 보전 목적이므로 개발이 어렵다고 생각하게 된다.

반면, 실제 개발행위허가를 받아서 개발가치를 실현하는 토지 소유주 입장에서 보면 도시지역이라도 녹지지역은 비도시지역처럼 개발행위기준이 엄격히 적용되고, 반대로 비도시지역이라도 계획관리지역은 개발이 오히려 도시지역 내의 녹지지역보다 쉬울 수 있음을 정확하게 인지해야 한다. 즉 전 국토를 도시지역과 비도시지역으로 나누는 것이 아니라 개발용지와 보전용지 그리고 중간 성격인 유보용지로 나누고 있다고 생각해야 한다.

먼저 도시지역 내의 농지에 대해서 정리해 보기로 한다.

도시지역은 주거·상업·공업·녹지지역으로 용도지역이 세분화되어 있다. 도시지역 중 주거·상업·공업지역 내의 토지를 활용하여 개발행위를 할 때에는 개발행위허가를 받지 않는 것이 원칙이다.

도시지역 내의 농지의 개발과 관련한 주요 법령들을 정리하면 다음과 같다.

> 첫째, 높이 및 깊이 50센티미터 미만의 절토 및 성토는 개발행위허가를 받지 않는다. (영 제53조)
> 둘째, 농지를 취득할 경우에 농지취득자격증명이 필요 없다. (법 제83조)
> 셋째, 농지전용허가를 받지 않는다. (농지법 제34조 제2항 제1호)
> 넷째, 위 용도지역에 편입된 지 3년이 지나면 자경농에 대한 감면 혜택이 없어진다. (조세특례제한법)

이와 반대로 녹지지역의 농지는 위와 같은 완화 조항 사항이 없으므로 개발 과정이 도시지역의 농지보다 다소 불리할 수 있다.

그러나 농지원부를 만들 수 있다는 것과 개발행위를 할 경우 농전보전부담금을 납부해야 한다는 두 가지 사항은 도시지역 내의 모든 농지 또한 해당된다.

일반적으로 도시지역 내의 농지는 녹지지역으로 지정되어 있는 경우가 많다.

투자자의 입장에서 녹지지역 내의 농지의 투자가치를 살펴본다.

녹지지역의 농지는 별도로 개발협의가 되어 있을 뿐, 사실상 보전 목적의 용도지역이므로, 건축 목적으로 형질변경을 할 때에는 모두 개발행위허가를 받아야 한다. 즉 도시지역이라고 하더라도 녹지지역은 사실상 비도시지역처럼 개발행위허가를 받아야 한다는 것이다.

이 사항을 유념해야 한다. 또한 이 지역은 도시지역으로 지정되어 있으니 취득해 놓으면 개발하기가 쉽다고 하는 유혹에서도 자유로울 수 있어야 한다. 그러자면 노력이 요구된다. 여러 번 읽고 숙지하도록 하자.

이어서 녹지지역은 다시 보전녹지와 생산녹지, 자연녹지로 세분되고 이 녹지지역 안의 농지는 모두 농지법의 농지로 취급된다. 만약 녹지지역이 농업진흥농지, 보호농지라면 별도로 농지법을 적용받아 규제가 많고, 일반농지는 녹지지역의 행위제한만 받으므로 차별성은 있다고 할 것이다.

정리해보면, 보전녹지지역보다는 생산녹지지역, 생산녹지지역보다는 자연녹지지역의 농지가 활용도가 높아 투자가치가 있다고 할 수 있다. 생산녹지와 자연녹지에서는 전원주택형 단독주택이 건축이 가능하고 4층 이하의 연립주택과 다세대주택은 조례에 따라 일부 허용하는 지역도 있으니 참고 하기로 하자.

다음으로 이와 관련하여 자연취락지구에 대해 살펴본다.

자연취락지구는 도시지역 내의 녹지지역이라든지 관리지역, 농림지역, 자연환경보전지역 내에 마을 등 취락을 정비하기 위하여 지정된 곳이다. 취락지구는 일반농지보다 여러 가지 특혜가 있으며 대표적으로 두 가지의 특례 조항이 있다.

첫째, 건축법상 건폐율이 20%에서 60% 이하로 완화된다는 것이다.

기존에 우리가 알고 있는 계획관리지역의 건폐율이 40%임을 감안하면 많은 혜택이라 할 수 있다.

둘째, 자연취락지구로 지정되면 보전녹지지역, 보전관리지역, 농림지역,

자연환경보전지역보다는 행위제한이 완화되는 효과가 있다. 즉 건축물 허용용도가 넓어진다는 것이다. 단독주택, 제1종·2종근린생활시설, 창고 그리고 조례가 허용하는 4층 이하의 연립다세대주택, 주유소 종교 문화시설 등을 건축할 수 있다.

지금까지 농지와 관련한 투자가능 대상 및 항목별 특성에 대하여 살펴보았다.

이러한 토지가 앞으로 투자가치가 있는지 정리해 보면, 현재의 토지시장 상황은 아직도 침체기를 벗어나지 못하고 있는 것으로 판단된다.

이는 현재 토지를 양도하거나 취득할 경우 부재지주에 대한 양도세 중과세 유예기간이 2012년 12말까지 연장된 것(현재 중과세 폐지 법안 계류 중 2013. 9 현재)과, 또한 도시지역의 녹지지역과 비도시지역에서 개발사업 시기와 상관없이 개발면적을 합산하여 개발행위를 제한하는 연접제한제도가 폐지된 것이 침체된 토지시장을 대변한다고 볼 수 있다.

그러나 연접제한제도의 폐지는 도시지역의 녹지지역, 비도시지역의 토지가 공장 창고 등으로 개발하기가 상대적으로 용이해지는 효과를 나타낼 수 있기에 토지의 거래 활성화에 도움이 될 것으로 판단된다.

농지는 도심 연결성 고려해 투자하라

토지투자에 있어서 주로 거래되는 지목이 전·답이다. 대지나 공장용지 등에 비해 저렴하고 유용할 수 있는 범위가 넓으며 임야에 비해 개발행위에 대한 제약이 상대적으로 덜하기 때문이다.

농지는 개발이 어려운 농업진흥지역과 개발행위가 용이한 진흥지역 외의 지역으로 나뉠 수 있는데, 이에 따라 땅값도 진흥지역외의 농지 가격이 높은 것이 일반적이다.

하지만 농지의 위치와 해당지역의 발전 흐름에 따라 전혀 다른 양상으로 나타날 수도 있다.

농지를 매입하고자 하는 고객이 있어 컨설팅 차원에서 현장을 답사한 적이 있다.

하나는 진흥지역으로 아파트단지와 상업시설 등에 접해 있었으며 2차선 도로가 가운데 지나갔다.

다른 하나는 진흥지역 외의 농지이지만 한적한 외곽에 있으며 도로가 붙어있는 상태이긴 하나 주변의 발전 가능성은 낮아 보였다.

필자는 그 고객에게는 진흥지역의 농지를 권했다. 예상대로 그 지역은 아파트단지가 확장되고 상업시설이 늘어나면서 2차선도로까지 확장돼 앞으로도 꾸준히 성장할 것이 느껴졌다.

일반적으로 진흥지역외의 땅이 가치가 높은 것이 사실이지만 현장에서는 여러 상황들이 맞물려 일어나기 때문에 현실적인 판단을 위해서는 많은 요인을 함께 분석해야 한다.

농업진흥지역은 국가에서 지정하지만 불변하는 지역은 아니다. 경우에 따라 해제되기도 하고 또한 진흥지역 외의 지역이 새롭게 지정되기도 한다. 다만 개인의 의사에 의해 변경시킬 수 있는 지역이 아니라는 점은 염두에 두도록 하자.

개발이 홀로 동떨어져 일어나는 경우는 드물다. 도심권과 연결돼 상호 유기적으로 일어나는 것이 일반적이다. 농지투자도 도심권과의 연결성을 염두에 두고 판단하는 것이 매우 중요하다.

돈이 되는 도시지역 내 농지 경매

도시지역 내 농지는 농지이지만 대지(집을 지을 수 있는 토지)화 된 토지로서 그 지역 일대가 도시화가 진행되고 있어 투자성이 매우 높은 편이다. 특히 경매 취득 후 건축할 경우 통상 지목 변경(농지전용) 또는 건축허가를 별도로 받지 않아도 대지나 상가로 활용이 가능해 활용도가 매우 높다.

도시지역 내 농지는 법원의 경매감정시 현황상 지목인 농지로 간주해 감정 평가되는 경우가 많다. 활용도나 투자성에 비해 감정가가 아주 낮게 잡히는 경우가 많아 감정가 수준에 낙찰을 받아도 시세차익을 10~20% 정도 높일 수 있는 게 통례이다.

다만, 도시지역 내 농지의 경우, 인근 현지 주민들의 집중적인 투자대상으로 꼽히므로 낙찰가율(감정가 대비 낙찰금액)이 높고 입찰경쟁률이 타 농지에 비해 높은 편이다. 또 경매로 나오는 도시지역 내 농지의 경우 공유지분(일단의 토지가 두 사람 이상이 소유하고 있는 경우) 형태로 나오는 경우가 많다.

등기부등본상 공동소유(공유)의 토지인지 확인한 후 입찰해야 하는 건 기본이다. 통상 공유지분 토지의 경우 일부 다른 지분권자가 '공유자우선매수청구권'을 행사해 낙찰 받는 경우가 많아 일반 투자자는 '닭 쫓던 개 지붕 쳐다보는 격'이 생길 수 있고, 낙찰을 받더라도 일부 낙찰 받은 토지의 소유권을 주장하기 위해 다른 공유자들을 상대로 공유물분할청구소송을 제기해야 하는 번거로움이 있을 수 있다.

다만 물건 공급이 많지 않아 투자대상을 선정하기 어려운 점이 있다. 수도권과 충청권의 경우 도시지역 내 농지가 거의 공급되지 않고 있으나 충북 등 외곽지역과 지방 광역시 일대 개발이 이루어지는 곳 일부에 간혹 공급되고 있다.

투자에서 유의할 점

중요한 것은 농취증 제출이 면제되는 농지라도 안심해서는 안 된다. 법원 측이 농취증 제출의 필요, 불필요 여부를 파악하지 못하고 있을 수 있기 때문에 반드시 농지 소재지 관할 시·군·구청에서 토지이용계획확인원(도시계획 포함)을 발급받아 매각결정기일 전까지 해당 경매계에 제출해야 한다. 자칫 이를 소홀히 했다가 법원이 농취증 미제출을 이유로 낙찰을 불허가할 수 있기 때문이다.

농지투자를 위한 체크 포인트

재테크 가치로서 농지연금에 주목하라

주목을 받고 있는 농지연금에 대한 이해

농지연금은 연금을 받으면서 농지를 반납하는 것이 아니라 농지 소유권을 갖고 직접 농사를 짓거나 임대함으로써 추가소득을 올릴 수 있는 것을 말한다.

주택연금이 집을 가진 도시민을 위한 것이라면, 농지연금제도는 땅(농지)을 가진 농민을 위한 제도라고 할 수 있으며, 농업소득 외에 별도의 다른 소득이 없는 고령 농업인의 안정적 노후생활을 보장하기 위해 도입된 세계 최초의 농지담보형 역모기지제도다.

만 65세 이상 고령 농업인이 소유하고 있는 농지를 담보로 노후생활 안정자금을 매월 지급하는 연금상품으로 자녀들의 부양부담을 덜어줄 수 있다는 점에서, 부동산투자의 새로운 블루오션으로 자리 잡고 있다.

농지연금을 받으려면 부부 모두 65세 이상이고 영농 경력이 5년 이상(신청일 직전 연속일 필요는 없으며 전체 영농기간 중 합산 5년 이상)이면서 소유 농지의 총 면적이 3만 ㎡ 이하인 농업인이면 된다. 또한, 농지는 저당권 등 제한물권이 설정돼 있지 않고 압류·가압류·가처분 대상이어선 안 된다. 아울러, 주말영농 및 체험영농인인 경우도 제외된다.

가입 방식은 종신형과 기간형이 있다. 종신형이란 가입자(배우자)가 사망 시까지 매월 일정한 금액을 지급하는 방식이고, 기간형은 가입자가 선택한 기간(5년, 10년, 15년) 동안 매월 일정한 금액을 지급하는 방식을 말한다.

예컨대 소유주(1941. 3. 1)와 배우자(1946. 6. 15)가 공시지가 ㎡당 10만 원의 농지 3,300㎡를 소유하고 있다고 하자. 종신형을 선택하면 월 123만 6670원을, 5년 기간형을 선택한다면 월 300만 원(상한금액)을 수령할 수 있다.

농지연금은 공시지가를 기준으로 하는 만큼 시세보다 낮은 금액으로 받지만, 담보를 처분할 때에는 시세를 기준으로 하기 때문에 차익이 발생할 가능성이 높다.

따라서 사망 후에도 농지처분가액에서 남은 금액이 있으면 상속인에게 돌려주고, 장수하게 되어 연금으로 받은 금액이 농지를 처분한 금액보다 많아도 상속인에게 청구되는 금액은 없다는 점이 특징이다.

또한 농지연금은 농지를 소유하고 있으면서도 일정한 소득이 없거나, 있더라도 부족해 노후생활이 불안정한 고령 농업인에게 노후생활안정자금을 지원해 주는 제도라고 할 수 있다. 신청자가 이미 국민연금, 개인연금 등 공적·사적연금을 받고 있더라도 농지연금 가입이 가능하다.

농지연금은 담보농지를 기준으로 지원하는 제도로서 신청자의 신용도나 소득에 따른 상환 능력 유무와는 관계가 없다. 따라서 농지연금 신청시 저당권 등 제한물권이 설정돼 있지 않은 농지라면 가입이 가능하다.

만약 신청농지에 담보권이 설정되어 있으면 선순위 대출을 모두 상환(선순위 저당권 말소)해 공사에서 1순위 근저당권을 확보하도록 해야 한다.

농지연금 가입 대상은 공부상 지목이 전·답·과수원으로 실제 영농에 이용되고 있어야 하며 제한물권이 설정되지 않고 압류, 가압류, 가처분 등의 목적물이 아닌 농지여야 한다. 즉 다음과 같은 농지는 가입이 제한된다.

▶압류·가압류·가처분·가등기 등 소유권 이외의 권리가 설정되어 있는 농지.
▶저당권·지상권 등 제한물권이 설정되어 있는 농지.
▶농업용 목적이 아닌 시설 및 불법건축물 등이 설치되어 있는 농지.
▶본인 및 배우자(부부) 이외의 자가 공동소유하고 있는 농지.
▶각종 개발지역으로 지정 및 시행(인가) 고시되어 개발계획이 확정된 지역의 농지.

농림축산식품부에 따르면 지난 10년간 농지 18만 ha가 줄어들었다. 18만 ha라면 1800㎢로 서울 면적(605㎢)의 3배 크기에 해당된다. 농지를 개발하는 농지전용이 갈수록 늘고 있다는 방증으로 우리의 먹을거리를 염려하지 않을 수 없다. 따라서 농지로 유지해야 수혜를 받을 수 있는 농지연금은 농지에 대한 간접적 보호효과와 함께 고령 농민의 불안한 노후에 대한 해결수단으로 매우 긍정적이다.

아직 농지연금은 재테크 수단 또는 노후대책으로는 미흡한 점이 많지만 토지투자를 단순히 묻어둔다는 개념에서 보유 자체만으로도 수혜를 받을 수 있다는 점은 토지투자의 작은 변화로 주목할 만하다.

대외적으로는 식량안보 문제로 떠들썩한 글로벌 시대에, 대내적으로는 빠르게 고령화사회로 진입하고 있는 지금, 농지연금제도는 갈수록 그 중요성이 커질 것으로 보인다. 농지를 단순히 개발 용도로만 볼 것이 아니라 보유 또한 훌륭한 재테크의 한 축이 될 수 있다는 점을 잊지 말자.

누적연금 가입 추이 (단위 : 건)

자료 : 주택금융공사·농어촌공사

(사업실적) 2019년 6월 말까지 총 13,176건 가입

구분	'11~13	'14	'15	'16	'17	'18	'19.6월	누계
건수	2,927	1,036	1,243	1,577	1,848	2,652	1,893	13,176

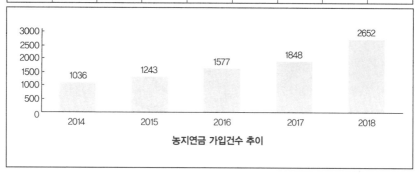

농지연금 가입건수 추이

상품조건 및 연금 지급액

자료 : 주택금융공사·농어촌공사

비고	조건	연금	비고
농지연금	2억 원 농지 65살 종신형 가입	월 65만 원 5천 원	농지관리 기금으로 직접 운영
주택연금	2억 원 농지 65살 종신형 가입	월 57만 원 3천 원	은행 통해 간접 운영

농지연금의 가입 요건과 지급 내용

① 농지연금 신청자는 부부 모두 만 65세 이상으로서 다음 조건에 해당하는 경우에 가입이 가능하다.

신청자는 영농 경력이 5년 이상인 농업인으로서 신청자 명의의 소유 농지 총 면적이 3만 ㎡ 이하이어야 한다.

② 담보로 제공되는 농지는 공부상 지목이 전·답·과수원으로 실제 영농에 이용되고 있어야 한다. 또한 저당권 등 제한물권 설정이 없고 압류, 가압류, 가처분 등의 목적물이 아니어야 한다.

③ 농지연금의 가입 절차는 다음과 같다.

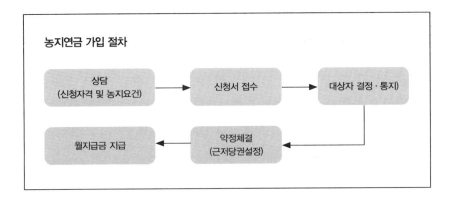

농지연금 가입 절차

상담 (신청자격 및 농지요건) → 신청서 접수 → 대상자 결정 · 통지)

월지급금 지급 ← 약정체결 (근저당권설정) ←

종신형 월지급금표　　　(단위 : 천원)

농지가격	1억 원	2억 원	3억 원	4억 원	5억 원	6억 원
65세	364	728	1092	1456	1820	2184
70세	412	824	1204	1605	2007	2408
75세	472	945	1417	1890	2362	2835
80세	553	1104	1660	2214	2767	3320
85세	674	1348	2021	2695	3369	4043
90세	903	1806	2709	3612	4515	5418

※ 공시지가, 대출이자율 4%, 기대이율 4%, 농지가격상승률 2.85%, 2011년

▶▶▶**농지연금이 유리한 점**

1. 주택연금의 2배 이상 가능
2. 보유하면 가격이 상승
3. 연금 플러스 외 사용수익이 발생하거나 지료를 받을 수 있음
4. 분할 매각이 가능
5. 지금이 투자 적기
6. 각종 세제 혜택(취/등록세, 재산세, 양도소득세 등)
7. 연금이 아닌 실투자도 성공이다.

농지연금

노후 안정적인 생활자금 마련, 농지연금제도 활용을 통한 농지투자법 FLOW

구분	1단계	2단계	3단계	4단계	5단계
	취득단계	보유단계	연금신청단계	연근수령단계	연금채무상환
해당연령	40~59세	60세 이전	65세~	65~	중도해지 or 사망
내용	• 은퇴 이전에 여유 자금 또는 원리금상 환 가능한 범위 내 에서 대출을 받아 농 지 취득 • 50세 이전이라면 여유자금을 활용하 여 대도시권의 저렴 한 농지를 취득하여 노후를 준비할 필요 가 있음. • 40대에 농지를 취 득하면 연금취득 연 령인 65세까지 농지 가치는 꾸준히 상승 (대산면의 경우 최 근 14년 간 공시가상 승률이 연평균 15% 이상, 직전연도 대 비 지역별 8~12% 상승) ➡은행금리보 다 훨씬 상회.	• 64세 이전까지 자 경 인정기간 최소 5 년 이상을 구비 • 대출을 받은 경우 라면 64세 이전에 원리금상환을 통해, 65세에 연금신청 당 시 채무잔액이 농지 가격의 15% 이내가 되도록 관리. • 가능하면 64세 이 전까지 8년 이상 자 경 요건을 구비해 두면 유리 • 40~50대에 취 득한 경우, 연금신 청 시기인 65세까 지 공시가 및 시가 의 상승분이 충분히 반영되므로 다른 어 떤 재테크수단보다 안정성 수익성 면에 서 유리	• 농지소유자 65세 이상 • 배우자 승계시 배 우자 60세 이상 • 65세 이전 자경기 간이 5년 이상인 경 우, 합법적 임대차 허용(농지법 제23 조) ➡연금수령기간 내 직접 경작 또는 임대를 통하여 추가 수입 가능 • 담보농지 재산세 면제(2021. 12. 31 한) 지특법 제35조의 2)	• 연금수령기간내직 접 경작 또는 임대를 통하여추가수입가능 • 연금신청자사망시 ➡ 배우자 승계(신청 당시 배우자60세 이 상, 승계조건 신청) • 수령 중 다른 농 지를 담보로 추가신 청가능	• 2017년 통계기준 기 대여명 86세(현재 65 세 + 여명 약 21년) • 대도시권 농지를 담보로 연금 신청할 경우, 약여년 이상수 령 후 잔액은 신청당 시 농지금액보다 훨 씬 많음. • 64세 이전에 8년 이상 자경 감면 요건 을 구비, 수령 기간에 임 ➡ 양도세 감면 • 64세 이전에 8년 자경 감면요건 불충 족 ➡ 65세 신청. 부 족기간 자경 후 임 대 ➡ 양도세 감면
농지 연금 제도의 장점	1. 부동산처럼 원금손실위험, 공실 위험, 관리 스트레스, 보유시 과도한 세금부담 등이 없다. 2. 연금수령기간 중 농지가격상승으로 사망 후 채무액을 상환하고도 잔여농지가액이 원금보다 충 분히 많다. 3. 담보가액이 동일할 경우, 농지연금이 주택연금보다 1.5배 가량 많다. 　※주택은 건물분 감가상각이 담보물 평가시 반영되므로 연금지급액이 농지연금보다 낮다. 4. 영농에 따르는 추가소득(임대도 가능), 조합원 가입으로 출자금에 대한 배당수익, 쌀소득직불금 신청자격 유지시 직불금 수령이 가능하다. 5. 담보농지가 속한 지역에 개발계획이 있거나, 개발사업이 진행될 경우, 지가상승으로 큰 시세차 익 실현도 가능하다. 6. 담보농지의 재산세 면제 　• 공시가 6억 원 이하인 경우 : 면제 　• 6억 원 초과인 경우 : 6억 원 이하 면제 + 초과분 과세(2021.12.31. 일몰) ➡ 일몰연장 가능성 충분. 7. 중도에 약정을 해지시 중도상환 위약금이 없다. 8. 내 주거·상업·공업지역으로 편입된 농지도 연금신청 가능.(국토법상 용도지역과 무관) 9. 가입자 사망 후 담보농지 처분시, 가입자가 8년 자경 감면조건 충족하고 있었다면 담보농지에 대 한 양도소득세 감면도 가능.

종신형	
가입자의 사망시까지 매월 일정한 금액을 나누어 지급받는 방식 (65세 이상)	가입자가 선택한 일정기간 동안 일정한 금액을 매월 나누어 지급받는 방식
전후후박(前厚後薄)형 : 월 지급금을 최초 지급일부터 10년 간은 정액형보다 많고 11년째부터는 최초 월 지급금보다 적게 받는 유형	기간형(정액형)은 다음과 같은 경우만 가능 5년 형 : 78세 이상 10년 형 : 73세 이상 15년 형 : 68세 이상

정액형	전후후박형	일시인출형	기간형(정액형)		경영이양형 (65세 이상)
사망시까지 매월 일정한 금액	•10년 간 70% • 11년 ~ 30%	30% 이내 필요 금액 수시 인출	선택한 일정기간 동안 매월 일정한 금액	• 5년형(78세) • 10년형(73세) • 15년형(68세)	종료시. 공사에 소유권 이전을 전제. 더 많은 연금.

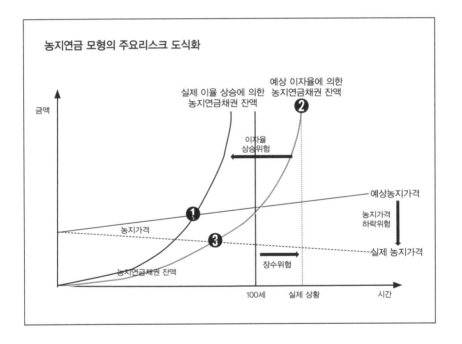

농지연금 모형의 주요리스크 도식화

농지연금 개정안

농지연금은 농지를 담보로 안정적인 노후 자금을 받을 수 있고, 연금을 받는 동안 담보농지를 임대해 줄 수도 있는 정부에서 시행하는 안정적인 연금지급 방식이다.

이번에 개정된 농지연금 업무처리요령 신설안을 보면, 대상 농지는 농지연금 신청일 현재 다음 각호의 요건을 모두 충족해야 한다.

1. 농지법상의 농지 중 공부상 지목이 전, 답, 과수원으로서 사업대상자가 소유하고 있고 실제로 영농에 이용되고 있는 농지.

2. 사업대상자가 2년 이상 보유한 농지로 상속받은 농지는 피상속인의 보유기간을 포함한다.

3. 사업대상자의 주소지(주민등록상 주소지 기준)를 담보농지가 소재하는 시군구 및 그와 연접한 시군구 내에 두거나, 주소지와 담보농지까지의 직선거리가 30㎞ 이내의 지역에 위치한 농지.

위 조건 중 2와 3의 요건은 2020년 1월 1일 이후 신규 취득한 농지부터 적용한다.

또 다른 신설된 조항을 보면 경매 및 공매(경매, 공매 후 매매 및 증여 포함)를 원인으로 취득한 농지를 농지연금 대상에서 제외 농지로 규정하고, 이 조항은 2019년 11월 1일부터 시행하였다.

다만, 농지연금 신청일 현재 신청인의 담보농지 보유기간이 2년 이상이면서 담보농지가 소재하는 시군구 및 그와 연접한 시군구 또는 담보농지까지 직선거리 30㎞ 내에 신청인이 거주(주민등록상 주소지 기준)하는 경우 담보로 인정이 가능하다.

농지투자의 틈새시장, 주말농장

농지는 농사를 직접 짓지 않으면 보유할 수 없다는 원칙을 가지고 있다. 따라서 농지를 보유한 상태에서 농업경영을 하지 않을 경우 이행강제금을 물리거나 아니면 매각처분통고를 받게 된다. 만약 농지를 농지 소재지의 마을 사람이나 친척이 대신 경작하는 위탁영농 또는 임대영농을 한 농지라 하더라도 비사업용 농지에 해당되어 추후 농지를 팔 경우 양도차액에 대한 60% 등의에 이르는 무거운 세금이 매겨지는 법적인 조치가 뒤따르게 된다.

이러한 엄격한 법적인 규정 때문에 농지투자를 통하여 많은 수익을 올렸다 하더라도 비사업용 농지에 해당되게 되면 그 수익의 절반 이상은 국가에 세금으로 내야 하므로 비교적 장기간 투자가 소요되는 농지의 경우 실질적인 투자 실익이 없게 된다.

따라서 도시인이나 직장인 또는 사업하는 사람들이나 모두 적은 돈으로 쉽게 농지에 투자하여 여러 가지 법적이 규제를 받지 않고, 양도소득세 중과세에도 자유로운 주말농장에 대하여 관심을 가져볼 만하다.

토지·전원주택시장에서도 소형의 인기가 뜨겁다. 정부의 까다로운 규제로 찬바람이 부는 대형 시장과는 대조적이다.

규모가 큰 토지와 전원주택이 고전을 면치 못하는 것은 정부의 규제 탓이다. 토지의 경우 1,000㎡ 미만의 소규모 농지는 도시민도 주말영농체험용으로 구입이 가능하다. 하지만 이 규모를 넘어서면 도시민의 농지 소유 자체가 아예 불법이 된다. 1,000㎡ 이상 농지의 도시민 소유는 투기 목적이 있다고 보고 도시민의 소유를 금지하는 현행 농지법 규정 때문이다. 그래서 덩치가 작은 땅이 큰 땅보다 인기가 높은 것이다.

땅을 팔 때 양도차액의 66%(주민세 6% 포함)를 내야 하는 부재지주 양도세 중과 규정도 소규모 땅이 인기 있는 이유다. 현행 세법은 재촌(실제 거주하기)과 자경(직접 농사짓기)하지 않는 1,000㎡ 이상 대규모 땅에 대해서는 가수요(비업무용)로 간주해 세금을 무겁게 매긴다. 반면 취미·여가 용도의 1,000㎡

미만 소규모 땅은 실수요로 인정해 양도세를 일반 세율(9~36%)로 과세하기 때문에 투자 수요가 적지 않다.

규모가 작은 땅은 토지거래허가를 받지 않아도 외지인 매입이 가능한 매력이 있다. 각각 농지 500㎡, 임야 1,000㎡ 이하이면 자치단체의 거래허가 없이도 누구든 땅을 살 수 있다.

환금성도 덩치 큰 땅과 작은 땅의 선호도를 가른다. 대개 덩치 큰 땅은 가격이 비싸기 때문에 수요가 적다. 필요할 때 현금으로 바꾸기도 힘들다. 반면 소규모 땅은 사려는 사람이 많아 언제든 팔기 쉽다. 가격 오름세도 같은 지역일 경우 소규모 땅이 더 높아 실속 있는 소형 토지가 인기인 것이다.

전원주택 건축시장에서도 소형 선호 경향이 뚜렷하다. 무엇보다 1가구 2주택 양도세 중과 규정의 영향이 크다. 현재 시·군·구에서 주택 1채를 소유한 도시민이 시골(경기도·광역시 제외 읍·면)에서 연면적 148㎡ 초과 주택을 추가로 매입한 뒤 이를 되팔 경우 양도차익의 50%를 세금으로 내야 한다.

이와 반대의 매각 순서일 때도 마찬가지로 세금이 중과된다. 이 때문에 1가구 2주택 양도세 중과를 주요 내용으로 한 2005년 8·31부동산대책 발표 이후 148㎡를 초과하는 대형 전원주택의 인기가 시들해졌다.

반면 148㎡ 미만은 2003년부터 농가주택으로 간주돼 1가구 2주택 양도세 중과 규정을 적용 받지 않아 수요가 늘고 있다. 이 예외 규정은 도시민의 귀농을 돕기 위해 IMF 외환위기 때 처음 도입된 뒤 2009년까지 적용기간이 연장됐다.

특히 연면적 33㎡ 이하 농가주택은 건축신고나 허가를 받을 필요가 없어 수도권에서도 건축이 가능해 인기가 더 높다. 여기에 정부가 2006년부터 주말체험영농용 농지에 짓는 33㎡ 이하의 소형 주택은 농지보전부담금(공시지가의 30%선)을 50%까지 감면해 줘 소형주택 인기에 불을 질렀다.

소형 토지·전원주택 투자에도 주의할 점은 있다. 1,000㎡ 이하 주말영농 체험용 농지의 경우, 개별등기가 아닌 지분등기 형태로 분양을 받으면 환금성이 떨어지기 때문에 가급적 피해야 한다. 특히 기획부동산업체가 지분 등기 형태로 농지를 쪼개서 매도한 뒤 잠적하는 사례가 많아 조심할 필요가 있다. 이 경우 지분 공동명의자 간의 의견 다툼으로 경매처분을 당할 수 있다. 이런 땅은 명의자 간 이해관계가 첨예하게 뒤얽혀 되팔기도 어렵다.

주말영농체험용으로 농지로 구입한 뒤 실제 농사를 짓지 않은 사실이 적발되면 농지처분이행강제금(공시지가의 20%)이 부과될 수 있다는 점에도 유의해야 한다. 또 가급적 개발 호재가 많은 수도권 농지를 사야 수익률을 높일 수 있다.

소형 전원주택의 경우, 잘못 지으면 집이 뒤틀리거나 갈라질 수 있다. 무리하게 비용을 줄이려고 규격에 맞지 않는 건축자재를 쓰면 단열이나 방음에 십중팔구 문제가 생긴다. 주말체험영농용이라도 도시지역이나 계획관리구역 내 농지는 33㎡ 이하 주택을 짓더라도 농지보전부담금 감면 대상에서 제외된다는 점도 염두에 둬야 한다.

주말농장은 도시민들이 도심지 근교나 농촌지역의 농지를 사서 가족용 취미나 체험영농을 위하여 도시생활을 벗어나 자연과 함께하면서 정신적 스트레스 해소와 친환경 정서함양은 물론 도·농간 교류차원에서도 권장할 만한 부분이다.

그런데 주말농장을 통상의 사람들은 농사도 짓고 전부 전원주택을 지을 수 있는 땅을 꿈꾼다는 사실이다. 물론 주말농장용으로 농지를 사용하다가 추후 은퇴 이후 전원주택을 짓고 살면 금상첨화이겠으나 두 가지 용도가 딱 맞아 떨어지는 곳은 매우 찾기 어렵다는 사실을 염두에 두어야 한다.

왜냐하면 주말농장용 겸 전원주택용은 지리적으로는 도시와 가까워야 하고, 농지의 가격도 맞아야 하고, 경관도 좋아야 하고, 추후 전원주택을 짓기 위해서는 주택을 짓기 위한 농지의 용도지역도 맞아야 하고, 도로나 전기인입, 수도 및 식수의 해결도 되어야 하는 등등의 여러 가지 충족 요건이 너무 많으므로 이를 맞추기는 매우 힘들다는 사실이다.

간혹 그러한 조건을 갖춘 농지가 있다면 가격이 만만치 않아 소액투자로서는 매우 어렵게 된다.

따라서 주말농장은 그냥 체험영농으로 인한 도심의 스트레스 해소용, 가족용이라는 단순함에서 출발하여야 하며, 너무 큰 욕심을 부리지 말고 자신에게 맞는 주말농장용 투자처를 찾아야 한다. 그러기 위해서는 주말농장에 대한 명확한 이해가 필요하며 이번 기회에 그에 대한 궁금증을 풀어 보고자 한다.

주말농장이란?

주말농장이란 농지법상에는 "주말체험영농" 목적용 농지를 말하는 것으로 그냥 줄여서 "주말농장"이라고 한다.

이러한 주말농장은 헌법상 경자유전의 원칙에도 불구하고 농민이 아닌 사람들, 즉 도시민에게도 농지를 소유할 수 있도록 한 것으로 2002년 12월 농지법이 개정되면서, 2003년부터 주말농장이 처음으로 농지법에 등장하여 허용되게 된 것이다. 그 이전에는 농지는 농민만이 소유할 수 있고, 도시 사람들은 농지를 가질 수 없다는 원칙이 지배하고 있었다.

그러나 해마다 농촌 인구는 줄어들고 농민의 고령화 현상으로 인한 일손 부족으로 인하여 농지를 짓지 않고 그냥 내버려두는 유휴농지의 증가로 농촌문제가 심화되어 가자 주말농장제도를 새로 도입하게 된 것이다.

주말농장은 이러한 유휴농지에 도시인이 투자를 하도록 하여 농지를 활용하게 함으로써 농가소득도 증대시키고, 도시인의 도시생활에서 오는 스트레스를 해소시키고 자녀들의 친환경적이고 친자연적인 정서함양과 동시에 건전한 여가생활을 조장하고, 도농 교류에도 이바지 하고자 하는 측면에서 도입되었다.

이에 따라 직장인, 자영업자, 사업가 모두 누구나 전업하지 않고도 도시인이 주말에 취미나 영농체험을 목적으로 작은 농지를 사서 소유할 수 있게 되었다. 이러한 농지를 농지법상 "주말체험영농 목적용 농지"라고 한다. 우리가 흔히 말하는 "주말농장"이라고 하는 것이다.

도시민이 자유롭게 소유할 수 있는 농지의 지목과 면적

주말농장의 대상이 되는 것은 농지법상 농지에 한한다. 즉 농지란 지적법상 지목으로 보면, 전·답 그리고 과수원을 말한다. 흔히 주말농장용으로는 밭을 많이 이용하고 있지만 논이나 과수원도 주말농장용으로 가능하다는 것이다.

주말농장은 오로지 농지에만 허용되는 것으로 임야는 해당이 없다. 그리고 낙농을 위하여 산을 개간해서 초지로 만든 것을 목장용지라 하는데, 목장용지도 주말농장용으로는 허용되지 않는다.

또한 자기소유의 나대지나 빈 잡종지 등을 사실상 주말농장으로 쓰는 경우도 있으나 이 역시도 여기서 이야기하고 있는 주말농장에 해당되지 않는다. 따라서 나대지의 경우에는 건축행위를 하지 않은 상태이므로 소득세법상 비사업용 토지에 해당되어 주말농장용 농지가 갖는 소득세법상의 혜택을 받을 수 없으므로 양도소득세 중과세에 해당되게 된다.

주말농장용 농지에 해당되더라도 면적의 제한을 받게 된다. 즉 주말농장용으로 도시민이 자유롭게 취득할 수 있는 농지의 면적은 1,000㎡(302평)이다. 이 면적은 세대원의 농지면적을 합산한 것으로 종전부터 가지고 있던 면적도 포함이 된다.

예를 들어 종전에 남편 명의로 330㎡(100평)의 농지를 소유하고 있는 상태에서 추가로 배우자 명의나 자녀 명의로는 660㎡(약 200평)까지만 주말농장용으로 취득이 가능하며 총 합산하여 1,000㎡(302평)가 넘어서게 되면 주말농장용으로 취득이 불가능하며, 농업용으로만 취득할 수밖에 없는 것이다.

전원주택·토지의 주요 규제 내용

규모별 농지규제

구분	500㎡ 이하	200 ~ 1000㎡	1000㎡ 이상
토지거래허가	×	○	○
부재지주 양도세 중과	×	×	○
외지인(도시민) 소유가능	○	○	×

연면적별 전원주택 규제

구분	33㎡ 이하	33 ~ 148㎡	148㎡ 초과
건축신고 · 허가	×	○	○
1가구 2주택	×	×(수도권 · 광역시 제외)	○
농지부담금 감면	50% 감면	×	×

도시민의 거주지와 농지 간의 통작거리

영농 목적의 농지취득이나 농민이 농지를 좀 더 취득하고자 할 경우에는 농지취득 전이나 또는 후 직접 영농을 위하여 농지 소재지에 거주하거나 농지 소재지 연접지역에 거주하거나 아니면 농지 소재지로부터 30km 이내에 거주해야 하는 재촌 요건과 농지 소유주가 직접 경작해야 하는 자경요건을 갖추어야 추후 농지의 양도시 비사업용 농지가 아닌 자경 영농으로서 농업인이 갖는 여러 가지 법적·행정적 또는 세제상의 혜택을 볼 수 있게 된다.

그러나 주말농장용 농지의 취득자격은 위의 경우와는 전혀 상관이 없다. 따라서 전국 어느 곳에 거주하든 상관없이 전국 어느 곳의 농지에 주말농장이 가능하다는 것이다.

예를 들어 창원에 있는 사람이 제주도에 감귤 밭을 주말농장용으로 사용할 수 있으며, 서울에 주소를 두고 있는 직장인이나 사업하는 사람이 고향에 주말농장용 농지를 취득할 수 있다는 것이며, 과거 전국적으로 문제가 되었던 쌀소득직불금과도 전혀 무관하다는 것이다.

주말농장용 농지 소유를 위한 절차와 구비서류

주말농장용 농자를 취득하기 위해서는 간단한 절차만 거치면 해결된다. 즉 우선 1,000㎡(302평) 미만의 농지를 취득하려는 매매계약을 체결한 후 농지 소재지의 시·군·구·읍·면의 농지 담당에게 농지취득자격증명을 받아야 만한다.

농지취득자격증명을 줄여서 "농취증"이라고도 하며 해당 관청에서 농지취득자격증명신청서를 작성하여 제출하여야 한다.

농업인이나 영농 목적으로 1,000㎡(302평) 이상의 농지를 구입하려는 사람은 농지취득자격증명신청서와 함께 영농계획서를 별도로 작성하여 제출하여야 하지만 주말농장용 농지의 농지취득자격증명 신청시에는 영농계획서를 별도로 제출하지 않는다.

농지취득자격증명신청서는 농지의 표시와 구입자의 주소, 성명, 연락처 등을 기재하고, 취득자의 구분과 취득 목적란에 반드시 "주말체험영농"란에 ○표를 하여야 하고, 서명 혹은 날인한 후 접수하면 된다.

접수 이후 처리기간은 2일(1,000㎡ 이상 농업경영 목적 취득이나 농업인의 농지 취득의 경우 4일)이다. 이러한 농지취득자격증명은 법원등기소에 토지 소유권이전 신청을 할 때 반드시 첨부하여야만 농지의 취득이 가능하게 된다.

주말농장용 농지의 관련 세제

주말농장용 농지라고 해서 모든 세금의 혜택을 받는다는 생각은 오해이다. 먼저 주말농장용 농지의 취득시에는 취득세와 등록세를 내야 하는데, 취득세는 취득가액의 2%와 농어촌특별세 0.2%, 등록세는 취득가액의 1%와 지방교육세 0.2%의 세율을 부담하게 된다.

그리고 농지의 보유에 따른 재산세를 내야 하며, 처분을 할 때 양도차익이 있을 경우에는 양도소득세를 내야 한다.

특히 양도소득세의 경우에는 농지가 주말농장용이 아닌 면적 1,000㎡ (302평) 이상의 농지인 경우에는 그 농지가 비사업용 농지에 해당되느냐의 여부에 따라 세율이 크게 달라지게 된다. 즉 1,000㎡(302평) 이상인 농지의 경우에는 재촌 요건과 자경의 요건에 맞지 않는 비사업용 농지에 해당되게 된다면 양도차익의 60%에 해당하는 중과세를 물게 됨과 동시에, 아무리 오랜 기간 보유했다 하더라도 장기보유에 따른 특별공제의 혜택도 없다. 즉 일정 규모 이상의 농지를 보유한 사람이 농사를 짓지 않으면 경자유전의 대원칙에 위배되는 투기적 수요자로 보고 과중한 세금을 내야 하는 처벌을 받는다고 보면 된다.

그러나 1,000㎡(302평) 이상의 농지를 소유한 사람이 농업을 주업으로 하면서 재촌 및 자경의 요건을 다 갖춘 농업인이라면 정당한 농업경영으로 보아 중과세가 되지 않으며 일반과세율을 적용받게 됨은 물론, 각종 세제상의 혜택을 보게 된다. 즉 이러한 농지를 2년 이상 보유한 경우 새로운 농지의 취득시 취·등록세가 50% 감면된다든지 해당 농지의 양도시 양도소득세가 양도차익에 따른 6~42%의 일반 세율을 적용받게 됨은 물론 3년 이상의 장기 보유에 따른 특별공제의 혜택을 받게 되며, 또한 8년 이상 농업경영을 했거나 종전 농지를 팔고 새로운 농지로 대토한 경우, 일정 요건에 맞으면 양도소득세의 감면 혜택도 받게 된다. 이 외에도 각종 세제상 또는 농업정책상의 혜택도 받을 수 있게 된다.

여기서 우리는 주말농장용 농지의 경우에는 어떤 세제상의 혜택을 볼 수 있느냐 하는 것인데, 1,000㎡(302평) 이하의 주말농장용 농지의 처분시에는 1,000㎡(302평) 이상의 농지의 경우와는 다르다.

왜냐하면 주말농장용 농지의 처분시에는 부재지주의 여부와는 관계없이 양도차익에 따른 6~42%의 일반 세율의 적용과 3년 이상 장기보유에 따른 장기보유특별 공제의 혜택도 볼 수 있기 때문이다. 즉 주말농장으로 사용한 농지를 양도하게 되면 비사업용 토지로서의 양도소득세 중과세 60%를 피할 수 있다. 이런 유리한 세제혜택으로 인해 도시민으로 하여금 농지투자에 관심을 갖게 만드는 또 하나의 요인이라 할 수 있다.

이렇게 소득세법상 주말농장으로 인정받으려면 다음과 같은 요건을 갖추어야 한다.

① 2003년 1월 1일 이후 취득한 농지여야 한다.

② 1가구당 농지의 면적이 1,000m(302평)를 넘지 않아야 한다.

③ 농지취득자격증명서에 주말농장용으로 취득한 사실이 입증돼야 한다.

이런 세 가지 조건이 주말농장에 대한 무거운 양도세 부과를 피할 수 있는 요건이며, 이런 요건에 맞지 않는 경우 그것을 주말농장용으로 사용했다고 하더라도 농지만 소유할 뿐 농사를 짓지 않는 부재지주에 해당되므로 농지의 양도시 양도세가 그대로 중과된다.

주말농장용 농지의 자경 여부에 대한 사항으로 해당 농지가 비사업용 토지에서 제외되려면 주말마다 농장에 가서 직접 농사를 지어야 한다. 하지만 별도의 사후관리에 관한 규정이 없기 때문에 취득할 때 주말농장의 요건만 갖춘다면 취득한 후 개인 사정상 주말마다 경작하지 않았다고 하더라도 비사업용 토지로 중과세 되지는 않는다.

그러나 주말농장용 농지라 하더라도 보유기간이 단기보유인 경우에는 높은 세율을 적용받게 된다. 즉 주말농장용 농지를 1년 안에 양도하면 양도차익의 50%를 세금으로 내고, 1년 이상 보유했지만 2년 안에 양도할 경우에는 40%의 양도세율을 적용받는 것이다. 따라서 적어도 2년 이상은 보유하고 처분해야 높은 세금을 피할 수 있다는 점에 유의해야 한다.

주말농장용 농지라 하더라도 본래 도시지역에 위치한 농지의 경우에는 농사를 짓거나 주말농장으로 사용한다 하더라도 실제 용도와는 무관하게 비사업용 토지로 보아 양도차익의 60%를 세금으로 부과한다. 그러나 주말농장용 농지가 농촌지역에서 도시지역으로 편입이 된 경우에는 그 편입일로부터 2년 이내에 농지를 양도하면 중과세를 피할 수 있다.

주말농장용 농지의 농지전용 또는 농가주택의 신축

주말농장용 농지에 해당된다 해도 반드시 주말농장용으로만 사용할 수는 없는 사항이 있을 수 있다. 즉 주말농장용 농지를 다른 용도로 사용할 수 있느냐의 문제이다. 주말농장용 농지라 하여 계속적으로 농사를 지을 수 없는 사유가 발생하거나 주변의 상황이 바뀌어 이 농지를 이용하여 좀 더 좋은 용도, 즉 전원주택지나 창고용지, 상업용지, 야적장, 주차장 등으로 사용할 수 있다면 불가능하지는 않다.

이러한 경우에는 관련법에 의하여 농지의 전용이나 개발행위가 가능한 농지여야 함에 유의하여야 한다. 즉 해당 농지 위에 농가주택이나 창고, 음식점, 모텔 등을 지으려면 해당 농지가 국토계획법상 구분되는 용도지역이 그러한 시설물로 개발행위가 가능한 농지여야 하며, 건축물의 용도에 따른 관련 법규에도 맞아야만 하므로 먼저 시·군·구에서 발행하는 토지이용계획확인서를 확인한 다음 관련 해당 행정부서에 문의한 후 실행해야 한다.

예를 들어 농림지역의 농업진흥구역인데도 경치가 좋고 집을 짓기에 딱 좋은 조건을 가지고 있다고 하여 무조건 농가주택이나 전원주택을 지을 수 있는 것은 아니며 농가주택이나 전원주택을 지을 수 있는 용도지역이어야 한다는 것이다. 만약 장래에 주말농장용 농지를 다른 용도로 이용할 계획을 가지고 있다면 농지를 구입하기 전에 그러한 계획에 맞는 농지인지의 여부부터 판단한 이후 구입해야 할 것이다.

농지경매 입찰 노하우

수도권 농지 '경매'로 낙찰 받기

경매를 통해 농지(전·답·과수원)를 낙찰 받으면 시세 대비 20% 이상 저렴한 가격에 매입할 수 있다. 수도권, 개발 가능한 농지를 값싸게 낙찰 받아 주말농장이나 장기 투자용도로 매입해 두는 것도 유망한 여유자금 운용법이다.

토지는 주택과 달리 점유자 또는 세입자가 거주하지 않아 세입자 관계 분석이 필요 없어 권리관계 분석이 쉽다는 장점이 있다. 즉 초보 투자자도 권리분석이 간단하고 명확해 토지의 가치를 파악하면 손쉽게 경매를 통해 싸게 낙찰 받을 수 있다.

수도권의 농지는 위치와 규모에 따라 얼마든지 개발 여지가 있어 가공되지 않은 대표적인 부동산 상품이다. 농지전용이 가능한 토지는 대지로 전환해 집을 지을 수 있고, 도시화가 진행되는 택지지구 인근의 경우에는 상가나 공장용지로 용도변경을 할 수 있어 활용 가치가 높다.

농지는 1~2억 원의 종자돈으로 묻어두기에 적당한 상품이다. 경매감정가가 공시지가 수준을 약간 상회하는 선에서 평가돼 장기간 묻어두고자 하는 수요가 많은 종목이다. 농지는 지역 여건에 따라 개발 여지가 있거나 용도상 제한이 많지 않은 지역 농지를 고르는 게 관건이다.

호재지역 낙찰가 상승세

서울·수도권 농지의 낙찰가율은 75~80% 선으로 높은 낙찰가율을 보인다. 경매물건 수는 매달 전국적으로 4,000~5,000건으로 경매에 부쳐지는 물량이 꾸준히 늘고 있어 경매물건 선택의 폭이 넓은 편이다.

한 달에 전국에서 경매종목 분류상 토지 물량만 8,000~1만여 건에 달한다. 그 중 농지가 절반을 넘고 임야와 대지 순서로 입찰에 부쳐진다. 입찰경쟁률은 한 물건 당 2~3대 1 수준이다. 서울 수도권은 3대 1 수준이며, 기타 광역시와 지방은 2대 1 수준으로 낮은 편이다.

개발 호재지역이나 대도시 인접지역, 도로개통예정지역 등 인기를 끄는 지역의 토지 낙찰률과 낙찰가율은 감정가를 훨씬 웃돌기도 한다. 호재를 안고 있는 곳은 한 물건에 수 십 명이 몰려 감정가의 2배 넘게 낙찰되기도 하는 게 농지경매의 특징이다.

도시 주변, 도로 접근성 따져야

농지 경매물건을 고를 때는 되도록 대도시 주변이나 택지지구 인근 농지를 고르는 게 유리하다. 인구가 많이 모여 사는 도시 주변의 농지는 개발 여지가 높고 도시 확장으로 인해 토지 용도가 고밀도 개발이 가능한 땅으로 바뀌기 때문에 땅값 상승분이 높다.

경지정리가 잘 된 농지보다는 도로 접근성이 좋은 농지가 유리하다. 경지정리가 잘 된 농지는 농지보전 목적이 강해 개발 여지가 떨어진다. 주택을 짓기 위한 농지는 남향의 땅이 좋고 강이나 하천이 보이고 주택 등이 모여 있는 곳이 좋다.

개발 또는 투자 용도라면 포장도로가 설치돼 있고 현재 또는 미래 교통 여건이 개선되어 접근성이 좋은 곳이 유리하다. 최소한 2미터 이상의 도로를 접해야 추후 건축이 가능하다. 길이 막힌 맹지는 토지 활용도가 매우 낮다.

서울·수도권 일대 농지는 개발제한구역이나 군사시설보호구역, 공원 등에 해당돼 개발, 이용이 제한되는 경우가 많다. 입찰 전 토지이용계획확인원 등 관련서류를 반드시 확인한 후 입찰해야 한다. 진입로가 없는 땅은 개발이나 활용이 거의 불가능하다. 도로가 있거나 진입로를 개설할 수 있어야 한다.

시세 파악이 쉽지 않은 것이 농지이므로 토지 소재지 인근의 몇 군데 중개사사무소를 들러 정확한 거래 시세와 매매 사례를 파악한 후에 입찰가를 산정해야 한다. 농지는 거래 시세의 80% 이하로 낙찰 받아야 투자성이 있다.

농지취득과 관련한 조건들

농지를 경매로 취득하려면 농지법 제8조 제1항에 의해 농지가 소재하는 시·구·읍·면의 장에게 '농지취득자격증명(농취증)'을 발급 받아야 한다. 경자유전원칙에 따라 외지인의 농지 투기를 막기 위한 조치이다. 낙찰 후 7일 이내에 제출해야 낙찰 허가가 난다.

입찰 전 '농취증' 발급 여부를 확인하고 입찰에 참여해야 한다. 매각 결정기일까지 농취증을 제출해야 낙찰허가가 나고 소유권 이전등기가 가능하다. 거의 대부분의 경매법원이 농취증을 제출치 않으면 입찰보증금을 몰수한다.

도시민이 농사를 짓는 땅, 즉 농지를 소유할 때는 소유제한이 있다. 원칙적으로 직접 농사를 지을 자가 아니면 소유하지 못하도록 되어 있다. 하지만 예외적으로 개인이 취득할 수 있는 방법이 있다. 즉 주말체험영농을 하기 위해 1,000㎡(302평) 미만의 농지를 소유하는 경우, 또 상속 농지취득, 국가 지자체 농지 소유 기타 등은 직접 농사를 짓지 않아도 농지를 소유할 수 있다. 다만 개인은 직접 농사를 짓는다면 주거지에 상관없이 취득 가능하다. (개인은 1,000㎡ 미만은 주말영농이므로 비자경 가능, 1,000㎡ 이상은 반드시 자경이 원칙이다.)

농지경매에 입찰할 때에는 여러 가지 조사해야 할 것이 있다. 현장답사에서 수목이 있는 경우 법정지상권, 타인의 분묘가 있는 경우 분묘기지권이 성립될 수 있다. 특히 토지 위에 무연고분묘가 있다고 해서 함부로 다른 곳으로 이장과 개장하면 안 된다.

농지는 여러 거래 제한을 받고 있으며, 공법상으로 토지이용계획 및 개발계획에 의해 개발하는 데도 어려움이 많다. 경매를 통해 낙찰 받을 경우, 개발예정지역 내 농지전용이나 개발이 불가능한 땅으로 지정돼 투자금액이 수 년째 묶여 있는 경우도 빈발한다.

투자에 앞서 알아야만 할 내용을 정리해보면 다음과 같다.

일단 농지가 무엇인지 알아야 한다. 부동산투자금액에 대하여 소위 대박이 터진다고 하는 많은 이익의 발생은 토지일까, 아니면 건물일까, 혹은 아파트일까?

값이 올라갈 토지를 매입하여 땅값이 올라간다면 그것은 대박투자가 되는 것이 틀림없을 것이다. 토지의 가격상승은 아파트나 상가 등과 비교할 수 없이 그 폭이 대단히 클 수 있다. 가령 예를 든다면 1978년 당시 포니자동차 중 디럭스형이 처음 나왔는데, 이 자동차의 번호판을 달기까지 300만 원이 들었다.

당시 잠실주공 4단지 아파트 한 세대의 가격은 대출금을 제하고는 200만 원이었고 해운대 삼성연수원 앞의 논·밭은 평당 1,000원이었다. 풍광이 수려한 영남 알프스 배냇골의 임야는 쓸 만한 것이 평당 10원에 불과하였다.

40년이 지난 지금 배기량이 같은 자동차의 값은 2,000만 원, 잠실주공 4단지는 재건축을 하여 20억 원 정도로 평가할 수 있을 것이라면 자동차 가격이 6배 정도 오른 데 비하여 아파트는 1,000배가 올랐으니 대박이라고 볼 수 있을 것이다.

과연 대박일까? 해운대 삼성연수원 앞의 논, 밭은 3,000배 가깝게 올라 평당 300만 원을 호가하고 배냇골의 임야는 10,000배가 올라 10만 원씩 거래가 된다.

그러면 어느 것이 대박의 수준이라고 할 수 있을까?

수많은 전·답 등의 농지가 부동산경매에 나오고 있다. 그러나 수도권에 거주하는 일반인들이 농지를 낙찰 받으려면 상당한 결심이 필요할 것이다.

대부분의 농지경매의 매각물건명세서를 보면 "농지취득자격증명 필요" 아니면 "농지취득자격증명 미제출시 매각보증금 반환하지 않음"이라고 기재되어 있다.

그러나 농지를 매입하는 데 무허가에 허름한 창고 같은 집이라도, 집이 있는 농지가 좋을까? 아니면 물길과 농로가 잘 만들어지고 반듯한 바둑판 같은 땅이 더 좋을까?

　여기서 더 좋다는 질문의 의미는 농사가 잘되어 수확을 많이 올린다는 의미가 아니라 낙찰 받은 값에 비해 얼마나 더 많이 땅 값이 올라 돈이 되는가를 말한다.

　농지취득자격증명은 매각허가결정일까지 해당 경매계에 제출해야 한다.

　그러나 문제는 농지 중에서도 돈이 될 가능성이 높은, 집이나 창고 혹은 다른 시설이 있는 농지는 해당 읍·면·동사무소에서 농지취득자격증명을 발급해 주지 않고 반려 통지를 해 주는 데 있다.

반려 통지는 무엇인가?

　반려 통지는 농지취득자격증명(다음부터는 줄여서 농취증이라고 표기함)을 발급해 줄 수 없는 토지라는 것이므로 이 반려 통지를 법원에 제출하면 매각허가결정이 나지 않고 거의 대부분 매각불허가결정이 나게 마련이다.

　매각불허가결정이란 최고가 매수신고는 했지만 법원에서 이 농지를 매각할 수가 없다는 것이다. 열심히 현장 조사를 하고 응찰해서 최고가매수신고인이 되었으나 이 농지를 매입할 수 없고, 더 나아가 보증금까지 찾을 수 없는 손해가 생길 수 있는 것이다.

　그러나 나는 일선 법원에서 경매를 진행하면서 경매를 담당한 직원들조차 농지법에 대하여 잘 모르고 있어서 실제로 농취증이 필요 없는 농지도 매각물건명세서를 통하여 무차별적으로 농취증의 제출을 요구하는 모순을 보이고 있는 경우가 매우 많다.

　법원은 정의와 질서를 지키는 마지막 보루이다. 여러분들은 설마 법원이 법집행을 잘못하겠는가 하는 생각으로 법원을 믿고 있다.

　그러나 농지법에 대하여서는 나는 법원의 태도와 견해가 절대 아니라는 의견에는 적어도 아직까지는 변함이 없다.

농지경매 이것만은 꼭 알아야 한다!

법원에서 매각허가결정을 하기위하여 제출하라고 하는 농지취득자격증명은 농지법 제8조에 규정된 것이다. 농지법 제8조를 보면 농지법 제2조에 규정한 농지를 매입하기 위하여서는 농취증을 발급받아야 등기가 될 수 있다는 규정이다.

그런데 농지법 제2조를 보면 이 법조문에 농지의 정의를 규정하였고, 여기에서 농지의 정의는 "지목의 여부를 막론하고 계속하여 농사를 지은 땅"이 농지라는 것이다.

다시 말하면 토지가 논·밭이든지 임야·과수원·목초지·대지임을 불문하고 계속하여 농사를 지은 땅이 농지이며, 이런 농지를 경매로 취득할 때에 농취증이 필요한 것이다.

실제 경매에서는 과연 어떤가?

집이 지어져 있는 밭도, 창고가 지어져 있는 논도, 주차장으로 사용되고 있지만 지목이 과수원인 땅도 예외 없이 농취증을 제출하라고 매각물건명세서에 기재되어 있지 않은가?

나는 경매계장, 사법보좌관, 경매를 담당하는 판사와 같은 분들이 과연 농지인 경매물건에 대하여 감정평가보고서나 집행관의 현황조사보고서를 챙겨 보기나 하는지 알 수 없다.

이 법원의 경매를 담당한 공무원들이 농지법에 대하여 어느 정도 알고, 감정평가서를 보아도 농취증이 필요한지 혹은 필요 없는지를 알 수 있을 텐데, 내가 보기에는 이분들 중 농지법을 제대로 알거나 과연 농취증이 필요한 것인지를 고민해 보는 분이 있기나 한지 궁금하다.

특히 경매계장의 경우 법원의 순환보직 원칙에 따라 겨우 1년간 경매계에 근무한다. 서너 달 동안 헤매면서 경매를 배우다가 어느 정도 알게 되면 경매계를 떠나야 하는 것이니 독자 여러분들께서도 경매계장이 하는 말이 반드시 옳다고 생각하지 말기 바란다.

농지법에서 정한 농작물은?

몇 년 전에 부산의 명지라는 곳에 농지 730여 평을 낙찰 받은 적이 있다. 이 농지는 그린벨트 내에 위치한 토지였는데, 그린벨트가 해제된다고 공고가 되었고 공람 중이었다. 주변의 중개사사무소 세 곳에서는 그린벨트가 해제된다는 사실조차도 모르고 있었다.

토지는 도로와 수로를 따라 길이가 75m나 길게 연결되어 있었는데, 수로의 폭이 20m였지만 내가 보기에는 이 수로로 물을 받는 곳이 전부 공장지대가 되므로 수로가 도로로 바뀔 것이라고 판단되었고, 도로 폭이 30m가 넘는 도로를 접하게 될 것이므로 상당히 쓸 만한 땅이 될 것으로 보였다.

경매를 하기 위한 감정평가액은 1억 6,000만 원에 불과하나 나는 5억 2,190만 원에 응찰하였다. 이 사건에만 76명이 응찰하므로 아직까지는 부산에서 가장 많은 인원이 응찰한 물건으로 기록되어 있으며, 차순위 매수신고를 한 2위 응찰자(중개사무소)의 신고가액은 5억 2,000만 원이었다.

3년 후에 나는 이 토지를 꼭 두 배의 가격으로 되팔았는데, 아이러니하게도 당시 2위를 한 중개사무소를 통해서 팔게 되었다.

그러나 최고가매수신고인이 되고 난 후, 명지동 사무소에 농취증발급을 신청하였으나 명지동사무소에서는 농취증을 발급하지 않고 반려 통지하였다. 반려통지한 이유는 이 토지에 잔디와 관상수가 심어져 있는데 이러한 것들이 농작물로 볼수 없다는 것이었다.

그렇다면 명지동사무소의 의견대로 잔디와 관상수는 농작물이 아닐까?

이 경계가 참 애매하다. 잔디와 관상수를 키워서 팔기 위한 것이면 농작물에 포함되는 데 반해 팔지 않고 집에서 관상용으로 키우는 경우에는 농작물이 아닌 것이다.

1억 6,000만 원에 감정평가된 토지를 5억 2,190만 원이나 써서 겨우 최고가매수신고인이 되었는데 농취증을 발급받지 못한다면 그동안의 노력이 수포로 돌아가게 된다.

여러분들에게 이런 경우가 닥치면 어떻게 할 것인가?

나는 주저하지 않고 법원에 매각허가결정기일 연기신청을 제출하고 부산 강서구청에 농취증 반려 통지에 대한 이의신청을 제출하였다.(농취증은 읍·면·동사무소에서 발급하지만 여기에 대한 이의신청은 차상위기관인 시·군·구청에서 처리하는 것이 법제화되어 있다.)

법원에서는 농취증에 대한 이의신청의 처리가 끝날 때까지 매각허가결정기일을 연기해 주었다. 뒤에 첨부한 이의신청서는 이 사건에 대하여 명지동 사무소에서 농취증에 대한 반려통지를 한 것에 대하여 이의를 신청한 것으로 이의신청서를 보면 여러분들이 농지법에서 인정하는 농작물이 어떤 것인지 알 수 있을 것이다.

농지자격취득증명과 경매

농지의 일반취득과 농지자격취득증명의 제출

농지를 취득하는 방법은 매수자가 농지취득자격증명을 발급받는 방법과 농지전용허가를 받아 농지를 취득하는 방법이 있다.

농지취득자격증명을 발급받는 경우는 농지를 취득한 후 영농 목적에 부합하게 사용하지 않거나 농사를 짓지 않고 방치하면 관계관청으로부터 강제로 매각을 당한다.

농지전용허가를 받아 농지를 취득한 후 농지전용 목적으로 농지취득자격증명을 발급받아 이전등기를 하거나 대지로 지목변경 후에 이전등기가 가능하다.

그러나 전용허가를 받지 못할 수도 있고 건축물 신축 후 준공검사를 받아야 하는데, 대지로 지목을 바꿀 수 있어서 절차가 복잡하고 리스크가 있을 수 있다. 특히 농업진흥지역과 농업진흥지역 외 지역은 농지를 전용하는 데 큰 차이가 있기 때문에 반드시 농지의 종류를 확인 후 매입해야 한다.

농지취득증명서를 받으려면 시·군·구·읍·면·동사무소에 농지취득자격증명 신청서와 농업경영계획서(농업경영 목적일 경우)를 제출 후 단체장의 확인을 받아야 한다.

농지원부는 행정관서에서 농지의 소유 및 이용실태를 파악하여 이를 관리하기 위해 작성하는 것으로 소유 농지든 임차 농지든 관계없이 실제로 행정관서에서 농지원부를 한번 발부한 뒤에는 실제로 농사를 짓는 사람이 작성하는 것이다.

제 호

농지취득자격증명

농지 취득자 (신청인)	성명 (명칭)		주민등록번호 ((법인등록번호)	
	주소			
	연락처		전화번호	

취득 농지의 표시	소재지			지번	지목	면적

취득목적	농업경영

귀하의 농지취득자격증명신청에 대하여 농지법 제8조 및 같은 법 시행령 제7조 제2항에
따라 위와 같이 농지취득자격 증명을 발급합니다.

년   월   일

시장 · 구청장 · 읍장 · 면장 귀하

〈유의사항〉
• 귀하께서 해당 농지의 취득과 관련하여 허위 기타 부정한 방법에 의하여 이 증명서를 발급받은 사실이
  판명되면 농지법 제59조의 규정에 따라 3년 이하의 징역이나 1천만 원 이하의 벌금에 처해질 수 있습니
  다.
• 귀하께서 취득한 당해 농지를 취득목적대로 이용하지 아니할 경우에는 농지법 제11조 제1항 미 제62조의
  규정에 따라 당해 농지의 처분명령 및 이행강제금이 부과될 수 있습니다.

농지취득자격증명을 받아야 하는 경우는 지목이 전·답·과수원 또는 사실상 농지인 토지로서 매매, 증여, 교환, 양도담보, 명의신탁해지, 계약해지, 공경매 등의 경우이다

또한 국가나 지자체로부터 농지전용 농지매수, 농지전용허가나 농지전용신고를 한 농지취득, 동일가구 내 친족 간의 매매로 농지를 취득하는 경우이다.

농지취득자격증명을 받지 않아도 되는 경우는 국가 또는 지자체, 농업기반공사가 농지를 취득하는 경우, 상속에 의해 농지를 취득하는 경우, 농업법인의 합병으로 농지를 취득하는 경우, 공유농지의 분할의 경우, 지목이 농지나 토지의 현상이 농작물의 경작 또는 다년생식물 재배지로 이용되지 않음이 관할 관청이 발급하는 서면에 의해 증명되는 토지의 경우, 토지거래허가를 받았을 경우 등이다.

일반 매매 등으로 농지취득증명을 받기 힘든 농지를 구입했을 때에는 전소유주의 협조를 받아 전용허가를 받는 방법이 제일 좋다.

경매와 공매에서의 농지자격취득증명의 제출기한

법원경매에서는 농지를 낙찰을 받았을 때 농지취득자격증명을 매각결정기일 전, 즉 1주일 내에 제출하여야 되는 급박한 상황이 닥친다.

발급관청에서 뜸을 들이거나 공부상에는 농지이나 현황은 다른 용도로 쓰여질 때가 문제이다.

딱 부러지게 농지다, 아니다 라고 하는 게 아니라 대다수 반려서를 발급하여 주며 내용이 이것도 아니고 저것도 아닌 애매모호한 내용이어서 발급

기관과 법원과의 견해가 차이가 있어 애꿎은 매수자만 골탕을 먹고 1주일 내 제출기일이라는 한도 때문에 차분하게 행정관서를 상대로 행정심판청구나 행정소송을 하지 못하고 억울하게 낙찰이 취소되고 보증금도 떼이는 사례가 종종 있다.

그러나 공매에서는 시간에 구애가 없다. 즉 허가기일이라든가 항고기간이 없기 때문이다. 바로 잔금을 낼 수 있기 때문에 잔금(기간 60일과 추가 10일)기한 내에 해결이 안 되면 잔금을 내고 등기만 미뤄놓고(농취증 발급받아 올 때까지) 여유 있게 일을 처리할 수 있기 때문에 법원처럼 급박하게 제출하여야 되는 불이익을 피하게 된다. 즉 등기와 관계없이 소유권을 취득했기 때문에 소유권취득 후 60일 내에 등기를 하지 않으면 과태료가 부과 되는 불이익밖에 없다.

결국 법원경매보다 여유 있게 농지취득자격증명내지 이에 합당한 반려 통지서를 교부받을 수 있는 시간이 있기에 법원경매보다 여유가 있다.

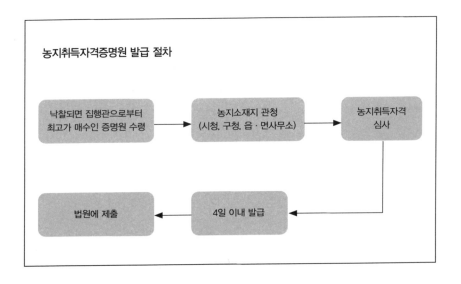

농지 해당관서에서 발급하는
농지취득자격증명 신청서 반려통지서를 교부하는 경우

[반려사유 기재내용]

가. 신청 대상 토지가 법 제2조 제1호의 규정에 의한 농지에 해당하지 아니하는 경우는 신청대상 토지가 농지법에 의한 농지에 해당되지 아니함이라고 기재.

나. 신청대상 농지가 자격증명을 발급받지 아니하고 취득할 수 있는 농지인 경우는 신청대상 농지는 농지취득자격증명을 발급받지 아니하고 취득할 수 있는 농지임(도시계획구역 안 주거지역으로 결정된 농지 등 해당 사유를 기재)이라고 기재.

다. 신청인의 농지취득 원인이 자격증명을 발급받지 아니하고 농지를 취득할 수 있는 것인 경우는 취득원인이 농지취득자격증명을 발급받지 아니하고 농지를 취득할 수 있는 경우에 해당함이라고 기재.

라. 신청대상 농지가 농지법을 위반하여 불법으로 형질을 변경한 농지인 경우는 신청대상 농지는 취득시 농지취득자격증명을 발급받아야 하는 농지이나 불법으로 형질 변경한 부분에 대한 복구가 필요하며 현 상태에서는 농지취득자격증을 발급 할 수 없음이라고 기재한다.

농지취득자격증명반려통지에 대한 이의신청

신청인 :

부동산의 표지
소재지 주소 :
지목 :

신청인은 위 토지에 대하여   년   월   일 귀청 관할 ○○○동사무소에 농지취득자격증명을 신청하였
으나   년   월   일 ○○○동사무소에서는 신청인의 농지취득자격증명을 정당한 이유없이 반려하였
습니다.

○○○동사무서의 반려통지 이유는
1. 이 토지 지상에 약 80㎡에 달하는 잔디가 관상용으로 농작물로 볼 수 없다.
2. 이 토지 지상에 소재한 관상수는 농작물로 볼 수 없다.
는 취지였습니다.

그러나 ○○동 사무소의 이러한 판단은 농지법의 법리를 오해함에서 기인된 잘못된 판단입니다.

1. 잔디는 농작물이 아니라는 판단에 대하여
잔디가 관상용이나 정원의 장식용으로 식재한 경우에는 이를 놀작물로 볼 수 없으나, 이를 식재하여 판매
하는 경우 엄연히 농작물에 해당되는 것입니다.
현재 위 토지와 인접한 토지의 전 소유주가 잔디를 식재하여 관상용으로 사용하므로, 신청인도 그리할 예
단으로 농지취득 자격 증명을 반려하였으나, 신청인은 위 토지에 거주할 계획도 없으며, 또 거주할 주거시
설도 없음은 현황을 보는 바와 같습니다.
신청인이 거주하지 않는다면 잔디도 어차피 판매할 것이므로, 신청인에게 잔디의 용도를 확인하지도 않고
농작물인 잔디가 식제되어 있음을 이유로 농지자격취득증명을 반려한 사실은 법리에 맞지 않는 것입니다.

2. 관상용 나무의 식재가 농작물이 아니라는 찬단에 대하여
나무의 식재가 다년생 농산물의 재배이며, 다년생 농산물의 재배가 농지법 제 2 조에 규정한 농지의 정의
에 포함되어 있습니다.
단, 재배지인 농지 자체에서 단순히 관상을 위한 재배인 경우에는 농지 위의 다년생농산물의 재배라고 할
수 없을 것이나, 신청인은 위 토지 위에 주택을 소유하지 않았으므로 신청인 자신을 위한 관상용수목이라
고 할 수는 없을 것입니다.
관상용 수목이 될 수 없으므로 신청인은 이 수목이 위 토지에 존재시킬 이유가 없으므로 어차피 매각할 것이
라는 결론을 갖게 되며 다년생 수목을 키워서 판매하는 토지는 당연히 농지라 할 것입니다.

명지동사무소에서는 이러한 사실을 확인하지도 않고, 단순히 관상용으로 사용할 수 있는 수목이라는 이유
로 농지취득자격증명을 반려통지한 판단은 농지법의 취지를 오해한 판단으로 이유불비의 모순된 결정이
라 아니할 수 없는 것입니다.

따라서 명지동사무소의 농지취득자격증명의 반려통지는 농지법의 법리를 오해한 위법된 결정이므로 이의
를 신청하오니 적법하게 심리하시어 농지취득자격증명을 발급하여 주시기 바랍니다.

년   월   일
위 신청인   (인)
시장 · 구청장 · 읍장 · 면장 귀하

나는 이의신청이 받아 들여져서 농취증을 발급 받았으며 농취증을 집행
법원에 제출해 매각허가결정을 받고 잔대금을 납부하여 이 부동산을 취득
할 수 있었다. 나는 농취증을 반려한 산업계 직원에게 후일 넌지시 물어 보
았다. 왜 농취증을 내주지 않았느냐고? 대답이 걸작이었다. "문의를 하는
사람들이 무지하게 많은데, 전부 농취증을 내줄 수 없다."고 대답한 것이다.

농지법 제2조에 규정한 농토가 아님에도 불구하고 매각물건 명세서를 통
하여 굳이 농취증을 요구하는 경우, 매각허가결정신청이나 매각불허가결정
이 된 경우에는 매각불허가결정에 대한 항고(이런 경우에는 항고 보증금을 공탁하
지 않음)를 통하여 매각허가결정을 받아 보는 것이 좋을 것이다.

토지경매보다 '농취증'이 먼저!

토지경매물건을 보면 특이사항란에 "농지취득자격증명 필요(농지취득자격
증명 미제출로 매각불허가 결정시 매수신청보증금 몰수함)이라는 문구를 볼 수 있다.

농지취득자격증명(이하 농취증)은 농지를 취득하려는 사람의 소유주격과
소유상한을 확인 심사해 적격자에게만 농지의 취득을 허용함으로써 비농
민의 투기목적 농지 소유를 방지하기 위해 만든 제도이다.

사건번호	2000-○○	물건용도	전	조회수	오늘 1, 전체 5
감정평가액	889,200	채권자	농협중앙회	개시결정일	2010. 07. 14
최저경매가	(55.94%) 503,000	채무자	김○○	감정기일	2010. 07. 29
입찰보증금	(10%) 50,300	소유주	김○○	배당종기일	2010. 10. 18
청구금액	5,247,803	유찰횟수	2회	차기예정일	2011. 11. 28
경매대상	토지전부	건물면적	0m²	토지면적	281m²(85평)
특이사항	• 농지취득자격증명 필요(농지취득자격증명 미제출로 매각불허가 결정이 된 때는 매수신청보증금을 몰수함) • 농지취득자격증명 필요(증명서 미납시 몰수)				

여기서 말하는 농지란 지목이 전(밭)·답(논)·과수원이거나 실제로 3년 이상 농사를 짓고 있는 토지라면 농지에 해당된다.

농취증은 해당 농지소재 시·군·구·읍·면장으로부터 발급을 받을 수 있고, 농취증신청서 및 농업경영계획서를 작성하여 제출하면 신청일로부터 4일(주말체험의 경우 2일) 이내에 발급여부가 결정된다. 이 농취증은 장래에 농지를 취득하고 농사를 경영하겠다는 계획서와 같으므로 영농 의지만 있다면 발급받는 데 큰 어려움은 없고, 대도시보다 지방 소도시에서 농취증 발급이 더 수월하다.

하지만 농림축산식품부 예규에서는 아래의 4가지에 해당할 경우 농취증을 반려하게 된다.

① 신청대상 토지가 농지에 해당하지 않는 경우.

② 농취증 없이 취득할 수 있는 농지인 경우.

③ 신청인의 농지취득 원인이 자격증명을 발급받지 않고 농지를 취득할 수 있는 경우.

④ 신청대상 농지가 농지법을 위반하여 불법으로 형질이 변경된 경우. (불법건축물 있는 경우, 바닥이 포장된 경우 등)

이중 ①~③의 경우, "농취증 대상인 토지가 아니므로 농취증 신청을 반려한다." 등의 문구가 삽입된 반려증을 주게 되는데, 이걸 해당 경매계에 제출하면 농취증이 없어도 입찰보증금을 몰수당하는 일은 없다.

반면 ④의 경우에는 "신청대상 농지는 취득시 농취증을 발급받아야 하는 농지이나 불법으로 형질변경 한 부분에 대한 복구가 필요하며 현 상태에서는 농취증을 발급할 수 없음."이라는 반려사유가 기재되고, 이럴 경우 입찰보증금은 몰수될 수 있다.

통상 현장답사를 하지 않고 사진만 보고 입찰에 참여할 경우라든지 다른 필지의 토지로 임장활동을 잘못한 경우 이런 상황이 발생하게 된다.

이럴 경우에는 원상복구를 조건으로 계획서를 제출하고 담당자의 검토를 받는 게 가장 현실적이다. 이때 담당자가 그 복구 계획서대로 이행할 수 있다고 판단되면 농취증을 발급하지만 복구할 수 없다고 판단되면 반려 통보를 하게 된다.

또한 지목은 농지인데 전원주택 조성을 위해 필요 이상의 잔디, 조경목적의 바위, 꽃, 판매용이 아닌 관상수 등이 많이 심어져 있는 경우에는 농취증 발급이 어려울 수 있고, 인근 주민들과 사이가 좋지 않을 경우 민원이나 고발 등으로 담당공무원이 현장답사를 꼼꼼하게 할 가능성이 크다.

농취증은 낙찰일로부터 매각허가결정이 나기 전까지인 7일 이내에 해당 경매계에 제출해야 한다. 하지만 농취증이 신청일로부터 4일 이내 발급여부가 결정되는 것을 감안하면 농취증 발급에 문제가 생길 경우 대처할 수 있는 시간이 3일밖에 되지 않아 토지입찰자는 미리 농취증을 발급 받아 놓는 것이 좋다.

토지경매에 관심이 있는 사람이라면 입찰하기에 앞서 농취증 발급에 각별히 신경을 써 보증금을 몰수당하는 사고를 사전에 차단해야 할 것이다.

농취증 발급에 대한 오해와 진실

농취증 발급에 대한 오해

농취증 발급에 대한 오해부터 풀어보기로 하자.

해당 시·구·읍·면에 신청만 하면 거의 100%가 나온다는 오해다.

농취증 발급은 지자체 담당자의 고유권한이기 때문에 발급이 안 되는 경우를 종종 보게 된다. 서울에 거주하면서, 경상도 및 전라도에 소재한 토지를 경매에서 낙찰 받고 애를 태우는 사례가 종종 있기 때문이다.

결국 농취증 발급기준을 확인하지 않았고 임장활동을 소홀히 하였기 때문에 빚어진 결과다.

농취증을 발급받아야 하는 토지는 지목에 의한 전·답·과수원이 아니라, 지목이 '대'일지라도 사실상 농지법상 농지로 이용되는 토지라면 농취증을 받아야 하나 지목이 전·답·과수원이지만 실제 이용상황이 농지가 아닌 잡종지 등 다른 용도로 이용되고 있다면 농지이용확인서를 발급 받아 서면에 의하여 그 사실이 증명되는 경우는 그 서류를 대신하여 제출하면 된다.

그러나 불법으로 형질이 변경된 농지의 경우에 불법으로 형질을 변경한 부분에 대한 복구가 필요하다고 판단되면 현 상태에서는 농취증을 발급받을 수 없다는 사실에 유념하여야 한다.

따라서 법원의 물건명세서에서 제시 외 건물이 있다고 명시되어 있거나 사진 속에 건축물이 보이면 꼭 임장을 통해 내용을 확인하여야 한다.

일반매매에서도 농지로 활용되고 있는지 여부를 확인하고 특약사항에 명시되어 있어야 한다는 것을 유념해야 한다. 농취증은 100% 발급되는 것이 아니다.

경매자료의 사진을 보았을 때 건물이 찍히지 않는 경우도 있고 실제로는 분묘가 있으나 낮아 보이지 않는 경우도 있다. 흔히 접할 수 있는 반려사항 중의 하나는 바닥이 포장되어 있거나 폐가가 있는 경우다. 그런데, 더욱 당혹스럽게 만든 것은 엉뚱한 지번의 임장이다.

한마디로, 불법 전용된 농지인지 아닌지를 파악하여야 하는데 이 부분을 소홀히 하는 것이다.

일반적으로 농취증의 반려사유는 크게 다음의 두 가지가 있다.

① 신청대상 토지가 농지에 해당하지 않거나 농취증 없이 취득할 수 있는 농지 취득 원인이 농취증을 필요로 하지 않는 경우.

② "신청대상 농지는 불법으로 형질 변경한 대한 복구가 필요하며, 현 상태에서는 농취증을 발급받을 수 없음."이라고 하여 반려하는 경우.

여기서 불법은 건축법상의 불법을 말하는 것이 아니라 농지법상의 농지전용허가가 없이 이루어진 불법을 말한다. 따라서 건축물대장이 있고 재산세를 납부하여도 불법으로 간주하고 반려를 하는 것이다.

농지전용허가를 받아 건축하는 것이라면 당연히 불법이 아니고 처음부터 농취증 발급대상이 아니다. 물론, 1973년 1월 1일 이전부터 사용한 것이 객관적으로 입증된 불법 건축물은 발급대상이다.

농지전용허가를 받지 않은 농지 위의 건물이라도 온실·버섯재배사·비닐하우스·전기 및 수도가 들어오지 않는 20㎡ 이하의 농막·농지법상의 축사·농로 등은 농지법상 농지로 보기 때문에 역시 발급대상이다.

그렇다면, 불법 건축물이라고 보여 농취증을 발급받을 수 없다면 포기하여야 할까?

일반적으로, 원상복구 후 신청하는 것이 원칙이나 아직 소유권자가 아니므로 사실상 불가능하다. 따라서 원상복구를 조건으로 계획서를 제출하고 담당자의 검토를 받는 것이 현실적이다.

지자체의 담당자가 복구계획서를 이행한다면 농취증을 발급할 수 있지만 만약 복구할 수 없다고 판단되면 반려대상이라고 통보해 준다. 따라서 원상복구계획서를 제대로 작성하는 것이 중요하다.

반려된다고 하여도 마지막 절차로 법원에 제출하는 것이 좋다.

법원에 따라서 반려를 근거로 낙찰허가를 해 주거나 낙찰을 불허하면서 보증금을 돌려주기도 하기 때문에 포기는 금물이다. 이외에도, 실무적으로 얼마든지 농취증을 받을 수 있는 사례는 많다.

농지취득자격증명을 발급받고자 하는 자는 신청서와 농업경영계획서, 법인은 법인등기부등본, 농지임대차(사용대차)계약서(농업경영을 하지 아니 하는 자가 취득하고자 하는 농지의 면적이 1,000㎡ 미만 또는 시설면적이 330㎡ 미만인 경우), 농지전용허가 또는 농지전용신고 입증 서류를 첨부하여 그 발급을 시장·구청장·읍장·면장에게 신청하면, 그 신청을 받는 날부터 2~4일 이내 반려대상이 되는지 여부를 확인하고 그 결과를 신청인에게 서면으로 통지하는 방식으로 진행한다.

마지막으로, 주거·상업·공업지역 안에 있는 농지와 도시계획시설예정지로 포함된 녹지지역 안의 농지를 취득시는 농지취득자격증명제도가 적용되지 아니하며, 도시계획구역안의 녹지지역·개발제한구역 및 도시개발예정지구 안의 농지로서 토지형질변경허가를 받은 농지 역시 농취증이 필요 없다.

토지거래허가구역에는 토지거래허가를 받는 경우 농취증을 발급받은 것으로 본다는 것 역시 농취증과 관련된 내용이다.

제시 외 건물이 있는 농지의 농지취득증명발급

부동산 경매에 입찰하여 경락받은 농지에 무허가건물 또는 기타 시설물이 있는 경우, 농지취득자격증명을 발급받는 방법은 무엇일까?

농지를 경락받으면 입찰일자로부터 7일 이내에 농지취득자격증명서를 법원에 제출하여야 경락승인·허가가 떨어진다. 간혹 경락받은 농지에 무허가건물 또는 시설물이 설치되어 사실상 농지가 아닌 다른 목적으로 사용하는 경우, 농지취득자격증명서 신청 후 농지로 볼 수 없기 때문에 반려한다는 통지서를 받게 된다. 7일 내에 법원에 제출하여야 하는 부담감으로 시간은 촉박하고 농지취득자격증명서 신청은 반려되는 답답한 상황에 직면하게 되는 것이다. 이럴 경우, 관할 면사무소 산업계 담당자에게 아무리 농지취득자격증명서를 발급하여 달라고 하여도 농사를 지을 수 없는 상태이므로 발급할 수 없다는 답변을 듣게 된다.

사 례

2010년 6월, 무허가건물과 조경시설이 되어 있는 토지를 경락받고 농취증 발급을 신청하자, "해당 농지는 지목이 농지로서 농지취득자격증명서를 발급받아야 하나 무허가건물을 불법 설치하여 타 용도로 전용이 되어 있어 영농이 불가한 상태이므로 농지취득자격증명신청서를 반려합니다." 라는 반려서를 받았다.

반려서를 첨부하여 법원에 제출하자 법원 담당자는 "농지취득자격증명서를 발급받아야 하나"라는 문구와 "무허가건물을 불법 설치하여"라는 문구가 들어 있어, 이런 경우에는 경락승인이 되지 않는다고 하면서 관할 면사무소 담당자와 상의하여 위의 문구를 삭제하고 "농사를 지을 수 없는 상태이므로 농지취득자격증명신청서를 반려한다."라고 간단하게 표현된 반려서를 받아 오라고 하였다.

관할 면에 가서 담당자와 상의하여 법원 담당자의 말대로 다시 받으려고 설득하려다가 지인의 경험담에 의하여 농지자격증명신청서에 다음과 같은 복구계획서를 첨부하여 농지취득자격증명서를 신청하게 되었다.

특별한 양식이 따로 있는 것은 아니지만 복구하겠다는 의지와 계획이 충분히 담아져 있으면 되는 것 같아 간단명료하게 작성하여 제출한 후 농지취득자격증명서를 발급받을 수 있었다.

농지원상복구계획서

1) 복구계획농지 소재지
경기도 양평군 ○○면 ○○리 ○○○-○번지 답 ○○○㎡

2) 원상복구 계획자
성명 : ○○○/ 주민등록번호 : 123456/1234567 ○○통 ○반

경기도 양평군 ○○면 ○○리 ○○○번지 ○호

3)복구사항 및 복구계획
(1) 상기 대상지는 농지법상으로 현재 소유주가 불법전용허가 무허가 건물을 설치하여 건부지로 사용하고
있음.
(2) 소유권이전절차를 경료하여 2011 년 3 월 30 일까지 불법무허가 건물을 철거하고 농지로 복구하여 영
농에 사용할 것임.

4)원상복구계획제출사유
위 농지를 영농에 사용하고자 2010년 6월 4일 경매에 입찰하여 경락을 받아 여주법원에서 경락증명서를
발급받은 상태로, 경락받은 대상지는 현재 불법전용하여 무허가 건물이 설치된 상태이기에 농지로 원상복
구되어야 한다고 생각하며, 취득 후 반드시 농지로 복구할 것에 대한 책임과 의무 또한 본인에게 있으므
로 취득 후 농지로 복구할 것을 약속드리기에 위와 같이 복구계획서를 제출합니다.

첨부 : 1) 경락증명서사본 1 부

년   월   일

제출자   (인)

시장 · 구청장 · 읍장 · 면장 귀하

농지투자에서 빠지기 쉬운 함정 피하기

농지투자의 체크 포인트

농사를 짓기 위한 취득

① 구입자격 확인

　▶농지취득자격증명 발급가능 여부 확인.

　▶농업경영 목적으로 취득시 통상적으로 영농이 가능해야 함.

　▶토지거래허가 가능 여부 확인 : 토지 소재지 시·군에 거주. (신규일 경우)

② 등기부 등본 확인

　▶등기부등본상의 소유주와 동일인지 여부.

　▶등기부등본 확인 : 가등기·근저당권·지상권 등 설정 여부.

　▶등기부 등본을 제시 할 경우 발급일자 확인 : 인지가 붙어 있는 날짜

　　확인. (발급일자와 계약체결일 사이에 다른 물건이 설정될 수 있음.)

③ 계약서 작성시 실제 내용과 대조

④ 토지이용계획확인서 확인

⑤ 현장답사 (농·수로 등 수리시설, 침수지역 여부, 농기계 진입로, 주위 여건 등)

⑥ 잔금지불 전 등기부등본 재확인 : 2중 계약, 저당권 설정 등 확인

타용도로 사용(농지전용)하기 위한 취득

① 구입자격 확인

　▶취득 전 농지전용허가를 받을 경우 : 대지 사용승낙서를 받아 농지전

　　용 후 농지전용 목적으로 취득. (자격제한 없음)

▶이전등기 후 전용 할 경우 : 농지취득자격증명을 발급받은 후 농지전
용. (취득 시기와 관계없이 전용 가능)

② 등기부등본 확인
　▶소유권, 지상권, 전세권, 저당권, 가압류, 경매개시 결정, 가처분 등
　　확인.
③ 토지이용계획확인서 확인
　▶각종 지역, 지구, 구역에서 할 수 있는 행위인지 여부 확인.
④ 농지법상 농업진흥지역 여부 확인
　▶농업진흥지역에서는 할 수 있는 행위가 정해져 있음. (진흥구역에서는
　　농업용 시설과 공공용 시설 일부만 가능)
⑤도시지역·계획관리지역·개발진흥지구 이외인 경우 허가 제한
　▶농지법 시행령 제44조에 의한 제한 대상 시설 및 면적인지 여부.
⑥ 농지로서 보전가치가 있다고 판단되는지 여부 확인
　▶집단화되어 있고 경지정리가 되어 있어 농지로서 보전가치가 있다
　　고 판단되면 허가 불가.
⑦ 타법 저촉 사항 확인
　▶국토계획법(연접 등), 건축법, 정화조 관련, 도로, 사전환경성 검토대
　　상 여부 등 허가가능 여부 확인.
⑧ 현지답사
　▶토지의 위치, 지목, 면적, 인접 필지와 경계, 방향, 진입도로, 교통관
　　계, 무허가건축물 등.
⑨전용시 각종 부담금
　▶농지보전부담금

잘 모르겠다면 행정관청에 답이 있다

우선 토지대장, 지적도, 토지이용계획확인원을 가지고 시·군청의 종합 민원실을 찾는 것이 확실하다. 건축 및 농지전용 담당자를 만나서 농지전용 이 가능한 땅인지 알아본 후 입찰에 들어가는 것이 현명한 처사일 것이다.

농지의 처분사유가 있음을 유의하라

다음과 같은 경우에 해당될 때에는 농지를 처분해야 한다.

① 농지 소유주가 소유 농지를 정당한 사유 없이 자기의 농업경영에 이 용하지 아니 하거나 이용하지 아니 하게 되었다고 시장·군수 또는 구청 장이 인정.

② 주말·체험영농지를 취득한 자가 자연재해·농지개량·질병 등 대통령 령이 정하는 정당한 사유 없이 그 농지를 주말·체험영농에 이용하지 아니 하게 되었다고 시장·군수·구청장이 인정한 때.

③ 농지전용허가를 받거나 신고를 하여 농지를 취득한 자가 취득한 날로 부터 2년 이내에 그 목적사업에 착수하지 아니할 때.

④ 농지의 소유 상한을 초과하여 농지를 소유한 것이 판명된 때.

⑤ 사위 기타 부정한 방법으로 농지취득자격증명을 발급받아 농지를 소 유한 것이 판명된 때.

이 사유가 발생한 날로부터 1년 이내에 처분하지 아니할 경우 시장·군수 또는 구청장은 당해 농지의 소유주에게 6월 이내에 당해 농지를 처분할 것 을 명할 수 있다. 그 기간 내 농지를 처분하지 아니 하면, 농지처분명령을 이행할 때까지 1년에 1회씩 토지거래가액의 20%에 해당하는 이행강제금을 부과한다.

통상 농지이용실태조사는 매년 10월부터 11월까지 해당 지역의 읍·면 동장이 해당 지자체의 협조를 얻어 실시하는 것으로 경작 목적의 농지 소유주는 이 기간 이전까지는 연간 최소경작기간(90일)의 요건을 갖추는 것이 바람직하다.

농지전용에 따른 농지보전부담금 등 행정비용을 미리 파악하라

전용에 따른 개발비용은 대체로 측량설계비, 측량설계사무소에 내는 의회비, 농지보전부담금, 그 밖의 민원실 서류신청비나 면허세, 지역개발공채 구입비 등 10만 원 이내로 소요된다. 도시지역에서는 농지전용이 개발행위허가로 바뀌어 건축허가 관련 서류를 첨부하게 되면서 부지와 주변의 건축물, 도로 상황까지 모두 파악한 지적도나 토목설계도면 등이 필요하기 때문에 초보자라면 관련 업체를 통해 진행하는 것이 현명하다고 하겠다.

농지전용에 따른 행정 비용 중 가장 큰 부담이 되는 것은 농지보전부담금이다. 이를 구체적으로 살펴본다면 농지전용으로 감소하는 농지를 대체 조성(개간·간척)하여 지속적인 식량자급기반 유지에 필요한 재원을 마련하기 위함이다.

따라서 다음과 같은 자는 허가면적(㎡) × 개별공시지가 × 30% (단, 개별공시지가 × 30%가 50,000원 이상은 50,000원으로 상한선) × 감면율 적용(해당한 경우에 한함)에 해당하는 농지보전부담금을 한국농촌공사에 납부하여야 한다.

① 농지전용허가 또는 변경허가를 받는 자.

② 농지전용협의를 거친 지역 또는 시설 예정지 안의 농지를 전용하고자

하는 자.

③ 농지전용협의를 거친 농지를 전용하고자 하는 자.

④ 다른 법률에 의하여 농지전용허가가 의제되는 협의를 거친 농지를 전용하고자 하는 자.

⑤ 전용신고 또는 허가 특례에 의하여 농지전용신고를 하고 농지를 전용하고자 하는 자.

따라서 한국농촌공사는 관할청으로부터 농지보전부담금 부과 결정서 등의 통보를 받은 때에는 납입하여야 하는 자에게 납입금액 및 납입기한과 납입장소를 명시하여 통지하게 되는데, 농지보전부담금의 납입기간은 납입통지서 발행일부터 30일로 하며, 납입의무자가 납입기간 내 납부하지 않을 때에는 납부기간 경과 후 10일 이내의 기간을 정하여 독촉장을 발부한다.

다만, ① 국가 또는 지방자치단체가 공용 또는 공공용의 목적으로 농지를 전용하는 경우, ② 대통령령이 정하는 중요 산업시설을 설치하기 위하여 농지를 전용하는 경우, ③ 농지전용신고대상 시설 기타 대통령령이 정하는 시설을 설치하기 위하여 농지를 전용하는 경우 농림축산식품부장관은 농지보전부담금을 감면할 수 있고, 농업인의 주택은 전액 면제된다.

농지전용허가가 취소될 수 있다

농지전용은 매수하고 전용하는 경우와 매수하기 전에 토지 소유주의 사용승낙서를 받아 전용할 수 있다.

건축을 목적으로 전용허가를 받으면 1년 이내(1년 범위 내에서 6개월씩 두 차례 이를 연장가능) 건축에 착수하여야 한다.

이 기간 내에 건축에 착수하지 아니한 경우 건축법 규정에 의하여 건축허가를 취소할 수 있으며, 농지법에서는 전용허가를 받거나 신고를 한 후 정당한 사유 없이 2년 이상 대지의 조성, 시설물의 설치 등 농지전용 목적 사업에 착수하지 아니 하거나 착수한 후 1년 이상 공사를 중단한 경우에는 전용허가의 취소 등으로 농지로 환원될 수 있어 건축의 자금 사정 등을 맞춰 전용시기를 결정하여야 한다.

이에 전용 목적으로 농지를 취득할 경우 사전에 면밀한 사업계획과 자금계획을 수립하여야 한다.

토지 경계와 진입로 등을 반드시 직접 답사해야 한다

농지를 구입하거나 낙찰을 받을 경우 지적도만 보고 판단해서는 안 된다. 직접 현장에 가서 토지 경계와 진입로를 확인하여야 한다.

농지는 다른 토지에 비해 진입로가 없어 건축허가를 받을 수 없는 경우가 많으며, 주된 투자대상물이 되고 있는 경지정리가 되지 않은 농지의 경우에는 지적도와 현실의 경계가 일치하지 않는 경우가 많다.

다른 용도로 사용하기 위해 농지를 취득할 경우 공법상 제한을 체크하라

농지전용을 통하여 다른 용도로 사용하기 위해 농지를 취득할 경우 토지거래허가구역 여부, 상수원보호구역 여부 등을 반드시 체크하여야 한다. 왜냐 하면 당해 구역 내 농지는 전용이 되더라도 수도법·군사시설보호법 등에서 별도의 규제를 받기 때문이다.

이에 초보자는 조금 비싸더라도 대지사용승낙을 받은 후 전용된 농지는 공법상 제한이 많지 않아 수익성이 떨어지더라도 보다 안정적인 투자라 하겠다.

경매 낙찰을 받은 농지가 실제 잡종지거나 무허가건물 등이 있는 경우, 농지취득자격증명을 거부

농지 소재지 시·구·읍·면사무소에서는 경작이 불가능하다는 이유로(불법전용 등 이유로) 농지취득자격증명 발급을 거부하는 경우가 있어, 응찰 전에 미리 해당 관청에 반드시 확인하여야 한다. 설령 이러한 사실을 모르고 낙찰을 받았다 하더라도 이 경우 거부된 신청서를 반드시 법원에 제출하여야 매각불허가결정을 면할 수 있다.

전·답·과수원 등 이른바 농지를 경매로 취득할 때에는 농지취득자격증명(이하 '농취증'이라 함)을 제출해야 한다. 매각 후 매각결정기일(7일) 이내까지로 정해진 기간 안에 농취증을 제출하지 못하면 매각이 불허가 되고 일부를 제외한 대부분 법원이 매수신청보증금을 몰수하기도 한다.

농취증은 농업경영을 목적으로 하는 것과 주말·체험영농을 목적으로 하는 것 2가지로 나뉜다. 전자는 농취증 신청시 신청서 외에 농업경영계획서를 제출해야 하지만 후자는 신청서만 제출하면 되고 대상 면적이 1,000㎡ 미만(세대원 합산)이어야 한다는 차이가 있다.

어느 경우에나 신청서가 접수되면 농취증을 4일 내 발급해 주도록 의무화하고 있기 때문에 농취증을 발급받는 데 있어 특별히 어려움은 없다. 문제는 농취증을 신청했지만 증명서 발급이 종종 반려된다는 점에 있다.

농취증을 매각기일 내에 제출하지 않으면 매수신청보증으로 제공한 금액이 몰수된다는 것도 문제려니와 농취증 제출기간으로 지정된 7일이라는 기간이 공휴일을 포함한 것이기 때문에 사실상 영업일로 보면 5일 정도밖에 시간이 없다는 것도 문제다.

물론 농취증을 신청하면 신청일로부터 4일 내에 농취증을 발급해 주도록 하고 있지만 그 농취증 발급이 반려된 경우 그 원인을 해결하고 다시 신청서를 제출해 농취증을 발급받거나 농취증 대신 농취증 발급이 반려된 원인을 소명하는 증명서를 관할관청으로부터 발급받아 법원에 제출해야 하는데 경우에 따라서는 영업일 5일이라는 시간이 매우 짧을 수 있다는 얘기다.

따라서 농취증이 필요한 농지를 매수한 경우 매각일 당일 또는 늦어도 익일에 즉시 농취증을 신청할 것을 권장하고 있는 것도 그런 이유에서다.

그런데 농지임에도 불구하고 이렇듯 농취증 발급이 반려(거부)되는 이유는 무엇일까?

이유는 농취증 발급 관청인 시·구·읍·면에서의 농취증 발급 여부에 대한 판단기준과 경매를 진행하는 법원에서의 판단기준이 서로 다르다는 데에 있다. 즉 농취증 발급 관청은 농취증 발급 여부에 대한 판단을 토지 지목이 전·답·과수원 등 농지로 되어 있느냐를 기준으로 삼는 것이 아니라 현황상 어떤 용도로 이용되고 있는지 또는 다른 용도로 이용되고 있는 경우, 농지로의 원상회복이 용이한지 여부를 판단 기준으로 삼고 있는 것과 달리 경매법원은 농지의 이용현황보다는 오로지 토지의 지목이 전·답·과수원으로 되어 있는지 여부만을 판단기준으로 삼는다.

그렇기 때문에 경매법원은 그 토지상에 건물이 들어서 있거나, 콘크리트 구조물이 가설돼 있거나, 농지전용에 대한 협의를 마친 농지 여부를 불문하고 단지 지목이 전·답·과수원이라는 이유로 농취증 제출을 요구하고 있는 것이다.

어떻게 보면 법원은 농지라는 이유로 무조건 농취증 제출을 요구하고 있고 이에 대한 문제 해결은 매수인과 농취증 발급관청 사이에서 알아서 해결하라는 식의 무책임한 행정이 아닐 수 없다.

임차권이 있는지 확인하라

일반 토지에 대한 임차권은 민법의 규정을 적용받지만, 농지에 대한 임차권은 농지법의 적용을 받음으로 농지법상 임대차 사유에 해당하는지 먼저 사실관계를 확인하고, 그 임차권이 등기되지 아니 하였다면 문제가 없으나 등기된 임차권으로서 말소기준권리인 최초 (근)저당권에 대항력이 있는, 즉 앞선 일자로 등기되어 있는 임차권은 낙찰자가 그 임차권을 인수하여야 한다는 사실을 유의하여야 한다. 그러나 대항력이 없는 임차권은 경매로 인해 말소되기 때문에 전혀 문제가 되지 아니 한다.

농작물은 경작자의 소유이다

농지에 있는 농작물은 농지를 매수하더라도 그 농작물의 소유주를 특정하지 않을 경우 경작자의 소유로 남게 되어, 매수자가 그 농작물을 임의대로 처분하거나 훼손하지 못한다. 따라서 농지를 입찰하기 전에 경작자를 만나 어떻게 처리할 것인지를 협의하여야 한다. 더욱이 인삼 등과 같은 다년성 경작물의 경우, 그 처리 방안을 확정하고 입찰하는 것이 좋다. 그리고 농지를 거래에 의하여 매입할 경우 거래계약서에 그 농작물의 처리 방법을 명확히 명시하여야 한다. 특히 해당 농작물이 매도자의 소유가 아닐 경우 실제 농작물 경작자를 만나 그 처리 방법에 대한 확답을 받아야 한다.

농지매매 계약자가 소유주인지 권원 있는 대리인인지 여부를 확인하라

농지거래의 경우 농지 소유주가 고령자이거나 소유주가 도시민 등으로 인하여 다른 지역에 거주하는 관계로 대리인과 거래계약을 체결하는 경우, 반드시 대리인이 정당한 권한을 갖고 있는지 확인하여야 한다.

분묘기지권의 존재 여부, 종중재산 여부를 확인하여야 한다

밭의 경우에는 타인의 분묘가 존재하거나 동네 사람들의 공동 이용에 제공되고 있을 경우 분묘기지권이나 관습법상 지상권이 설정되어 있을 가능성이 높아 이를 반드시 현장 확인을 하여야 하며, 다른 토지의 출입에 제공된 경우 해당 부분만큼 이용하기 어려운 경우도 발생할 수 있어 이 또한 확인하여야 한다.

한편, 종중재산인 경우 개인에게 명의신탁된 경우가 많아, 이를 낙찰 받아 소유권을 취득하였더라도 소유권을 상실할 수 있다. 또한 원주민을 대상으로 하여 확인하여야 한다.

지형적 조건을 파악하라

투자환경이 좋은 농지 입지조건으로는 도로변에 있는 농지, 남향의 농지, 도로와 도로가 교차하는 지점, 개발 가능성이 많은 주변의 지역, 주변보다 지대가 높은 토지, 마을에 인접한 농지 등이 유리하며, 개발 효용적인 측면에서는 논보다 밭이 유리하다. 이에 반하여 혐오시설(목장·공장·쓰레기처리장 등)이 가까이 있거나 암석이 있는 토지, 부정형의 모양을 가진 농지, 하천보다 낮은 농지, 쓰레기가 매립된 토지는 불리한 경우가 많으므로 그 농지의 주변 환경 및 입지조건을 철저히 답사하여야 한다.

수용 대토(농지의 대체 취득)의 투자

노무현 정부 이래 신도시, 경제자유구역, 여타 대규모 개발사업 등이 발표되면서 토지수용이 잇따랐고, 이로 인해 천문학적인 보상금이 풀리며 이 자금이 다시 부동산시장으로 유입됨으로써 인근 지역의 지가를 급격히 끌어올리는 결과를 초래했다.

이처럼 대규모 사업지의 토지 수용이 인근 토지시장을 들끓게 하는 직접적인 이유가 바로 대토라 불리는 토지의 대체 취득에 관련된 사항이다. 대토의 사전적 의미는 땅을 팔고 그 돈으로 대신 장만한 다른 땅이라는 의미인데, 공익사업 등으로 인한 수용 대토와 일반 대토로 나눠진다.

먼저, 수용 대토의 내용을 살펴보자.

공익사업으로 인해 농지(지목과 관계없는 실제로 경작에 사용되는 농지이며 임야는 제외된다)를 협의 양도하거나 수용되어 대토가 가능하는 상황이라면 토지거래허가구역에서 한층 취득의 범위가 자유로워지고 세제상 많은 혜택이 주어진다.

토지거래허가구역에서 전 세대원의 6개월 거주 요건과 관계없이 협의 양도 또는 수용된 날로부터 3년 이내에 거주 주소지로부터 직선거리로 80㎞ 안에 소재하는 농지를 종전 토지가액(공시지가 기준) 이하 범위 내에서 새로이 대체 취득이 가능하게 된다.

또한 양도소득세액이 5년간 1억 원 한도로 감면되는데 여기에는 몇 가지

조건이 따른다.

우선, 3년 이상 종전 농지 소재지에 재촌자경을 해야 하는데, 여기서 종전 소재지라 함은 농지가 소재하는 시·군·구(자치구) 안의 지역과 이에 연접하는 시·군·구 또는 소재지로부터 20㎞ 이내의 지역을 말한다. 경작 개시 이후 행정구역 개편으로 인해 해당되지 아니하게 된 경우도 이에 포함된다.

자경 여부를 증빙할 수 있는 농지원부, 도매시장 농산물 판매실적, 직불신청(논) 등의 조건은 본인이 갖추어 입증해야 한다.

또한 수용일로부터 2년 내에 대체 농지를 취득해야 하며 새로이 취득하는 농지의 면적이 양도 농지면적 1/2 이상이거나 그 가액이 양도 농지가액의 1/3 이상이어야 한다.

중요한 건 대체농지취득 후 3년 간 연속하여 그 농지 소재지에서 거주하면서 자경하여야 한다는 것이다.

이를 지키지 않으면 감면받은 세액만큼 추징케 된다. 또 감면 제외 대상 농지에 해당되어서는 안 되고, 수용된 농지를 취득한 후 3년 이내에 공취법 및 그 밖의 법률에 따라 수용된 경우에는 3년 이상 농지 소재지에 거주하면서 경작한 것으로 간주한다.

대체 취득한 부동산의 지방세(취·등록세) 또한 비과세가 된다.

취·등록세 비과세의 경우 양도소득세의 경우와는 달리 농지에서 농지로의 대체 취득뿐 아니라 분양권을 포함한 모든 부동산이 이에 해당한다.

비과세를 받을 수 있는 자는 수용계약일 또는 사업인정 고시일 현재 1년 이상 토지 소재지에 주민등록 또는 사업자등록이 되어 있는 자인데, 토지 소재지라 함은 양도소득세의 경우와 동일하다.

취득시기는 보상금을 마지막으로 받은 날로부터 1년 이내에 대체 취득해야 하며 비과세 대상 지역은 농지의 경우, 투기지역을 제외한 전국을 모두 포함하나 농지 외의 부동산의 경우 매수·수용·철거된 부동산 등이 소재하는 특별시·광역시·도 내의 지역과 기존 부동산이 소재하는 시·군·구와 연접해 있는 시·군·구 내의 지역, 기존 부동산이 소재하는 특별시·광역시·도와 연접한 특별시·광역시·도 내의 지역 중 투기지역이 아닌 지역이 해당된다.

다음으로 일반 대토로 양도소득세액을 감면받으려면 수용 여부와 관계없이 농지 소재지에 3년 이상 재촌자경한 경우가 그 적용 대상이 된다.

여기서 농지 소재지나 재촌자경의 내용은 수용 대토의 경우와 같고 대체 취득해야 하는 농지의 면적, 가액, 대체 취득 후의 거주 경작의무 역시 동일하다.

감면되는 양도소득세액 또한 수용 대토와 같지만 차이가 있다면 대체취득의 시기로 수용 대토가 2년인 데 반하여 양도 후 1년 내에 새로이 대체 농지를 취득해야 하고, 양도 이전에 취득하는 선취득의 경우 취득 후 1년 내에 소유 농지를 양도해야 한다.

이상에서 살펴본 바와 같이 농지의 대체취득에 관한 충분한 지식을 갖추고 미리 준비할 수 있다면 대토를 활용한 훌륭한 재테크, 세테크가 가능할 것이며 그것은 바로 여러분의 몫이다.

PART

3

농지투자는 세금과의 싸움

농지에 대한 세무 혜택과 불이익

농지에 대한 과세권자의 두 가지 시각

농지를 바라보는 과세권자의 입장은 두 가지다. 부가가치를 창출하는 가장 중요한 요소, 즉 생산의 3요소 중 하나로 인식한다. 또 다른 입장은 규제 대상이라는 것이다.

농지는 취득과 보유 그리고 매각 단계에서 세무적인 혜택이 많다. 농지를 취득하는 단계에서는 등록세가 일반 부동산보다 저렴하다.

일반 부동산의 등록세가 2%인 데 반해 농지는 1%다. 농지를 상속으로 취득할 때도 등록세 부담은 반감된다.

상속으로 일반 부동산을 취득하면 0.8%의 등록세를 부담해야 하지만 농지는 0.3%의 세율로 등록세를 부담하면 된다. 보유 단계에서도 부담이 적다. 재산세 중 가장 저렴한 0.07%의 단일세율로 분리과세하고, 납세의무가 종결된다.

또한 분리과세 대상인 농지는 종합부동산세 대상에서도 제외되기 때문에 보유가 목적이라면 세무적인 불이익은 거의 없다.

농지는 매각할 때도 양도소득세가 줄게 된다. 자경한 농지를 매각하거나 다른 농지로 대체 취득할 경우, 양도소득세가 최고 1억 원까지 감면된다.

농지 과세 어떻게 대응하나?

투자목적으로 구입한 농지는 세무적인 부담이 크다. 하지만 농지를 실제 자경을 목적으로 구입하지 않고 투자를 목적으로 구입했다면 세무적인 규제를 가한다. 일단, 양도소득세의 감면은 불가능해진다.

부재지주 농지로 분류되면 양도소득세 60%의 세율로 중과세되고 장기보유특별공제도 불가능해진다. 장기보유 특별공제가 불가능하기 때문에 오래 전에 구입한 가격과 현재의 매각 금액의 단순차액에 60% 세율로 양도소득세를 내야 한다.

자경 실적을 인정받는 농지의 조건

그렇다면 농지 매각에 대한 세무적인 불이익을 피할 수 있는 방법은 없을까? 일단 농지는 자경실적을 갖추면 불이익이 사라진다. 자경을 갖추기 위해서는 두 요건을 갖춰야 한다. 재촌 요건과 자경요건이 필요하다.

재촌 요건을 갖추기 위해서는 어느 지역에 거주하는지가 중요하다. 즉 농지 소재지에 살아야 한다.

농지투자 세액 비교 사례 예시

부동산투자 상담을 하다보면 아직도 많은 투자자들이 부동산투자를 어디에다 하면 2~3년에 2~3배 남느냐고 질문하는 이들이 많다.

그런 곳이 있으면 내가 하지 남에게 소개해 줄까?

요즈음은 그런 물건을 찾기가 쉽지 않다. 물론 과거에는 매우 흔한 물건이었다고들 말하지만은 지금이나 앞으로는 그러한 물건이란 로또에 당첨되는 것만큼이나 드문 일이지 않을까 생각한다.

여기에서 소개하는 사례는 개발을 전문적으로 하거나 전문적인 업체 등에서 행하는 사례가 아니고 일반인들이 투자를 할 때 아주 흔하게 보여지는 사례에 대한 예시로서 적시해 드리는 것이며, 또한 일반인 중에도 개발하여 막대한 수익을 올리는 사례나 사람들도 많이 있는 것도 사실이다.

> **동일 지역에서 3년 이상에 2배가 되는 경우로서, 조건은 다음과 같다.**
>
> ① 1억을 투자하여 2억이 되어 1억의 차액이 생긴 경우.
> ② 3억을 투자하여 6억이 되어 3억의 차액이 생긴 경우.
> ③ 동일한 조건에서 1억의 형질변경비용과 건축비용을 들여 개발한 후 1.5배로 매도하는것으로 가정한 경우로서 3년 후 세후 순수익과 수익률.

① 1억 원을 투자해 1억 차액을 올린 순수한 농지는

10,000만 원 × 장기보유공제10% × 35% - 1,490만 원 = 1,660만 원 + 166만 원. 순수익은 8,174만 원

② 3억 원을 투자하여 3억 원의 차액이 생긴 순수한 농지인 경우에는

30,000만 원 × 장기보유공제10% × 35%-1,490만 원 = 7,960만 원 + 796만 원. 순수익은 21,244만 원

※ 여기서 대토를 하였다면 전액인 3억 원이 순수익이 된다. 여기에다 개발을 하였다면, 매도가액 75,000만원 - 4억 원 = 35,000만 원은 결국 순수익은 2억 9,500만 원이 된다.

수익률을 살펴보면, 순수농지인 경우에는 100%이고 개발한 경우에는

98% 정도가 된다.

　이번에는 장기보유로서 계산을 해보자. 동일 지역에서 10년 이상에 4배가 되는 경우로서 몇 가지를 보자.

　① 조건은 1억을 투자하여 4억이 되어 3억의 차액이 생긴 경우.
　② 3억을 투자하여 12억이 되어 9억의 차액이 생긴 경우.
　③ 동일한 조건에서 1억의 형질변경비용과 건축비용을 들여 개발하여 1.5배로 매도하는 것으로 가정한 경우.

　① 1억 원을 투자해 3억 원의 차액이 생긴 농지인 경우는,
　30,000만 원 × 장기보유공제 30% × 35% -1,490만 원 = 5,860만 원 + 586만 원, 순수익은 23,554만 원.
　그런데 8년 이상 재촌자경하면 순수익은 3억 원 전체이다. 그런데 여기에다 1억을 개발비를 투자했다면, 6억 원 - 2억 원 × 장기보유공제 30% × 35% - 1,490만 원 = 8,310만 원 + 831만 원, 순수익은 35,521만 원
　수익률을 살펴보면, 순수농지인 경우에는 300%이고 개발한 경우에는 177% 정도가 된다.

　② 3억 원을 투자해 9억 원의 차익이 생긴 농지인 경우에는 90,000만 원 × 장기보유 공제 30% × 35% -1,490만 원 = 20,560만 원 + 2,056만 원. 순수익은 67,384만 원.

　여기에다 8년 이상 재촌자경 감면하면 차액 9억 원 전체이다.

　③ 그런데 여기에다 1억 원의 개발비를 투자했다면, 18억 원 - 4억 원 ×

장기보유 공제 30% × 35% - 1,490만 원 = 32,810만 원 + 3,281만 원. 순수익은 103,909만 원.

수익률을 살펴보면, 순수농지인 경우에는 300%이고 개발한 경우에는 259% 정도가 된다.

자, 여기에서 보듯이, 순수한 농지에 투자하여 보유하다가 매도하는 것과 개발을 하여 매도하는 것에는 별반 차이가 없거나 농지가 더 수익률이 높다. 만약 개발을 한다 하여도 토지투자 비용의 30% 미만의 개발비가 든다. 또한 여기에는 나타나지 않지만 실제로 개발을 하려면 그에 따른 시달림이나 생각지 않은 비용 지출 등으로 인한 마음고생과 사람들과의 관계에서 오는 여러 가지 문제들로 인한 어려움이 있다.

사 례 : 서울 목동에 거주하는 투자자의 농지투자 예시

1. 가능한 투자지역

▶최초 투자자 투자가능한 곳
• 강서구 농지
※토지거래허가지역 내 경매·공매 농지
※ 토지거래허가 이외 지역 농지

▶농업인(농지원부가 있는자) 투자가능한 곳
• 강서구, 부천시(토지 소재지 연접시·군·구)
• 고양시, 김포시, 계양구, 시흥시, 광명시 일부(20㎞ 이내 지역)
※경 · 공매나 토지거래허가지역 농지

※ 마곡지구 토지보상자는 허가지역 80㎞ 이내의 농지나 허가지역 이외의 농지 구입 가능함. 단, 취득세와 등록세와 취득한 농지 매도시 양도세 감면은 별개.

2. 2억 원을 투자하여 10년 후 10억 원의 양도차익이 되었을 경우 (6~33%)

▶재촌자경요건 충족시 양도세는?
• 8년 이상 재촌자경 감면시 : 1,786만 원
• 3년 이상 재촌자경 대토 감면시는 : 11,786만 원
• 2년 이상 재촌자경 일반 세율 : 21,786만 원
• 자경인정을 받지 못한다면 6억 원

▶투자금액 대비 2배인 3억 원의 투자수익을 맞추자면
• 8년 이상 재촌자경 (10년 보유) : 6억 원~12억 원(20억 3,000만 원)
• 3년 이상 재촌자경 대토(4년 보유) : 6억 원~7억 원 (22억 6,000만 원)
• 2년 이상 재촌자경 (3년 보유) : 7억 원 이상 (24억 1,000만 원)
• 중과세 대상이라면 (기간 무) : 10억 5,000만 원 이상(35억 원)

3. 부재지주 중과세를 피하는 투자 방법

▶매도 2년 전부터 재촌자경 요건 충족
▶개발허가를 받아 사업용으로 전환하여 2년 후에 매도하는 것
▶개발예정지역에 5년 이전 즉 발표시점에 투자하는 것
▶농업법인에 출자하여 투자하는 법
▶재촌자경 요건 충족 가능한 사람과 공동투자
▶농지은행에 8년 이상 위탁한 후 매도하는 법

사업용 농지와 비사업용 농지의 양도세 차이

사업용 용지	비사업용 용지
양도차익 : 9억 원 (-) 장기보유특별공제 : 2억 7,000만 원 (=) 양도소득금액 : 6억 3,000만 원 (-) 기본공제 : 250만 원 (=) 과세표준 : 6억 2,750만 원 양도소득세 : 2억 2,160만 원	양도차익 : 9억 원 (-) 장기보유특별공제 : 2억 7,000만 원 (=) 양도소득금액 : 6억 3,000만 원 (-) 기본공제 : 250만 원 (=) 과세표준 : 6억 2,750만 원 양도소득세 : 2억 8,435만 원

사업용 용지로 인정받기 위한 요건

①거주요건	농지가 소재하는 시·군·구 안의 지역이나 연접한 시·군·구 안의 지역에 거주하거나 농지로부터 직선거리 30km 이내 지역에 거주할 것
②자경요건	자경이란 그 소유농지에서 농작물의 경작 또는 다년성 식물의 재배에 상시 종사하거나 농작업의 1/2 이상을 자기의 노동력에 의하여 경작 또는 재배할 것(단, 총급여액과 사업소득금액의 합계액이 3,700만 원 이상인 과세 기간이 있는 경우 그 과세 기간은 제외함)
③기간요건	양도일 직전 5년 중 3년 이상을 재촌자경하거나 양도일 직전 3년 중 2년 이상을 재촌자경하거나 소유일수 중 60% 이상을 재촌자경해야 한다.

배우자를 통한 양도세 절세 전략

현재 양도	5년 후 양도	
양도가액 10억 원 (-) 취득가액 : 1억 원 (=) 양도차액 : 9억 원 (-) 장기보유특별공제 : 2억 7,000만 원 (-) 양도소득금액 : 6억 3,000만 원 (-) 기본공제 : 250만 원 (=) 과세표준 : 6억 2,750만 원 양도소득세 : 2억 8,435만 원	김 씨의 양도가액 : 4억 원 김 씨의 취득가액 : 4,000만 원 (=) 양도차액 : 3억 6,000만 원 (-) 장기보유특별공제 : 1억 8,000만 원 (=) 양도소득금액 : 2억 5,200만 원 (-) 기본공제 : 250만 원 과세표준 : 2억 4,950만 원 양도소득세 : 1억 36만 원	배우자의 양도가액 : 6억 원 배우자의 취득가액 : 6억 원 배우자의 양도차액 : 0원 양도소득세 : 0원 (6억 원에 취득하여 6억 원에 양도한 것이므로 세금이 없다.)

2019년 비사업용 토지 - [소득세법] 제104조의 3 [비사업용 토지의 범위] ①항
1. 농지소유자가 농지 소재지에 거주하니 아니하거나 자기가 경작하지 아니하는 농지. 다만, 농지법이나 그 밖의 법률에 따라 소유할 수 있는 농지로서 대통령령으로 정하는 경우는 제외한다.
2. 임야 : 비사업용 토지가 원칙. 다만, 아래 가)와 나)에 해당하는 것은 제외한다.

가) [소득세법] 제104조의 3항 1호
　　　　　　　나) 대통령령으로 정하는 바에 따라 임야 소재지에 거주하는 자가소유한 임야
나) [소득세법시행령] 제168조의 9 ③항
　　　　　　　7호. 상속받은 임야로서 쌍속개시일로부터 3년이 경과하지 아니한 임야
　　　　　　　8호. 2005년 12월 31일 이전에 취득한 종중이 소유한 임야

시행령 제168조의 9[임야의 범위] ②항 재촌 판단	시행령 제168조의 6-재촌 기간 판단
• 임야 소재지와 동일한 시·군·구(자치구) • 임야소재지와 연접한 시·군·구(자치구) • 임야로부터 직선거리 30km 이내의 지역	• 양도일 직전 3년 중 2년 이상을 재촌 • 양도일 직전 5년 중 3년 이상을 재촌 • 보유기간 중 100분의 60일 이상을 재촌

2019년 8월 자경농지 감면 – [조세특례제한법] 제69조[자경농지에 대한 양또소득세의 감면]

【감면개요】	농지소재지에 거주하는 자가 취득일로부터 양도일 사이에 8년 이상 직접 경작한 농지[경영이양 직접지불보조금의 지급대상이 되는 농지]를 양도하는 때에는 양도일 현재 농지인 경우 양도세의 100%를 감면92018, 12,24)
감면요건 (택 1)	① 농지소재지의 시·군·구 (자치구) ② 농지소재지와 연접한 시·군·구(자치구) ③농지소재지로부터 직선거리 30㎞ 이내의 지역
경작요건	• 거주자가 농작물 경작에 상시 종사 • 농작업의 1/2 이상을 자가노동역으로 경작
감면한도	자경농지와 대토 감면 분을 합산 : • 1년간 1억 원까지 감면(2016. 1. 1) / 5년 간 ○억 원까지 감면
감면제외	※ 2002. 1. 1. 이후에 당해 농지가 주거지역[주거지역, 상업지역, 공업지역]에 편입된 경우에는 편입일까지 양도소득에 대해서만 감면됨.

2019년 농지 대토감면 – [조세특례제한법] 제70조(농지대토에 대한 양도소득세의 간면)

• 감면개요 – 농지 소재지 거주자가 경작 상 필요에 의해 농지를 사고 팔 때 감면 함	

감면요건 (택 1)	1. 종전 토지 및 새로 퇴득하는 토지가 농지 일 것.
	   • 전·답으로서 농막, 수로 등을 포함하는 개념
	 2. 농지소재지에서 4년 이상 거주하면서 경작 했을 것
	   • 농지소재지란 농지가 소재하는 시·군·구 안의 지역과 또는 연접한 지역을 말함.
	 3. 소유 농지를 선 양도한 경우 – 1년 내에(단, 수용인 경우 2년 내) 새로운 농지를 취득하거나 새로운 농지를 선 취득한 경우 1년 내에 소유 농지를 양도 할 것 .
	   • 과세청에서 관리카드 및 대장을 전산시스템에 의하여 사후관리 – 불이행시 추징
	 4. 기준을 둘 중 하나 충족할 것.
	   ① 새로이 취득하는 농지 면적기준 – 종전 농지면적의 2/3 이상 취득
	   ② 새로이 취득하는 농지 가액기준 – 종전 농지가액의 1/2 이상 취득

의무보유기간 【조특법시행력 】 제67조	• 취득 후 대토 농지소재지에 거주하면서 자경하되, 양도 농지 및 대토농지 경작기간을 합산해서 8년 이상이어야 함. • 아래 계산법 양도농지 경작기간 : 4년, 5년, 6년, 7년 대토농지 경작기간 : 4년, 3년, 2년, 1년 이상이어야 함. • 보유기간 계산에서 제외대상 : 사업소득금액(부동산 임대소득 제외)과 통 급여액의 합계액이 3,700만 원 이상인 연도가 있는 경우 그 기간은 경작기간에서 제외한다.

감면한도	① 양도세 감면 : 농지대토에 대한 양도세 감면(조특벌 70조)과 자경농지에 대한 양도세 감면(조특법 69조)을 합산하여 5년 간 ○억원을 한도로 한다.
	 ② 지방세 등 감면 – 부재지주는 과세
	   가) 취득세 : 50% 감면(단, 수용인 경우 100% 감면)
	   나) 국민주택채권 100% 감면

감면제외	국토계획법에 따른 주거, 상업, 공업지역 안의 농지로서 이들 지역에 편입된 날로부터 3난 지난 농지

농지의 양도소득세와 증여세

양도소득세 계산

- 자산의 보유기간이 3년 이상인 것.
- 연간 양도소득금액에서 250만 원 공제.

※ 필요경비 : 취득가액, 취득세, 등록세, 중개수수료, 법무사비용 등 토지의 취득에 소요된 지출액.

　장기보유 특별공제액 : 양도차익 × 보유기간별 공제율

장기보유 특별공제 비율

보유기간	공제율		보유기간	공제율	
	2018년	2019년부터		2018년	2019년부터
3년 미만	없음	없음	9년 이상~10년 미만	27%	18%
3년 이상~4년 미만	10%	6%	10년 이상~11년 미만	30%	20%
4년 이상~5년 미만	12%	8%	11년 이상~12년 미만	10년 이상 30%	22%
5년 이상~6년 미만	15%	10%	12년 이상~13년 미만		24%
6년 이상~7년 미만	18%	12%	13년 이상~14년 미만		26%
7년 이상~8년 미만	21%	14%	14년 이상~15년 미만		28%
8년 이상~9년 미만	24%	16%	15년 이상		30%

농지의 양도소득세 계산 흐름도

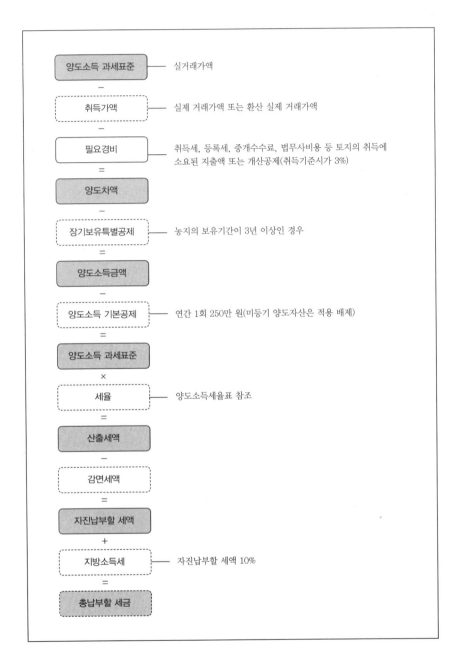

양도소득 과세표준 —— 실거래가액

−

취득가액 —— 실제 거래가액 또는 환산 실제 거래가액

−

필요경비 —— 취득세, 등록세, 중개수수료, 법무사비용 등 토지의 취득에
소요된 지출액 또는 개산공제(취득기준시가 3%)

=

양도차액

−

장기보유특별공제 —— 농지의 보유기간이 3년 이상인 경우

=

양도소득금액

−

양도소득 기본공제 —— 연간 1회 250만 원(미등기 양도자산은 적용 배제)

=

양도소득 과세표준

×

세율 —— 양도소득세율표 참조

=

산출세액

−

감면세액

=

자진납부할 세액

+

지방소득세 —— 자진납부할 세액 10%

=

총납부할 세금

양도소득세의 세율

2019년 농지 양도소득세율 (사업용 토지)

보유기간 양도소득과세표준		세율
1년 미만		50%
1년 이상 ~ 2년 미만		40%
2년 이상	1,200만 원 이하	6%
	1천 200만 원 ~ 4천 600만 원	72만 원 + 1,200만 원 초과액의 15%
	4천 600만 원 ~ 8천 800만 원	616만 원 + 4,600만 원 초과액의 24%
	8,800만 원 초과	1,666만 원 + 8,800만 원 초과액의 35%
	1억 5,000만 원 초과	3,760만 원 + 1랏 5,000만 원 초과액의 38%
비사업용 토지		보유기간 2년 이상의 세율에 10%를 더한 세율 ※ 비사업용토지(지정지역에 있는 농지 제외)를 2014년 12월 31일까지 양도하여 발생하는 소득에 대하여는 위의 보유기간에 따른 세율을 적용한다.
미등기양도자산		양도소득 과세표준의 70%

비사업용 토지

토지를 소유하는 기간 중 대통령령이 정하는 기간 동안 다음 어느 하나에 해당하는 토지 전·답·과수원으로서 다음 어느 하나에 해당하는 것.

▶대통령령이 정하는 바에 의하여 소유주가 농지 소재지에 거주(농지의 소재지와 동일한 시·군·구, 연접한 시·군·구 또는 농지로부터 30㎞ 이내에 있는 지역에 주민등록이 되어 있고 사실상 거주)하지 아니하거나 자기가 경작(농작물 경작 또는 다년생식물 재배에 상시 종사하거나 농작업의 2분의 1이상을 자기의 노동력으로 경작 또는 재배)하지 아니하는 농지. 다만, 농지법 그 밖의 법률에 의하여 소유할 수 있

는 농지로서 대통령령이 정하는 경우를 제외.

▶특별시·광역시(광역시의 군 제외) 및 시지역(도·농복합형태의 시의 읍·면 지역 제외) 중 국토계획법의 규정에 의한 도시지역(녹지지역 및 개발제한구역 제외) 안의 농지. 다만 대통령령이 정하는 바에 의하여 비사업용토지에서 제외되거나 특별시.광역시 및 시지역의 도시지역에 편입된 날부터 소급하여 소유주가 1년 이상 재촌하면서 자경한 농지 중 편입일로부터 2년이 종료되지 아니한 농지 제외.

농지·임야·목장용지 및 그 밖의 토지의 판정은 특별한 규정이 있는 경우를 제외하고는 사실상의 현황에 의함. 단, 사실상의 현황이 분명하지 않은 경우에는 공부상의 등재현황에 의함.

비사업용 토지 양도소득세율

양도소득과세표준율	세율
1,200만 원 이하	16%
1,200만 원 초과 4,600만 원 이하	192만 원 + (1,200만 원 초과액 × 25%)
4,600만 원 초과 8,800만 원 이하	1,042만 원 + (4,600만 원 초과액 × 34%)
8,800만 원 초과 1억 5천 만 원 이하	2,047만 원 + (8,800만 원 초과액 × 45%)
1억 5천 만 원 초과 3억 원 이하	5,260만 원 + (1억 5천 만 원 초과액 × 46%)
3억 원 초과 5억 원 이하	1억 2,460만 원 + (3억 원 초과액 × 50%)
5억 원 초과	2억 2,460만 원 + (5억 원 초과액 × 52%)

출처 : 국가법령정보시스템

양도소득세 계산 양식

① 양도가액 - 취득가액 - 필요경비 (취득비용, 등록비용, 기타비용) = 양도차액

② 양도차액 - 장기보유특별공제 = 양도소득금액

③ 양도소득금액 - 양도소득 기본공제(2,500,000원) = 과세표준

④ 과세표준 × 세율 - 누진공제 = 산출세액

⑤ 산출세액 - 예정신고 납부세액 = 자진신고할 세액

※ 빈칸에 해당 금액을 적으면서 계산해 내려가면 양도소득세가 완성됨.

①양도가액	②취득가액	− ③필요경비 (취득, 등록, 기타비용)	양도차액 ① − ② − ③
원	원	원	
④양도차액		− ⑤ 장기보유 특별공제	양도소득금액 ④ − ⑤
원		원	
⑥양도소득금액		− ⑦ 양도소득 기본공제	과세표준 ⑥ − ⑦
원		2,500,000원	
⑧과세표준		×⑨세율 − ⑩ 누진공제	산출세액 ⑧ × ⑨ − ⑩
원		× ( )% 원	
⑪산출세액			− ⑫ 예정신고납부 세액 (10%)
원			원
⑬자진신고할 양도소득세액 ⑪ − ⑫			
원			

농지의 사업용, 비사업용 토지의 판단기준

농지의 범위 : 전·답·과수원으로서 지적공부상의 지목에 관계없이 실제로 경작에 사용되는 토지. (농지 경영에 직접 필요한 농막·퇴비사·양수장·농로·수로 등의 토지 부분을 포함)

비사업용 토지(농지)의 판정

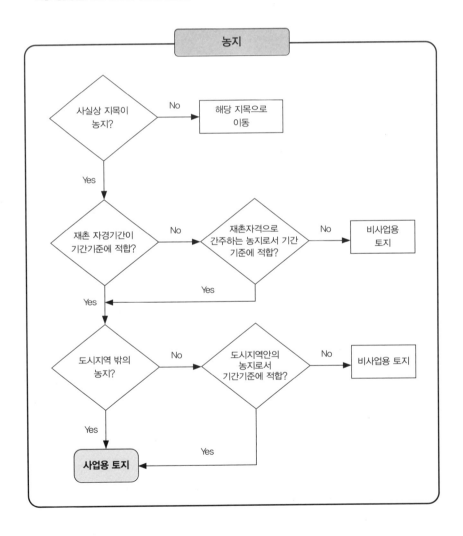

종류	요건	상세내용	해당	비고
무조건사업용 (소령 168 의 14③)	①2006.12.31 이전 상속 (2009.12.까지 양도시)	• 농지.임야. 목장용지만 적용 • 지목 변경시 적용 배제 • 지역, 면적, 기간기준 적용 배제 • 피상속인 재촌, 자경 여부 불문 • 2007.1.1 이후 상속농지		
	②20년 이상 소유 농지 (2009.12.까지 양도시)	• 2006.12.31 이전 20 년 이상 소유 농지 • 2006.12.31 이전 양도시 20 년 보유 • 2007.1.1 이후 양도시 -2006.12.31 현재 20 년 보유 • 농지,임야,목장용지만 적용 • 지목 변경시 적용 배제 • 지역, 면적, 기간기준 적용 배제 • 재촌, 자경 여부 불문		

	③공익사업법에 의한
	양도(2006.12.31까지
	사업인정 고시된 지역
	의 토지)
		• 공익사업법 및 기타법률에 의한 양도
		• 2006.12.31 이전 협의양도하였으나, 사업인정고시가
		  2007.1.1 이후 된 경우
		  - 적용할 수 있다는 견해		

	④종중 소유 농지	• 시이상의 도시지역내 소재 2005.12.31 이전 취득 농지 • 녹지지역 사업용으로 사용의제 • 양도시기 불문 • 재촌, 자경 여부 불문		
	⑤2007.1.이후 상속농지	• 시 이상의 도시지역 주거, 상업, 공업지역 내 소재 • 상속개시일부터 5 년 이내 양도시 • 농지만 적용함 • 도시지역 밖, 시 이상의 녹지지역 사업용 사용의제(소령 168 의 8③2 호)		

	⑥토지 소유주 요구로
	취득한 공장용 부속토
	지의 인접토지
		• 공자의 가동에 따른 소음, 분진, 악취 등에 의하여 토
		  지 소유주 요구에 따라 취득한 공장용 부속토지의 인
		  접토지		

사업용 사용기준	①농지 소유주가 재촌, 자경	• 경작용		

	②사업용 사용 의제
	(소령 168 조의 8③
	1~9)
		• 주말.체험영농 소유 농지 (2003.1.1 이후 취득,세대당
		  300평)
		• 종자생산자, 농업기자재생산농지
		• 농지전용허가를 받은 농지, 농지전용협의 완료농지
		• 종지개발사업지구 내 소재농지(1,500㎡미만), 한계농
		  지의 정비사업으로 조성된 농지(1,500 ㎡미만)
		• 농업기반공사 소유 농지, 비영리사업자 소유 농지, 매
		  립농지
		• 개발사업자가 토지수용,공익사업, 개발사업과 관련하
		  여 농지를 취득 당해 사업에 사용
		• 5년 이상 계속 재촌자경한 농지를 소유주가 질병(1 년
		  이상), 고령(65세 이상), 징집, 취학, 공직 취임 등의사유
		  로 재촌,자경할 수 없어 임대, 사용대하는 경우		

지역기준	①도시지역 밖	• 도시지역 내 녹지지역, 개발제한구역 안 사업용 인정 • 농지, 목장용지만 적용(임야는 일부 적용)		

기간기준 (공통)	①원칙 (3가지 중 한가지 충족)	• 양도일 직전 5년 중 3년 이상 사용 • 양도일 직전 3년 중 2년 이상 사용 • 보유기간 중 80% 이상 사용		
	③사업용 사용의 제시 토지의 기간기준	• 농지 −주말, 체험영농 소유 −상속, 이농 농지 −비영리사업자의 직접사용 • 임야 −보안림, 채종림, 시험림 −도시공원, 개발제한구역안 −산림용 묘목에 사용 −자연휴양림, 수목원으로 사용 • 목장용지 −상속 목장용지 −종중, 비영리사업자가 소유		
	④지역기준에 대한 기 간기준	• 농지 ㉠재촌.자경농지 : 1년 이상 재촌, 자경(보유기간 동안 1년 이상) ㉡재촌. 자경의제 : 전제조건 없음 • 유예기간 : 편입일 2년간 사업용으로 • 목장용지 ㉠축산업 영위자 전체 ㉡시 이상의 도시지역 (주거, 상업, 공업, 녹지지역) • 유예기간 : 편입일 2년 간 사업용으로		

	⑤사업에 사용기간 간
	주
		• 토지취득 후 다음 사유발생
		 −법령에 의해 사용금지,제한 (사용 금지,제한된 기간)
		 −문화재보호법 지정된 보호구역 (보호구역 지정된 기간)
		 −법령에 인가,허가,면허등 신청법인이나 개인이 건축
		  허가 제한(허가 제한된 기간)
		 −인가,허가,면허받은 후 건축자재수급조절을 위해 제
		  한된 토지(착공이 제한된 기간
		 −불특정 다수가 이용 도로(도로로 이용되는 기간)
		 −건축허가시 공공공지로 제공된 토지(칙공일로부터
		  제공이 끝나는 기간)
		 −지상에 건축물이 없는 토지 취득 후 사업용 건물 착
		  공(토지취득일 2년 및 착공일 이후 건설 진행기간)
		 −저당권 실행 등 채권변제 잔여재산 분배로 취득 토
		  지(취득일로부터 2년)
		 −취득 후 소유권 소송중인 토지(소송기간, 사용금비
		  기간)
		 −건축물 멸실, 철거, 무너진 토지(멸실, 철거부터 2년)
		 −천재지변 발생일부터 소급 2년 이상 재촌, 자경 농
		  지 형질변경으로 황지가 되어 자경 못하는 경우(사
		  유일로부터 2년)
		 −토지 취득 후 도시계획변경 등 정당한 사유로 시사
		  용시(당해 사유발생기간)		

비사업용 토지에서 제외 기준

토지 소유기간	재촌·자경기간
5년 이상	앵도일 직전 5년 중 3년 이상 양도일 직전 3년 중 2년 이상 소유기간 중 80/100 이상 (일수로 계산)
3년 이상 5년 미만	소유기간 중 3년 이상 양도일 직전 3년 중 2년 이상 소유기간 중 80/100 이상 (일수로 계산)
3년 미만	소유기간 2년 중 2년 이상 소유기간 중 80/100 이상 (일수로 계산)

조세특례제한법의 재촌·자경농지 비과세 조항

8년 이상 재촌자경(농지 소재지 또는 소재지와 연접한 시·군·구 또는 농지로부터 20km 이내의 지역에 거주하면서 직접 농사를 짓는 경우)한 농지를 양도하는 경우 과세기간별로 감면받을 양도소득세액의 2억 원 한도 내에서 양도소득세가 100% 감면. 단 5개 과세기간(당해 과세기간에 감면받을 양도소득세액과 직전 4개 과세기간에 감면받은 양도소득세액의 합계액)에 감면받을 양도소득세액의 합계액이 3억 원을 초과하는 경우 그 초과하는 부분에 상당하는 금액은 양도소득세 부과.

8년 이상 재촌·자경한 농지에 대한 자경기간 계산법

① 자경기간 : 농지를 취득일부터 양도일까지 실제보유기간 중 농지 소재지에 거주하면서 경작한 기간.

② 보유기간 중 휴경 또는 대리경작 등이 있는 경우 : 휴경 또는 대리경

작 등의 기간을 자경기간에서 제외한 후 취득일부터 양도일까지의 경작기간을 합산하여 계산.

③ 상속받은 농지를 상속인이 직접 경작하지 않는 경우 : 상속받은 날부터 3년이 되는 날까지 양도한 경우에 한하여 피상속인이 생전에 경작한 기간을 상속인이 경작한 기간으로 봄.

④ 증여받은 농지 : 증여받은 날 이후의 경작기간.

8년 이상 재촌 · 자경한 농지에 대한 자경요건 검토기준

면제 요건	검토할 내용	첨부하여야 할 서류	구비서류 발급기관
8년 이상 소유 여부	• 취득일,양도일 • 보유기간	• 토지대장 • 등기부 등본	• 구청 및 등기소
8년 이상 농지 소재지 거주 여부	• 전입일,전출일 • 거주기간	• 주민등록초본	• 동사무소
8년이상 자경여부	• 실제 자경 여부	• 농지원부 • 인우보증서 등	• 농지 소재지읍면사무소
양도일 현재 농지여부	• 양도 당시 농지여부	• 토지특성조사표 • 항공사진	• 농지 소재지읍면사무소 • 관할 시청,구청
면제 제외 농지여부	• .상업,공업지역 안에 있는지 여부	• 토지이용계획확인원	• 시청,구청
기타의 검토할 사항	• 실제 자경 여부	• 농약 및 종자구입 • 영수증 • 자경확인서 • 재산세과세내역	• 농협,소매점 • 관할 시·군·구청

농지의 사업용 적용기준

비사업용 토지(농지)에 대한 실가과세 및 중과세율 적용

1. 비사업용 토지로 보는 부재지주 농지(전·답·과수원)에 대한 실가과세 및 중과세율 적용 대상

▶ 2006년도 양도분부터 부재지주 농지(전·답·과수원), 부재지주 임야, 부

재지주 목장용지, 나대지, 잡종지, 등 비사업용으로 보는 토지를 양도하는 경우 실지거래가액으로 과세되고, 2013년도 양도분부터는 장기보유특별 공제가 배제되며, 60% 양도소득세율이 적용되어 과세된다.

▶ 직접경작이란 : 개인이 농지 소재지 시·군·구(자치구를 말함) 또는 연접(경계가 붙어 있음을 말함)한 시·군·구(자치구를 말함)에 거주하며, 농작업에 상시 종사하거나 농작업의 1/2 이상을 자기의 노동력에 의해 경작하는 재촌과 자경의 요건을 충족한 경우 부재지주 농지로 보지 않는다.

- 농지의 보유기간이 5년 이상인 경우에는 재촌한 기간이 양도일 직전 3년 중 2년 이상 또는 양도일 직전 5년 중 3년 이상 또는 보유기간 중 80% 이상, 3가지 요건 중에서 하나를 충족한 경우에 재촌한 것으로 본다.
- 농지의 보유기간이 3년 이상이고 5년 미만인 경우에는 재촌한 기간이 양도일 직전 3년 이상 또는 양도일 직전 3년 중 2년 이상 또는 보유기간 중 80% 이상, 3가지 요건 중에서 하나를 충족한 경우에 재촌한 것으로 본다.
- 농지의 보유기간이 3년 미만인 경우에는 재촌한 기간이 보유기간 중 2년 이상 또는 보유기간 중 80% 이상, 2가지 요건 중에서 하나를 충족한 경우에 재촌한 것으로 본다.

소득세법 시행령

제168조의 6(비사업용 토지의 기간기준) 법 제104조의 3 제1항 각 호 외의 부분에서 "대통령령이 정하는 기간"이라 함은 다음 각 호의 어느 하나에 해당하는 기간을 말한다.

1. 토지의 소유기간이 5년 이상인 경우에는 다음 각 목의 모두에 해당하는 기간

가. 양도일 직전 5년 중 2년을 초과하는 기간

나. 양도일 직전 3년 중 1년을 초과하는 기간

다. 토지의 소유기간의 100분의 20에 상당하는 기간을 초과하는 기간. 이
경우 기간의 계산은 일수로 한다.

2. 토지의 소유기간이 3년 이상이고 5년 미만인 경우에는 다음 각 목의 모
두에 해당하는 기간

가. 토지의 소유기간에서 3년을 차감한 기간을 초과하는 기간

나. 양도일 직전 3년 중 1년을 초과하는 기간

다. 토지의 소유기간의 100분의 20에 상당하는 기간을 초과하는 기간. 이
경우 기간의 계산은 일수로 한다.

3. 토지의 소유기간이 3년 미만인 경우에는 다음 각 목의 모두에 해당하
는 기간

가. 토지의 소유기간에서 2년을 차감한 기간을 초과하는 기간

나. 토지의 소유기간의 100분의 20에 상당하는 기간을 초과하는 기간. 이
경우 기간의 계산은 일수로 한다.

▶특별시, 광역시(군지역 제외), 시지역(읍·면지역 제외)의 도시지역 안(개발
제한구역과 녹지지역 제외)의 농지는 재촌·자경 여부와 무관하게 실가과세 및
2007년도부터 60% 중과세율이 적용되어 과세된다.

다만, 재촌자경하던 농지를 도시지역(개발제한구역과 녹지지역 제외) 편입일
로부터 3년 이내에 양도하는 경우에는 제외된다.

실가과세 및 중과세율 적용 제외 대상

▶부재지주 농지를 양도하는 경우에도 2006년도에 실가과세가 제외되

며, 2007년 이후 장기보유특별공제를 적용하고, 60% 중과세율 적용이 배제되는 농지로서

- 세대당 300평 이내의 주말·체험 영농 소유 농지의 양도.
- 상속·이농 농지로서 상속·이농일로부터 5년 내 양도.
- 공유수면매립법에 의해 취득한 매립농지의 양도.
- 2005. 12. 31. 이전에 취득한 종중이 소유한 농지의 양도.
- 2006. 12. 31. 이전에 개인이 20년 이상을 보유한 농지를 2009. 12. 31 까지 양도.
- 농지의 개발사업지구 안에 소재하는 1,500㎡ 미만의 농지·한계농지의 정비사업으로 조성된 1,500㎡ 미만의 농지의 양도.
- 5년 이상 계속하여 재촌 및 자경한 농지를 소유주가 질병(1년 이상의 치료나 요양), 고령(65세 이상), 징집, 취학, 선거에 의한 공직취임 등의 사유로 재촌·자경할 수 없어 임대 또는 사용대하는 경우. (질병·고령의 사유는 재촌 요건을 충족하여야 함)

부재지주의 농지 중과세 피해가기

농지 보유기간별 재촌 기간 판정 기준에서 3가지 경우 모두에 해당하는 공통분모는 다음과 같다.

① 보유기간별
  - 5년 이상 : 양도일 직전 3년 중 2년 이상
  - 3~5년 : 양도일 직전 3년 중 2년 이상,
  - 3년 미만 : 보유기간 중 2년 이상
② 농지 보유기간에 상관없이, 현재 재촌자경요건이 전혀 구비되지 않은 농지 소유주는(부재지주 배제농지는 제외)
③ 지금이라도 "양도일 직전 2년 이상의 재촌 및 자경요건"을 구비한 후

양도하면,

④ 부재지주의 중과세율이 아닌 일반 세율을 적용받을 수 있다. 즉 법 시행 이전에 취득한 농지 소유주가 부재지주 중과세율을 회피할 수 있는 길을 열어 두었다.

⑤ 여기서 양도 시기를 1년 정도 유예하여 양도일 직전 재촌. 자경한 기간을 3년 이상 조건으로 하여 양도하고, 양도일로부터 1년 이내에 대체농지를 취득하고 새로 취득한 대체농지도 3년 이상 재촌. 자경한다면, 종전 농지에 대한 양도소득세는 100% (5년간 1억 한도, 조특법 제69조 감면세액 포함) 감면되는 것이다.

양도세 감면을 위한 대체농지취득 '대토' 정리

농지법에 의한 위탁경영, 대리경작 또는 임대차하는 농지를 대토하는 경우는 농지의 대토(감면대상)로 보지 않는다. 대토 구입으로 인해 양도소득세를 감면 받으려면 대토로 구입하는 토지가 반드시 농지여야 하는 것이다. 용도지역은 중요하지 않으며 주거지역이든 관리지역이든 전, 답, 과수원이어야 한다는 뜻이다.

소득세법상에서는 대토의 범위를 주소지 및 인접 시·군·구를 말하고, 종전 경작 거리라 하여 20km를 적용한 적이 있지만 현행은 주소지 및 인접 시·군·구만을 대상으로 한다. (자경 농민이 거주지와 연접하지 않은 지역에 있는 농지를 경작하더라도 앞으로는 20㎞ 이내의 농지는 양도소득세 감면 및 비사업용 중과 제외 대상이 될 것으로 보인다.)

그러나 실제경작자가 공익사업을 위한 토지 등의 취득 및 보상에 관한 법률에 의해 농지를 협의양도하거나 수용된 자는 국토계획법 시행령 119

조에 의거 주소지로부터 직선거리 80km 이내의 토지거래허가구역내 토지를 취득할 수 있다. 즉 토지거래허가구역 내 토지를 취득하기 위해 적용되는 통상 1년 이상의 거주기간의 제한에서 자유로울 뿐, 80km 이내의 대토는 인접 시·군·구가 아닌 이상 양도세 및 취/등록세 감면 혜택을 받을 수 없다.

농지 대토시 양도세 감면제도

양도세가 감면되는 농지의 대토라 함은 자경 농민이 경작상의 필요에 의하여 경작하던 농지를 양도하고 그에 상응하는 다른 농지를 1년 이내에 취득하여 다시 3년 이상 농지 소재지에서 거주하면서 경작할 경우에 종전 농지의 양도소득세에 대해서 100분의 100에 상당하는 세액을 감면하는 것을 말한다. 즉 전·답 등 농지의 소재지(동일 또는 연접 시·군·구 또는 직선거리 20km 이내)에 거주하며 3년 이상 자경하던 농지를 양도하고 1년 이내에 새로운 농지를 취득하여(혹은 선 취득하고 1년 이내에 양도) 다시 3년 이상 자경하는 경우, 종전에 소유하다가 처분한 토지의 양도세를 면제해 주는 제도이다.

다만 새로 취득하는 농지면적은 양도하는 면적의 2분의 1이상 혹은 새로 취득하는 농지가액은 양도하는 농지가액의 3분의 1이상이어야 한다.

농지 대토에 대한 감면을 받고자 하는 자는 당해 농지를 양도한 날이 속하는 과세연도의 과세표준신고와 함께 세액감면 신청서를 납세지 관할 세무서장에게 제출해야 하며, 이럴 경우 종전농지의 매도시에 감면을 받든지, 만일 양도소득세를 이미 납부한 경우에는 국세기본법 45조 2의 규정에 의하여 경정청구를 해서 환급받을 수 있다.

대토농지 양도세 감면 요건

처분 농지의 요건

- 종전 토지가 농지일 것 : 농지란 전ᆞ답으로서 지적공부상의 지목에 관계없이 실제로 경작에 사용되는 토지를 말함.
- 종전의 농지 소재지에서 3년 이상 거주하면서 경작했을 것 : 상속농지의 경우 상속인과 피상속인이 동일 세대원으로서 재촌자경한 경우만 피상속인과 상속인의 경작기간을 통산하여 계산하며 여기서 3년은 통산의 개념임.

신규취득 농지의 요건

① 거리 요건(3개 요건 중 1개 충족)
- 농지 소재지와 동일 시ᆞ군ᆞ구 거주
- 농지 소재지와 연접한 시ᆞ군ᆞ구 거주
- 농지 소재지로부터 직선거리로 30㎞ 이내 거주
- 면적 및 가액요건(2개 요건 중 1개 충족)
- 새로 취득한 농지면적 ≥ 양도한 농지면적의 1/2
- 새로 취득한 농지 가액 ≥ 양도한 농지가액의 1/3

② 용도지역 요건
- 국토의 계획 및 이용에 관한 법률에 의한 주거지역, 상업지역, 공업지역 이외에 소재한 농지. (단, 도농통합지역의 읍 면지역은 제외하되, 2010년 이후 양도 농지의 경우에는 주ᆞ상ᆞ공업지역 편입일 이전 양도소득에 한해 감면)

③ 자경기간 요건
- 취득 후 3년 이상 자경할 것.

농지 대토에 대한 양도소득세 감면(조세특례 제한법 제70조)

① 농지 소재지에 거주하는 대통령령이 정하는 거주자가 직접 경작한 토지로서 농업소득세의 과세대상(비과세·감면과 소액부징수를 포함한다)이 되는 토지를 경작상 필요에 의하여 대통령령이 정하는 경우에 해당하는 농지의 대토로 인하여 발생하는 소득에 대하여는 양도소득세의 100분의 100에 상당하는 세액을 감면한다.

② 제1항의 규정에 의하여 양도하거나 취득하는 토지가 국토의 계획 및 이용에 관한 법률에 의한 주거지역 등에 편입되거나 도시개발법 그 밖의 법률에 의하여 환지처분 전에 농지 외의 토지로 환지예정지 지정을 받은 토지로서 대통령령이 정하는 토지의 경우에는 제1항의 규정을 적용하지 아니한다.

③ 제1항의 규정에 의하여 감면을 받고자 하는 자는 대통령령이 정하는 바에 따라 감면 신청을 하여야 한다.

1. 농지 대토의 감면은 농지가 소재하는 시·군·구(자치구인 구를 말함) 안의 지역과 그와 연접된 시·군·구 안의 지역에 거주하면서 농지 소유주가 소유 농지에서 농작물의 경작 또는 다년생식물의 재배에 상시 종사하거나 농작업의 2분의 1 이상을 자기의 노동력에 의하여 경작 또는 재배한 농지.
2. 3년 이상 종전의 농지 소재지에 거주하면서 경작한 자가 종전의 농지의 양도일로부터 1년 이내에 다른 농지를 취득하여 3년 이상 새로운 농지 소재지에 거주하면서 경작한 경우(선양도 후취득) 또는 3년 이상 종전의 농지 소재지에 거주하면서 경작한 자가 새로운 농지의 취득일부터 1년내에 종전의 농지를 양도하고 새로이 취득한 농지를 3년 이상 새로운 농지 소재지에

거주하면서 경작한 경우. (선취득 후양도)

3. 새로 취득하는 농지의 면적이 양도하는 농지의 면적의 2분의 1 이상이 거나 새로 취득하는 농지의 가액이 양도하는 농지의 가액의 3분의 1이상일 때 감면세액 한도 내에서 감면을 적용받을 수 있다. (2006. 01. 01 이후 농지대토 분부터 5년간 감면세액 한도는 8년재촌자경 농지 감면세액을 포함하여 1억 원임)

4. 감면 대상에서 제외되는 농지
- 양도일 현재 특별시·광역시(광역시에 있는 군은 제외) 또는 시 지역에 있는 농지 중 국토의 계획 및 이용에 관한 법률에 의한 주거지역·상업지역 또는 공업지역안의 농지로서 이들 지역에 편입된 날부터 3년이 지난 농지. (단, 보상지연으로 3년이 지난 농지는 제외한다.)
- 당해 농지에 대하여 환지처분이전에 농지 외의 토지로 환지예정지의 지정이 있는 경우로서 그 환지예정지 지정일부터 3년이 지난 농지로 정리 된다.

상속받은 농지의 절세 전략

상속이란 피상속인이 사망(실종 등 포함)한 경우에 피상속인이 생전에 가지고 있던 모든 재산상의 권리와 의무가 상속인에게 포괄적으로 승계되는 것을 말한다.

상속인이 상속받은 피상속인의 여러 재산이 있겠지만 그중 농지의 경우 전략에 따라 세금 차이가 크다.

아래의 사례에서도 아버지로부터 상속받은 농지의 경우 각각 경우에 따라 세금절세 방법이 다른 내용이다.

상속받은 농지의 절세 사례

홍길동 씨는 올해 아버지가 경작하신 농지를 상속받았다. 평소 세금에 관심이 많은 홍길동 씨는 제반 세무 전략에 대해서 고민해 보았다.

아버지가 경작한 농지의 기간을 8년 이상과 8년 미만으로 구분하고 홍길동 씨의 현 상황을 분석하여 다양한 전략을 세워 보기로 한다.

아버지가 경작한 기간이 8년 이상이라면

아버지가 농지 소재지에 거주하면서 취득일부터 양도일 사이에 8년 이상 계속해 직접 경작한 토지에 해당하는 경우에는 양도소득세의 100%(과세연도별 최대 2억 원, 5년간 통산해 3억 원)를 감면받을 수 있다.

그러나 요건을 모두 충족하더라도 시 이상 지역의 주거·상업·공업지역(광역시 중 군지역과 시지역 중 도·농복합형태의 읍·면 지역은 제외) 안의 농지로서 이들 지역에 편입된 날부터 3년이 지난 농지 등은 감면을 배제한다.

세부적인 감면 요건은 다음 표의 내용을 모두 충족해야 한다.

거주요건	• 농지가 소재하는 시·군·구 안의 지역이나 연접한 시·군·구 안의 지역에 거주할 것 • 직선거리 20㎞ 이내 지역, 경작 당시 해당 지역에 해당되었으나 행정구역 개편 등으로 이에 해당하지 아니하게 된 때에는 농지 소재지에 소재하는 것으로 간주함
경작요건	• 취득일로부터 양도일 사이에 8년 이상 농지를 계속 직접 경작할 것
농지요건	• 양도 당시 농지일 것(실제 농지로 이용하고 있을 것)
자경요건	• 자경한 그 소유 농지에서 농작물을 경작 또는 다년생식물의 재배에 상시 종사하거나 농작업의 2분의 1 이상을 자기의 노동력에 의하여 경작 또는 재배할 것

위의 모든 요건을 충족한다면 홍길동 씨는 농지원부, 농약 및 비료 구입영수증, 자경농지사실확인서, 이웃들이 증명하는 인우보증서 등 입증할 서

류를 갖추어 관할 세무서에 양도세 신고서와 함께 제출하면 감면을 받을 수 있다.

다만, 홍길동 씨가 직장 근로자이거나 사업자이기 때문에 아버지의 농지를 상속받아 경작할 수 없는 상황이라면 상속개시일(사망 신고일)로부터 3년 이내에 양도하는 경우에만 아버지가 경작한 기간을 인정받아 양도소득세 감면을 받을 수 있다. 물론 이 경우도 홍길동 씨가 경작을 하지 않지만 농지로 이용되고 있어야 한다. 예를 들면 임차인이 대리 경작 등으로 농지로 이용하고 있어야 한다. 만약 3년 이후에 양도한다면 아버지가 8년 경작한 것을 인정하지 않으므로 양도소득세 감면 혜택을 받을 수 없고 일반 세율로 과세한다.

아버지가 경작한 기간이 8년 미만이라면

아버지가 경작한 기간이 8년 미만이라면 홍길동 씨의 상황에 따라 여러 가지 대안이 발생할 수 있다.

홍길동 씨가 현재 직업이 없어 상시 농사에 종사할 수 있는 여건이라면 8년 경작기간을 채우고 상기 요건을 모두 충족한다면 양도소득세 혜택을 받을 수 있다. 이때 상속인의 경작기간과 아버지의 경작기간을 합산하여 8년 기간 요건을 충족시키면 된다.

그러나 홍길동 씨가 직장 근로자이거나 사업자이기 때문에 아버지 농지를 상속받아 경작할 수 없는 상황이라면 상속개시일로부터 5년 이내에 양도하는 경우에만 비사업용 토지 중과(60% 세율이나 2012년 말까지는 일반 세율 적용) 대신 일반 세율을 적용받을 수 있다.

따라서 홍길동 씨가 상속 후 직접 경작을 하지 않는 다면 5년 이내에 양도하는 것이 절세 전략이 될 것이다.

상속농지 양도세 요약

아버지가 8년 경작한(요건 충족)			아버지가 8년 미만 경작		
자녀경작	자녀가 경작하지 않음		자녀 경작 (통산하여 8년 이상)	자녀가 경작하지 않음	
	3년 이내 양도	3년 이후 양도		5년 이내 양도	5년 이후 양도
감면 혜택	감면 혜택	일반 세율 적용	감면 혜택	일반 세율 적용	세율 적용

위 사례처럼 상속 농지의 경우의 감면 혜택, 중과세 여부 등 상황에 따라 여러 가지 의사결정 대안이 발생할 수 있으므로 사전에 충분한 검토를 한 후 의사결정대안을 선택하는 것이 바람직하다.

영농자녀가 증여받은 농지 등에 대한 증여세의 감면

증여 받은 농지의 절세

조세특례제한법에 따르면 농지 등의 소재지에 거주하면서 일정한 방법으로 직접 경작하는 자경 농민이 농지 등의 소재지에 거주하면서 직접 경작하는 영농자녀에게 2014년 12월 31일까지 증여하는 경우에는 해당 농지 등의 가액에 대한 증여세의 100분의 100에 상당하는 세액을 감면하도록 하고 있다. 이하에서는 영농자녀가 증여받은 농지 등에 대한 증여세의 감면에 대하여 간단하게 살펴보도록 하자.

증여하는 자경 농민의 요건
① 농지 등이 소재하는 시·군·구(자치구를 말함), 그와 연접한 시·군·구 또

는 해당 농지 등으로부터 직선거리 20km 이내에 거주할 것.

② 증여일부터 소급하여 3년 이상 계속하여 직접 영농에 종사하고 있을 것.

※ 여기서 직접 경작이라 함은 거주자가 그 소유 농지에서 농작물의 경작 또는 다년생식물의 재배에 상시 종사하거나 농작업의 2분의 1이상을 자기의 노동력에 의하여 경작 또는 재배하는 것을 말한다.

증여받는 영농자녀의 요건

증여세를 감면받는 영농자녀는 다음의 어느 하나에 해당하는 자를 말한다.

(1) 다음의 요건을 모두 갖춘 일정한 영농 및 임업후계자

① 농지 등의 증여일 현재 만 18세 이상인 직계비속일 것.

② 농지 등이 소재하는 시·군·구, 그와 연접한 시·군·구 또는 해당 농지 등으로부터 직선거리 20km 이내에 거주할 것.

(2) 위 (1) 외의 자로서 다음의 요건을 모두 갖춘 자

① 농지 등의 증여일 현재 만 18세 이상인 직계비속일 것.

② 농지 등이 소재하는 시·군·구, 그와 연접한 시·군·구 또는 해당 농지 등으로부터 직선거리 20km 이내에 거주할 것.

③ 증여일부터 소급하여 3년 이상 계속하여 직접 영농에 종사하고 있을 것.

감면대상 농지 등의 범위

(1) 다음의 어느 하나에 해당하는 농지 등

① 농지 : 직접 경작한 농지로서 29,700㎡ 이내의 것.

② 초지 : 초지법에 따른 초지로서 148,500㎡ 이내의 것.

③ 산림지 : 산지관리법에 따른 보전산지 중 산림자원의 조성 및 관리에 관한 법률에 따라 산림경영계획을 인가받거나 특수산림사업지구로 지정 받아 새로 조림한 기간이 5년 이상인 산림지(채종림, 산림보호법 제7조에 따른 산림보호구역을 포함)로서 297,000제곱미터 이내의 것. 다만, 조림 기간이 20년 이상인 산림지의 경우에는 조림 기간이 5년 이상인 297,000㎡ 이내의 산림지를 포함하여 990,000㎡ 이내의 것으로 한다.

(2) 국토의 계획 및 이용에 관한 법률 제36조에 따른 주거지역 · 상업지역 및 공업지역 외에 소재하는 농지 등

(3) 택지개발촉진법에 따른 택지개발지구나 그 밖에 대통령령으로 정하는 개발 사업지구로 지정된 지역 외에 소재하는 농지 등

이상에서 살펴본 바와 같이 일정한 요건을 갖춘 자경 농민이 일정한 요건을 갖춘 영농자녀에게 감면 대상 농지 등을 증여하는 경우 농지 등의 가액에 대한 증여세의 100분의 100에 상당하는 세액을 감면하도록 하고 있다. 다만, 감면받을 증여세액의 5년간 합계가 1억 원을 초과하는 경우에는 그 초과하는 부분에 상당하는 금액은 감면하지 아니한다.

여기서 주의할 점은 증여세를 감면받은 농지 등을 영농자녀의 사망 등 정당한 사유 없이 증여받은 날부터 5년 이내에 양도하거나 질병·취학 등 정당한 사유 없이 해당 농지 등에서 직접 영농에 종사하지 아니하게 된 경우에는 즉시 그 농지 등에 대한 증여세의 감면세액에 상당하는 금액을 징수한다는 것이다.

농지위탁을 통한 양도세 절감

정부가 인접 시·군·구에 거주하지 않는 부재지주의 농지라도 농촌공사의 농지은행에 8년 이상 위탁하면 사업용 토지로 간주해 양도세 중과 대상에서 제외해 주기로 한 때문이다.

종전까지 자경을 하지 않는 부재지주의 농지는 농지은행에 임대위탁을 주더라도 비사업용 토지로 보고 양도차익의 60%를 양도세로 과세해 농지거래에 어려움이 많았었다. 이에 따라 양도세 절세 목적으로 농지은행에 임대위탁을 하려는 사람들이 점차 늘고 있다.

한국농촌공사에 따르면 농지은행에 임대위탁을 신청한 농지는 총 1,075ha (2,117건)에 이른다. 이는 지난해 같은 기간 556ha(1천 146건)에 비해 2배 가까이로 증가한 것이다.

예년에는 부재지주가 지자체 단속이 무서워 마지못해 임대위탁을 맡겼지만 최근엔 절세의 방법으로 부재지주들이 자발적으로 신청하는 경우가 많다.

실제 2007년 1월 농지 1ha를 1억 8,150만 원에 취득해 1년 후인 2008년 1월 농지은행에 임대위탁을 주고, 8년 후인 2016년 2월 농지를 판다고 가정해보자.

이 경우 매도시점의 가격이 3억 250만 원이라고 한다면 종전에는 부재지주에 대해 양도차익의 60%를 중과해 총 7,110만 원을 양도세로 내야 했지만 앞으로는 2,140만 5,600원만 내면 돼 약 70%(4천 969만 4,400원)의 절세 효과가 있다.

또 임대위탁을 맡기면 위탁 수수료(연 임대료의 8-12%)를 내야 하지만 농지를 빌려주는데 대한 임대료를 대신 받을 수 있어 임대수입은 올리고 양도세는 줄이는 '일석이조'의 효과를 기대할 수 있다.

전문가들은 이에 따라 지자체의 농지사용실태 조사에 나서는 7~9월을 전후해 신청자들이 더욱 늘어날 것으로 보고 있다.

최근 지자체의 농지 이용 실태 단속이 강화되고 있어 부재지주의 자경 위반 적발 건수가 늘어나는 추세다. 농사를 지을 수 없는데 농지를 계속 보유하고 싶은 경우에도 농지은행에 임대위탁을 맡기는 게 안전하다.

다만 취득(증여 등 포함)후 최소 1년간 90일 이상은 직접 농사를 지은 후에 농지은행에 위탁할 수 있고, 도시지역 및 계획관리지역 내 농지, 일정 면적(진흥지역 1,000㎡, 진흥지역 밖 1,500㎡) 미만의 농지는 위탁 대상에서 제외된다는 점은 염두에 둬야 한다.

2008년 2월 22일 비사업용 토지 관련 규정인 소득세법 시행령 168조의 8이 개정되면서 부재지주의 농지라 하더라도 농지은행에 8년 이상 위탁하는 경우 사업용 토지로 보아 비사업용토지에 대한 중과 규정을 적용하지 않게 되었다.

비사업용 토지 중과 규정을 피할 수 있는 농지은행 위탁에 대하여 살펴보도록 하자.

농지은행

농지은행은 한국농촌공사에서 운영하는 농지관리사업이다. 1994년 우루과이라운드 협상에서 타결된 이후 10년간의 쌀시장 개방 유예기간이 끝남에 따라, 쌀 시장 개방에 대비하기 위하여 2005년부터 도입되었다.

사업 내용은 크게 농지의 임대수탁과 매도 수탁, 경영회생지원을 위한 농지매입, 농지매입비축의 4가지이다.

이중에서 농지임대수탁은 농지법(6조와 22조)을 근거로 하여 2005년 10월부터 시행되었다. 직접 농사를 짓기 어려운 농지 소유주로부터 임대위탁을 받아 농가나 농업법인에 임대하는 방식이다. 농지은행은 임차료를 받아 수수료를 공제하고 소유주에게 임대료를 지급한다.

농지위탁 효과

현행 농지법상 1996년 1월 1일 이후 취득한 농지는 경자유전의 원칙에 의해 본인이 직접 자경(농사의 1/2 이상을 본인의 노동력으로 직접 경작)하여야 하고 개인 간에 임대차(소작)도 금지되어 있다. 직접 경작을 하지 않으면 농지를 처분해야 하고 처분하지 않으면 농지처분통지를 받게 되며 공시지가의 20%를 이행강제금으로 부담해야 한다.

그러나 농지은행에 위탁을 하는 경우에는 자경을 하지 않더라도 농지를 소유할 수 있으며 이행강제금 등의 불이익도 받지 않는다.

아울러 매년 임대료를 받을 수 있으며(임대료의 8%~12% 수수료 공제), 8년 이상 위탁한 다음 양도시, 비사업용 토지 중과세율 60%가 아닌 9%~36%의 일반 누진세율을 적용 받으며 장기보유특별공제도 받을 수 있다.

양도차익이 1억 원인 8년을 보유한 농지의 경우 부재지주로 그냥 보유하다가 양도하는 경우 주민세 포함 5,791만 원의 양도소득세를 부담해야 하지만, 농지은행에 위탁하다가 양도하는 경우 1,519만 원의 양도소득세(주민세포함)만 부담하게 되므로 큰 차이가 있음을 알 수 있다.

농지은행에 임대 위탁한 경우의 양도소득세 계산 예

양도소득세 절감현황

1. 농지임대위탁 신청 및 계약
- 취득년도 : 2007. 1월
- 임대위탁 신청 : 2008. 1월
- 신청면적 : 1ha(3,025평)
- 취득가액 : 금 181,500,000원(평당 60,000원)
- 임대위탁기간 : 8년간

2. 농지매도
- 매도년도 : 2016. 2월
- 양도가격 : 금 302,500,000원(평당 100,000원)
- 양도차액 : 금 121,000,000원

3. 양도소득세 계산 내역

개정(전)	개정(후)

• 양도차액 : 121,000,000원
• 기본공제 : 2,500,000원/ 인
• 과세표준 : 118,500,000원/ 인
• 적용세율 : 60%
• **산출세액 : 71,100,000원**
	• 양도차액 : 121,000,000원
	• 기본공제 : 2,500,000원/ 인
	• 장기보유특별공제 : 29,040,000원
	• 과세표준 : 91,960,000원
	• **산출세액 : 21,405,600원**
	  − 1000만 원 미만 (9%) : 900,000원
	  − 1천 초과 ~ 4천 미만 (18%) : 5,400,000원
	  − 4천 초과 ~ 8천 미만 (27%) : 10,800,000원
	  − 8천 초과(36%) : 4,305,600원

농지위탁 요건

실제 농업에 이용되는 농지로서 취득 후(증여포함) 1년은 경과해야 위탁할 수 있으며 그 1년 중 90일은 직접 농사를 경작을 한 토지이어야 한다. 아울러 임대 위탁을 하기 전에 지자체에서 부재지주로 농지처분통지를 받은 경우에는 위탁 자체가 불가능하다. 또한 다음에 해당하는 토지는 임대 위탁을 할 수 없다.

① 농지법에 따른 농지전용허가·협의·신고를 거쳐 전용이 결정된 농지
② 소규모 농지(농업진흥지역 1,000㎡ 미만, 진흥지역 밖 1,500㎡ 미만)
③ 도시지역 및 계획관리지역 내의 농지. (농업진흥지역은 가능)

④ 각종 개별법에 의한 개발계획구역 및 예정지내의 농지.

⑤ 자연재해로 형질이 변경되거나 유휴화 되어 농작물의 경작에 부적합한 농지.

⑥ 농지법 제6조의 규정에 따른 주말·체험영농 목적의 취득 농지.

⑦ 농지법의 제10의 규정에 따라 시장·군수·구청장이 농지처분의무 부과대상으로 결정 한 농지.

⑧ 국토계획법의 규정에 따라 토지거래허가를 받은 자가 토지이용 의무기간(2년)을 마치지 않은 농지.

유의해야 할 사항

임대를 위탁한다고 무조건 임대가 시작되는 것은 아니다. 임대 개시 시점에서 두 달 안에 임차의사를 밝히는 농민이 없을 경우에는 임대위탁이 성립되지 않아서 농지 소유주가 자경하거나 처분하여야 한다. 따라서 영농 조건이 나쁜 농지라면 소유주가 자비를 들어 영농 조건이 좋도록 농지개량을 해야 한다.

임대위탁기간은 5년 이상으로 하며, 그 기간이 경과되는 경우 연장도 가능하다. 단 임대 기간 내에 계약을 해지할 경우에는 남은 계약기간의 총 임대료의 20%에 달하는 위약금을 부담해야 한다. 따라서 임대계약기간 설정에 있어서 사전에 철저한 계획을 세워서 진행해야 할 것이다.

농지은행 위탁과 관련 기타 자세한 사항은 농지은행 홈페이지(http://www.fbo.or.kr)에서 확인할 수 있다.

주말농장 양도세 계산법

서울에 살고 있는 김모 씨는 은퇴한 뒤에 경기 안성시에 밭 몇 평을 구입해 소일거리로 채소를 가꿔 볼 계획이다. 그러나 농사를 전업으로 하지 않는 외지인이 농지를 취득하려면 요건이 까다로울 뿐 아니라 비사업용 토지에 해당돼 양도할 때 60%의 세금이 부과된다고 해서 걱정이다.

일정한 요건을 갖춘 주말농장용 농지는 취득과 양도에 불이익을 받지 않는다.

농지법에서는 2003년 1월 1일 이후부터 농사를 전업으로 하지 않더라도 주말 등을 이용해 취미생활이나 여가활동으로 농작물을 경작하거나 농지를 취득하는 것을 허락하고 있다. 이때 구입할 수 있는 농지면적은 가구당 1000㎡ 미만이어야 한다. 그리고 해당 농지 소재지를 관할하는 시장, 구청장, 읍·면장에게서 '농지취득자격증명'을 발급받아야 하는데 농지취득 목적란에 '주말체험영농용'으로 기재해 제출하면 된다.

이렇게 주말농장으로 사용한 농지를 양도하게 되면 비사업용 토지 중과세(60%)를 피할 수 있다. 세법상 주말농장으로 인정받으려면 2003년 1월 1일 이후 취득한 농지로 가구당 1,000㎡를 넘지 않아야 하고, 농지취득자격증명서에 주말농장용으로 취득한 사실이 입증돼야 한다. 이 요건을 모두 갖춘다면 양도세 신고시 장기보유특별공제를 적용받을 뿐 아니라 기본세율에 따라 세액을 계산하게 된다. 특히 주말농장에 대한 양도세 중과 배제가 '농지법상 주말농장'에 한해 적용된다는 것을 유의해야 한다. 즉 2003년 1월 1일 이전에 취득한 농지이거나 다른 경로를 통해 취득한 농지를 주말농장으로 사용했다고 하더라도 농지만 소유할 뿐 농사를 짓지 않는 부재지주에 해당하면 양도할 때 양도세가 그대로 중과된다.

김 씨는 주말농장용으로 농지를 취득한 뒤 5년 뒤 사정상 양도하게 됐다. 실제론 주말마다 농사를 지으러 내려가는 것을 소홀히 해 사실상 1년 정도만 경작했다면 비사업용 토지로 봐 중과세가 될까?

비사업용 토지에서 제외되려면 주말마다 농장에 가서 직접 채소를 가꿔야 하지만 과세 관청에서 이를 일일이 감독하기가 쉽지 않다.

세법상 주말농장에 대해선 별도의 사후관리 규정이 없기 때문에 취득할 때 주말농장의 요건만 갖춘다면 취득한 후 개인 사정상 주말마다 경작하지 않았다고 하더라도 비사업용 토지로 중과세 되지 않는다.

단, 기간 기준에 충족하지 않는다고 해도 보유 기간이 단기인 경우에는 단기 보유에 따른 중과세를 적용한다. 즉 주말농장용 농지를 1년 안에 양도하면 양도차익의 50%를 세금으로 내고, 1년 이상 보유했지만 2년 안에 양도할 경우에는 40%의 양도세율을 적용받는 것이다. 따라서 적어도 2년 이상 보유하고 처분해야 중과세를 피할 수 있다는 점에 유의해야 한다.

주말농장이 있는 곳이 도시 지역으로 편입되면 어떻게 될까? 본래 도시 지역에 위치한 농지는 농사를 짓거나 주말농장으로 사용해도 실제 용도와는 무관하게 비사업용 토지로 보아 양도차익의 60%를 세금으로 부과한다. 그러나 주말농장이 도시 지역으로 편입되더라도 편입일로부터 2년 이내에 이를 양도하면 중과세를 피할 수 있다.

주말농장 양도세 중과를 피하려면

1. 가구당 1,000㎡ 이하 면적의 농지를 취득하라. (단, 취득일은 2003년 1월

1일 이후여야 함)

2. 시·군·구청에서 주말농장용으로 농지취득자격증명을 받아라.

3. 적어도 2년은 보유하라.

4. 농지 소재지가 도시 지역에 편입된다면 편입일로부터 2년 이내에 양
   도하라.

사례로 보는 농지 양도세 절세 요령

사례 1. 상속을 받은 농지의 세금 문제

A 씨는 11년 전 아버지와 어머니가 함께 자경해 왔다. 아버지가 돌아가시면서 자기 명의로 돼 있던 농지를 어머니에게 상속했고, 2년 전 어머니도 돌아가시면서 A 씨가 상속을 받게 되었다.

결과적으로 아버지는 8년, 어머니는 3년, A 씨는 2년을 자경해 온 셈이다. 그러나 최근 A 씨는 더 이상 농사를 짓고 살기가 힘들어 해당 농지를 팔 계획이다. 문제는 '양도소득세'가 얼마나 나올까 하는 것이다. 상속농지는 양도할 때 여러 가지 조건만 잘 갖추면 양도세를 줄일 수 있지만 A 씨는 자신이 어떤 요건을 적용받을 수 있을지 알지 못했기 때문이다.

8년 자경농지 양도세 감면요건 완화

A 씨의 경우, 아버지의 자경기간 8년과 어머니의 자경기간 1년, 자신의 자경기간 2년을 모두 포함해 자경기간을 11년으로 인정받아 양도세가 100%(연간 2억 원, 5년간 3억 원 한도) 감면된다.

시골에서 아버지와 어머니가 같이 농사를 짓더라도 농지 명의가 아버지로 돼 있는 경우가 많았다. 아버지가 돌아가신 후 어머니에게 농지가 상속됐다가 다시 아들에게 상속된 경우 아버지, 어머니의 경작기간이 모두 아들의 자경기간으로 합산된다.

8년 자경농지의 양도세 감면 요건 완화

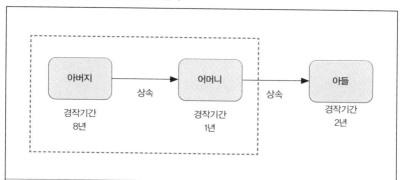

- 아버지가 8년간 경작한 농지를 어머니가 상속받아 1년 간 경작한 후 아들이 다시 당해 농지를 상속받아 2년 간 경작한 후 양도하는 경우
  - 현행 : 아들이 경작기간 = 어머니(1년) + 아들(2년) = 3년
    → 8년 자경농지 양도세 감면 적용 불가
  - 개정 : 아들의 경작기간 = 아버지(8년) + 어머니(1년) + 아들(2년) = 11년
    → 8년 자경농지 양도세 감면 적용 가능
- ※ 어머니가 경작한 사실이 없는 경우에는 아버지의 경작기간을 아들의 경작기간에 합산할 수 없음

〈자료 : 기획재정부〉

재정부는 세제 개편안의 후속 조치로 이런 내용의 세법 시행령 개정안을 발표했으며, 개정안은 공포일(18일) 이후 양도분부터 적용된다.

법이 개정되기 전이라면 A 씨는 양도세를 감면받을 수 없었다. 이전에는 A씨의 자경기간이 피상속인인 어머니의 자경기간만 인정됐기 때문에 어머니 1년, A씨 2년으로 자경기간이 3년에 불과해 양도세를 감면받지 못한다.

한편 할아버지가 자경하던 농지를 할머니가 상속받아 자경하다가 다시 손자에게 상속된 경우에도 할아버지 및 할머니의 자경기간을 합산할 수 있게 된다. 삼촌의 경우도 마찬가지다.

개정안에는 피상속인의 자경기간 뿐 아니라 피상속인 배우자의 자경기간도 상속인의 자경기간에 합산해 8년 자경 여부를 판단하도록 돼 있기 때문에 친족에게 상속받지 않더라도 양도세를 감면받을 수 있다.

중간 상속인 어머니가 자경을 해야 가능

농지가 아버지로부터 어머니를 거쳐 아들로 상속되는 과정에서 중간 상속인에 해당하는 어머니가 자경을 한 사실이 없다면 아들은 아버지의 자경기간을 합산할 수 없게 된다.

예컨대 A 씨의 어머니가 자경을 하지 않았다면, A 씨는 자신이 경작한 기간 2년만 인정받게 되고 아버지의 10년 자경 기간은 합산하지 못하게 돼 양도세를 감면받지 못하게 된다.

그렇다면 최종 상속인인 '아들'이 자경을 하지 않는다면 어떻게 될까? 아들이 자경을 하지 않았더라도 농지를 상속받은 후 3년 내에 양도하게 되면, 아버지와 어머니의 자경 기간을 모두 인정받아 양도세를 100% 감면받을 수 있다.

예컨대 A 씨가 자경한 사실이 없더라도 상속농지를 3년 내에 양도하면 아버지의 자경 기간 8년과 어머니의 자경 기간 1년을 합해 총 9년을 자경 기간으로 인정받아 양도세를 100% 감면받을 수 있게 된다.

사례 2. 3년간 농사를 지은 토지의 절세 요령

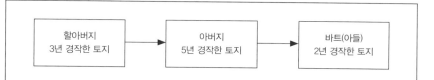

바트는 대대로 농사짓고 있는 집안 출신이다. 바트에게는 할아버지가 3년을 경작하고 아버지가 5년을 경작한 뒤 자신이 상속받아 2년 간 경작한 토지가 있다.
만약 이 토지를 바트가 지금 양도한다면 자경농지 양도세 감면을 받을 수 있을까?

바트 아버지(피상속인)와 바트 자신(상속인)이 농사를 지은 기간을 합산해 8년 이상이면 양도세 감면이 가능하다. 그러나 만일 상속인이 농사를 짓고 있지 않다면 원칙적으로 양도세를 감면받을 수 없다.

다만 예외적으로 피상속인이 8년 이상 농사를 지었던 토지를 상속받았다면 상속인이 농사를 짓고 있지 않더라도 그 상속 받은 날부터 3년 이내에 양도하면 감면을 받을 수 있다.

그렇다면 바트는 자경농지 감면 요건인 8년을 채운 것일까? 현재 농사를 짓고 있는 바트의 자경기간은 바트 할아버지 때부터 계산하면 8년 이상이지만 직전 피상속인의 농사기간만을 합산하도록 되어 있다. 따라서 할아버지부터 바트까지 3대 농사기간은 총 10년이지만 바트(2년)와 그 직전 피상속인인 바트 아버지(5년)의 농사기간만을 합산한 7년 만 인정된다.

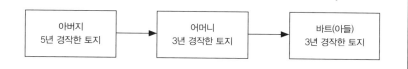

위의 사례에서 바트의 아버지가 5년 경작하다가 사망해 바트 어머니가 상속받았다가 다시 3년 뒤 어머니도 사망해 바트가 상속받아 3년을 경작했다면 이야기는 달라진다.

원래는 현행 세법에 따라 오직 직전 피상속인인 바트 어머니의 경작기간을 합산할 수 있을 뿐 그 전에 바트 아버지가 경작한 기간은 포함되지 않았다.

그러나 현재는 정부가 세법개정안을 통해 피상속인의 경작기간뿐 아니아 피상속인 배우자의 경작기간도 상속인의 경작기간에 합산하도록 했다.

바트의 경우는 다시 풀어보면 아버지의 경작기간 5년 + 어머니 경작기간 3년 + 바트 경작기간 3년을 합해 총 11년 경작한 것이 되어 양도세 감면을 받았을 수 있다.

※세법 개정안은 조세특례제한법 시행령 개정안을 입법한 후 국무회의 심의를 거쳐 공포일 이후 양도분부터 적용.

자경농지의 양도소득세 감면을 받으려면?

거주요건	농지 소재지 또는 인접 시·군·구에 거주(농지로부터 직선거리 20㎞ 이내 지역 포함)	
자경요건	상시 농업에 종사 또는 농작업의 1/2 이상을 자기 노동력에 의해 경작	
감면 및 한도요건	8년 이상 농지 소재지에 거주하면서 직접 농사를 지은 농지 양도 시	연간 최대 2억 원(5년 간 3억 원 한도)까지 감면
기간요건	직접 8년 이상 경작	※ 예외 ① 피상속인이 계속 경작하는 경우에 한하여, 피상속인 배우자의 경작기간을 상속인의 경작기간에 합산 ② 상속인 미경작 시. 피 상속인이 8년 이상 농지 소재지에 거주하며 직접 농사를 지은 농지라면 상속받은 날부터 3년 이내 양도 때 감면

비사업용 토지 추가과세 제도 개선(소득법 제95조 제2항)

현 행	개정안
비사업용 토지 중과제도 • 거주 사업과 직접 관련없는 토지로서 일정 요건을 토지(비사업용 투지)를 양도시 양도소득세 증과 ※ 기본 세율(6 ~ 38%) + 10% – 장기보유특별공제 적용 배제 – 개인 중고시업은 금년말까지 추가과세 유예	장기보유특별공제 적용 추가과세 유예 종료 – 장기특별공제(개인, 10년 이상 최대 30%) 적용 – 과세 유예 종료 (추가과세)

사례 3. 2년 미만 보유 부동산 매각하는 방법

부동산을 구입하고 일정 시간이 지나서 가격이 많이 오른 상태에서 매도할 수 있다면 매도자의 입장에서는 더할 나위 없이 좋을 것이다.

하지만 부득이한 사정으로 부동산 가격은 올랐지만 급히 매도해야 하는 경우도 얼마든지 발생할 수 있다. 중단기적으로 부동산을 매도해야 하는 경우 세금 측면에서 유념해야 할 사항을 알아보도록 하자.

동두천에 사는 화수분 씨는 계속 뛰어오르고 있는 금리 때문에 지난 해 상당한 부채를 조달하여 매입해 둔 부동산을 팔려고 한다.

부동산 가격이 다행히 어느 정도 올라 그래도 이익은 보았지만 워낙 보유기간이 짧아 양도세 부담이 걱정이 된다.

보유기간이 단기일지라도 세율이 다양해져 부동산을 양도하는 경우 보유기간이 2년 이상이냐, 2년 미만이냐에 따라서도 양도소득세 부담액이 크게 달라진다.

왜냐하면 보유기간이 2년 이상이면 양도소득의 크기에 따라 6%에서 35%까지의 세율이 적용되지만, 보유기간이 2년 미만이면 무조건 40%의 세율이 적용되며, 특히 보유기간이 1년 미만이면 50%로 높은 세율이 적용되기 때문이다.

예를 들어 2009년도에 3,000만 원의 양도차익을 남긴 부동산에 대해 양도소득세를 예정신고·납부하기 위해 내야 할 세금을 계산하는 데 있어, 보유기간이 2년 1개월(2년 이상)일 경우, 16%의 세율이 적용되어 288만 원 정도만 내면 되지만, 1년 9개월(2년 미만)일 경우 40%의 세율이 적용되어 990만 원을 내야 하고, 9개월(1년 미만)일 경우 50%의 세율이 적용되어 1,237만 원 정도의 세금을 내야 한다.

부득이 1~2년 이내에 양도해야 하는 경우 어떻게 양도세를 절약하나?

양도 시기는 잔금청산일로 하되 잔금청산일이 불분명하거나 잔금을 청산하기 전에 소유권이전등기를 하는 경우에는 소유권이전등기일을 양도일로 보므로, 잔금청산약정일 기준으로 보유기간이 2년 또는 1년 미만인 경우에는 실제 잔금청산일을 2년 또는 1년이 지난 후로 하고 등기 또한 2년 또는 1년이 지난 후에 이전해 주면 된다.

시사점

갑작스러운 자금 압박으로 부동산 매도시점을 고려할 상황이 아니라면 어찌할 수 없을 것이다. 무엇보다도 빠른 시간 내에 매도하는 것이 상책일 것이기 때문이다.

하지만 약간의 기간을 조절할 여력이 있다면, 부동산을 취득한 후 부득이 1~2년 이내에 양도해야 하는 경우에도 보유기간이 1년 또는 2년이 지나도록 양도시기를 조절하면 세금을 크게 절약할 수 있다.

대토 : 양도세 비과세 요건

농지의 대토로 인하여 발생하는 소득(감면)

① 자경 농민이 경작상의 필요에 의하여 경작하던 농지를 양도하고 그에 상응하는 다른 농지를 취득하는 경우로서 아래의 요건을 모두 갖추는 경우에 한하여 감면한다.

② 요건

1. 3년 거주 경작한 종전의 농지를 양도일로부터 1년 내에 다른 농지를 취득하여 3년 이상 농지 소재지에 거주하면서 경작한 경우 또는 새로운 농지의 취득일부터 1년 내에 종전의 농지를 양도하고 새로이 취득한 농지를 3년 이상 농지 소재지에 거주하면서 경작한 경우.

2. 새로 취득하는 농지의 면적이 양도하는 농지의 면적 1/2 이상이거나 그 가액이 양도하는 농지의 가액의 1/3 이상인 경우.

농지의 교환·분합·대토시 요건 비교

구분	비과세 요건
농지의 교환과 분할	쌍방 토지가액의 차액 ≥ 가액이 큰 편의 1/4
농지의 대토	둘 중 하나에 해당하는 경우 •새로 취득한 농지면적 ≥ 처분한 농지면적의 1/2 •새로 취득한 농지가액 ≥ 농지가액의 1/3

③ 3년 이상 경작 기간의 특례

1. 새로운 농지의 취득 후 3년 이내에 공익사업을 위한 토지 등의 취득 및 보상에 관한 법률에 의한 협의 매수, 수용 및 그 밖의 법률에 의하여 수용되는 경우는 3년 거주 경작한 것으로 본다.

2. 새로운 농지의 취득 후 3년 이내에 농지 소유주가 사망하는 경우로서 상속인이 농지 소재지에 거주하면서 계속 경작한 때에는 피상속인의 경작 기간과 상속인의 경작기간을 통산한다.

④ 농지 대토의 범위

1. 농지법에 의한 위탁경영, 대리경작 또는 임대차하는 농지를 대토하는 경우는 농지의 대토(감면대상)로 보지 않는다.

2. 새로 취득한 토지가 취득시 농지가 아니더라도 종전 농지의 양도일로부터 1년 이내에 농지로 개간이 완료되어 경작할 수 있는 상태가 되는 경우는 농지의 대토로 본다.

비과세 또는 감면이 배제되는 농지 : 농지의 교환 또는 분합 및 대토의 경우 제외되는 농지

① 양도일 현재 특별시, 광역시(광역시에 있는 군은 제외한다) 또는 시지역(도농

복합형태의 시의 읍·면지역 제외) 의한 주거지역, 상업지역 또는 공업지역 안의 농지로서 이들 지역에 편입된 날로부터 3년이 지난 농지. 다만, 보상지연으로 3년이 지난 농지는 제외한다.

② 당해 농지에 대하여 환지처분 이전에 농지 외에 토지로 환지예정지의 지정이 있는 경우로서 그 환지예정지 지정일로부터 3년이 지난 농지.

주말농장과 농어촌주택의 세금 혜택

최근 많은 도시인들이 웰빙(Well-being)이라는 신조어의 등장으로 건전한 여가 충족과 토지보유를 통한 지가상승의 자본이득을 얻기 위해 농지나 농어촌 주택을 구입하는 경우가 늘어나고 있다. 따라서 농지를 구입해서 조성한 주말농장과 농어촌 주택의 세제 혜택에 대해서 살펴보기로 한다.

우리나라의 농지법은 원칙적으로 비농업인의 농지취득을 금하고 있다. 그러나 농지법개정으로 체험영농(농업인이 아닌 개인이 주말 등을 이용하여 취미 또는 여가활동으로 농작물을 경작하거나 다년생식물을 재배하는 것을 말한다.)을 하고자 농지를 소유하는 경우에는 세대별 1,000㎡ 미만의 농지는 농지취득자격증명 없이 취득할 수 있도록 허용하고 있다. 또한 세법에서도 이러한 주말농장을 소유하다가 양도하는 경우에 세금 측면의 혜택을 주고 있다.

농지는 원칙적으로 해당 지역에서 재촌·자경을 하지 않으면 비사업용 토지에 해당되어 농지를 양도할 때, 장기보유특별공제도 배제되고 고율(60%)의 양도세율로 양도세가 과세된다.

하지만 주말농장의 경우 도시에 살면서 자경을 하더라도 비사업용 토지로 보지 않는다. 즉 주말농장의 경우 무조건 재촌·자경한 것으로 보아 양도를 할 때 일반 세율로 양도세가 과세되는 혜택이 주어지는 것이다. 한편 현행 세법에서는 주말농장과 더불어 농어촌주택을 구입하는 경우에도 양도를 할 때 세금 혜택을 주고 있는데, 이를 '농어촌 주택 취득자에 대한 양도소득세 특례'라고 한다.

그 내용은 다음과 같다.

1세대가 1개의 농어촌 주택을 취득하여 3년 이상 보유하고, 당해 농어촌 주택 취득 전에 보유하던 농어촌 이외의 지역에 소재하는 일반주택을 양도하는 경우, 그 일반주택의 1세대 1주택 비과세 판정시 당해 농어촌 주택을 1세대의 소유주택이 아닌 것으로 취급한다. 즉 도시에 소재한 주택 1채와 농어촌 주택을 소유한 경우 도시의 일반주택을 양도하면 양도소득세를 내지 않을 수 있는 것이다.

물론 세법에서는 '농어촌 주택'의 범위에 대해 명시해 놓고 있어 이 범위에 포함된 경우에만 비과세 혜택을 받도록 하고 있다.

이하에서는 농어촌 주택에 해당되는 범위에 대해서 알아보자.

먼저 지역기준을 충족해야 한다. 지역기준이란 취득당시 농어촌주택이 수도권지역·광역시에 소속된 군 지역이 아니어야 하고, 도시지역 및 토지거래허가구역, 투기지역 등이 아닌 지역에 소재하고 있어야 한다.

또한 일반주택이 소재한 읍·면지역(또는 연접 읍·면지역)이 아닌 곳에 농어촌주택을 취득해야 한다.

그리고 규모기준과 가액기준도 충족을 해야 한다. 대지면적은 660㎡(200평) 이내여야 하고, 주택면적은 단독주택의 경우 150㎡(45평), 공동주택의 경우 전용면적이 116㎡(35평) 이내여야 한다.

또한 주택 및 부수 토지의 취득 당시 기준시가가 2억 원 이하이어야 하며, 마지막으로 농어촌 주택을 취득한 후 취득일로부터 3년 이상 보유하여야 한다.

다만, 농어촌 주택 3년 보유 요건을 충족하기 전에 타 지역의 일반주택을 양도해도 과세 특례는 일단 적용된다.

하지만 일반주택 과세 특례를 적용받은 후에 농어촌주택을 3년 보유하지 않게 된 경우에는 일반주택에 대한 양도세가 추징된다.

한편 2009년부터 새롭게 도입된 고향 주택은 위의 농어촌 주택과 과세 특례 요건에 차이가 있으므로 유의하여야 한다.

고향 주택은 2009.1.1부터 2011.12.31. 기간 중에 취득한 고향에 소재한 주택으로 비수도권 소재 시 지역에 소재(투기지역 및 관광단지가 아닐 것)한 대지 660㎡, 건물 150㎡(공동주택의 경우 116㎡) 이내로서 취득당시 기준시가가 2억 원 이하인 주택을 말한다.

이러한 요건들을 충족하는 농어촌 주택을 취득하게 되면 전원생활의 즐거움뿐만 아니라 세금 절약도 할 수 있는 것이다.

사례 4. 세금철퇴 맞은 '가짜' 영농자녀

현행 세법에는 농업에 종사하던 부모님으로부터 농지 등을 증여(상속)받아 계속해서 농업에 종사하는 자녀들(영농자녀)에 대해 농지에 대한 증여세를 면제해 주고 있다.

이처럼 영농자녀들에게 세금 혜택을 주는 것은 이농현상에 따른 농촌 붕괴를 막기 위한 차원에서 도입된 조세제도다. 다만 영농자녀의 증여세 혜택을 받기 위해서는 일정한 요건을 채워야 한다. 무턱대고 다 혜택을 주지는 않는다는 것이다.

예를 들어 농지가 소재한 시·군·구 또는 연접 시·군·구에 살면서 농지 증여일부터 소급해 2년 이상 계속해 직접 농사를 짓고 있어야 영농자녀로 인정을 받을 수가 있다. 만약 이 같은 요건 중 한 가지만 채우지 못해도 혜택은 없다.

실제로 가업을 이어받은 '진짜' 영농자녀들이라면 그다지 어렵지 않은 요건이라고 볼 수 있다. 그러나 단순히 증여세 회피를 목적으로 한 '가짜' 영농자녀들이라면 이야기는 완전히 달라진다.

자신을 '영농자녀'라고 주장한 사람이 있었다. 그런데 문제는 과세 관청이 이 사람을 영농자녀로 인정하지 않았다는 것이다.

자신에게 부과된 2,000만 원에 달하는 세금을 회피하기 위해 그는 자신이 영농자녀라는 신분을 끝까지 밀어붙여야 했다. 그러나 결국 그가 세금을 회피하기 위한 '가짜' 영농자녀였다는 사실이 드러났다.

"저는 영농자녀입니다!"

A 씨는 아버지로부터 경기도 김포시 소재 농지 4981㎡를 증여받았다. 그리고 3개월 뒤 증여세를 신고하면서 현행 세법상 영농자녀에 대한 증여세 면제혜택 적용대상이라고 주장하며 증여세 감면을 신청했다.

증여를 받을 당시 영농자녀에 대한 증여세 면제를 규정한 세법 조항은 1999년 1월 1일 현재 면제요건을 모두 갖춘 농지를 2006년 12월 31일까지 증여한 경우 증여세를 면제하도록 하고 있었다.

다시 말해 A 씨가 증여세 감면을 받기 위해서는 1999년 1월 1일을 기준으로 소급해 2년 이상 직접 영농에 종사한 사실이 확인되어야만 세금을 면제받을 수 있었던 것이다.

그러나 A 씨는 1997년 농지 소재지인 김포에 살고는 있었지만 서울 여의도에 위치한 IT 업체의 사원으로 일하며 수 천 만 원의 급여를 받아왔고, 사실상 농사를 지었다고 보기가 어려웠던 셈이다.

과세 관청도 "A 씨가 1997년 1월 1일 이후 영농에 종사한 사실 여부가 불분명하다."며 A 씨의 감면 신청을 부인하고 2,000만 원에 달하는 세금을 과세했다.

A 씨는 국세청에 심사청구를 제기하며 "여의도에 위치한 회사에 근무한 것은 사실이지만 이는 영농만으로는 생계 유지가 힘들어 근무시간 이외의 여유시간을 최대한 활용할 수 이는 3교대 및 재택근무가 가능한 회사에 취직, 직접 경작을 할 수 있었다."고 주장했다.

A 씨는 자경확인서, 농지원부, 농약구입내역서, 직불금지급대상자등록증 등 증빙자료까지 무더기로 국세청에 제출하며 억울함을 호소했다.

"당신은 영농자녀가 아닙니다."

국세청 조사결과 A 씨는 1994년 결혼한 이후 배우자와 자녀들이 서울시 서초구와 여의도에 소재한 아파트에 거주하다가 1997년 9월 김포로 이사한 것으로 확인이 됐다.

1996년 1월부터 2005년 6월까지 IT 업체에 근무했고 총 2억 4000만 원가량의 근로소득을 벌어들인 사실도 확인이 됐다. 다만 A 씨의 주장대로 회사에서 3교대 근무를 했는지, 재택근무를 했는지 여부는 확인이 되지 않았다.

이를 토대로 국세청은 A 씨에게 증여세 감면 혜택을 주기가 어렵다는 결정을 내렸다.

국세청은 1998년 조세특례제한법 개정으로 인해 영농자녀의 경우 1999년 1월 1일 현재 세법상 면제 요건을 모두 충족한 경우에 한해 증여세를 면제하도록 규정했다며, 따라서 A 씨가 증여세 면제를 받으려면 1999년 1월 1일 현재 법이 정한 요건을 채우고 있어야 했다고 설명했다.

국세청은 "그러나 A 씨는 1997년 9월까지 농지 소재지인 김포가 아닌 여의도 등에 거주했고 이 기간 중 회사에 다니며 근로소득까지 얻고 있었다."며 "따라서 세법에 따라 1999년 1월 1일 기준 소급 2년 이상 농지 소재지에 살면서 영농에 직접 종사해야 한다는 감면 요건을 채우지 못한 것으로 봐야 한다."고 강조했다.

국세청은 이어 "A 씨가 자경을 주장하며 농지원부, 직불금지급대상자등록증 등 증빙을 제출했지만 거주지와 회사 근무 사실 등과 종합해 볼 때 이는 경작에 일부에 관여한 것으로 볼 여지가 있다."고 덧붙였다.

PART

4

투자의 복기와
성공 포인트 분석

농지의 구입, 관리, 처분 전략

구입(농지취득) 방법

유·무상 여부
① 유상 : 매매, 경공매
② 무상 : 증여, 상속

구입 주체별
개인, 농업법인, 기타

증명·허가 여부
① 농지취득자격증명(농지법 제8조)
- 거주 제한 없음.
- 경영능력만 판단.
- 일부 취득자격 제한 있음.

② 토지거래허가(국토의 계획 및 이용에 관한 법)
- 농지 소재지에 전 가족이 1년 이상 거주.
- 농업인인 경우 연접 시군구 20㎞ 이내 거주자.
③ 상속

- 증명, 허가 필요 없음.
- 자격 제한 없음.

보유관리(농지관리)

농업법인을 통한 투자

① 농업법인 유형
- 영농조합법인 : 농업인 5인 이상, 준조합원 출자금으로 투자 가능.
- 농업회사법인 : 농업인 75% 이상, 출자금으로 투자 가능. (한계 있음)

② 도시인도 투자 가능
- 부재지주에 상관없음.
- 재촌자경요건 상관없음.

③ 세제혜택
- 구입 보유세가 부담되지 않음.
- 양도세가 중과되지 않음. (법인세 25% + 10%)

개인 재촌요건 충족

① 주민등록 이전
② 실제 거주사실 입증
- 거주사실 인지.
- 이장, 영농회장 등 마을 주민 접촉, 전화 가설 - 외지인 경우 연립 등을 구입하고 냉장고등 가동.
- 입증자료 : 통장거래, 카드사용거래내역이나 현금영수증 확보. (전화, 전

기, 가스, 주유, 식사대, 생필품구입)

개인 자경 요건 충족

① 직접 자경

② 실제 경작사실 및 입증 자료 : 논농업직불제 신청, 자재구입영수증, 판매영수증, 음식배달, 농기계임차 확인이나 비용 입금

농지원부 신청 유지

① 신청 원칙 : 주소지 시·구·읍·면·동사무소 / 농지 소재지 시·구·읍·면·동에서 자경증명을 발급받아 신청

② 유지관리 변동사항 등 있을시 말소되지 않도록 함.

지역조합원

① 조합원 가입 : 주소지 지역조합원 또는 농지 소재지 지역 조합원 가입

② 조합원 혜택 : 출자금 배당, 사업준비금 적립, 영농자재 지원, 대출금리 할인

토지개발등

① 물리적 리모델링 : 형질변경, 도로개설, 성토·절토 등

② 법률적 리모델링 : 토지의 분할 합병, 용도변경, 지목변경, 개발행위 허가

③ 토지신분 상승 : 용도지역 변경

④ 리모델링, 개발시 비용

• 허가비용 등 제반 비용

• 농지보전부담금 : 공시지가의 30% (상한선 ㎡당 50,000원)

• 개발부담금 : 개발이익의 25%

- 기반시설부담금 : 연면적 200㎡ 이상의 건물 신·증축시 지정 금액
- 취득세 : 변동되는 공시지가의 2%
- 면허세, 지역개발공채, 원상회복 이행보증금 등
- 기타 잡비(마을이나 이웃 섭외 무마비 등과 관정, 전기, 전화 등 시설비)

처분(매도시 갖춰야 할 사항)

재촌자경 후 매도

① 재촌요건을 충족하라.

- 주민등록전입
- 실거주자로서 농지 소재지에 거주하거나 농지 소재지와 연접한 시·군·구에 거주하는 자나 20㎞ 이내 거주하는 자.

② 자경요건을 충족하라.

- 직접 농사를 지을 것.
- 종묘, 자재 구입이나 생산물 판매 영수증 등을 챙길 것.

③ 기한을 충족할 것.

- 8년 이상 재촌자경 후 매도
- 3년 이상 재촌자경 후 대토하면서 매도
- 2년 이상 의무사용기한 경과 후 매도(허가지역인 경우)

대토하고자 매도

① 대토 대상

- 3년 이상 재촌자경한 자가 필요에 의하여 양도일부터 1년 이내에 다른 농지를 구입하여 3년 이상 경작을 하여야 함.
- 수용으로 인한 대토(2년 이내 구입하면 됨)

대토 요건

- 종전 토지 및 새로 취득하는 토지가 농지일 것.
- 종전의 농지 소재지에서 3년 이상 거주하면서 경작 했을 것.
- 종전 농지를 양도한 날로부터 1년 이내에 새로운 농지를 취득 할 것.
  - 수용으로 인한 경우에는 2년 이내에 새로운 농지를 취득할 것.
- 새로운 농지면적이 양도하는 농지면적의 1/2 이상이거나 새로운 농지 가액이 양도하는 농지 가액의 1/3이상 일 것.

의무기한

- 대토한 농지는 재촌자경 하면서 3년 이상 보유 할 것.

수용으로 보상 등

- 가급적 협의 매수에 응하라. : 부지 내 대토부지, 양도세 등 혜택
- 재촌자경요건을 충족하라 : 지정고시일 1년 이전부터 재촌자경한 자
- 취득세 양도세 감면 혜택

증여, 상속 등 무상 이전

①보유자산이 10억 원이 넘는 경우, 사전 증여
② 상속도 처분의 일종으로 고려(부재지주 농지 등)

경매, 공매 등 강제처분

근저당 등 제한 물건, 과다 물건 처분 활용

기타

공시지가가 높은 토지를 양도세로 물납.

농지 관련 세금

구입시 세금

① 세금 종류 및 세율

- 취득세 (농어촌특별세) 2% (0.2%)

- 등록세 (지방교육세) 1% (0.2%)

- 주택채권 가액에 의함

② 감면 내용

- 2년 이상 농업인 취득시 취득세, 등록세 50% 감면, 채권 100% 감면.

- 2년 미만 농업인 취득시 채권 100% 감면 *수용농지 대토시 취득세, 등록세, 채권 100% 감면.

보유시 세금

① 세금 종류 및 세율

- 재산세 : 시가표준액의 0.07%(지방교육세 20%)

- 종합부동산세 대상 아님.

② 자경농지인 경우 분리과세 대상.

처분시 세금

① 세금 종류 및 세율

- 양도세 : 재촌자경 6~35%, 부재지주 60%, 단기매도(50~40%), 미등기(80%)

- 주민세 : 양도세의 10%

② 감면 내용

- 8년 이상 재촌자경 2억 원 감면. (5년 합산 3억 원)

- 3년 이상 재촌자경 경작농지 대토시 1억 원 감면. (5년 합산)

  - 근로소득자, 사업자 등은 재촌자경에 특별히 신경을 써야 함.

③ 재촌자경 요건을 충족하지 못하더라도 중과세에서 제외되는 농지

• 2003년 1월 1일 이후 취득한 주말·체험영농 소유 농지.

• 상속농지(상속일로부터 5년 내 양도시)

• 이농 농지 (이농일로부터 5년 내 양도시)

• 종중 소유 농지 (2005.12.31이전 취득 분에 한함)

• 농지전용허가를 받은 농지로서 농지전용 목적으로 사용하는 경우.

• 5년 이상 계속 재촌자경한 농지를 소유주가 질병, 고령, 징집, 취학, 선거 등에 의한 공직취임 등으로 재촌자경할 수 없어 임대 또는 사용대차 하는 경우.

• 2006년 12월 31현재 20년 이상 소유한 농지, 단 2009년 12월 31까지 양도시 중과세 제외.

• 농지은행을 통하여 8년 이상 임대하는 경우는 제외. (2008.3.22개정)

토지수용시 세금 및 감면

① 세금 종류 및 세율

• 취득세, 등록세 : 비과세 (대토하는 농지 등)

• 양도세 : 재촌자경 6~35%, 부재지주 60%, 단기매도, 미등기. 5년 이상 소유토지는 일반 세율 적용.

② 감면 내용

• 취득세, 등록세.

• 재촌자경한 자가 보상금을 받은 날로부터 1년 이내에 수용 부동산 등이 소재하는 시·도 및 연접한 시·군·구이거나 투기지역을 제외한 연접 시도에서 취득하는 농지.

• 총 보상금의 100분의 50 미만의 가액으로 취득하는 주택 포함.

• 양도세

부동산(농지)투자 전략

① 투자시 고려하여야 할 사항

• 투자대상지역 선정

• 대상면적 규모 결정 : 1,650㎡ ↑↓

• 이용 목적 : 실수요, 투자수요

• 개발 여부 : 사업용, 주거용

• 용도지역·지구 등 검토

• 자금의 규모 및 성격

  - 주말농장, 전원생활, 분묘 등 확실한 실수요자 층 땅이 좋다.

  - 원칙을 가져라. 예외를 보라. 예외의 예외를 보라. 원칙을 보라

  - 개발을 위한 투자냐, 자산관리 투자냐를 정하라.

  - 단기보유냐, 장기보유냐?

  - 땅을 살 때는 모든 것이 파악 가능한 겨울에 팔 때는 봄 5~6월에 풀
    이 파릇파릇 나고 꽃피고 잡초 많지 않을 때.

  - 나대지는 주차장이나 야적장 등 사업용으로 전환하라. (지가의 3% 이
    상 수입이 입증되어야 함.)

② 국토종합개발계획, 도시기본계획 예측 투자

• 국토종합개발계획에서 도로, 항만, 권역별 계획 등 장기투자처를 살펴라.

• 도시기본계획에서 토지이용계획, 인구배분계획, 철도·도로 등 기반시
  설, 학교, 주택보급률 등 도시성장과 개발, 보전 계획을 파악 투자하라.

  - 인구증가율이 높은 도시주변에 공적개발, 사적개발 예정지 투자. (시
    가화예정용지, 도로. 철도 계획노선 주변 등.)

  - 도시나 산업의 빨대(끌림 현상) 효과를 주의하라.

③ 용도지역, 지구별 투자

• 용도지역별, 지구별 투자전략을 짜라.

• 주거지역 : 상업지역과 주거지역의 도로가 보행자도로 정도로 협소한 곳으로 연결성이 있는 곳. (중앙선 있는 곳은 ×)

• 상업지역 : 무늬만 상업지역인(유통상업지역, 정비법·도정법 제한지역) 근린 상업지역은 배후 주거 수준과 규모 분석이 중요. (대형 ×, 규모 적어도 ×, 고연령층 거주 ×)

• 공업지역

　- 전용, 일반 공업지역의 재생사업 대상지 투자 유망.

　- 준공업지역에서 숙박시설 투자 유망. (건축가능, 제약요소 적고, 땅값 저렴, 경기변동 적다.)

　- 준공업지역 단독주택, 창고를 공략하라.

• 녹지지역

　- 자연녹지지역 일단지가 1만 평방미터 이상은 되어야 한다.

　- 산이나 물이 가깝고 경사도가 있으면 안 된다.

　- 생산녹지지역은 주 상공이나 자연녹지 인근은 좋다.

　- 생산녹지지역 중 일부가 개발된 곳은 추가개발이 어렵다.

　- 보존녹지지역은 투자가치 없다.

　- 시가화예정용지의 녹지지역이라면 투자가치가 매우 높다.

• 관리지역

　- 계획관리지역 중 규모가 있고 도시 접근성이 좋은 곳으로 30만 ㎡ 이상인 곳은 좋다.

　- 초등학교 500~1000m 이내 관리지역은 투자가치 높음. (초등학교 주변은 개발계획면적 20만㎡ 이상이면 됨)

　- 계획관리지역이라도 도시 접근성 적은 곳은 안 된다.

　- 생산관리지역 중 계획관리지역이나 도시지역에 접한 규모가 적은 경

우는 묻어가는 투자로서 가치가 있다.
- 생산관리지역에서 투자하려면 그 면적이 넓은 곳보다는 면적이 적거나 개발이 주변에 이루어진 곳이라면 좋다.
- 보존관리지역이라면 투자하지 말라.

④ 허가지역 투자
• 경·공매를 통하여 취득한다.
• 농업인으로 만들어서 허가지역 내 농지를 취득한다. (구입가능지역에 농지를 구입하여 농업인 만들어서 허가지역 투자)
- 규제가 심한 곳은 그만큼 개발이나 상승 가능성이 크다.

⑤ 대체 토지 투자
• 3년 이상 재촌자경 후 대토 취득
• 반복 투자
- 농지가 1필지 이상이고 양도세가 1억 원 이상이라면 8년 자경시 또는 3년 이상 재촌자경을 한 후 대토하면서 5년 간 3억 원까지 양도세 감면 제도를 적극 활용하는 투자해야 함.
• 수용된 토지의 대체 취득
- 수용지역에서 80㎞ 이내 지역 보상시 오를 것 예측.
- 대토 시장은 강력한 수요 시장 형성 예측.
- 대토 시장 형성 후, 3년 경과 후 매물, 즉 공급 시장 예측.

⑥ 농업법인을 통한 투자
• 향후 도시민이 투자로 적격
• 도시민도 투자 가능 : 출자를 통하여
• 재촌자경 여부와 상관없음.

- 양도차익에 대한 세금은 법인세 + 10%로 일반 세율이나 같다.
  - 법인 투자 완화할 것으로 기대되며 도시민의 투자처로 전망 있음.
  - 농업법인을 통한 대기업 투자가 진행될 것.

⑦ 개발지역 또는 개발 인근지역 투자
- 개발시 대토 보상 기대 (대지 330㎡, 상가용지 1,000㎡)
- 개발시 수용가 현실화 기대 (10만㎡ 이상 개발 보상협의회 의무화)
- 보상금 수령 후 대토 등 활용 투자
- 개발지 인근 투자 : 대토 수요로 지가 급등 예상. 공장 등 이전 수요 급증 예상
- 정부정책이나 지자체개발계획에서 개발지역, 개발 인근지, 인구 증가, 행정구역과 브랜드, 접근성, 진입도로, 세월 기한, 규제해제 등을 보고 판단하고 투자하라.
- 개인의 개발이나 리모델링으로는 개간, 간척, 도로점용, 하천점용, 토지분할·합병, 지목변경, 용도변경, 농지전용, 산지전용 등으로 가치 상승

⑧ 용도변경 등 사개발 투자
- 허가기준 등 조건
  - 허가기준에 맞아야 한다.
  - 도시관리계획에 맞아야 한다.
  - 도시계획사업에 지장이 없어야 한다.
  - 기반시설의 설치나 용지 확보가 적합하여야 한다.
  - 규모 조건이 맞아야 한다. (음식점. 모텔 400㎡,기타 800㎡) (보전녹지 5천, 주거. 상업. 자연. 생산녹지 1만, 공업. 농림. 관리 3만)
- 1필지보다는 일단의 토지가 좋다.

- 개발지와 도로
  - 개발행위는 도로 점용허가가 좌우한다.
  - 각지나 가속도로, 가감속도로, 진입도로 등에 제한이 있다.
  - 교차로에서는 변속차로 등의 설치 제한거리와 테이퍼 구간을 감안하라. (50-50, 60-70, 70-90, 80-120, 테이퍼 15)
  - 부가차로는 500m 이하이고 노폭은 3m 이상 확보해야 한다.
  - 터널, 교량 500m 이내에는 도로점용 불가.
  - 커브길, 오르막, 내리막길에서는 점용허가가 잘 안 나지 않는다.
- 도로를 내는 법
- 매입, 토지사용승낙서(도로고시), 주위통행권(민법-소송), 지역권, 구거 등 점용허가
  - 사도법에 의거 사용료 징수나 통행을 제한할 수도 있다.
  - 소방법에 의한 소방도로 확보로 소방서에 신고로 통행제한 막을 수도 있다.

⑨ 기타 투자시 유의 사항
- 공무원에게 문의할 경우는 해당 조항을 정확히 물어라. (허가가능 여부만 물어서는 안 됨)
- 성토와 절토를 잘 활용해서 가치를 높여라.
- 5년이 지난 축사는 창고로 용도를 변경하라.
- 목장용지는 25년이 지나야 용도변경이 가능하다.
- 연접지역 완화 지역에 대한 투자.
- 연접지 개발제한 투자 전략 : 연접지 개발제한에 걸렸으나 도로 확장 (20m 이상) 등으로 연접지 제한에서 빠지는 곳에 투자.
  - 장기투자자는 연접지 제한지역 중 개발 가능한 토지 투자.

농지 투자성 분석 프로그램

농지투자성 분석 프로그램

1. 부동산개요

부동산 소재지 및 지번	기타지역 ▼	홍천군 서면 모곡리 외 5필지

면적	1,539.0 평	5,087.6 m²	법정지목	전 ▼	현황지목	전 ▼
	분할된 1개 필지 면적		300 평	분할시 필지수		5개 필지
농지구분	보호농지 ▼	산지구분	해당없음 ▼	방향	평지/무관/남서 ▼

2. 토지이용계획

지역	관리지역세분전 ▼	지구1	해당없음 ▼	구역	해당없음 ▼
수도권역	해당없음 ▼	지구2	해당없음 ▼	기타	해당없음 ▼
		토지거래	해당없음 ▼	도로관계 폭 20 m	길이 5 m

3. 지가수준 평가(주변 3Km이내)

매입가격(평)	₩ 150,000	공시지가(/m²)	₩ 3,900	금융대출		이자율	%
주변시세1(평)	₩ 150,000	공시지가(/m²)	₩ 3,000	주변시세2(평) ₩ -	공시지가(/m²)	₩ -	
주변시세3(평)	₩ -	공시지가(/m²)	₩ -	주변시세4(평) ₩ -	공시지가(/m²)	₩ -	
평가치	시세1 1513%	시세2 0%	시세3 0%	시세4 0%	비교결과	80%수준 ▼	

4. 건축계획

건축물종류	기타시설 ▼	건축구조	기타 ▼	평단가산정	자동산정 ▼

5. 투자성 분석

투자자본성격	3년이상 여유자금 ▼	시행성향	토목공사 용이/4필지이상 분할가능 ▼
대도시 접근성	경계 40Km이내/50분이내 ▼	주변환경	2년내 발전가능성 농후 ▼

투자장단점	1	
	2	
	3	

전문가 진단	○ -15 ○ -10 ○ -5 ○ 0 ○ 5 ◉ 10 ○ 15
의견	

대도시 접근성	경계 60Km초과/1시간이상 거리 ← → 경계 40Km이내/30분이내 거리										32
	○ 4	○ 8	○ 12	○ 16	○ 20	○ 24	○ 28	◉ 32	○ 36	○ 40	
	★ 대도시 경계로부터 이격거리 분석-출퇴근 용이성 분석										
도로분석	3미터이하 도로 ← → 2차선이상 도로										21
	○ 3	○ 6	○ 9	○ 12	○ 15	○ 18	◉ 21	○ 24	○ 27	○ 30	
	★ 주택부지를 제외한 토지는 접근도로가 넓을수록 절대적 유리										
용도지역	자연환경보전지역/공익보전산지/보전녹지/진흥농지 ← 농림지역 → 생산/자연녹지/관리지역										18
	○ 2	○ 4	○ 6	○ 8	○ 10	○ 12	○ 14	○ 16	◉ 18	○ 20	
	★ 용도지역에 따른 농지 활용도 및 전용규제 분석 항목(위 항목이외 기본점수)										
시행성	토목공사곤란 ← → 토목공사 용이/10필지이상 분할 가능										8
	○ 1	○ 2	○ 3	○ 4	○ 5	○ 6	○ 7	◉ 8	○ 9	○ 10	
	★ 토목공사가 용이할수록 투자성과 환금성이 높다.(단,분할필요없는 주택부지는 기본점수)										
주변시세대비 지가수준	주변시세 150%이상 ← → 주변시세 60%이하										28
	○ 4	○ 8	○ 12	○ 16	○ 20	○ 24	◉ 28	○ 32	○ 36	○ 40	
	★ 주변시세 분석을 통한 적정 가격비율 파악										
자본적합성	부채 ← → 3년이상 여유자금										10
	○ 1	○ 2	○ 3	○ 4	○ 5	○ 6	○ 7	○ 8	○ 9	◉ 10	
	★ 토지투자는 여유자금으로 최소1년이상 투자를 원칙으로 해야 투자성이 높다.										
경사면방향	북사면 ← → 남사면										16
	○ 2	○ 4	○ 6	○ 8	○ 10	○ 12	○ 14	◉ 16	○ 18	○ 20	
	★ 상업지, 공업지를 제외한 토지는 방향이 중요한 포인트(단,상업지등은 기본점수부여)										
주변환경	토목공사 어려움 ← → 1년이내 발전가능성 농후										24
	○ 3	○ 6	○ 9	○ 12	○ 15	○ 18	○ 21	◉ 24	○ 27	○ 30	
	★ 주변환경이 토지투자에 미치는 영향 분석 (주변환경 무관하면 기본점수)										
전문가 평정	투자성 나쁨 ← 보통 → 투자성 양호										10
		○ -15	○ -10	○ -5	○ 0	○ 5	◉ 10	○ 15			
종합평점	투자부적합				투자적합			투자최적			83.5
	○ 10	○ 20	○ 30	○ 40	○ 50	○ 60	○ 70	◉ 80	○ 90	○ 100	
	★ 50점 이하는 절대적 투자 부적합 상태										

돈 되는 농지 색출법

농지투자는 입지선정만 성공하면 수익성(시세차익)이 높은데 비하여 환금성이 낮다. 따라서 아무 농지나 투자해서는 안 된다. 농지투자는 아래와 같이 환금성을 고려한 선별적 투자를 하여야 한다.

1. 대도시에서 40km 이내의 농지를 구입.

환경가치에 대한 의식 확대와 주5일 근무 정착, 국민소득의 상승 등으로 전원주택 수요가 지속적 증가 추세에 있다. 수도권과 지방대도시 주변지역 관리지역 농지는 미래 전원주거지역으로서 수요 기반이 탄탄하다. 미래수요가 많을수록 환금성도 높고 시세차익도 많다.

2. 소액으로 분산투자 해야 한다.

농지투자는 월세 수익이 발생하지 않고 시세차익밖에 기대하기 어려우므로 1억 원 미만의 분산투자와 여유자금을 투자하는 것이 바람직하다.

3, 중장기적 투자를 해야 한다.

농지의 가격은 단기간에 급등하지 않고 정책과 주변 여건에 따라 서서히 움직이게 될 것이다. 농지투자는 단기투자보다는 느긋하게 중장기적 투자를 해야 한다.

4, 분할이 가능한 토지를 선택해야 한다.

비도시지역 토지는 매매금액이 2~3억 원을 초과하면 거래가 잘 안 되는 편이다. 지가가 상승할 경우 2필지 이상으로 분할이 용이해야 환금성이 높아진다.

5. 도로 접근성을 고려해야 한다.

차량접근이 가능한 4m 이상의 도로에 접해야 한다. 맹지는 도로확보 방안을 우선적으로 확보한 후에 투자해야 한다.

6. 이행이 예측되는 토지를 탐색한다.

진흥농지는 농가주택 농림수산업 창고 축사 외에는 건축행위가 제한되므로 지가가 낮게 형성되어 있다. 그러나 진흥농지가 폐지되고 보로농지나 일반농지로 전환되면 가격이 2~3배로 상승할 수 있다.

군청에서 농사를 짓지 말라고 2002년 전부터 권장하는 토지는 진흥농지가 폐지될 가능성 있다. 마을 주변의 자투지 농지나 산과 산 사이에 위치해 있어서 항공방제나 기계화 영농 또는 대규모 경작이 불가능한 농지는 진흥농지에서 해제될 가능성이 있다. 양평군의 경우 2002년부터 매년 5만 평 정도를 진흥농지에서 해제하고 있다.

농지의 투자 전략 분석

농지투자의 핵심 포인트

투자 목적이 분명하여야 한다

농지는 이용이나 취득에 제한이 있어 다른 사람의 조언만 믿고 투자를 할 경우 상당한 손실이 발생되거나 농지를 취득하지 못하는 문제점이 발생되는 경우가 있기 때문에 상당한 주의가 요구된다.

하지만, 상대적으로 저렴한 가격에 취득하여 전용 등의 리모델링을 통한다면 다른 어떤 투자상품보다 높은 투자수익을 기대할 수 있는 매력이 있기에 농지 투자는 블루오션이라 할 수 있다.

따라서 농지를 투자할 때에는 농지취득에 문제가 없는지 여부와 투자목적대로 활용할 수 있는지 여부를 확인하는 것이 중요하다. 이를 위해서는 가장 먼저 농지의 활용 방법 등 투자목적을 염두에 두고, 농지에 대한 토지이용계획확인서를 사전에 발급 받아 해당 지자체나 실전경험이 많은 부동산 전문가들의 조언을 듣는 것이 필요하다.

도시와 가까운 자연녹지 및 계획관리지역의 농지를 눈여겨 보라

지목은 '현재'의 이용 상황이고, 용도지역은 '미래'의 활용 가치가 담겨 있기 때문에 투자가치를 논할 때는 용도지역이 중요한 기준이 된다. 따라서 농지투자에서는 주변 환경이 쾌적하고 기반시설이 갖추어진 자연녹지지역과 생산녹지지역 그리고 계획관리지역, 생산관리지역이 무난하다.

자연녹지지역의 농지는 도시지역과 가까워 기반시설이 양호하고 접근성이 좋아 중·단기 투자로 적합하다 할 수 있다. 농업진흥지역 안에 포함되지 않은 생산녹지지역 역시 도시개발축을 고려한다면 양호한 투자처라 할 수 있다. 먹거리와 관련된 농지는 보존하는 것이 원칙이나, 상대적으로 보존 가치가 떨어진 농업진흥지역 밖의 농지 가운데 계획관리지역 및 생산관리지역의 농지는 비도시지역 중에서 언제든지 도시용지로 편입될 수 있기 때문에 미래가치가 풍부한 토지라 할 수 있다. 개발수요가 많은 지방에서는 눈여겨보아야 하는 용도지역이라 할 수 있다.

관리지역 중에서는 계획관리지역이 형질변경이나 전원주택 개발 등 목적하는 바를 이루는 데 가장 적당하다. 그러나 대도시 주변지역의 관리지역은 농지에 대한 매수 가격이 매우 높으므로 소규모 자금으로 투자하는 경우에는 한계가 따른다. 따라서 소규모 자금으로 투자를 하고자 하는 경우에는 수도권을 기준으로 고속도로로 통행하는 경우에 한 시간 내의 거리에 위치하고 있는 IC 주변 지역의 관리지역에 투자하는 것이 바람직하다. 이런 지역들이 단기간 가격 상승이 많이 되기 때문이다

도로를 개설할 수 있는지 확인하여야 한다

개발호재가 풍부하고, 접근성이 좋은 위치에 있다고 하여도 지적법상의

도로가 없다면 무용지물이라 할 수 있다. 하지만, 더 중요한 것은 도로를 낼 수 있는 지 여부를 확인하는 것이다. 개발의 필수요건은 4m 이상에 해당하는 도로가 있어야 하고, 현황도로에서도 건축행위를 할 수 있기 때문에 건축행위 가능 여부는 지자체등 전문가의 상담을 통하여 확인하여야 한다.

토지분할이 가능하고, 환금성을 고려하여야 한다

현행법상 비도시지역은 개발행위허가를 받아야 분할이 가능하다. 비도시지역의 땅은 도시지역의 땅보다 넓은 면적으로 이루어져 있기 때문에 환금성이 좋은 200~500평 정도로 분할하는 것이 좋다. 면적의 환금성도 중요하지만 금액의 환금성 역시 중요하다. 즉 5억 원의 토지에 한 필지를 매수하는 것보다 1~2억 원의 토지에 투자하여 2~3배의 수익률 달성시 매도하는 전략을 구사하여야 하는 것이다. 물론, 5억 원의 토지를 매수하여 분할 등의 기법을 통하여 환금성을 높이는 성공투자자들도 많다. 묻지마투자는 과거의 유산임을 잊지 말아야 할 것이다.

주거문화의 새로운 트렌드를 이해하라

도시화 용지의 부족으로 주거형태가 대부분 아파트 위주로 주거 공간을 형성하였으나, 베이비붐 세대의 본격적인 은퇴가 이루어지는 앞으로의 세대는 세컨드 하우스 개념으로 주거문화가 고급 단독주택형으로 바뀌게 될 것이다. 따라서 고급 단독주택 용지로 바꿀 수 있는 농지에 선점하는 투자를 고려할 만하다.

농지의 이점은 저렴함과 여러 용도로 활용할 수 있다는 데 있다

계획관리지역에 있는 농지에는 주택, 근린생활시설, 공장, 창고, 모텔, 일반음식점 등을 지을 수 있다.

도시지역의 자연녹지에서도 가능하나 땅값이 비싼 편이다. 따라서 근린생활시설과 같은 건물을 지어 사업을 하거나 임대수익을 올리려면 계획관리지역의 농지를 사는 것이 바람직하다고 할 수 있다.

토지 이용도를 제고하겠다는 정부의 의지와 농지 완화의 시대적 흐름에 따라 도시 근교의 농업진흥지역 안에 있는 농지는 도시화가 될 가능성이 크다.

도시화가 진행되면 농업진흥지역에서 제외될 가능성도 높고 수용되는 경우에도 높은 보상가를 기대할 수 있기 때문에 개발행위에 제한이 있어도 도시지역과 가까운 농지 역시 투자할 만하다.

농지의 가치는 미시적으로는 농업진흥지역 여부, 현황상 경지정리 여부, 진입도로 개설 여부 등 개발행위허가, 시설별 전용면적기준과 농지전용허가기준에 따라 가치가 달라진다는 점을, 거시적으로는 인구유입, 개발호재 등에 따라 달라진다는 점을 다시 한 번 기억할 필요가 있다. 묻지마투자가 아닌 과학적인 접근이 필요한 땅 테크, 선택이 아닌 필수다.

가능한 농업진흥구역을 피하라

농업진흥구역인 경우에 농지는 농업 목적 이외에 다른 목적으로 사용하는 경우에는 많은 제약이 따른다. 이러한 구역은 개발이나 형질변경 등이 쉽지 아니하다. 따라서 매매를 해 단기간 시세차익을 남긴다는 것은 불가능하다. 이러한 지역에 투자하는 경우에는 매매보다는 경매를 통해 싸게 구입하되 장기적 투자를 고려해야 한다. 가능하면 대규모 신도시 주변 지역이나 또는 대규모 택지개발 주변지역을 선택 투자한 후 수용되는 토지에서 보상받은 사람들이 보상금으로 주변지역을 매수하고자 시기에 맞춰 매도하는 방법을 찾아보는 것이 바람직할 것이다.

한계농지를 택하라

한계농지란 농사짓기에 적절하지 않은 농지를 의미한다. 예를 들어 경사가 심한 전답이나 여러 가지 사정으로 농업을 경영하기에는 적합하지 않은 척박한 농지 등을 말한다. 이러한 농지는 농사짓기에 적합하지 않으므로 형질변경이 용이하며 개발도 자유롭다.

농사를 짓고 있는 농민에게는 좋은 땅은 아니나 투자자 입장에서는 가장 바람직한 투자대상이 될수도 있다. 이러한 농지는 비교적 그 매매가격이 저렴하므로 적은 금액으로 투자하기에 용이하다.

전망이 좋은 지역을 택하라

경제적 소득이 높아지면서 더 많은 수입을 얻고자 하기보다는 가족과 함께 적절한 휴식을 취하고자 하는 것이 현대인 가족의 모습이다. 주말에 휴식을 취하고자 할 때에는 누구나 물과 산이 있는 경치가 좋은 지역을 찾는 것이 일반적이다. 따라서 도시 사람들이 쉽게 찾을 수 있는 한 시간 내외의 거리에 있는 전망 좋은 지역에 투자하면 예상치 못한 높은 투자수익을 가져올 수도 있을 것이다.

형질변경을 생각하라

전·답 등 농지나 임야를 매수해 농지나 임야로 유지한 채 매매하면 큰 매매 차익을 남기기 어려울 것이다. 따라서 농지에 투자하는 경우에 한번쯤 형질변경을 고려하는 것이 좋을 것이다.

농지를 매수해 공장용지로 한다든지 또는 대지로 지목을 변경해 매매한다면 농지로 매매하는 것보다 몇 배의 수익을 더 남길 수도 있을 것이다.

형질변경을 고려하는 경우에는 가능한지 여부를 투자 전 관공서에 확인하는 절차가 필요하다. 또한 형질변경 후 매매나 임차의 수요가 충분한지 여부도 투자 전에 반드시 조사를 하여야 할 것이다.

리모델링을 고려하라

사람도 잘 생긴 사람이 그렇지 못한 사람보다 더 많은 호감을 얻는다. 마찬가지로 농지도 보기에 좋아야 매수자의 호감을 많이 사 매매가 쉬운 것이 사실이다.

따라서 농지를 매수한 후 토지의 모양을 보기 좋게 바꾸는 것이 필요하다. 부정형의 농지는 사각형 모양으로 바꾸는 것이 좋다.

또한 농지가 높은 곳과 낮은 곳이 있다면 이를 평탄하게 만드는 것이 필요하다.

보통 모양새가 좋지 않은 농지는 매매 가격이 낮다.

농지투자의 실전 노하우

농지의 가치를 높이는 투자 방법

역세권개발이나 도시개발을 할 때 임야보다는 농지를 많이 사용하는 건 평평하고 개발비용이 적기 때문이다. 그런 농지 중에서도 개발을 하기에 좋은 농지가 있다. 직선으로 농로가 쭉 뻗어 있고 논 사이에 수로나 구거가 있는 농림지역의 경지정리가 잘 된 논이다.

그런데 같은 농지라도 조금만 신경 쓰면 농지의 가치를 높일 수 있는 투자를 할 수 있다. 찾아보면 많이 있겠지만 여기서는 몇 가지만 정리해보도록 하겠다.

첫째, 같은 농지라도 농로에 구거가 있는 농지를 선택한다.

우선 농로는 겉으로 보기엔 2m 정도로 폭이 작아 보이지만 실제로는 4m 정도이고, 농로 옆에 구거가 존재하면 6m, 8m, 나아가 수로가 넓은 경우 수로 양쪽 2m 농로임에도 도로폭이 30m까지 되는 경우도 보았다. (서해선 전철 충남도청 역 인근 삽교리 농지로 농로폭이 각각 6, 8, 12m 심지어 37m까지도 있다. 여기서 12m, 37m 농로 주변 토지를 구입하면 다른 농지보다 숨은 가치가 높아진다. 실제로 필자는 이 주변 토지를 다수 소개를 하였다.)

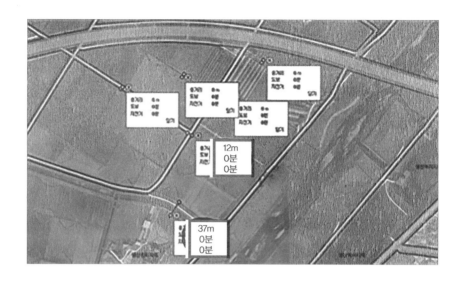

　도로와 구거는 개발을 하지 않을 때는 단지 농사를 짓기 위해서만 쓰이는 폭이 좁아 보이지만 개발을 하게 되면 구거도 도로로 인정이 되어 이들이 합쳐지면 보통 기본적으로 4m~8m의 도로가 된다.

　이렇게 되면 환지개발시 개발업자도 직선으로 쭉 뻗은 농로나 구거를 확장해서 도로를 만들 수 있어 공사비도 적게 들고 지주도 도로가 접해져 있어 도로감보율도 적게 감보되어 누이 좋고 매부 좋은 격이 되어 개발업자와 지주가 서로 이익이 된다. 그럼 농지 중에서도 조금이라도 더 넓은 농지를 구입하게 되면 같은 가격이지만 개발시 가치는 도로폭 만큼 더 높아지기 마련이다.

　그리고 한 가지 더, 다음의 로드뷰, 네이버의 거리뷰가 작동되는 도로에 접한 농지를 선택한다. 요즘 다음이나 네이버 사이트에서 지도를 볼 수 있는데 지도에서 다음은 로드뷰, 네이버는 거리뷰라는 기능이 있어 그 기능을 활용하면 도로에서 주변을 마치 실제 모습을 모듯 사진으로 볼 수가 있다. 사진을 볼 수 있는 도로는 대개 원래 도로에 파란색이 두 줄로 겹쳐지는 도로에서만 볼 수 있다.

그 파란색이 겹쳐지는 도로는 통상 자동차 2대 이상이 다닐 수 있는 8m 이상 도로이거나 차가 1대가 다니는 4m 도로라도 그 주변의 중심이 되는 도로에서만 주변을 실제상황으로 볼 수가 있다

　그럼 향후 개발이 되면 4m 도로라도 중심이 되면 토지의 용도를 주거지나 상업지 등으로 배분하는 단위인 개발 블록(보통 3,000평~18,000평 단위)을 결정하는 바둑판 모양의 2차선 이상 도로가 생길 확률이 많다.

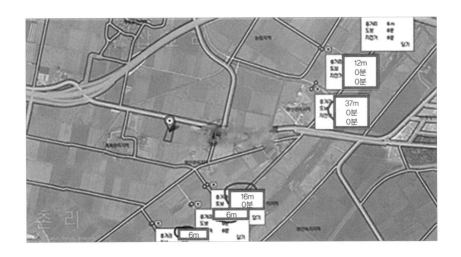

　▶로드뷰가 작동되는 농로와 도로들로서 논의 큰 면적을 작은 면적으로 분배하는 경계역할을 하는 위치에 놓여 있다. 나중에 구획정리개발이 되면 로드뷰가 작동되는 도로를 따라 블록을 정할 확률이 크며, 주거지며 상업지며 블록별로 배분된다.

　여기서도 같은 6m 농로라도 로드뷰가 되는 좌측의 농로와 농로의 폭은 같으나 구거가 양쪽에 있어 농로 폭이 12m나 되어 로드뷰까지 작동되는 농로에 접한 토지는 다른 농지보다 숨은 가치가 더 있다.(여기서 12m에 접한 농로를 직접 소개한 적이 있다.)

▶문경시 문경역 근처 농지로 네이버에서 거리뷰로 양분되는 도로에 접해 있어 향후 위의 2차선 도로와 교차하는 2차선 도로가 될 확률이 크다.

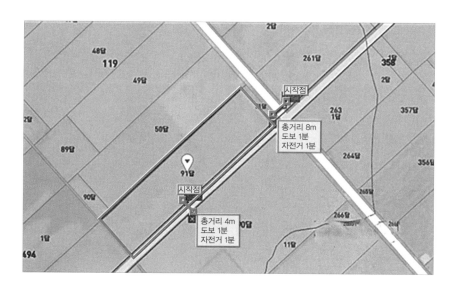

▶위의 농지는 폭이 4m 도로임에도 위에서 주변 농지의 중심이 되는 위

치로 향후 개발이 되면 2차선 이상 주도로가 될 것으로 보인다. 그래서 농지 투자시 같은 농로라도 구거나 도로폭이 더 넓은 위치를 찾거나 로드뷰나 거리뷰가 작동되는 도로를 끼고 있는 위치의 토지를 찾으면 같은 가격이라도 개발되면 나중에 그만큼 더 높은 가치를 부여받게 되는 것이다.

농지투자 성공사례 분석

사례 1 : 아파트와 농지투자의 수익률 비교 사례

부동산투자를 장기적인 관점에서 볼 때 긍정적인 해답은 어느 곳에서 찾을 수 있을까? 투자를 위해서는 취득, 보유, 처분에 이르기까지 장기적인 계획을 세워 구입을 하여야 한다.

그럼 실제 투자사례를 가지고 비교를 해보도록 한다.

A씨는 13년 전 은퇴를 하였다. 당시 자본금 3억 원이었고, 개인연금은 없었다. A씨가 고려한 선택지는 두 가지였다.

선택 1 : 아파트 2채를 구입하여 임대소득을 올린다. (당시 인근 아파트 1채 가격은 1억 6,000만 원 내외)

선택 2 : 평소 꿈꾸었던 대로 농사를 지으며 전원생활을 한다.

결론적으로 A씨는 농지를 구입하여 농사를 짓는 것을 선택했다. 하지만 다음 해가 되었을 때 A씨는 부동산투기를 위해 농지를 구매한 사람이라는 시선을 받게 되었는데, 그것은 2005년 12월 31일 관련 법령이 개정되어 땅값이 크게 뛰었기 때문이다.

하지만 A씨는 지금까지 13년간 열심히 땅을 일구며 살고 있다. 그런 A씨는 분명 투기꾼과는 거리가 있어 보인다. 그렇다면 아파트와 비교해서 A씨는 성공적인 투자를 한 것일까?

아파트 구입과 비사업용 토지투자 비교

당시 구입이 가능했던 2가지 선택지를 현재의 적정매매 금액으로 매도한 것을 전제하였음

구분	아파트 구입(2채)	비사업용 토지구입	비고
구입시기	2015년 1월 1일		
양도시기	2017년 9월 1일	2017년 9월 1일	편의상 아파트의 경우 양도세 합산 과세를 피해 양도를 한 것으로 가정
양도가액①	390,000,000	700,000,000	아파트(2채, 7.8억)
취득가액②	160,000,000	320,000,000	아파트(2채, 3.2억)
필요경비③	0	0	취·등록세, 소유권 이전 비용 등은 편의상 0원으로 계산했다.
양도차액④=①-②-③	230,000,000	380,000,000	
장기보유특별공제 ⑤=④×공제율	69,000,000	114,000,000	10년(30%)
양도소득금액 ⑥=④-⑤	161,000,000	266,000,000	
양도소득 기본공제⑦	2,500,000	2,500,000	1인 기준
과세표준⑧=⑥-⑦	158,500,000	263,500,000	
세율⑨	➡×38	➡×48	비사업용토지 10% 추가 과세
누진공제액⑩	19,400,000	19,400,000	
산출세액⑪=(⑧×⑨-⑩)	40,830,000	107,080,000	
지방소득세⑫=⑪×10%	4,083,000	10,708,000	
총 세액⑪=⑪+⑫	44,913,000	117,788,000	
양도세금 총액	89,826,000	147,356,000	아파트 2채
투자 대비 수익 (양도금액-취득가액-세금)	370,174,000	232,644,000	

13년 전 당시 동일한 투자금으로 두 가지 선택지에서 투자 대비 수익이라는 면에서 보면 1억 4,000만 원이라는 차이가 나는 것을 볼 수 있다. 이것은 비사업용 토지에 대한 장기보유특별공제가 2017년 1월 1일부터 취득일 기준으로 개정되었기 때문이다.

결론 분석

결론은 세금을 어떻게 줄일 것인가에 있다. 토지투자는 언제나 장기투자를 원칙으로 하는 것이 정석이다.

그러나 A씨의 선택에 대한 결과처럼, 10년이라는 미래에 어떤 곳이 더 많은 수익을 가져올지는 예측할 수 없는 일이다.

그렇다면 투자 대비 수익에서 1억 4,000만 원이란 차이를 가져왔는지 살펴보도록 한다.

투자 대비 수익 차이
- 아파트 가격 상승분 : 8,000만 원
- 목적물에 따른 세율 차이 : 6,000만 원

여기서 A씨가 실제 경작 여부를 떠나 법에서 인정하는 재촌(동일 시·군·구 등)이었다면, 8년 이상 자경 농지로 인정받고 세금 감면(5년간 최대 3억 원에 해당)을 받을 수 있어 양도소득세 세금 총액에 해당하는 147,356,000원을 감면받았을 것이다.

결과는 비사업용 토지가, 정상적인 농지로 인정받아 오히려 700만 원이라는 수익을 더 만들어 낼 수 있었을 것이다.

1년 간 1억 원, 5년 간 최대 3억 원 감면

거주(재촌)	농지가 있는 곳, 직선거리 30km 이내에 거주
경작기간	8년 이상
농지	전·답·과수원
자경	자기 노동력으로 1/2 이상(배우자, 가족 대리경작은 안 됨)

부동산투자는 투자 목적물의 값이 오르는 것이 무엇보다 중요하지만 취득, 보유, 처분을 할 때 어떻게 운용하여 절세를 할 수 있을지 고민을 해야 한다.

사례 2 : 생산녹지지역 농지의 화려한 변신

용인시 처인구 00읍 읍사무소에서 1km 정도 떨어진 거리의 지방도로변에 생산녹지지역 농지(논) 천여 평이 있다.

이 땅은 5년 전만 해도 생산녹지지역-농업진흥구역 논이었다. 농업진흥구역이라 일반인은 물론 농업인도 아예 개발할 엄두를 내지 못하던 땅이었다. 그래서 이 일대는 수십 년 동안 논농사만 짓고 있었다.

	도시지역	비도시지역
높은 산	➡ 산 = 자연녹지 지역	산 = 농림지역
경지정리 농지	➡ 농 = 생산녹지 지역	농 = 농림지역
경지정리 안 된 농지	➡ 농 = 자연녹지 지역	농 = 관리지역
얕은 산	➡ 산 = 자연녹지 지역	관리지역
경지정리 안 된 농장	➡ 농 = 자연녹지 지역	관리지역
경지정리 농장	➡ 농 = 생산녹지 지역	농림지역

그러다가 농업진흥구역이 해제되었다. 그리고 지금은 그냥 생산녹지지역-논으로 되어있다.

그런데 이 논에 지금 4층짜리 건물 2동이 올라가고 있다.1동은 근린상가이고, 다른 1동은 원룸 건물이다.내년 봄의 준공을 앞두고 있다.

이땅의 변화가 가능했던 직접적인 요인은 무엇일까?

이 땅의 변화는 무엇을 말하는가?

이 땅에는 어떤 변신의 배경이 있는 것일까?

변화의 배경으로는 다음 세 가지 요인을 들 수 있다.

농업진흥구역의 해제

첫째는 농업진흥구역의 해제다.

이 땅과 주변 농지는 오랫동안 농업진흥지역, 그중에서도 더 엄한 농압진흥구역으로 묶여 있었다. 농업진흥구역 농지는 농업인의 농업용창고, 농가주택 등 농업시설이나 마을사람들의 공동생활을 위한 시설 외에는 일반인이 원룸, 근린상가 등으로 수익형 개발에 활용할 수 없는 땅이다. 따라서 통상적으로 농업진흥구역 농지는 거래가 잘 이루어지지 않고, 땅값도 주변 일반 농지에 비해 많이 낮다. (30% 정도)

그런데 경기도의 농업진흥지역 해제 방침에 따라 몇 년 전 이 일대의 논이 농업진흥구역에서 해제된 것이다.

완충녹지의 해제

둘째로 그로부터1~2년 후 길가를 가로막고 있던 완충녹지가 해제되었다. 도로변에 완충녹지가 있는 한 진입도로를 낼 수 없으므로 토지의 정상적인 이용과 개발이 어렵다. 그런데 이 완충녹지가 풀린 것이다.

이 땅과 지방도로 사이에는 논농사를 짓기 위한 작은 현황 구거가 있었는데, 이 구거를 마음대로 메워 부지와 도로 사이에 평탄하게 진입로를 만들 수 있게 된 것이다.

논을 밭으로

셋째, 지주는 몇 년 전부터 논을 밭으로 만들었다. 논은 지주 마음대로 밭으로 바꿀 수 있다.

건축허가와 농지전용허가에는 논이든 밭이든 문제가 되지 않으나, 공사를 위해서는 밭으로 만들어 두는 것이 훨씬 유리하다. 미리 건축을 하기에 유리하도록 땅을 다져 놓을 수 있기도 하고, 필요 없는 구거를 없앨 수도 있으며, 주변에 남아 있는 타인의 논농사에 지장을 주지 않기 때문이다.

정리를 해보면, 지난 5년 동안 이 땅은 다음 세 가지 변화가 있었거나 지주 스스로 변화를 만들었다.

1. 경기도에 의한 농업진흥구역의 해제
2. 용인시에 의한 완충녹지 해제
3. 지주에 의한 논을 밭으로 형질변경

변화의 근본적인 요인

위에서 본 바와 같이 변화의 직접적인 요인은 주로 토지규제에 관한 것이었다. 그러면 유사한 규제 조건을 가진 다른 땅들도 규제 해제만으로 역시 그런 행운을 누릴 수 있을까?

대답은 단연코 NO다.

결론적으로 이 땅에는 규제 이외에 입지조건의 유리함이 있었기 때문에 가능했던 것이다.

이 땅이 가지고 있던 가장 큰 잠재적 유리함은 도심 인근에 위치한 접근성, 그리고 지방도로와 접해 있다는 입지적인 장점이다.

이런 두 가지 유리한 입지 여건으로 규제가 해제됨과 동시에 획기적인 변화와 화려한 변신이 가능했던 것이다.

본 사례를 통해 우리가 참고해야 할 투자 포인트를 보면, 투자용 땅에 대한 조건에서는 우선 도심이나 시가지에 가까운 곳이어야 한다는 것, 도로변이 좋고, 산지보다는 농지가 낫다는 사실이다.

그리고 가급적 규제가 풀릴 것을 기대할 수 있는 수도권(경기도)이 좋고, 규제가 해제될 가능성을 예측할 수 있는 곳이어야 한다는 것이다.

지목변경 취득세와 농어촌특별세

지목 변경전의 시가 표준액과 지목 변경후의 시가 표준액의 차액의 2%를 적용. 즉 (변경 후 공시지가 - 변경 전 공시지가) × 2%이다. 단, 건물에 대해서는 별도의 취득세, 등록세가 발생한다. 농어촌특별세는 취득세액의 10%.

개발부담금 계산

도시계획구역인 지역에서 특별시, 광역시는 660㎡ 이상, 기타 시·군은 990㎡ 이상의 개발 시 개발부담금을 납부하고, 도시계획구역 중 개발제한구역 안에서 당해 구역의 지정 당시부터 토지를 소유한 자가 당해 토지에 대하여 시행하는 사업이나 도시계획구역 외의 지역에서 시행하는 사업의 경우에는 1,650㎡ 이상 개발 시 납부하게 된다.

부과종료시점 지가 - (부과개시시점 지가 + 개발비용 + 정상지가 상승분) × 25%로 계산하는데, 개발비용은 건축비가 아닌 토지개발에 직접 투입된 비용(토목공사비)으로 증빙서류를 갖추어야 한다.

실무 측면으로 본다면, 사전환경성 검토, 순공사비, 조사비, 일반관리비, 기타경비를 합산하여 개발비용을 산출하는데, 접근하기 어렵고 전용하는 데는 대략 20~30개 정도의 법률에 저촉을 받고 있으므로, 토목설계사무소에 의뢰하심이 인·허가를 득하기엔 보다 정확하고 빠를 것이다.

이번 사례의 경우, 형질 변경하는 데 지출된 비용은 기타 부대비용을 포함하여 약 2,500만 원. 4,877㎡(1,475평)의 공장용지로 둔갑한 시세는 크지 않은 공장부지를 찾는 수요자의 평수 프리미엄까지 포함하여 3.3㎡ 당 40~45만 원을 형성하고 있다.

※ 물론 실현 수익은 아니지만, 공장용지 1,475평 단가 45만 원으로 약 6억 7,000만 원의 공장부지를 소유하게 되어 3억 9,000만원 투자로 약 2억 9,000만 여 원(세금공제전 수익)의 시세차익을 누리게 되었다.

향후, 기업도시로의 개발계획과 서해안벨트 개발로 인한 특수성 및 관리지역 종세분화 작업이 마무리되었을 때의 계획관리지역의 특수성을 감안한다면 더 많은 시세 차익을 예상하고 있다.

토지 리모델링으로 도로 없는 농지를 대지로

철저한 분석과 현황을 파악하여 관련법규와 시·군 조례에 따라 토지의 숨어 있는 맹점을 찾아 비용절감, 토지의 상품가치를 높인 사례로, 서울에서 사업을 하고 있는 K 씨로 20년 전 주변 시세에 비해 비교적 싼 가격에 남한강변 여주군 금사면에 강이 보이는 곳에 임야와 농지와 함께 농가가 있는 땅을 구입했다. 그러나 생활터전이 서울이라 현재 이 땅을 거의 방치하다시피 놔둔 상태이다.

최근 시간적인 여유가 생기고 전원생활에 대한 동경으로 대지로의 형질 변경을 결심했다. 나이도 있고, 자녀들도 장성하여 우선 부부만을 위한 편안한 공간이 필요해 전원주택을 짓기로 했다. 우선 전원주택을 짓기에 앞서 현재 임야와 농지로 되어 있는 토지를 대지로 전용허가를 받은 후 건축에 착수키로 하고 그에 따른 절차와 비용을 알아보기로 하였다.

그 결과, 이 지역은 각종규제와 더불어 현재의 농지를 대지로 전용허가를 받으려면 복잡한 과정이 뒤따랐다. K 씨 땅에 연결된 도로는 남의 땅을 사용하는 현황 도로로 진입로 개설 여부와 외지인으로써 토지에 인·허가 문제 등 변동 사항이 많았다.

소요 비용도 농지보전부담금, 개발부담금, 지역개발 채권, 면허세, 인·허가 설계측량비 등 의외로 많은 부분에서 지출이 요구되었다.

K 씨는 이런 모든 절차를 밟기 위해 전원주택 전문업체의 도움을 받아 예산을 세우고, 토지의 상품가치를 높이는 방법을 찾아 나갔다.

토지가 위치한 지역 분석

현장은 서울에서 1시간대 거리인 여주권 전원주택 벨트라인에 위치해 있다. 양평, 광주, 용인 등 인기지역에 비하면 여주권 자체가 서울을 오가는 데 가깝지는 않지만 상대적으로 자연환경보전지역과 수질보전특별대책지역으로 지정되어 수도권에서는 비교적 땅값이 싸고 경관이 좋은 지역에 속한다.

특히 영동고속도로와 중부고속도로 등 교통 여건이 좋으며 또한 공사 중인 여주~구미간 내륙고속도로가 2003년에 개통되었고 금사면 현장에서 이 고속도로가 연장되어 신설 IC가 만들어져 더욱 발전이 기대되는 지역이었다.

이와 더불어 여주의 남북을 가로지르는 남한강이 본 토지의 근접거리에 있고, 금사면의 이포나루는 충청도와 강원도의 물류 요충지로 일찍부터 수운의 중심지로 현재도 지역을 잇는 교통망은 그 명맥을 유지하고 있다.

또한 광주와 양평을 경계로 인접해 있는 이곳은 상대적으로 지가가 저렴하고 이포막국수로도 유명하며 인근 남한강 전복리 유원지 역시 알려진 곳으로 금사면, 홍천면, 산북면 일대는 외지인의 발길이 잦은 편이다.

본 토지는 서울을 기점으로 60km 권역에 위치하여 전원주택지로는 그만이다. 그러나 공부상 도로가 없는 맹지로 폐가로 변한 농가주택과 도로가 있어도 그동안 사용하지 않아 도로기능을 상실하여 신설도로 개설이 필요하며 토지개발시에는 수질보전특별대책지역 1권역으로 개발 및 건축규제를 받게 된다.

물건 현황

소재지 : 경기도 여주군 금사면 임야 3필지 농지 4필지

용도 : 관리지역 및 농림(농업보호구역)

지목 : 임야, 토지임야, 전, 답

지목별 면적 : 임야 667평/ 토지임야 1,110평/ 전 3,267평/ 답 1,567평, 합계 6,611평

토지이용계획 : 관리지역 및 농림지역(농업보호구역)

수질보전 특별대책지역 1권역

물건 현황 조사

소요시간 : 서울 기점 60km 권역 50분대 소요

도로상태 : 공부상 도로 없는 맹지, 현황 구거 접, 농로 접

이용 상태 : 미경작지, 방치된 주택 1동, 축사 2동 (사용 불가)

거래규제 : 없음. 단, 농지는 외지인 취득시 농지취득자격증명 필요

기타 : 수질보전 특별대책 지역 1권역으로 개발 및 건축 규제

주변 토지 및 임야 조사 금액

준보전 임야, 보전 **임야**, 대지, 전원주택단지에 대한 가격 조사. 면적, 위치, 경사도, 방향, 진입도로에 따라 가격 편차가 있다.

주택부지로 전용허가를 할 땅은 농지이기 때문에 진입도로, 주택 부지를 농지법상 농지 전체면적이 303평(1천㎡)을 초과해서는 안 된다.

현재도로는 농지전용면적을 초과하기 때문에 개설 문제가 있으며, 허가를 위한 다른 방법 중 이곳에서 쓰던 과거 농가주택과 축사는 이미 상당 기간 방치된 폐가로 주택의 증·개축을 하는 방법으로 진입로 부지를 해결할 수도 있다.

그러나 현장농가는 75년 이후 무허가 건축물은 양성화가 어려워 농지를 전용허가를 받는 방법을 찾기로 했다.

토지 이용 개선 방향

2004년부터 준농림지(현재의 관리지역) 폐지로 토지이용 체계가 개편되어

도시 지역, 관리 지역, 농림 지역, 자연환경 보전지역으로 변경되었다.

이에 현재 관리지역은 계획관리·생산관리·보전관리지역으로 세분되는데, K 씨의 토지는 관리지역으로 건폐율과 용적률은 전원주택지와 같은 개발허가는 일반적으로는 비교적 손쉬울 용도지역이지만 수질보전특별대책지역 1권역에서는 외지인이 토지개발하기엔 어려움이 많다.

권역에서 6개월 이상 거주조건을 충족했다고 해도 현재 K 씨의 토지는 진입도로를 해결해야 할 맹지에 용도는 일부는 관리지역, 일부는 농림지역이었으며 또한 외지인들이 다른 용도로 개발하기도 어려운 사실상 매매도 불가능 한 땅이라고 할 수 있다.

그렇지만 토지를 철저히 분석한 결과 K 씨가 소유하고 있는 농지 4필지 중 2필지는 농림 지역 내 농업보호지역이지만 다행스럽게도 1990년 이전부터 2필지가 200평 미만으로 외지인도 주택 전용허가를 받을 수 있었으며 또한 진입도로는 전용 농지와 접해 있는 구거점용허가를 통해 진입로로 해결할 수 있었다.

그러나 구거에서 처음 시작되는 일부 도로(15평)가 사유지로 되어있어 할 수없이 토지 사용 승락을 받기 위해 애당초 계획보다 비용이 추가 되었지만 적당한 사용료를 지불하기로 합의하였다.

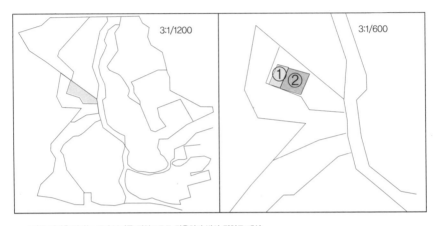

1차 농지전용 허가는 구거 부지를 진입도로로 점용허가 받아 진입로 개설

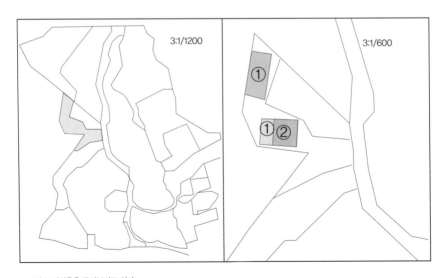

2차 농지전용을 주거부지로 허가

이렇게 진입로를 개설 후 허가를 낼 때 마음고생이 있었지만 K 씨는 이왕 토지의 가치를 높이기 위하여 이미 전용허가를 받은 땅과 접해 있던 토지임야에 추가로 형질변경을 하기로 하여 외지인이 허가 받을 수 있는 창고부지로 하가 받아 바로 토목공사에 들어갔는데, 이 지역은 개발이 엄격하게 관리되고 있어 흙을 필요로 하는 곳이 많아서 토목공사비에 적잖은 도움이 되어 공사비도 절약되었다.

　결국 K 씨는 토지를 리모델링하기 전 6,611평을 평당 5만 원에 매각했을 경우 3억 3,000만 원밖에 받지 못할 것을 물류부지 3,000평 주택부지 약 500평, 합계 3,500평을 평당 20만 원에 매각할 때 개발비용으로 1억 7,590만 원을 공제하더라도 차익이 5억 2,410만 원 그리고 3,111평의 토지를 수익으로 남길 수 있게 된 것이다.

　관리지역(준농림) 토지는 무조건 개발가능지로 알고 있어 토지 거품이 형성된 것은 사실이다. 그러나 실제 토지마다 도로, 경사도, 방향, 지목과 용도, 여건에 따라 토지 가격이 격차를 보인다.

　따라서 보다 정확하게 지역 현황, 개발이용 현황을 수립하면은 토지의 상품 가치를 얼마든지 빛낼 수 있을 것이다.

**천만원으로 할 수 있는
농지투자 완전정복**

도시농부의 토지투자

지은이 이인수(코랜드연구소장)

발행일 2020년 6월 30일 초판 1쇄
　　　　 2022년 1월 18일 초판 2쇄

펴낸이 양근모

발행처 도서출판 청년정신 ◆ **등록** 1997년 12월 26일 제 10—1531호

주　소 경기도 파주시 문발로 115 세종출판벤처타운 408호

전　화 031)955—4923 ◆ **팩스** 031)624—6928

이메일 pricker@empas.com